KB270402

드 림
종이거울 자주보기
운동본부

광덕스님 시봉일기 · 3

금하총서 ①

광덕스님 시봉일기 · 3
- 구국구세의 횃불 -

지은이 · 松庵 至元
펴낸이 · 김인현
펴낸곳 · 도서출판 도피안사

2001년 12월 30일 1판 1쇄 발행
2002년 1월 20일 2판 1쇄 발행

책임편집 · 이상옥
영업담당 · 惠空 김두생
인쇄 · 동양인쇄(주)

등록 · 2000년 8월 19일(제19-52호)
주소 · 경기도 안성시 죽산면 용설리 1178-1
전화 · 031-676-8700
팩시밀리 · 031-676-8704
E-mail · dopiansa@kornet.net

ⓒ 2002, 송암

ISBN 89-951656-6-9 04220
　　　89-951656-0-X 04220(세트)

· 책값은 뒤 표지에 적혀 있습니다.
· 잘못된 책은 바꿔드립니다.
· 이 책의 내용의 전부 또는 일부를 다른 곳에 사용하려면 반드시 저작권자와 도피안사 양측의 서면동의를 받아야 합니다.

眞理生命은 깨달음(自覺覺他)에 의해서만 그 모습(覺行圓滿)이 드러나므로
도서출판 도피안사에서는 '독서는 깨달음을 얻는 또 하나의 길' 이라는 신념으로 책을 펴냅니다.

佛光香風
3

광덕스님 시봉일기 3

구국구세의 횃불

글 · 송암 지원

DOPIANSA
到彼岸社

일생을 보현행자로 살았고 반드시 이 땅에 환생하여
반야바라밀결사 구국구세 운동을 다시 이을 것을 서원하신
金河堂 光德大禪師의 환생 후신전에
삼가 이 책을 바칩니다.

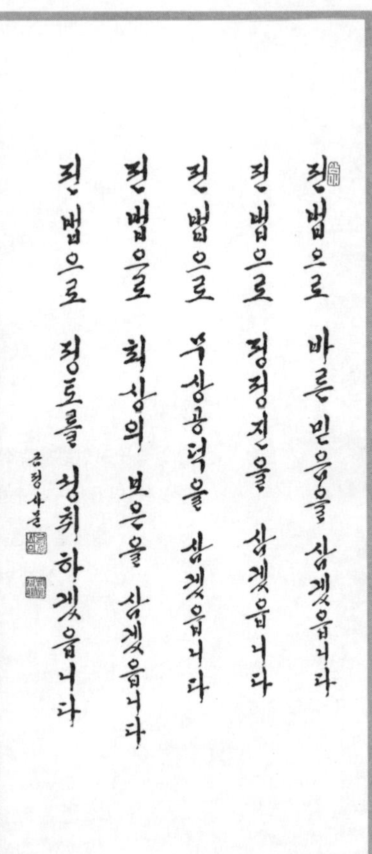

글씨 / 석주(1986년, 作)

왼쪽은 先師께서 매월 포살 때 대중에게 다짐받은 포살 계목 중의 하나이고,

오른쪽은 매주 법회 때마다 동참 대중이 다짐한 전법오서임.(필자)

그림 / 석정

普賢身相如虛空　　보현보살　미묘한몸　형상이없어

依眞而住非國土　　어느 때나　법신광명　두루 비추네.

隨諸衆生心所欲　　일체중생　원하는바　이루기위해

示現普身等一切　　보현원왕　일체처에　현전하시네.

보현행원으로 보리 이루리

보현행원 수행하는 보살들이여

1. 모- 든- 부처님께 예경할지라
2. 일체여래 모든공덕 찬탄할지라
3. 시방세계 일체불께 공양할지라
4. 무시이래 지은업장 참회할지라
5. 모든여래 지은공덕 기뻐할지라
6. 일체불께 설법을- 청할지로다
7. 일체제불 주세간을 청할지로다
8. 어느때나 여래따라 배울지로다
9. 온갖형상 일체중생 수순할지라
10. 중생에게 모든공덕 회향할지라

'허공계가 다하고 중생 다하고
중생의 번뇌가 다할지라도
보살의 행원은 다하지 않아.'

보현행원은 나의 진실생명의 문을 엶이어라
        무량위덕 발휘하는 생명의 숨결이어라
보현행원은 나의 영원한 생명의 노래
        나의 영원한 생명의 율동
        나의 영원한 생명의 환희
        나의 영원한 생명의 위덕
        체온이며 광휘이며 그 세계이어라.

내 이제 목숨 바쳐 서원하오니
삼보 자존이시여 증명하소서

보현행원을 수행하오리
보현행원으로 불국이루리
보현행원으로 보리이루리
나무마하반야바라밀
나무대행보현보살마하살

그림 / 소공

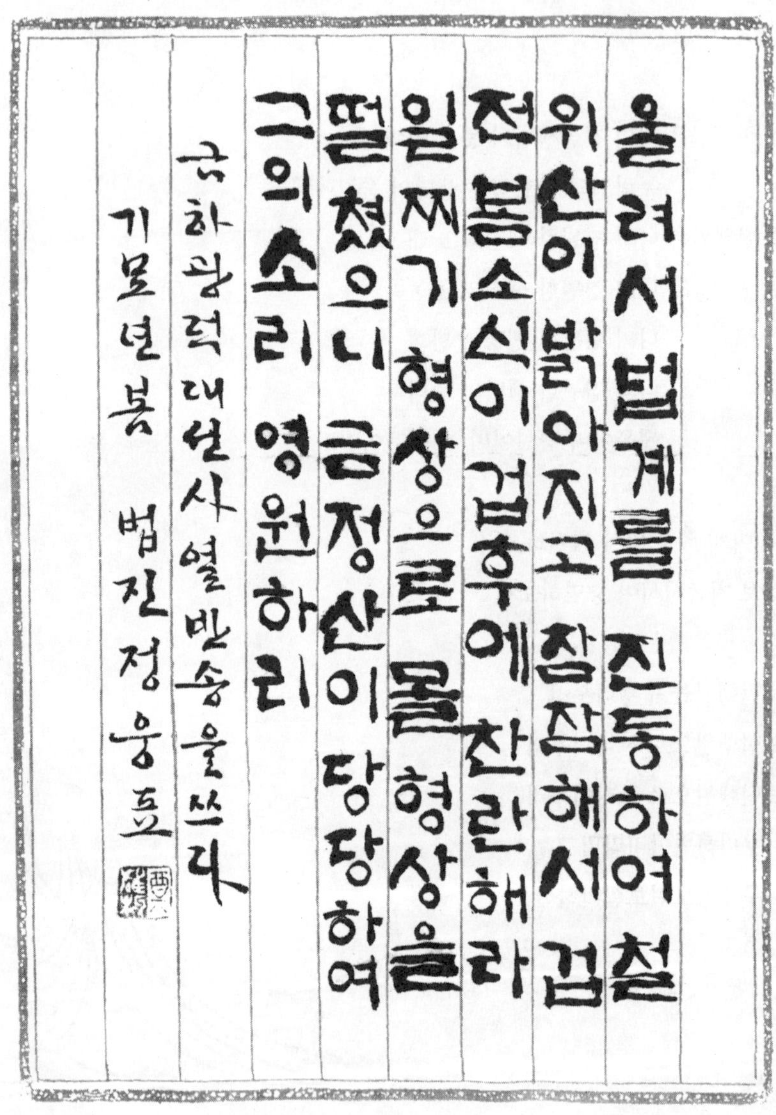

울려서 법계를 진동하여 철
위산이 밝아지고 잠잠해서 겁
전 봄소식이 겁후에 찬란해라
일찍이 형상으로 몰 형상을
떨쳤으니 금정산이 당당하여
그의 소리 영원하리
큰하광덕대선사 열반송을 쓰다
기묘년 봄 법진 정웅 흐

글씨 / 법진

사진/안장헌　　　　　　　　　　1987년 2월, 회갑을 맞이하여 불광사에서(필자)

金河堂 光德大禪師는
1927년 4월 4일(정묘년 3월 3일) 경기도 화성에서 출생.
1950년 가을, 24세 때 부산 범어사 입산. 그 이후 오직 爲法忘軀 傳法度生으로 이 시대의 햇불이 되다.
1999년 2월 27일 오후 2시경 불광사 법주실에서 세수 73세,
법랍 48세로 사바 세연을 조용히 거두고 대원적에 들다.(연보는 뒷면)

-門人 松庵至元 謹抄

용생룡(龍生龍)이요, 봉생봉(鳳生鳳)이라!
무주청화(無住淸華) | 조계종 원로·성륜사 조실

금하당(金河堂) 광덕 큰스님은 한국불교사에서 찬연히 빛나는 불멸의 횃불이시다.

큰스님은 복잡한 서울, 그 한가운데서 문수의 투철한 반야지혜(般若智慧)와 보현의 훈훈한 자비행원(慈悲行願)을 몸소 실천하신 대비보살이셨음은 비단 우납(愚衲)만의 찬탄이 아닌, 모든 불자의 위대한 의호(依怙)로서 앙모(仰慕)하여 마지않는 불세출(不世出)의 선지식이시다.

큰스님 유별(有別)의 청수(淸秀)하고 고결(高潔)한 풍모와 이십여 성상을 두고 불광지를 통하여 베풀어주신 시기상응(時機相應)한 사자후는 모든 불교인들의 가슴마다에 뜨거운 감격으로 오래오래 메아리치게 될 것이다.

고인(古人)의 격담(格談)에 용생룡(龍生龍)이요 봉생봉(鳳生鳳)이라 하였는데, 큰스님의 문하에 수많은 용상대덕들이 나오신 가운데 특히 송암당(松庵堂) 지원화상은 철두철미(徹頭徹尾) 지성일관(至誠一貫)하여 은법사(恩法師)이신 광덕 큰스님의 고매한 유지를 받들어 『광덕스님 시봉일기』라는 책을 펴냈을 뿐만 아니라, 도피안사의 대작불사를 발원 진행 중이시니 실로 사자상승(師資相承)의 귀감으로서 우리 불가의 희유한 수범(垂範)이 아닐 수 없다.

본시 우납은 평소 도회은거(韜晦隱居)로 지내왔기에 광덕 큰스님과 배면(拜面)의 연(緣)은 없었으나 큰스님의 출천고풍(出天高風)은 이심전심으로 경모하여 마지않았다.

이번 송암화상의 간곡하신 부탁을 과분하게 생각하며 다만 성긴 말 몇 마디를 보태어 추천사를 대신하는 바이다.

辛巳年 부처님 오신 날을 앞두고
聖輪寺 禪窓에서

無住 淸華 合掌

기도하면서 썼고, 쓰면서 기도한 스승 존경의 길잡이

원성 김종서(圓成 金宗西) │ 문학박사, 서울대 명예교수

불과 얼마 전에 있었던 일이다. 내가 교직생활을 처음 시작할 무렵에 가르쳤던 제자 십여 명과 오랜만에 저녁식사를 같이 하였다.

그때 그들 중 몇 명이 방밖 출입이 잦았다. 아마도 담배를 피우기 위하여 드나드는 것 같아서 나는 이를 눈치채고 "담배를 밖에서 피우지 말고 여기서 피우지."라고 말하였더니 그들은 "스승님 앞에서 어떻게 담배를 피웁니까?"라고 대답하는 것이었다. 그때 나는 "지금 몇 살이나 되었지." 하고 다시 물었더니 머리를 긁적이며 "일흔셋입니다."라고 말하는 것이었다.

이것이 원래 우리의 '스승과 제자' 관계였다. 그러나 최근에 와서 이러한 전통적인 관계는 땅에 떨어지고 스승이 체벌을 한다고 학부모나 학생이 선생님을 고발하고 심지어는 폭행까지 하는 현상까지 나타나고 있으니…….

아, 이 어찌된 일인가?

'군사부일체(君師父一體)'니 '스승의 그림자는 밟지도 않는다'는 말은 이미 옛말이 되고 말았는가? 참으로 비감(悲感)한 생각마저 드는구나!

이때, 홀연히 한줄기 희망의 빛이 비쳤으니 바로 송암지원(松庵至元) 스님이 지어낸 『광덕스님 시봉일기』이다. 이 책은 스승과 제자의 관계를 올바르게 정립하는 지침서이며 하나의 시금석(試金石)이기도 하다.

살펴보면 오늘날의 사회는 급격히 변하고 있다. 이 급변하는 사회에 사는 현대인은 두 가지의 가치관(價値觀)을 동시에 추구해야 한다. 그 하나는 변하는 사회에 적응하기 위한 '변하는 가치관'의 추구이며, 다른 하나는 사회가 아무리 변하여도 변해서는 안 되는 '항구적 가치관'의 추구이다. 스승 존경의 가치관은 후자에 속한다. 왜냐하면 사제지간의 올바른 관계의 설정이 이 사회를 발전시키는 근간이고 원동력이 되기 때문이다.

인류가 쌓아놓은 문화유산의 전달자는 스승이며 이를 전수 받은 제자는 이를 보다 확대 발전시켜 다음 세대를 위한 전달자가 되어야 한다. 이러한 스승 존경의 훌륭한 전통은 특히 우리 불교에서 더욱 뚜렷이 나타나고 있다.

도(道)를 구하기 위해 자신의 팔을 끊어 스승인 달마대사(達磨大師)에게 바쳤던 혜가(慧可)스님의 이야기는 비록 불자가 아니라고 해도 모르는 사람이 거의 없을 정도로 널리 알려져 있다. 이리하여 '역대전등 제대조사(歷代傳燈 諸大祖師)'가 부처님 가르침의 정법(正法)을 면면히 이어나가고 있다.

송암스님이 쓴 이 책, 『광덕스님 시봉일기』는 스승을 어떻게 받들어야 하는지를 우리의 마음과 몸속에 깊숙이 스며들도록 제시하고 있다.

또 이 책은 저자인 송암스님이 다년 간에 걸친 관찰과 체험과 감동을 통하여 스승이신 광덕대선사의 불교사상과 수행 실천의 모습을 실상 그대로 예리한 필봉으로 부드럽게 표현한 스승 존경의 길잡이 책이다. 여기에는 저자가 평소 스승이신 광덕스님을 얼마나 절대시하였고, 존경하였으며, 진심으로 받들었는지가 구구절절이 잘 나타나 있다.

특히 시봉일기 중에서 처음 두 권은 저자가 스승께서 입적하신 뒤 백일 추모재를 올리는 날, 제1권을 상재(上梓)하고 바로 티베트 수미산과 인도 부처님 성지(聖地)를 돌며 스승의 환생기도를 올렸다고 했다. 그때 다시 크게 깨닫는 바가 있어 스승의 1주기 재를 올리는 날, 천일기도를 입재하고 그 날부터 집필에 들어가 정확히 367일 만에 제2권을 세상에 내놓았다. 이제 또 저자는 집필에 착수하여 천일기도가 끝날 무렵 나머지 책을 마저 출간할 예정이라고 한다.

즉, 이 책은 저자인 송암스님이 천일기도를 하면서 썼고, 쓰면서 기도하였기 때문에 글 하나하나가 살아 있어서 책을 읽는 독자의 피부를 뚫는 느낌을 받게 된다.

아무쪼록 이 책이 스님들은 말할 것도 없고, 학교 교육자, 사회 교육자, 학부모, 사회인, 학생 등 모든 사람들에게 널리 읽혀 스승과 제자의 본래면목을 각기 되찾아 스승 존경의 풍토가 이 사회에 다시 가득 차기를 바라는 간절한 마음에서 이 책을 추천한다.

2001년 스승의 날을 앞두고

圓成居士 金宗西 합장

광덕스님 시봉일기 3

차례

차 례

차 례

· · · · · · · · · · ·

차 례

앞편(前篇)

대사일번(大死一番)

- 광덕스님과 나의 인연 이야기 -

글 | 월탑 박경훈 (月塔 朴敬勛)

1932년 1월 19일 전남 목포에서 태어나 서울대 사범대학 국어교육과를 졸업하였다. 「불교신문」 편집국장 · 주간, 「법보신문」 주필, 고려대장경완간추진위원, 동국역경원 편찬부장, 불전간행위원, 한국불교전서편찬위원을 역임하였으며 현재는 역경위원으로 일하고 있다. 역 · 저서에 『청허당집』 · 『불교근세백년』 · 『유마경』 외 다수가 있다.

제 1 장

成長苦惱

성 장 과 좌 절, 그 고 뇌 와 인 고 의 세 월

門前寂光土　　　바로 문앞 진리의 땅 적광토에

春來草自靑　　　봄이 오니 풀은 스스로 푸르구나.

1. 서 언

내가 광덕스님을 처음 만난 것은 천성산(千聖山) 미타암(彌陀庵)에서였다. 그로부터 어언 반세기 가까운 세월이 흘렀다.

얼마 전, 광덕스님의 2주기를 지낸 시자(侍者) 송암(松庵)스님으로부터 광덕스님과 나와의 인연담(因緣談)을 청탁받았을 때, 지난 반세기 가까운 세월의 기억들이 여러 겹으로 겹친 화면처럼 나의 뇌리를 스쳐 갔다.

오버랩된 그 기억들 중에는 나와 관련이 있는 일도 있고, 관련은 없으나 스님을 옆에서 지켜보면서 뇌리에 새겨진 것, 그리고 스님으로부터 직접 들은 당신 자신에 관한 이야기도 있다. 나에게는 이러한 것들이 어우러져서 스님의 이미지가 형성되어 있다.

스님에 관해서 내가 하려는 이야기는 그 이미지를 바탕으로 하고 있다. 그러므로 자연히 주관적일 수밖에 없다. 혹 그로 인해서 스님의 참모습을 훼손하거나 또는 흐려진 기억으로 인해서 사실과 거리가 있는 점도 없지 않을 것이다. 그러한 점은 그 허물이 온전히 나에게 있음을 미리 밝혀서 양해를 구하는 바이다. 그리고 내용 가운데 소제목 '16. 첫 만남' 이하 '21. 망촉(望蜀)'까지의 여섯 편의 글은 월간 「불광(佛光)」의 '스님의 그늘'에 발표했던 것을 약간의 개고(改稿)를 해서 옮겨 싣는다. 그것은 광덕스님의 면목을 아는 데 도움이 될까 해서이다. 그밖에, 글 중에서 법호를 쓰지 않고 단순히 '스님'이라고 한 호칭은 모두 광덕스님을 지칭한 것이니 유념해 주시면 감사하겠다.

2. 어린 시절

스님의 속성은 고(高)씨, 본관은 제주, 속명은 병완(秉完). 법호는 광덕(光德), 당호(堂號)는 금하(金河)이다. 1927년 정묘(丁卯), 음력 삼월 삼짇날, 경기도 화성군 오산읍 내리에서 아버지 준학(準學) 씨와 어머니 김씨 동랑(東娘) 여사의 2남3녀 중 넷째로 태어났다.

집안은 대부분의 한국 가정이 그렇듯이 '가화만사성(家和萬事成)'을 가훈으로 삼는 유교적 가풍이 엄격하였다. 그러한 가풍과 타고난 유화(宥和)한 성품은 스님을 효성이 지극하고 형제자매 사이는 물론 이웃과도 화목하는 소년으로 자라게 하였다.

'화목'은 스님의 어릴 적 생활신조였을 뿐 아니라 생애를 일관하는 생활신조였다. 그 한 예를 들면, 스님이 범어사 주지로 추대되었을 때였다. 스님은 당신이 주지를 맡으면 범어사 대중 사이의 화합을 깨뜨릴 우려가 있다는 이유를 들어 고사(固辭)하였다. 범어사는 당신의 출가본사(出家本寺)이다. 대부분의 스님들은 출가본사의 주지가 되기를 바란다. 그러나 스님은 대중의 화합을 위해서 사양하였다.

소년기의 스님은 학교 공부에 열중하는 한편, 독서에 몰두하였다. 예나 지금이나 기우는 가세(家勢)를 일으켜 세우기 위해서는 글을 배워서 입신출세하는 것을 첩경으로 여겼다. 이 또한 효도하는 길이었다.

스님이 다닌 초등학교는 집에서 3km나 떨어져 있었다. 비가 오나 눈이 오나 하루같이 걸어서 오갔다. 10세 미만의 병약한 어린 소년에게 그 길은 힘겨운 노정이었다. 그럼에도 그 길을 힘겨워 하지 않은 것은 집에 돌아가면 형이 빌려다 준 교과서 이외의 책이 기다리고 있기 때문이었다. 소년에게는 어느새 독서가 몸에 배어 있었다. 어머니는 병약한 몸으로 먼 학교 길을 다녀온 스님이 밤이 깊도록 책 읽는 것을 건강을 해칠까 보아서 늘 걱정을 하였다.

1937년 봄, 스님의 가족은 가까운 반농반노(半農半勞)의 소도시 오산으로 이사를 하였다. 그 시대는 중국대륙 침략에 혈안이 되어 있는 일제(日帝)가 전쟁 물자의 확보를 위해서 우리 경제와 농토를 수탈하는 데 광분하고 있던 시기였다. 일제는 농민으로부터 농토를 빼앗기 위해서 1908년, 동양척식주식회사라고 하는 국책회사를 만들어 수단과 방법을 가리지 않았다.

일제가 쉽게 농지를 빼앗을 수 있는 대상은 주로 소농(小農)과 빈농(貧農)이었다. 빼앗긴 농지는 일본인의 손으로 넘어가고, 농지를 빼앗긴 조선의 농민은 그 일본인에게 높은 소작료를 지불해야 하는 소작농으로 전락하였다. 자연히 생계가 어려워진 농민은 남부여대(男負女戴)하고 고향을 떠나 살길을 찾아 나섰다. 멀리는 만주와 간도(間島)로, 혹은 일본의 공장지대로 이주하거나 또는 가장(家長) 혼자서 집을 떠나 이산가족이 되었다.

소농인 스님의 가족도 그러한 물결에 휩쓸려 누대로 지켜 온 농토를 떠나 형의 일터가 있는 오산으로 옮겨 살지 않으면 안 되었다. 그때, 스님의 나이 11세, 초등학교 3학년을 마친 해였다.

일제의 강압에 의해서 고향을 등져야 했던 어린 스님의 가슴에 나라 잃은 비애가 멍울졌다.

오산의 초등학교로 전학을 할 때, 스님은 성적을 평가하는 시험을 치루었다. 그 결과 4학년을 뛰어넘어 5학년으로 월반을 하였다. 이것으로 보아서 스님의 학교 성적이 매우 우수하였음을 알 수 있다. 집에서 3km나 떨어진 학교를 병약한 몸으로 걸어서 다녔음에도 월반을 할 수 있었던 것은 총명한 두뇌와 왕성한 독서욕의 보람이었다.

스님은 초등학교에 입학하기 전에 이미 책을 읽기 시작하였다. 그러나 스님의 어린 시절은 책이 귀했다. 시골에서는 책을 구하기가 더욱 어려운 시기였다. 자연히 누님과 형이 배운 교과서는 좋은 읽을 거리였다. 다른 책이 없으니 반복해서 읽는 사이에 초등학교 저학년의 교과서를 혼자서 익히게 되었다.

학교에 진학한 뒤에는 형과 누님이 배운 고학년의 교과서를 읽었다. 그것이 월반을 할 수 있는 실력을 쌓게 하였다. 그러는 사이에 책을 손에서 놓지 않는 습관과 혼자서 공부하는 독학(獨學)이 몸에 배었다. 형은 그러한 동생을 위해서 동생이 원하는 책을 구해 주었다. 형은 집안이 어려워 초등학교를 졸업하고서 중학교에 진학하지 못한 동생이 못내 안쓰러워 능력껏 책 사주는 일을 게을리 하지 않았다.

3. 좌절을 딛고 일어서서

그러나 어린 스님에게 있어서 중학교 진학을 단념하기란 쉽지 않았다. 상급학교 진학을 포기하는 것은 좌절이었다. 앞으로 무엇을 해야 하는지 알 수 없었다. 갑자기 몸이 공중에 붕 뜬 것처럼 안정을 찾을 수가 없었다. 책도 손에 잡히지 않았다. 그렇게 목적도 하는 일도 없이 한 해, 또 한 해가 훌쩍 지나갔다. 그러한 동생을 보다 못한 형이 사다 준 책이 중학교 과정의 통신강좌였다. 통신강좌를 손에 들어도 처음에는 진도가 나가지 않았다. 당시의 중학교 학제는 5년제였다. 지금으로 치면 중학교 3년과 고등학교 3년 과정을 합한 것이었다.

공부의 진도가 지지부진한 때에 태평양전쟁이 일어났다. 전쟁은 스님을 긴장시켰다. 1941년 12월 8일, 일제는 미국의 하와이 진주만을 기습한 것과 동시에 동남아 각국을 침략하기 시작하였다. 일제는 기선을 잡은 전쟁으로 초기의 전투에서 승리하고 있었음에도 극도로 부족한 전쟁물자의 확보를 위해서 식량은 물론 사소한 생활필수품까지 혹독하게 통제하였다. 동시에 전쟁에 광분하는 일제는 단말마와도 같은 독전(督戰)을 하였다. 소위 전시체제령이라고 하는 법령이 나라 인을 온통 옥조이기 시작한 때였다. 생존을 위협하는 혹독한 생활고(生活苦)와 전쟁이 주는 정신적 압박 속에서 스님이 할 수 있는 것은 책을 읽는 일뿐이었다.

다시 책을 들고 중학교 과정의 통신강좌를 공부하기 시작한 지 1년 남짓해서 형이 유명(幽明)을 달리했다. 그리고 해가 바뀌자 곧 아버지도 타계(他界)하였다. 설상가상이었다. 형과 아버지의 잇따른 죽음은 조숙하고 감수성이 예민한 소년에게 감당할 수 없는 충격을 주었다. 스님은 그때의 심정을 이렇게 술회하였다.

"내가 불문(佛門)에 들어온 뒤에도 죽음을 생각할 때마다 형과 아버지의 죽음이 떠올랐다. 인생, 누구나 죽음으로 부모형제를 잃은 슬픔을 경험하지 않는 사람이 없다. 그럼에도 그때, 나는 왜 나만이 그러한 슬픔을 당해야 하는가, 사람은 왜 친근한 사람에게 감당할 수 없는 슬픔을 안겨 주면서 죽는가, 하는 의문이 가슴을 짓눌렀다. 바위 덩어리마냥 나를 짓누르는 의문과 슬픔은 차라리 절망이었고 어둠이었다."

스님은 형과 아버지의 잇따른 죽음을 계기로 인생에 대해서 회의하기 시작하였다고 한다. 슬픔과 절망과 불안의 끝을 알 수 없는 깊고 어두운 터널의 한복판에 내던져진 외롭고 연약한 소년의 모습이 그때의 자기 모습이었다고 하였다. 그리고 그 어두운 터널을 빠져 나오는 데 많은 인고(忍苦)의 시일이 걸렸다고 하였다.

형과 아버지의 잇따른 죽음으로 충격을 받은 어머니는 그 충격을 이기기 위해서 가톨릭에 귀의하였다. 그러한 어머니를 기쁘게 해 드리기 위해서 함께 다니게 된 천주교회를 더 열심히 다니기도 하였다. 호구지책을 위해서 일을 찾아 거리를 헤매 다녔으나 소년에게 주어지는 일감은 없었다. 거리에는 오직 전쟁, 전쟁, 전쟁을 외치는 소리뿐이었다. 오산에는 비행장 등 군사기지가 있었기 때문에 전쟁 분위기가 한층 더 삼엄하였다. 삼엄한 거리를 헤매다가 지쳐서 집에 돌아오면 등화관제(燈火管制)로 불을 밝힐 수 없어 책을 읽을 수도 없었다.

그러한 때에 스님이 택한 길은 비록 통신강좌라 하더라도 하루 속히 중학교 과정을 마치고 취직을 하는 것이었다. 그 당시는 통신강좌를 이수하면 정규과정을 이수한 것으로 인정하였다. 스님은 분발했다. 5년 과정을 3년에 마쳤다. 그것은 독학으로 공부를 해내는 강한 의지가 있었기 때문에 가능했다. 또한 슬픔, 절망, 불안, 이러한 것들을 떨쳐 버리기 위해서 책에 파묻힌 결과였다.

스님은 통신강좌로 이수한 중학교 과정의 학력을 가지고 서울 영등포에 있는 고바야시 광업소(小林鑛業所)의 정식사원으로 입사를 하고 사택을 제공받았다. 돌이켜보면 괴로운 기억뿐인 오산을 떠나 영등포에 새 삶의 터전을 잡았다.

이때가 1944년 봄, 스님의 나이 18세였다.

4. 지적 방황

고바야시 광업소는 무기를 생산하는 데 없어서는 안 되는 철광(鐵鑛)을 탐광(探鑛)하고 생산하는 회사이므로 군수산업에 속하는 회사였다. 그러므로 회사원이 조선 사람이라 하더라도, 일본인과는 차이가 있으나 식량과 생활필수품의 특별 배급을 받았다.

이제 스님은 어엿한 가장의 몫을 할 수 있게 되었다. 아버지와 형이 유명을 달리 한 후에 찾아온 모처럼의 풍요였다. 그러나 스님은 그 풍요 속에 안주할 수가 없었다. 일제의 억압으로 농토를 빼앗기고 고향을 등져야 했으며, 지금은 일제의 침략전쟁을 돕고 있는, 식민지 지배 하에서 살아야 하는 망국민(亡國民)의 비애가 가슴에서 멍울져 자라고 있었다.

이 무렵, 회사에는 성(成)씨 성을 가진 한국인 선배 사원이 있었다. 이 사람은 뒷날, 스님이 대동상업고등학교(大同商業高等學校)의 재단법인 재산을 보강해서 종단이 인수를 할 때, 광산 등을 출연하여 일을 도왔다. 그리고 그 인연으로 해서 대동상고의 서무과장을 지낸 사람이다. 이 성 과장이 고바야시 광업소에 근무하던 당시의 스님에 관해서 이렇게 말하였다.

"어느 날, 키가 훌쩍 큰 미소년(美少年)이 입사를 했다. 처음에는 사환인 줄로 알았다. 그런데 총무과장이 정식사원이라고 해서 놀랐다. 그리고 서무를 맡는다고 해서 또 한번 놀랐다. 회사 일이란 서무에서 시작해서 서무로 끝나는 것인데 경험 없는 나이 어린 소년에게 서무를 맡기는 것은 잘못이라고 생각하였다. 그리고 얼마나 갈지 걱정을 했다.

그러나 의외로 맡은 일을 잘 처리하였다. 성품이 유순하고 성실해서 사원들 사이에 금세 칭찬이 자자하였다.

그러한 사람이 때때로 침울한 낯으로 생각에 잠겨 있는 것을 보고 어린 사람에게 무슨 고민거리가 있나보다 하였다. 그리고 여가만 있으면 독서에 열중하는 것을 보면서 기특하다는 생각을 하였다.

그때, 회사에는 도서실이 있었다. 광업과 기계공업에 관한 책이 대부분이었으나 그에 못지않게 교양, 문학, 철학, 법률에 관한 서적도 적지 않았다. 스님은 이 중에서 특히 철학과 법률서적, 그리고 『생명의 실상』이라고 하는 책을 탐독하였다. 『생명의 실상』은 당시, 전쟁에 시달리고 있는 일본 서민에게 생명수와 같이 여겨진 책이었다.

어린 사람이 읽는 책으로는 좀 동떨어진다 싶어서 왜 그런 책을 읽는가 물었다. 그때 스님은, '전쟁에 시달리기는 침략자인 일본인이나 침략을 받은 우리나 같을 것이다. 그런 인생의 끝이 어디인가 알고 싶어서'라고 하였다."

전쟁과 망국민의 비애는 스님으로 하여금 생에 대한 회의를 더욱 깊게 하였다.

"왜, 정당하지 못한 일제에 협력하면서 살아야 하는가? 그 끝은 어디인가?"

스님은 성 과장의 회고담 끝에 그 당시의 심정을 그렇게 토로하였다.

스님은 생의 끝을 찾기 위해서 손에 닿는 대로 책을 읽으면서 해답을 구했다. 마치 굶주린 사람이 음식을 보고 탐닉하듯이 책 속에 빠져들었다. 낮에는 일을 하고 밤에는 책을 읽는 주경야독의 생활이었다.

어머니는 병약한 아들의 지나친 주경야독의 생활이 건강을 해치지

나 않을까 걱정을 하였다. 어머니가 얼마나 많은 책을 읽으려고 밤을
새워가며 읽느냐고 걱정을 하면, 웃으면서 하는 말이 "한 방 가득히 읽
을 것입니다." 하였다.

스님은 어려서부터 효심이 지극하였다. 평소 부모의 뜻을 거역한 적
이 없었다. 그러한 스님이 책을 읽는 일에 있어서만은 어머니의 뜻을
따르지 않게 되었다.

5. 망국민(亡國民)의 고뇌

스님의 독서 영역이 점점 넓어져 갔다. 그것은 회사의 도서실에 있
는 다양한 장서(藏書)의 탓도 있었지만, 무엇보다도 경제적으로 여유
가 생겨서 원하는 책을 살 수 있게 되었기 때문이었다. 철학, 역사, 법
률, 경제 등 인문사회과학 분야와 물리학, 수학, 농학 등 자연과학 분
야를 넘나들었다. 왕성한 지식욕은 스님으로 하여금 잡식성(雜食性)
독서를 하도록 하였다.

그러나 청년기에 들어선 스님은 독서를 통해서 갖게 되는 사유가 깊
어지면서 차츰 잡식성 독서에서 벗어나 체계적인 지적 추구를 하게 된
다. 그것은 혼자서 배우고 사유하며 판단하고 깨달아야 하는 스님에게
있어서 정신적 성장의 전환기를 의미했다. 그 전환기는 현실과 이상과
의 괴리에서 오는 고뇌와 방황의 시기였다.

그 무렵, 일제는 중국 전역과 동남아, 그리고 남태평양에 걸친 모든
전선에서 밀리고 있었다. 모든 전선에서 미군에게 제공권을 빼앗긴 일
제는 남태평양과 동남아 해역에서도 제해권을 제압 당하여 매일 패전

의 연속이었다. 그러함에도 전쟁을 주도하는 대본영(大本營)은 거짓 승전을 발표하면서 국민을 독전하고 있었다. 대본영 발표는 국민을 무지 속에 떨어뜨려 전쟁 속으로 몰고 갔다.

일제는 부족한 전쟁 물자의 확보를 위해서 한국인에게 콩깨묵을 주식(主食)으로 배급할 정도였다. 또한 놋그릇 등 철로 된 생활용구는 물론 녹슬은 쇠붙이까지 강제로 쓸어갔다. 젊은이와 장년은 징병과 징용(徵用)을 당하여 전쟁터로, 어린 소녀들은 일군(日軍)의 위안부로 전쟁터에 끌려갔다. 끌려가지 않은 중학생과 초등학생은 최후의 결전을 위한 진지 구축에 동원되었다.

패전을 앞둔 일제의 한국인에 대한 탄압은 가중되고 식민지 정책은 악랄하기 그지없었다. 한 예를 들면, "전쟁에 지면 조선 사람 중 남자는 거세(去勢)되어 미국인의 노예가 되고 여자는 성의 노리개가 된다. 그러므로 반드시 전쟁을 이겨야 한다."는 황당하기 짝이 없는 웃지 못할 망언으로 위협하기까지 하였다. 이 말은 일인(日人) 선생이 학생들에게까지 공공연히 하는 말이었다. 그러나 이러한 말은 파렴치한 일제가 한국인에게 실제로 행한 행동이었다. 한국인을 징병과 징용, 그리고 군 위안부로 전쟁터와 탄광, 군수공장 등으로 끌고 간 사실로써 충분히 입증이 된다.

이러한 상황을 인식한 스님은 비애와 울분으로 가슴이 아팠다. 더욱이 회사의 도서실 도서를 정리하다가 해묵은 잡지에서 우연히 읽은 『일본 국가주의 운동사론(日本國家主義運動史論)』에서 스님은 커다란 충격을 받았다. 월간 「쥬오고론(中央公論)」 1941년 5월호에 실린 이 글은 일본의 내셔널리스트들이 일찍부터 '침략주의를 버리는 것은 국가를 버리는 것이다.'라고 한 말을 인용하고 있는데, 스님은 이 글에서 일제의 진실한 모습을 보았다고 하였다.

내 민족, 내 나라를 위해서는 아무것도 할 수 없으면서도 침략자 일제를 위해서 일을 해야 하는 것이 삶과 존재에 대한 회의를 깊게 하였다.

"조선 사람으로서 자신을 가지고 자립해서 사는 길은 없는가?"

이것이 그 당시 스님의 화두였다.

스님은 자기 자신을 자신(自信)을 갖는 인간으로 키워 나가야 한다고 생각하였다. 이것이 철학을 체계적으로 공부하게 된 동기였다. 그리고 동시에 법률 공부를 하기 시작한 것은 회사의 일과 관계가 있었다. 맡은 일 서무는 법률과 법령(法令)과 관계가 깊었다. 그 일을 잘 해내기 위해서 법률을 배울 필요가 있었다. 뿐만 아니라 지배자의 법률을 아는 것은 지배자에 대한 피지배자의 힘이었다. 한편, 문학 특히 시(詩)에 대해서도 관심이 없었던 것은 아니지만 거기 매달릴 시간이 없었다.

스님이 KBS TV 대담에서 "책을 읽는 시간이 많아지니까 가톨릭 교회에 나가는 시간이 줄었다."고 한 말은 체계적으로 공부하기 시작한 철학과 법률 공부에 그만큼 열중했던 것을 말해 주고 있다. 동시에 가톨릭이 스님으로 하여금 자신을 갖고 현실과 대결할 수 있는 힘을 주지 못한 것을 말해 준다. 또한 이상의 추구에 있어서도 영향을 미치지 못한 것을 알 수 있다.

스님은 전쟁으로 황폐해진 인간정신의 부흥을 주창하는 철학서적을 탐독하였다. 그때까지 읽던 독서와는 궤(軌)를 달리하였다. 스님은 그때, 책 속에 무엇이 씌어 있는가 탐색했고 그 결과 '인간의 고통이 씌어 있는 것을 깨달았다.'고 회고하였다. 그리고 그러한 깨달음은 하나의 지적(知的) 출분(出奔)이었다고 했다. 스님이 『생의 의문에서 그 해결까지』의 서문에서 "나에게 복종을 요구하는 정의, 도덕, 권위 등 그런 것이 다 무엇이란 말인가? 참으로 생명과 맞바꿀 수 있는 진리란 있는 것인가? 그것이 무엇인가?"라고 말한 회의는 그때 싹텄다고 하였다.

제 2 장

古路南行

옛 인 연 을   이 어 서

只知道路遠	길 머언 줄만 알았고
不覺又黃昏	날 저무는 줄은 몰랐구려.

6. 불교와의 만남

1945년 8월 15일, 조국이 광복되자 나라 안은 온통 환희와 흥분의
도가니였다. 그러나 그 환희와 흥분이 채 가시기도 전에 나라 안은 좌
우(左右)로 갈라진 이데올로기의 싸움으로 인하여 극도로 혼란했다.
새로운 조국의 건설은 암담했다. 조국이 광복되기만 하면 마음껏 이상
의 날개를 펼 수 있으리라 믿었던 스님은 스님이 지금까지 추구해 온
이상이 깃들 곳이 없음을 깨닫는다. 그리고 방황을 한다.

우국충정(憂國衷情)이 넘치는 애국지사들의 고담준론(高談峻論)을
듣기 위해서 강연장을 찾아다녔고, 좌우정객(左右政客)들의 건국관(建
國觀)을 알기 위해서 그들의 모임에도 참석을 하였다.

이 무렵, 20세의 대학생인 스님은 스님의 생애의 진로에 결정적인
영향을 미친 두 사람을 만나게 된다. 한 사람은 서울대학교 문리과대
학에서 철학을 강의하는 박종홍 교수이고 또 한 사람은 소천스님이었
다.

1946년의 전국 대학가는 휴교 상태였다. 좌우익(左右翼)의 살벌한
대결의 마당이었다. 8.15 해방이 되기가 바쁘게 날로 가열되어 가는 좌
우익 양 진영의 싸움에 기름을 붓는 사건이 잇달았다. 그 중에서도 신
탁통치 찬반세력의 대결과 서울대학을 국립대학으로 만드는 미군정
(美軍政) 당국의 소위 국대안(國大案)에 대한 찬반 대결은 학교를 상아
탑이 아니라 목숨을 건 살육의 전쟁터를 방불케 하였다.

신탁통치를 찬성하는 좌익 학생과 교수들은 공산주의 정당과 사회
단체의 지원을 받아 학교를 이데올로기 투쟁의 불밭으로 만들었다.

소천대선사(스님의 사숙, 필자)

그들은 또 국대안을 미군정에 의한 식민지교육정책이라는 이유를 들어 반대하는 동맹휴학을 강행하였다. 공산주의 정당과 사회단체의 조직적인 지휘를 받는 국대안 반대운동은 중학생까지 가세하는 전국적인 동정(同情) 동맹휴학으로 확대되었다.

스님은 식민지를 자초하는 신탁통치를 찬성하는 좌익 학생과 교수가 국대안을 식민지교육이라고 단정하고 반대하는 것은 모순이라고 생각하였다. 그리고 어느덧 인간정신의 부흥을 삶의 신조로 삼게 된 스님은 모순이 지배하는 이데올로기의 격전장이 되어 버린 학교를 다닐 것인가 번민하였다.

이때, 박종홍 교수는 인간정신의 부흥을 주창하는 스님에게 한국인의 인간정신을 부흥하기 위해서는 한국사상에 대한 바른 인식이 바탕이 되어야 한다고 하였다. 그리고 한국사상을 알기 위해서는 한국의 유학(儒學), 특히 실학사상(實學思想)과 불교 중에서는 원효와 보조의 사상을 알아야 한다고 강조하였다. 또한 선(禪)을 직접 체험할 필요가 있다고 하였다.

스님은 박종홍 교수로부터 이 이야기를 듣기 이전에 서울 봉익동에 있는 대각사에서 소천스님의 '금강경 강의'를 듣고 있었다. 우국지사들의 강연을 듣기 위해서 종로 거리를 헤매고 다닐 때, '금강경 강의'를 통해서 구국운동(救國運動)을 펴는 소천스님에게서 스님은 깊은 감동을 받았다. 이것이 불교와의 첫 만남이었다.

인간정신의 부흥을 모토로 앞날을 설계하는 20세의 젊은 스님에게 소천스님이 설하는 금강반야바라밀 사상은 신념을 심어 주었다. 그리고 이로 인해서 소천스님을 평생토록 사숙하게 된다.

소천스님이 입멸한 지 십 수년 뒤, 소천스님의 문집을 간행하면서

스님은 그 서문에서,

"세계적으로 사상이 혼란한 와중에서 금강반야바라밀에 눈뜬 소천스님의 금강경 강의와 구국운동은 깨달음을 불교 속에 가두어 두지 않고 인간사회의 모든 영역에 반야의 대용(大用)을 열었다."고 평가하고 있다.

비록 소천스님에 대한 이러한 평가는 소천스님이 입적한 지 십 수년 뒤의 일이지만, 이 말에는 스님이 소천스님을 처음 만난 때로부터 소천스님을 사숙하면서 받은 영향을 살필 수 있는 요소가 담겨 있다. 그것은 「불광」지의 창간사에서 '순수불교선언'을 통해 '마하반야바라밀운동'을 편 것으로 알 수 있다.

스님은 「불광」의 창간사 '순수불교선언'에서 이렇게 말하고 있다.

"우리는 참으로 반야(지혜)의 눈을 크게 떠야 한다. 물질과 감각으로 착색(着色)된 미혹(迷惑)에서 벗어나 인간실상(人間實相)을 바로 보고 인간복지(人間福地)를 회복하여야 하겠다. 그리고 거기서 넘치는 힘과 충만한 공덕을 갖고 무한의 지혜와 용력(勇力)을 발휘하여 이 땅 위에 평화와 번영의 굳건한 터전을 이룩하여야 하겠다. 이것은 인간본연(人間本然)의 영광을 이 땅 위에 구현하는 일인 것이다."

이것이 스님이 주창하는 인간정신의 부흥운동이며 불교에 귀의한 뒤에 온 심혈을 기울인 마하반야바라밀운동이다.

소천스님의 문집 서문과 '순수불교선언'에서 어구(語句)는 다르나 공통점을 발견할 수가 있다. 소천스님이 '금강반야바라밀'을 바탕으로 구국운동을 펴고 불교의 깨달음을 인간사회의 모든 영역에 편 것과 '마하반야바라밀' 운동으로 인간복지를 회복하고자 한 것은 소천스님이 추구하는 이상을 스님이 계승하였다고 할 수 있을 것이다.

더욱이 스님이 불광회를 조직하여 불교의 깨달음을 가정과 사회 각 분야로 확산시키는 새로운 포교방식을 택하여 추진한 것은 소천스님과 한가지로 불교의 깨달음을 불교 안에 가두어 두지 않으려는 것이었다. 스님은 평소에 "불교의 깨달음을 불교 속에 가두어 두는 것은 아무런 의미가 없다."고 하였다. 불교가 존재하는 이유는 불교를 모르는 중생을 깨우치기 위하는 데 있기 때문에 더욱 그렇다는 것이었다.

7. 정신적 성숙기(成熟期)

광복 후, 정정(政情)의 불안, 극도의 사회혼란과 가난 속에서도 그 시절이 스님에게 있어서는 정신적 충족감을 갖고 젊음을 불사른 시기였다. 그것은 소천스님의 금강경 강의와 뜨거운 구국정신에서 배우는 바가 컸기 때문이기도 하며, 의기투합(意氣投合)한 친구들과 함께 나라를 걱정하고 인생을 고뇌하며 토론으로 밤을 지샌 날들이었기 때문이었다. 스님은 그 시절을 '내 인생의 성숙기'라고 곧잘 말하고는 하였다.

그러나 그 시절에 스님의 건강은 크게 나빠지고 있었다. 중증(重症)의 폐결핵이었다. 이때 복용한 폐결핵 치료제 파스(pas)는 결핵을 낫게 하는 반면 파스가 가진 독성 때문에 위와 장을 상하게 하는 부작용을 가지고 있었다. 스님은 결국 소화기계통의 병까지 함께 앓아야 했다. 하나의 병을 낫기 위해서 다른 병을 얻은 것이었다. 그로 인해서 스님은 뒷날, 두 번에 걸친 복부(腹部) 수술을 받게 된다.

스님이 요양을 위해서 기장포교당에 있을 때였다. 그때를 회고하면

서 말하기를,

"그때는 병을 낫기 위해서 약을 먹고, 병을 낫기 위해서 먹은 약으로 생긴 다른 병 때문에 또 약을 먹는 병고의 나날이었다. 혼자 있을 때면 나도 모르는 사이에 이렇게 살다가 생을 마감하는 것은 아닌가 하는 두려움에 사로잡히기도 하였다. 어머니의 갑작스런 죽음도 나에게 그러한 자극을 더해 주었다.

모처럼 맞은 내 인생의 성숙기에, 내 안에서 약동하는 충만한 생명력과는 다르게 죽음의 공포가 나를 엄습하는 것이었다. 삶에 대한 회의와 고뇌는 더욱 깊어졌다. 소천스님은 그러한 나에게 '삶과 죽음이 부처님 설하신 질서 안에 있다.'고 알 듯 모를 듯한 말을 하였다. 나는 불교의 기본적인 사고방식을 알게 되었을 때에야 그 말의 뜻을 알았다.

불교의 기본적인 사고방식은 모든 사물에는 표리(表裏)가 있다는 것이다. 좋은 일이 있으면 나쁜 일이 있고 태어난 존재는 반드시 죽는다. 형체가 있는 것은 언제고 반드시 무너진다는 것이다. 인간은 태어나서 살다가 죽는다. 죽는 것은 사는 것이 끝난 것이다. 그러나 사는 것이 끝나는 순간 죽는 것도 끝이 난다. 그러므로 사는 것과 죽는 것은 언제 어디서나 동거(同居)하고 있는 셈이다."라고 하였다.

1950년, 한국전쟁이 일어나자 징병제도가 실시되었다. 그러나 스님은 폐결핵 때문에 징집을 면했다. 1950년 여름, 피난지에서 돌아온 스님은 곧장 대각사로 소천스님을 찾아갔다. 재회(再會)한 소천스님과 박종홍 교수, 그리고 때마침 상경한 동산스님, 세 사람은 병들고 지친 스님에게 범어사에 가 있을 것을 권유하였다.

스님에게 있어서 범어사행은 불교에 입문하기 위한 것이 아니라, 한

3개월 쉬면 건강도 회복되고 불교도 조금은 알게 되겠거니 하는 가벼운 마음으로 범어사행을 결행하였다. 이때가 1950년의 가을, 동안거(冬安居) 직전이었다. 가벼운 마음으로 찾아간 범어사행은, 그러나 뜻하지 않게도 10년 행자생활의 시작이었다.

8. 10년 행자(行者)

스님의 범어사 생활은 선방(禪房)에서 시작되었다. 선방생활과 참선을 경험한 적이 없는 스님이 선방에서 행자생활을 하게 된 것은 범어사 스님들의 배려에 의한 것이었다고 한다. 불광법회에서 한 이 말로써 행자가 되는 것이나 선방생활과 참선, 이 모두가 전혀 계획에 없던 일임을 알 수 있다.

범어사 대중은 선방의 행자인 스님을 고 처사(高處士)라고 불렀다. 나이가 많은 탓이었다. 나이가 많은 것은 행동에 제약을 가져오는 요인이었다. 예기치 않았던 선방의 행자 노릇은 많은 인내를 요구했다.

운력(運力)을 할 때는 남보다 앞장을 서야 하고 좌선(坐禪)을 할 때는 육체적 고통과 산란해지는 마음과 싸워야 했다. 뒷날, 스님이 두 번의 큰 수술을 받고 투병을 할 때, 괴롭지 않은가 물으면,

"육체의 고통을 느낄 때, 아직 살아 있는 것을 실감한다."고 말하는 스님은 이때의 선방생활이 병고보다 훨씬 더 힘이 들었다고 말할 정도였다.

그 고된 3개월 간의 동안거가 끝났을 때, 스님은 박종홍 교수가 권한 선의 실수(實修)를 본격적으로 해보기로 마음을 내었다. 참선을 해

서 그 결과가 어떠하든 일단 선(禪)과 맞붙어서 한판 씨름을 해 보겠
다는 것이었다. 그래서 그 뜻을 동산스님에게 말하였다. 그러나 동산
스님은 의외로 "그렇게 서두를 것 없다."는 반응이었다. 그러자 오기가
치솟았다. 어묵동정(語默動靜)이 다 선이라는데 특별히 허락을 받고
말고 할 것이 없지 않은가 하였다.

안거가 끝난 선방은 한산했다. 참선하던 스님들은 뿔뿔이 흩어져 가
고 상주하는 스님 서너 사람과 간혹 찾아오는 객승이 있을 뿐이었다.
자연히 행자가 하는 일도 줄었다. 시간이 넘쳐났다. 정해진 일과(日課)
외에는 좌선과 간경(看經)에 몰두하였다.

『화엄경』에 '초발심시변성정각(初發心時便成正覺)'이란 말이 있다.
"처음 발심했을 때, 곧바로 정각을 성취한다."고 한 이 말이 그때 그렇
게 마음에 들었다고 한다. 비록 깨달음을 구하는 마음을 내었다고는
할 수 없으나, 『화엄경』의 이 말은 참선이든 간경이든 열심히 하면 거
기에 인생의 '끝'이 있다는 기대를 갖게 하였기 때문이라고 한다.

스님은 인생의 궁극을 추구해 왔다고 할 수 있다. 스님의 저서 가운
데 『생의 의문에서 그 해결까지』라고 하는 책이 있다. 스님은 이 책의
서문에서 인간을 편력자라고 하였다. 마음의 평화와 안정과 행복을 찾
아서 끝없는 길을 가는 길손이라고 하였다. 그리고 인간의 끝없는 방
황은 언제 끝나며 "필경 나에게 남는 것은 무엇인가?" 묻고 있다. 또한
"…… 하고 많은 의문이 우리 가슴에서 솟아오르는데 그 의문은 결코
회피할 수 없는 생의 뿌리에서 끓어오르는 근원적인 질문"이라고 하였
다.

스님은 그동안에 썼던 글을 모아 『생의 의문에서 그 해결까지』라고
책의 제목을 정하고 나서,

"나는 소년시절부터 지금까지 생에 대한 의문을 놓지 못하고 살아왔다. 앞으로도 그러하겠지만, 이 책의 독자 중에 생에 대한 의문을 가진 이가 있다면 용기를 내어 회피하지 말고 그 의문을 끝까지 추구하기를 바란다."고 하였다.

이렇게 남들에게 권하는 '생의 끝'에 대한 추구였으니 본인 스스로는 어떠했을지 짐작을 할 수 있다.

치열한 좌선과 밤을 지새운 간경은 끝내 건강을 더욱 악화시키고 말았다. 동산노스님은 건강이 악화된 스님의 요양을 위해서 기장(機張)의 포교당으로 보냈다.

머리를 깎고 염의(染衣)를 입었으나 행자인 스님은 포교당의 크고 작은 일을 도맡아 했다. 예불을 하고 불공을 올리는 의식을 집전했다. 그러나 축원과 법문은 하지 않았다. 그것은 구족계를 받은 스님이어야 한다는 생각에서였다. 여기에서 스님의 비구관(比丘觀)의 일단을 엿볼 수가 있다.

또한 소천스님의 금강경독송구국원력대(金剛經讀誦救國願力隊)에 참여해서 국민계몽운동을 펼 때도 소천스님이 대중강연을 권하였으나 하지 않았다. 그 이유를 물으면 "불법(佛法)은 물론, 나를 내가 모르는데 대중을 향해서 무슨 말을 할 수 있겠는가?" 하였다.

KBS TV 대담에서 스님은 " '안다'는 것은 관념적인 지적(知的) 해답이 아니라 직하(直下)에 주체적으로 자기를 파악하는 것이다."라고 하였다. 자기를 파악하는 것, 그것은 스스로를 아는 것이다. '나'를 모르고서 그 밖의 다른 어떤 것도 안다고 할 수 없는 엄연한 사실을 말하고 있다. 이 말은 행자시절로부터 40년이 지난 뒤에 한 말이지만, 그때도 그러한 생각에는 다름이 없었다.

성철대종사(스님의 사형, 필자)

때문에 대중을 향해서 강연과 법문을 하지는 않았으나 청장년의 재가불자들이 모여서 불교를 공부하고 진리를 탐구하면서 토론하는 모임에는 열성을 쏟았다. 스님의 주도(主導)로 부산에서는 동래의 금정사에서, 서울에서는 대각사를 중심으로 토론회가 활발하게 열렸다. 토론회가 빈번하게 열리면서 모임은 자연히 회를 결성하게 되고 매주 정기적인 모임을 갖는 신행단체로 발전을 하게 되었다.

그 중 하나가 부산에서 발족한 법등가족법회(法燈家族法會)이다. 스님이 주관하는 이 법회의 특징은 사찰에서보다도 재가불자의 가정을 순회하면서 열리는 점이었다. 때때로 출가한 스님이 초청되어 법문을 하고 그 날의 법회를 이끄는 경우가 있었으나 대부분은 재가불자들 스스로 법회를 이끌었다. 한국불교에 있어서 일반 서민의 가정에서 재가불자에 의해서 정기적으로 법회가 열리는 예는 없었다. 스님의 법등가족법회가 최초였다.

또 하나는 서울 대각사에서 1956년에 결성한 대각회(大覺會)이다. 스님이 초대회장을 맡은 이 회는 황산덕(黃山德), 이종익(李鍾益), 김경만(金慶萬) 등 지성인들이 대거 참여한 점이 특색이었다. 대각회가 출범한 1956년의 불교계는 비구승(比丘僧)과 대처승(帶妻僧) 간의 정화분규(淨化紛糾)로 인하여 두 진영이 첨예하게 대립하고 있을 때였다. 정화불사(淨化佛事)를 적극 지지하고 동참한 대각회 멤버들은 한국불교의 새로운 진로에 대해서 많은 관심을 가지고 있었다. 특히 이종익 교수의 보조(普照)를 종조(宗祖)로 하는 조계종의 종조론(宗祖論)은 비구 측이 주장하는 한국불교의 정통성의 근거를 제시하였다. 그리고 황산덕 교수의 중론(中論)을 바탕으로 한 법철학의 이론은 불교학 연구에 새로운 지평을 열었다.

스님이 주도한 법등가족법회에서 주목할 것은 가정의 불교화, 가족 전체의 불자화(佛子化)를 지향한 점이다. 스님은 개인이 불자가 되는 것도 중요하지만, 개인이 속한 가정이 불교화되고 가족 전체가 불자화됨으로써 가정의 구성원이 화목하며 가족이 행복하고 불교가 발전할 수 있는 기반을 다진다고 생각하였다. 특히 인간사회에 있어서 가정은 가장 작은 단위의 사회이지만, 그것이 인간사회의 기본적인 사회라는 점을 중요시하였다.

인간사회의 가장 작은 단위인 가정이 불교화하면 그것들이 모여서 인간사회를 불교화하고 나아가서 인류 전체를 불자화하는 길이 트인다고 본 것이다. 또한 그러한 길로 나아가기 위해서는 불자 개개인이 깨쳐야 한다고 생각하였다. 대각회가 지향하는 불자 개인의 깨달음과 실천은 그러한 점에서 법등가족법회와 서로 보완적인 입장에 있다고 할 수 있다.

스님이 불광회를 창립하고 그 산하에 월간 「불광(佛光)」을 비롯해서 불광법회, 불광출판부, 불광유치원, 불광포교원, 불광교육원 등을 둔 것은 그 근저에 그러한 이념이 자리를 잡고 있다. 불광법회가 지역 단위의 조직을 갖고 가정을 중심으로 법회를 운영하는 것으로써 그것을 알 수 있다. 그리고 스님이 생애를 통해서 마하반야바라밀운동을 펴 깨달음의 보편화를 추진하고 보현행원 사상을 고취하여 불교의 실천을 강조한 것 등은 모두가 그러한 이념을 구현하기 위한 것이었다.

동산노스님은 법등가족법회와 대각회, 그리고 금강경독송구국원력대 일로 분주한 스님에게 늘 말하기를 "백척간두(百尺竿頭)에서 진일보(進一步)" 할 것을 요구하였다. 그리고 백척간두에서 진일보하는 날 중(僧)이 될 것이라고 말하였다. 그러나 그 날은 좀처럼 오지 않았다.

그때나 요즈음이나 출가를 위해 절에 살면서 십 년 동안이나 행자생활을 한 예는 거의 없다시피 하다. 아마 스님의 십 년 행자생활은 거의 전무후무한 일이고 특별한 일일 것이다. 남들은 하루라도 빨리 계를 받고 행자생활을 벗어나려고 하는데 오직 스님만이 스스로 원하여 십 년 고행을 감수하여 철저하게 구도의 길을 걸었으니, 어찌 후세의 귀감이라고 말하지 않겠는가. 왜냐하면 출가문의 서열은 계 받는 순서에 의해 모든 것을 정하므로 절에서 십 년을 생활해도 계 받지 않으면 역시 가장 끄트머리가 된다. 그로 인해 겪게 되는 불편과 부당함이 많았을 텐데 오히려 그런 어려운 과정을 수행의 계기로 삼은 스님이었으니 말이다.

제 3 장

扶宗救校

종 단 을 붙 들 어 세 우 고 학 교 를 구 해 내 고

爲他爲己雖微善	남위하고 자기위한 작은선행도
皆是輪廻生死因	그모두가 생사윤회 씨앗이라네.

9. 대사일번(大死一番)

스님과 가까운 도반들은 구족계를 받지 않는 스님을 '10년 행자'라고 불렀다. 이 호칭에는 비록 구족계를 받지는 않았으나 10년을 하루같이 출가 수행인의 위의(威儀)를 흐트리지 않는 스님을 향한 외경심이 담겨 있었다. 그러기에 그 도반들은 스님에게 구족계 받기를 여러 차례 권하였다. 그러나 그때마다 말하기를,

"병객(病客)인 내가 비구가 되면 단월(檀越)의 시물(施物)을 헛되게 할 뿐인데 그 과보를 어떻게 감당하겠소." 하였다.

그러던 스님이 1960년 봄, 동산노스님을 은사(恩師)와 계사(戒師)로 구족계를 받았다. 스님의 수계를 환영하면서도 갑작스러워 의아해 하는 도반들에게 스님은 "생각이 있어서."라고 하였다. 도반 중에 짓궂은 이가 있어서 "생각을 버려야 참 중이 된다."고 하자 스님은 일언지하(一言之下)에,

"대사일번(大死一番)" 하였다.

'대사일번'은 저 유명한 조주(趙州)선사로부터 시작한다. 어느 날, 조주선사가 회중(會衆)에게 말하기를,

"무엇보다도 먼저 철저하게 죽는 것이 도리어 사는 길이니라."[須是大死一番却活始得(『벽암록』 41칙)]라고 하였다.

철저하게 죽는 것, 철저하게 자기를 죽이는 것, 그것이 '대사일번'이다. 그것은 모든 것을 아낌없이 버리는 것이다. 선가(禪家)에서는 전통적으로 조주선사의 이 말을 모든 것을 아낌없이 버리고 스스로 사지(死地)에 뛰어들어 법(法)과 중생을 위해서 무애자재(無礙自在)하게 활

약하는 것이라고 해석한다. 이러한 해석에 따르면 스님의 수계 제일성(第一聲) '대사일번'은 모든 것을 버리고 법과 중생을 위해서 스스로 사지에 뛰어들 각오가 되어 있음을 의미한다. 그리고 이러한 각오는 은사인 동산노스님이 평소 스님에게 요구한 '백척간두 진일보'와도 기맥(氣脈)이 상통하고 있다.

국어사전에 의하면 '백척간두(百尺竿頭)'는 '백척이나 되는 높은 장대 위에 올라섰다는 뜻으로, 몹시 어렵고 위태로운 지경을 이르는 말'이라고 하였다. 그러나 선가에서는 전혀 다른 뜻으로 쓰이고 있다.

장사경잠(長沙景岑) 선사와 삼성화상(三聖和尙)의 문답에 보이는 '백척간두진일보'의 '백척간두'는 부처를 향해 나아가서 도달하는 경지, 즉 상구보리(上求菩提)이다. 그리고 '진일보'는 그 부처의 경지에 안주하지 않고 중생의 세계로 내려와 이타행(利他行)을 하는 것, 즉 하화중생(下化衆生)을 뜻한다. 법을 구하고 법에 머무르지 아니하고 죽음을 각오하고서 백척의 높은 장대 끝에서 중생의 세계를 향하여 뛰어내려 중생을 교화하는 것이 백척간두에서 진일보하는 것이다. 이같은 선가의 전통적인 해석에 따르면 스님의 '대사일번'은 은사스님인 동산스님의 '백척간두진일보'와 상응하는 사자상승(師資相承)의 면목을 지니고 있다고 할 것이다.

스님이 구족계를 받은 해 여름, 스님과 나는 범어사 산내암자(山內庵子) 계명암(鷄鳴庵)에서 암주(庵主)인 법연(法演)스님과 함께 며칠을 지냈다. 그 어느 날의 석양 무렵, 스님은 눈 아래 내려다보이는 범어사를 부감(俯瞰)하고 서 있었다. 뉘엿한 저녁노을에 실려 들려오는 범어사의 종소리를 듣고 즉흥시를 읊었다.

부처님께서 법을 설하신
기원정사(祇園精舍)의 종소리는
제행무상(諸行無常)을 설하고

부처님께서 열반하신
사라쌍수(沙羅雙樹)의 푸르름은
성자필멸(盛者必滅)을 설하네.

그리고 독백(獨白)하듯이 물었다.
"왜, 기원정사의 종소리는 제행무상을 설하고 사라쌍수의 푸르름은
도리어 성자필멸의 이치를 나타내는가?"
십년 행자(十年行者)의 '대사일번'을 각오한 출가의 비장함을 느끼
게 한다.

10. 종단의 위기

스님이 구족계를 받은 1959년 전후의 종단은 난마와 같이 얽힌 대처
승 측과의 수많은 소송과 재정난에 시달리고 있었다. 사찰정화운동(일
명 불교정화운동)이 일어난 지 5년여가 지났음에도 대처승 측은 여전
히 많은 사찰과 종립 중·고등학교와 동국대학교, 그리고 불교재산을
출연한 재단법인과 출자기업 등을 장악하고 일제시대 이래 견지해 온
실권을 행사하고 있었다. 거기다가 종권에 관한 재판은 불리하게 진행
되고 있었다.

1956년 3월, 대법원 특별부는 종단이 임명한 주지를 일제시대 총독부가 제정한 사찰령(寺刹令) 시행세칙과 구해인사본말사법(舊海印寺本末寺法)에 의해서 인가하는 것은 무효라는 판시(判示)를 하였다. 그 때까지 정부는 일제시대의 불교관계 법령을 그대로 준용하고 있었다. 대법원 특별부의 이 같은 판결은 종단이 임명하는 주지의 취임을 부정하는 효력을 가져와 종단이 임명한 주지가 주석(住錫)하는 사찰에 대한 명도소송을 양산하게 되고 종권 탈취를 위한 각종 소송이 줄을 잇게 하였다. 그 여파는 1959년 9월, 대처승 60여 명이 대처승의 주지자격을 인정하지 않는 문교부장관을 상대로 소송을 제기하는 사태에까지 이르게 되었다.

뿐만 아니라, 1960년 4.19 혁명이 일어나자 사태는 더욱 악화되었다. 이승만 정권의 독재와 부패, 그리고 3.15 부정선거에 대한 항거로 일어난 4.19 혁명의 여파는 그동안 이승만 정권하에서 억눌렸던 국민감정을 일시에 분출시켰다. 그리고 이승만 정권시대의 가치관을 부정하는 사회 분위기가 조성되었다. 그러한 사회 분위기에 편승한 대처승 측은 종권 탈취를 위해서 여러 가지 시도를 하게 된다. 그 중 대표적인 것이 4.19 혁명이 일어난 지 불과 10일 뒤에 조계사를 탈취하기 위해서 80여 명이 조계사 경내에 돌입한 사건이었다. 또한 이것을 신호로 전국의 많은 사찰에서는 같은 폭력사태가 재연되었다.

이러한 때에 종단을 더욱 어렵게 한 것은 그 해(1960년) 11월의 대법원 판결이었다. 대법원 판결은 1955년 2월, 비구승과 대처승이 합의하여 동수(同數)로 구성한 불교재건비상종회(佛敎再建非常宗會)에서 결의하고, 다시 같은 해 8월의 전국승려대회에서 결의한 종헌과 종단구성은 유효하다고 한 서울고등법원의 판결(1957년 9월 17일자)을 파기하여 서울고등법원으로 환송하였다. 이 판결은 정화운동을 일으킨 비구승 종단의 기반을 부정하는 것이었다. 종단의 위기였다. 왜냐하면, 이 판결대로 서울고등법원에서 판결을 하게 되면 종단을 대처승 측에 돌려주어야 하기 때문이었다. 따라서 대법원의 이 판결은 불교정화로 인하여 승려자격을 잃게 된 대처승 측을 크게 고무한 반면 종단의 기반을 뿌리째 흔들어 놓았다.

이같이 이미 내려진 판결이 뒤집히는 예는 지방에서도 속출하였다. 법원에 따라서는 동일한 사안을 두고 비구승 측의 승소가 패소로, 대처승 측의 승소가 패소로 뒤바뀌는 판결로 인해서 종잡을 수 없는 사태가 잇달았다. 그리고 뒤바뀐 재판은 그에 대응하는 새로운 소송을 낳았다.

이러한 때, 스님은 종정인 동산스님의 권유에 따라 총무원 서무국장을 맡고 있었다. 종정스님은 종단을 위기에서 구하기 위하여 스님을 소명(召命)한 것이었다. 그리하여 스님이 출가할 때 결심한 '대사일번(大死一番)'은 은사인 종정스님의 뜻을 받들어 종단을 위기에서 구하는 일로부터 시작되었다.

스님은 서무국장으로서 시급히 해야 하는 당면과제로 두 가지 일을 결정하였다. 하나는 전혀 체계가 잡혀 있지 않은 종단의 행정을 체계화하는 일이었다. 또 하나는 난마와 같이 얽히고 종잡을 수 없는 소송을 효과적으로 대응하고 이끌어 가는 것이었다.

스님은 밤잠과 식음(食飮)을 잊고서 이 두 가지 일에 전념하였다. 그러나 종단행정의 체계화 문제에는 넘기 어려운 암초가 도사리고 있었다. 현재의 종단행정을 체계화하는 것 못지않게 중요한 것은 비구승과 대처승의 화동(和同)의 길을 열고 장차 양측이 화동하였을 때의 종단

상황을 예상하고서 그에 대비하는 것이었다. 다시 말해서 대처승을 받아들일 수 있는 자리를 미리 만들어 두는 것이었다.

스님은 이러한 사전조치는 소송에서도 유리하게 작용할 것이므로 필요불가결하다고 생각한 것이다. 그러나 이에 대한 이견(異見)이 분분하였다. 따라서 반대하는 스님들을 설득하고 동의를 얻는 일이 쉽지 않았다. 그것이 바로 넘기 어려운 암초였다. 스님은 이 일로 인하여 대단히 부심(腐心)하지 않으면 안 되었다. 정화운동을 시작한 이후, 비구·대처 양측은 서로 법정공방을 하고 사찰 점유를 위해서 실력행사를 마다하지 않으면서도 다른 한편에서는 화동을 모색해 왔기 때문에, 그때를 위해서 대비할 필요가 있다고 스님은 생각한 것이었다.

한편, 소송에 관해서는 크거나 작거나, 승패를 막론하고 소송에 관한 모든 기록을 검토하기로 하였다. 그런 다음에 적절한 방책을 강구하기로 하고 그 방대한 소송자료를 검토하면서 스님이 첫째로 깨달은 것은 종단의 소명자료(疏明資料)가 불충분한 점이었다. 그와 함께 소송대리인이 종단의 사정에 어두운 점이 패소의 원인으로 지적되었다. 스님은 법리론을 도외시한 대의명분만으로 소송에 이길 수 없음을 잘 알고 있었다. 스님은 소송대리인에게 한국불교의 전통과 특성을 이해시키는 한편, 소명자료를 다시 작성하여 소송대리인과 함께 대응책을 강구하기 시작하였다. 그 결과 1961년 3월, 대법원으로부터 종단의 종권을 인정하는 판결을 받아냈다.

이 대법원 판결은 서울고등법원이 종단의 종권을 부정했던 판결을 번복한 것이었다.

특히 사찰명도소송이 법원에 따라서 엇갈린 판결을 하는 모순을 없애기 위해서 동일한 사안을 하나로 묶어서 재판에 임하는 것이 효과적이라는 판단을 하였다. 실제로 지방사찰의 명도소송은 당해 주지의 능력 여하에 따라서 명암이 엇갈리고 있었기 때문에 효과적이라는 평을 받았다. 그러나 총무원에서 일괄해서 소송을 맡아 진행하기 쉽지 않은 점과 함께 소송비용 등의 문제로 뜻을 이루지 못하였다. 그러나 동일한 사안에 따라 종합된 소명자료와 종단소송에 관한 대책과 지시는 재판에 유익하게 쓰였다.

11. 통합종단(統合宗團)

4.19 혁명 이후, 비구·대처의 정화분규가 심화되고 있을 때, 5.16 군사정변이 일어났다. 모든 것이 일시에 정지했다. 그러나 불교분쟁만은 멈추지 않고 더욱 달아오르고 있었다. 여기에 기름을 부은 사건이 발생했다. 그것은 1961년 10월의 대법원 판결이었다. 이때, 대법원은 1955년 8월의 전국승려대회에서 결의한 종헌의 개정은 적법한 절차를 밟은 것이 아니며, 그 전국승려대회에서 결의한 불교정화 및 그에 따른 종헌의 개정 등은 불교정화에 관한 건의의 성격을 벗어나지 못한다고 판시(判示)하였다.

이러한 대법원의 판결은 앞에서 든 1960년 11월, 종단을 위기로 몰아넣은 대법원의 판결에 대한 설명의 성격을 띠고 있었다. 그리고 1960년 11월과 1961년 10월의 이 두 가지 대법원 판결은 모두가 그러한 판결의 이유로 1955년 8월의 전국승려대회에 대처승 측이 불참한 것을 들고 있었다.

대처승 측은 4.19 혁명과 5.16 군사정변의 잇단 시국변동과 그 와중에 내려진 대법원의 판결을 권토중래의 절호의 기회로 믿고 종권 탈취를 위한 반격을 강화하였다. 그러나 스님은 1960년 11월의 대법원 판결에 대한 설명의 성격을 띠고 있는 1961년 10월의 대법원 판결은 무의미한 법률적 판단이라고 생각하였다. 스님은 이 무의미한 판결이 대처승 측을 고무한 것과는 반대로 도리어 판결의 오류를 들어내고 있다고 보았다. 스님은 판결의 오류를 1955년 8월의 전국승려대회에 대처승 측이 참석할 수 없는 이유에서 찾았다.

1955년 8월의 전국승려대회는 그 해 7월에 비구·대처 양측이 합의해서 개최한 불교정화대책위원회에서 결의한 것이었다. 전권을 위임받은 비구승 측 5인과 대처승 측 5인으로 구성된 불교정화대책위원회는 8월 초에 전국승려대회를 개최하여 사찰정화에 관한 매듭을 짓기로 결의하였다. 이때의 찬반투표는 찬성 5표, 반대 3표, 기권 2표(불참)였다. 물론 찬성은 비구승 측이고 그 밖의 반대 3표와 기권 2표는 대처승 측이었다. 이러한 표결 결과는 특별히 표결에 관한 협의가 없는 한, 관례에 따르게 되어 있고 관례에 따르면 과반수 참석과 과반수 찬성으로 표결은 효력이 있는 것이었다.

그러나 스님은 표결과 관계없이 대처승 측이 전국승려대회에 참석할 수 없는 원인에 주목을 하였다. 정부가 발표한 문교요람의 교세현황에 의하면 1955년 12월 말 현재, 대처승 5,038명, 비구승 746명, 비구니 401명으로 대처승 측이 압도적으로 우세하였다. 압도적으로 우세한 대처승 측이 비구승 측과 합의한 전국승려대회에 참석하지 않은 이유는 무엇인가? 그 점을 간과하고서 대처승 측이 전국승려대회에 참석하지 않은 것을 이유로 1955년 8월의 전국승려대회에서 종헌 등을 결의한 것은 단순한 건의에 지나지 않다고 대법원이 판결한 것은 오류를

범한 것이라고 보는 것이 스님의 관점이었다.

전국승려대회에 대처승 측이 참가할 수 없었던 원인은 좀더 거슬러 올라가서 살필 필요가 있다. 전국승려대회를 결의한 불교정화대책위원회는 1955년 2월, 비구·대처 양측이 각각 협상의 전권을 위임받은 5인으로 구성한 사찰정화대책위원회를 이어받은 것으로서 명칭만을 바꾼 것이었다. 불교정화대책위원회의 전신인 사찰정화대책위원회는 1955년 2월, 승려자격에 관한 8개항의 원칙에 합의한 바 있었다. 그 8개항은 다음과 같다.

① 독신자
② 삭발하고 염의(染衣)를 입는 자
③ 불구가 아닌 자
④ 백치가 아닌 자
⑤ 살(殺)·도(盜)·음(淫)·망(妄)의 네 가지 계율을 지키는 자
⑥ 음주(飮酒)·식육(食肉)·흡연(吸煙)을 않는 자
⑦ 3인 이상의 승려와 단체생활을 하는 자
⑧ 20세 이상인 자

이와 같은 원칙을 지키는 한 대처승 측 누구도 승려자격을 인정받을 수 없게 된다. 따라서 아무리 전권을 위임받은 대표들이 결의한 일이라 하더라도 승려자격을 잃게 되는 전국승려대회에 스스로 참가할 리가 없었다. 문제는 여기에 있었다.

불조혜명(佛祖慧命)을 잇고자 250항목이나 되는 구족계를 받고 승려가 된 사람이 가장 기본적인 8개항을 지키기를 거부하는 것은 곧 승

려이기를 스스로 포기한 것과 다름이 없다. 스스로 승려이기를 포기한 사람이 지금까지 누려 온 기득권을 지키기 위해서 전국승려대회에 불참한 것을 이유로 그 대회에서 결의한 종헌과 종단구성을 옳지 않다고 한 판결은 오류라는 것이 스님의 생각이었다.

스님은 1961년 10월의 대법원 판결이 있자 곧 소송대리인으로 하여금 위에 든 두 가지 대법원 판결에 대한 석명권(釋明權)을 요청하게 하고 석명서를 제출하게 하였다. 스님은 이 석명서에서 대처승일지라도 기득권을 용납하는 종헌과 종법을 제시하고 두 차례에 걸친 대법원 판결이 무의미함을 적시하였다. 또한 불교정화운동의 초기인 1955년 7월, 전국승려대회가 열리기 직전 통도사의 대처승 167명과 상주 남장사 대처승 50여 명이 승려자격 8개항에 동의하고 집단으로 이혼한 사례 등을 들어 대처승 측이 전국승려대회에 참가하지 않은 것을 판결의 이유로 삼는 것은 오류라고 지적하였다. 그리고 한편으로는 문교부에 비구·대처승의 통합에 관한 의견서를 제출하였다.

이 무렵, 국가재건최고회의 박정희 의장은 불교분규의 양측 당사자에게 불교분규의 종식을 촉구하는 담화를 발표하였다. 군사정권은 불교분규를 사회불안의 요소로 보았던 것이다. 거기에 세론(世論)까지 불교분규를 지탄하고 있었다. 그러나 쉽게 분규가 종식되지 않자 박정희 의장은 잇달아 담화를 발표하고 "불교분쟁이 계속된다면 단연코 묵과하지 않겠다."고 경고하기까지 하였다. 문교부는 이를 계기로 분규 수습에 적극 개입하게 된다.

정부의 적극적인 중재와 지탄하는 여론에 밀린 비구·대처 양측은 협상의 자리에 마주 앉았다. 양측은 문교부가 제안한 불교재건위원회를 구성하고 협의한 끝에 1962년 4월, 통합종단(統合宗團)이 발족하기에 이른다.

12. 선택의 기로에 서서

통합종단이 발족하기까지, 그 과정에서 스님은 인간적인 고뇌와 양자택일을 해야 하는 힘든 결정을 해야 할 때가 적지 않았다. 1962년 3월, 불교재건비상종회에서 종명(宗名), 종지(宗旨), 종조(宗祖)에 대한 합의를 보았으므로 양측이 화동한 새 종단의 출범은 기정 사실로 보였다. 그러나 대처승 측이 수용할 수 없는 승려자격에 관한 8개항의 원칙 때문에 대처승 측은 협상을 거부하고 물러갔다. 협상이 벽에 부딪친 것이었다. 벽은 또 있었다.

비구승 측에서 승려자격에 관하여 8개항의 원칙을 고집하는 한 분규의 종식은 물론 통합종단의 출범도 불가능한 일이었다. 스님은 대처승 측과의 화동을 위해서는 비구승 측에서 출가승 독신(獨身)이면 기득권을 인정하는 포괄적인 방안을 제안하였다.

그때, 정화의 선봉에 섰던 한 젊은 스님으로부터 인간적인 모욕을 당했다. 그리고 한 원로 스님으로부터는 매종자(賣宗者), 사자충(獅子蟲)이란 꾸지람을 들어야 했다. 사자충은 사자의 몸속에서 생겨나 아무도 대적하지 못하는 백수(百獸)의 왕을 죽게 한다고 한다. 그러므로 스님을 사자충에 빗댄 것은 스님이 종단을 망하게 한다는 것이었다.

뿐만 아니라, 많은 스님들은 청정한 승가(僧伽)를 지키기 위해서 정화를 시작했고, 청정한 승가를 지키기 위해서는 최소한 8개항의 원칙은 지켜져야 하는데 그것마저도 포기한다면 무엇 때문에 정화불사(淨

化佛事)는 했는가 물었다. 스님은 이 물음 앞에서 두꺼운 벽을 느끼지 않을 수 없었다.

스님은 이 두꺼운 벽 앞에서 인간적인 모욕과 매종자, 사자충이라는 비난을 받으면서까지 화동을 추진해야 하는가 스스로에게 물었다. 손을 떼고 선방으로 돌아갈 것인가, 아니면 혼자서 원하는 불사(佛事)를 할 것인가. 스님은 선택의 기로에 서서 주변을 돌아보았다.

화동이 이루어지지 않았을 때, 쿠데타를 일으킨 무소불위(無所不爲)의 군사정권이 한국불교에 대해서 어떤 조치를 할 것인가. 그것을 생각하면 한국불교의 앞날이 어둡기만 하였다. 설사 화동이 이루어져도 한국불교의 미래가 걸려 있는 군사정권의 불교정책이 어떻게 나올지 미지수였다. 그 당시, 국가재건최고회의와 정부는 불교분규의 수습책만이 아니고 불교에 대한 전반적인 정책을 모색하고 있었다. 그것을 아는 스님은 통합종단이 이루어진 후에는 정부의 간섭으로부터 벗어나는 과제가 화동 못지않게 중요하다고 생각했다. 그리고 정부의 간섭에서 벗어나는 힘은 승가의 화합에서 나온다고 믿었다.

스님은 결심했다. 대사일번(大死一番), 총무원에 남기로 하였다. 스님은 화동의 장애가 되는 승려자격 8개항의 원칙을 고수하는 스님들에게,

"불교는 깨달음의 종교입니다. 부처님께서 설하신 무상(無常)을 깨달으면 그 날로 8개항의 원칙도 필요가 없어질 것이 아닙니까? 일불제자(一佛弟子)로서 그들에게 담을 허물고 받아들이도록 합시다."고 하였다.

수모와 비난을 무릅쓰면서 호소하였다. 하심(下心)한 스님의 꾸준한 호소와 설득은 점차 호의적인 반응을 낳았다.

고암대종사(스님의 사숙, 필자)

사실 대처승 중에 출가승 독신(出家僧獨身)은 이미 있어 왔다. 그리고 정화 초기에 통도사와 상주 남장사 대처승이 집단으로 이혼을 한 사례가 있고, 또 개인이 호적을 정리하고서 사찰에 지주(止住)하는 스님이 적지 않았으므로 독신 출가승 문제는 차츰 지지하는 쪽으로 선회하였다. 이렇게 해서 비록 대처승 측이 참석하지 않았으나 1962년 3월의 불교재건비상종회에서 승려자격을 출가독신승으로 규정한 종헌의 개정안이 통과되어 대처승 측과의 분규종식을 위한 협상의 물꼬가 다시 트이게 되었다.

이를 계기로 비구·대처 양측의 협상이 급진하여 같은 해, 4월 1일에는 비구·대처 양측이 합석한 불교재건비상종회가 열리고, 4월 6일에는 종정 이효봉(비구 측), 총무원장 임석진(대처 측)을 선출하는 한편 총무원의 4부장과 간부진을 각각 5대5로 구성한 통합종단 '대한불교조계종'을 발족하게 되었다. 그리고 그동안 양측이 각각 정통(正統)임을 주장해 온 총무원의 업무를 통합종단에 이양하고 해산하였으며, 4월 11일에는 정부에 통합종단의 등록을 마쳤다.

이로써 불교분규는 일단락 되었다. 이같이 사태가 급진전한 것은 비구·대처 양측의 정치적 협상을 행정적으로 신속하고 합리적으로 뒷받침한 스님의 침식을 잊은 노력이 없이는 어려운 일이었다.

흔히 이해(利害)가 엇갈리는 집단 사이에 가로놓인 현안(懸案)을 해결하는 데 정치적 협상에 전적으로 맡기는 경우가 많다. 그러나 정치적 협상의 결과는 상황의 변화에 따라서 변하고 혹은 무위(無爲)로 돌아가기도 한다. 그것이 협상이고 협상의 결과이다. 만약 그때, 스님이 정치적 협상에만 의지하고 법적·행정적으로 통합종단의 기틀을 확고히 다져두지 않았으면 정치적 환경이 달라졌을 때 통합종단 역시 존속하기 어려웠을 것이었다.

실제로 그러한 상황은 통합종단이 발족한 지 불과 6개월 뒤에 찾아왔다. 임석진 총무원장이 그때까지 통합종단에 합류하지 않은 대처승 측의 소환을 받고 '통합 이전의 상태로 환원되었다.'는 선언과 함께 총무원의 대처승 측 간부들을 이끌고 통합종단을 떠난 것이 그것이다. 대처승 측은 통합종단을 이탈하는 것과 함께 서울민사지방법원에 통합종단의 종정무효 및 이효봉 종정이 통합종단의 종정이 아니라는 소송을 제기하여 새로운 법정 다툼을 야기했다. 그러나 스님의 적절한 법적 대응과 행정적 조치로 통합종단을 지지하는 녹신 출가승의 이달은 많지 않았으며, 도리어 그때까지 관망하던 스님들이 속속 통합종단에 참여하게 되었다.

13. 종조시비(宗祖是非)

석가모니 부처님이 조계종의 교조(敎祖)임은 누구도 부인하지 않는다. 그러나 조계종의 종조(宗祖)에 대해서는 비구와 대처 사이에 이견(異見)이 명확했다. 비구승 측은 조계종의 종조를 보조지눌(普照知訥) 선사라 하고 대처승 측은 태고보우(太古普愚) 선사라고 주장했다.

종조에 대한 이러한 이견은 정화 초기부터 첨예하게 대립하고 있었다. 그로 인해서 보조 종조설(宗祖說)은 비구승 측을, 태고 종조설은 대처승 측을 상징하게 되었다. 이 종조문제로 양측이 어느 정도로 심각하게 대립하고 있었는가 하면, 당시 정화를 지지한 송만암 종정스님이 비구승 측에서 보조국사를 종조라고 주장하는 것은 환부역조(換父

易祖)하는 것이라고 매도하고서 종정 자리를 내놓고 대처승 측에 합류할 정도였다.

'환부역조', 아버지를 바꾸고 할아버지를 바꾼다는 것이다. 다시 말하면 조상을 바꾸고 뿌리를 바꾼다는 것이다. 지금까지 대처승 측에서 종조로 모셔 온 태고스님을 내리고 비구승 측이 새로 보조스님을 종조로 받드는 것은 환부역조하는 것이니 수긍할 수 없다는 것이 대처승 측의 입장이었다.

이같이 민감한 문제가 통합종단의 탄생에 있어서도 발목을 잡았다. 막상 비구·대처 양측이 통합종단을 조계종의 이름으로 발족하기로 하였으나 종헌 전문(前文)에 종조를 누구로 기술할 것인가 하는 문제는 보조로 상징되는 비구 측과 태고로 상징되는 대처 측의 어느 쪽에 종단의 이념적인 기반을 두는가 하는 문제와 직결되기 때문에 양측은 서로 양보할 수 없는 상황이었다. 때문에 명색이 종헌기초위원회가 있고 종헌의 전문(前文)을 맡은 기초위원이 따로 있었으나 양측을 대표하는 기초위원이 자리를 함께 할 수 없어 그야말로 명색뿐이었다. 자칫 잘못해서 '환부역조'라는 말이 다시 불거지면 통합종단의 탄생은 무산될 것이 분명했다. 종헌 기초의 실무를 맡은 스님은 자연히 양측 사이에 끼인 처지에 놓이게 되었다.

스님은 종헌의 전문에서 어떻게 해서든지 두 종조론의 균형을 잡아야 했다. 그리고 궁극적으로는 정화의 이념을 적시(摘示)해야 했다. 그것이 화두가 되었다. 스님은 손바닥에 '환부역조(換父易祖)'라고 써서 수시로 들여다볼 정도였으니 얼마나 골몰하였는지 짐작할 수가 있다.

종조문제로 스님이 골몰하고 학자들이 두 편으로 갈라서서 논쟁이 비등했지만, 교계 한편에서는 그다지 심각하게 여기지 않았다. 그것은 보조선사와 태고선사가 선승(禪僧)이었고 또 교(敎)를 배척하지 않았기 때문이었다. 한때, 양론(兩論)의 무익한 싸움을 피하기 위해서 차라리 한국불교사를 초기로 거슬러 올라가 종조를 도의(道義)선사로 하자는 설이 있었다. 그러나 도의선사는 교를 배척했다는 이유로 선교양종(禪敎兩宗)의 종조가 될 수 없다는 반론 때문에 힘을 얻지 못하였다.

조선 세종(世宗) 6년, 조정은 한국불교를 선교양종으로 통합하였다. 그 이후 선(禪)을 이판(理判), 교(敎)를 사판(事判)으로 분류하였으며 일제시대에 이르러서는 이판은 비구승을, 사판은 대처승으로 인식해 왔다. 그러므로 일반은 보조냐 태고냐 하는 것은 이판인 비구승의 문제이고 사판인 대처승과는 역사를 들이대고 교리를 앞세워도 하등 관계가 없다는 생각을 하고 있었다.

따라서 일반이 볼 때, 보조와 태고의 종조론은 싸움을 하기 위한 싸움거리에 지나지 않은 것이었다. 다만 송만암 종정스님의 종정사퇴의 변이 '환부역조'였기 때문에 이 문제가 감정적으로 격화되었을 뿐이라고 보는 것이었다. 스님은 이러한 일반의 지극히 상식적인 생각에서 문제해결의 열쇠를 찾았다. 보조스님을 종조로 받들고 태고스님을 중흥조로 모시는 것이 그것이다.

스님은 곧 종헌 전문을 기초하였고 양측의 종조론자가 참석하지 않은 윤문위원회의 독회를 거쳐 종회의 결의를 받았다. 이로써 종조론의 대결은 종지부를 찍었다.

스님이 태고스님을 중흥조로 모시자고 하는 아이디어는 근세불교사에서 힌트를 얻은 것이었다. 나라를 일제(日帝)에게 강점 당하고 있을 때, 일본불교와의 동화(同化)를 획책한 원종(圓宗)에 맞서 세운 임제종(臨濟宗)이 뚜렷한 법맥(法脈)을 내세우지 못한 원종과는 달리 '한국의 선종(禪宗)은 태고(太古) 이래로 임제(臨濟)의 법맥을 이어왔으므로 임제종이 정당하다.'고 한 뜻을 이어받아 태고스님을 중흥조로 하자는 것이었다. 그러므로 그때 일부에서 태고스님을 중흥조라고 한 것은 대처승 측의 주장과 절충한 것이라고 평한 것은 옳다고 할 수 없는 것이었다. 아무튼 통합종단인 조계종의 오늘이 있기까지 스님의 헌신적인 부종(扶宗)의 노력, 부처님은 우리보다 더 자세히 아실 것이다.

14. 종립(宗立) 동국대(東國大)의 재건

1963년 7월, 동국대학교 총장에 김법린 박사가 취임했다. 그때 동국대학교의 재단법인은 관선이사진(官選理事陣)이 관리하고 있었다. 그 관선이사회에 의해서 총장으로 선출된 김법린 씨를 문교부가 승인한 것이었다. 총장 취임의 경위는 그러하지만 그 배후에는 군사정권이 개입했다는 설이 있었다.

군사정권은 소위 민정이양(民政移讓)을 위한 1963년 10월의 대통령 선거와 11월의 국회의원 선거를 치르기 위해서 그 해 1월에 쿠데타 이후 금지했던 정치활동을 허용했다. 군사정권은 정치활동을 재개하기에 앞서 공화당을 조직하였다. 구 정치인들은 사전조직을 한 공화당의 집권을 실질적인 군사정권의 연장이라고 보고 그것을 저지하기 위해서 뒤늦은 세(勢) 규합에 분주하였다. 그들은 공화당의 집권을 저지하기 위해서는 단일 야당을 구성해서 대응해야 한다고 주장했다. 김법린 박사도 이 대열에 참가하고 있었다.

한편, 공화당과 군사정권 측에서는 구 정치인의 세력을 약화시키기 위해서 유력 인사의 정치참여를 만류하는 전략을 추진하고 있었다. 그 중 하나가 김법린 박사의 경우였다. 어느 날, 박정희 의장(대통령 권한 대행)은 김법린 박사를 초청한 자리에서 정치보다는 필생의 사업으로 교육사업을 권하였다. 그리고 전적인 지원을 약속하였다. 김법린 박사는 박정희 의장의 권유를 받아들여 정치에서 손을 떼고 동국대학교의 총장이 되었다. 이것이 그때의 설이었다.

정부는 그 이전에 사립학교법을 개정하고 부실재단을 정해진 기간 내에 보강하지 않으면 정리한다는 방침이었다. 동국대학교 재단법인도 예외는 아니어서 재단보강을 하지 않으면 안 되는 처지에 놓여 있었다. 재단보강이 이루어지지 않을 경우 학교가 설립자인 종단으로부터 떠날 우려가 있었다. 그러므로 재단보강 문제는 김법린 총장이 취임하기 전에 이미 종단의 현안(懸案)이 되어 있었다.

종단에서는 유휴재산(遊休財産)을 처분해서 재단보강을 하자는 방안이 제시되었다. 그러나 대부분의 해당 사찰은 반대였다. 그리고 이미 재단에 출연하기로 약속하였으나 그때까지 실질적으로 재산을 양도하지 않은 사찰에 대해서 명의 이전을 요청하였으나 이것 또한 당해 사찰의 반대에 부딪쳤다. 반대하는 이유는 실질적으로 재산을 양도하지 않는 조건으로 출연서에 날인만 하기로 한 것이므로 약속에 어긋난다는 것이었다.

따라서 동국대학교의 전신인 명진학교 때부터 필요에 따라서 그때마다 출연한 것 중에는 출연 약속뿐, 실질적으로 양도하지 않은 재산이 적지 않았다. 그 중에는 출연서에 기재된 전답을 양도하게 되면 식량을 해결할 수 없는 사찰도 있었다. 그러나 당시로서는 대부분이 가용도(可用度)가 낮고 경제성이 없는 임야가 대부분이었다.

여러 가지 이유로 재단보강이 부진한 상태에서 대통령 선거 직전인 1963년 10월 5일, 손경산 스님이 재단이사장에 취임하였다. 그리고 11월 18일, 총무원은 동국대의 재단보강 문제를 종회에 정식으로 회부하였다. 그러나 종회 벽두, 안건의 채택여부를 심의하는 자리에서 부결되고 말았다. 거기에는 그동안 학교운영에서 소외된 스님들의 정서도 깔려 있었다.

종회에서 결의는 고사하고 심의하는 것마저도 불투명해지자 스님은 그 날 밤, 종회의원 스님들을 선학원으로 찾아가 재단을 보강해서 동국대학교를 재건해야 하는 이유를 밤늦도록 설명하였다.

그때, 스님들은 김법린 총장의 총장 취임을 종단에서 공식적으로 공정하게 논의한 적이 없다든가, 김법린 총장도 전임 백성욱 총장과 같이 대처승이 아닌가, 학교를 사유물처럼 전단(專斷)한 백성욱 총장과 같이 김법린 총장이 전단하지 않는다는 보장이 있는가, 거기에 삼보정재(三寶淨財)를 마구 주어서야 되겠는가, 선사(先師)들이 승려교육을 위해서 세운 학교실정은 지금 어떠한가, 차라리 그 재산으로 따로 승가대학을 세우자는 등등 의견이 구구하였다. 그리고 이러한 일에 서무국장이 나설 자리가 아니라고 심한 면박과 인격적인 모욕을 받기도 하였다. 그러나 스님은 조금도 물러서지 않고 성과 열을 다해서 설명하고 또 호소하였다.

우리가 총무원을 하기 싫으면 저녁에 해산했다가도 다시 할 수 있다. 그래도 종무행정에는 크게 지장이 없다. 그러나 대학은 그렇지 못하다. 학문연구의 전통과 역사가 있어야 하므로 오랜 세월이 필요하다. 더구나 동국대학교는 불교계에서 세운 세계 유일(그 당시)의 종합대학이다. 이 종합대학에서 사회과학은 물론 자연과학에 이르기까지 모든 분야의 학문을 불교를 바탕으로 연구하고 교육하면 한국불교, 나아가서는 세계불교를 융성하게 하는 기반이 될 것이다.

미래의 세계는 급속하게 변화하는데 그에 불교가 대응하기 위해서는 승려의 대학교육이 절실하다. 종합대학에서 교육받은 젊은 스님들은 미래의 세계를 내다보는 안목이 크게 열릴 것이다.

종단의 3대 사업의 하나인 도제양성(徒弟養成)을 위해서 동국대학교에 특별한 학과를 둘 수도 있고 총림에 승가대학을 세워 서로 학문적인 유대와 교류를 갖는다면 효과적인 교육을 할 수도 있다.

설사 우리가 새로운 승가대학을 만든다 해도 오늘의 동국대학교를 속인(俗人)의 손에 넘겨주게 되면 동국대학교를 세운 선각자 스님들에게 면목이 없을 뿐 아니라 삼보정재를 낭비한 큰 죄를 짓게 된다.

이러한 스님의 호소가 여러 종회의원 스님을 비롯해서 옆에서 듣는 다른 스님에게까지 공감을 사서 다음 날 종회에서 재단보강 문제는 안건으로 다시 살아나고 결국 재단보강의 길이 열렸다. 그리고 1개월 뒤에 종전의 재단법인은 새 교육법에 의거한 학교법인의 승인을 받게 되었다. 만약 그때 스님의 사명감 어린 헌신적인 노력이 없었다면 동국대학교가 아직도 종립으로 남게 되었을 지는 장담할 수 없는 일이다.

제 4 장

普賢同志

아 , 보 현 보 살 의 향 기 드 높 아 라 .

佛說一切法	부처님이 일체법을 설하시옴은
爲度一切心	일체중생 제도하기 위함이었네
我無一切心	나에게는 끊어야할 번뇌가없어
何用一切法	부처님의 일체법을 어디에쓸까.

15. 도반(道伴)들

도반(道伴)이란 원래가 '길동무'를 말했다. 중국의 시인 육유(陸游)는 '고적(孤寂)한 생각을 하지 않게 하는 벗(勿生孤寂念)'이 도반이라고 노래했다. 국어사전에 의하면 이렇게 단순한 뜻을 가진 도반이라는 말이 우리나라에 들어와서는 유독 불교용어가 되어서 '함께 도를 닦는 벗'을 일컫게 되었다. 그러므로 말이 처음 생긴 중국에서는 단순하게 길을 갈 때 말벗이 되고 고적한 생각이 나지 않게 하는 '길동무' 정도가 도반이었으나 우리나라에 와서는 불교의 수도(修道)와 관계를 지은 불교용어로 발전한 것을 알 수 있다.

그러던 말이 언제부터인가 그 쓰임새를 보면 스님들 사이에 나이가 어상반(於相半)하면 서로 도반이라 하고, 혹은 겉으로 드러난 교분(交分)이 오래고 두터우면 도반이라 하게 되었다. 또한 재가불자들 사이에서도 부처님이 가르치신 길을 함께 가는 벗이라는 뜻으로 서로 도반이라고 한다. 이러한 말의 쓰임새는 스님들 사이의 친분(親分)을 나타내고 재가불자들의 동아리 의식을 담고 있다. 이러한 말의 쓰임새를 결코 잘못되었다고 할 수만은 없을 것이다. 그런데 지금으로부터 4, 50년 전의 젊은 선승(禪僧)들 중에는 이러한 말의 쓰임새에 만족하지 않는 스님들이 있었다.

그 스님들은 도반이라고 하면 서로 도(道)를 탁마(琢磨)해 주는 사이가 아니면 도반이라고 할 수 없다는 생각을 가지고 있었다. 설사 같은 선방(禪房)에서 안거(安居)를 함께 하고 같은 조실(祖室)에게 참문(參問)을 했다고 하더라도 서로 탁마해 주는 사이가 아니면 도반일 수 없다는 것이었다. 국어사전이 막연하게 정의한 '함께 도를 닦는 벗' 정도로는 만족하지 않고 한 걸음 더 나아가 보다 구체적으로 '도반(道伴)'의 내용을 요구하였다.

그러니 그러한 교분이 없는 제삼자(第三者)가 겉으로 드러난 친분만을 보고서 누구와 누구는 도반이다 말하기 어렵고, 도반이라고 말해진 스님들 사이의 수행에 얽힌 깊은 속을 알 수 없으니 더욱 그러했다. 뿐만 아니라 본인 스스로도 나는 누구와 도반이다 하기가 조심스러운 일이었다. 내쪽에서는 서로 도를 탁마한 교분이 있다고 생각해서 나는 누구와 도반이다 말해도 정작 상대방 스님이 그렇게 여기지 않으면 허언(虛言)이 되기 때문이다.

그런데 성수(性壽)스님을 만났을 때, 광덕스님 이야기가 나오자 서슴없이 "나와 광덕스님은 도반이지." 하였다.

그렇게 말하는 성수스님은 나이를 불문(不問)하고 도를 탁마하는 데 서로 도움을 주고받으면 도반이라는 믿음을 갖고 있었다. 성수스님이 서슴없이 나의 도반이라고 말한 광덕스님은 성수스님보다 다섯 살 아래이다. 그런가 하면, 해인사 백련암에서 성수스님과 결사(結社)했던 월하(月下)스님은 성수스님보다 아홉 살 위이고 향곡(香谷)스님은 열한 살, 서운(瑞雲)스님은 서른 살이나 위이다. 이 스님들은 한결같이 나이에 구애받지 않고 도반을 스승으로 존중하였다.

내가 목격하기를, 향곡스님은 그 비대한 몸으로 젊은 수좌(首座)가 공부하는 암자나 토굴을 자주 찾았다. 젊은 수좌가 향곡스님에게 "이 높은 곳에는 왜 오십니까? 부르시지요." 하면, "공부하는 도반을 보는 것도 공부지." 하였다.

성수스님이 광덕스님을 처음 만난 것은 범어사에서였다. 광덕스님이 처사의 신분으로 범어사를 처음 찾았을 때, 성수스님은 원주(院主)를 맡고 있었다. 광덕스님은 선방에 거처를 정했다. 그때의 범어사 선방은 결제(結制) 때나 해제 때를 불문하고 참선하기를 원하는 재가 신도들에게 개방을 하고 있었으므로 처사의 몸으로 선방에 있게 된 것은 아무런 문제될 것이 없었다. 다만 성수스님이 보기에 병색(病色)이 완연한 스님이 동안거(冬安居)를 견뎌낼지 걱정이 되었다. 결제 때면 범어사 선방은 보름마다 포살(布薩)을 하고 결제의 중간인 반산림(半山林) 때는 밤을 새워 용맹정진을 했다. 그리고 안거가 끝나기 전 1주일 동안은 용맹정진을 하였으므로 원주인 성수스님으로서는 걱정을 하지 않을 수 없었다. 그러나 걱정은 걱정으로 끝났다.

광덕스님이 생애에 처음으로 동참한 동안거를 병든 몸으로 무사히 마칠 수 있었던 것은 오로지 강인한 정신력 때문이었다고 성수스님은 말한다. 성수스님은 평소 인간의 바른 정신을 무엇보다도 중요시한다. 당신의 저서인 『불문보감(佛門寶鑑)』의 첫장에 '정신은 진리의 선(善)이다.' 할 정도로 인간의 정신을 중요하게 여기는 스님은 이때 이미 광덕스님의 꿋꿋한 정신을 대하고서 도반으로 받아들일 뜻을 굳혔다.

광덕스님은 그때의 동안거에서 일타(日陀)스님을 만났다. 아직은 처사(處士)인 광덕스님을 선방으로 이끈 사람도 일타스님이었다. 광덕스님은 일타스님의 연비(燃臂)한 손을 보고서 그 열렬한 신심과 굳은 의지에 감격을 했고 의연하게 정진하는 모습을 보고서 또한 감동하였다. 자연히 두 스님 사이에 신뢰가 쌓였다. 도반이 되기로 한 것이다. 그것을 보는 성수스님과 혜원(慧源), 덕륜(德輪), 법연(法演)스님 등이 합류를 하였다. 성수스님이 서슴없이 '광덕스님은 나의 도반이지.' 한 것은 이때부터였다.

도반이 되기로 한 스님들은 도를 탁마하는 데 도움이 될 도반 스님들을 서로 찾았다. 그 중의 한 스님이 석정(石鼎)스님이었다. 석정스님은 불화(佛畵)를 조성하면서도 참선을 게을리 하지 않았으며, 늘 선방으로 돌아가 정진할 생각을 하고 있었다. 그러나 그 무렵은 지금과 달리 불화를 그리는 불모(佛母)가 다섯 손가락으로 헤아릴 정도의 노불모(老佛母)뿐이어서 불화의 맥이 끊길 것을 석정스님은 걱정을 하고 있었다. 석정스님은 불화의 맥을 잇는 일을 당신의 사명이라고 여겼다. 그래서 통도사의 중노전(中爐殿)에 17명의 제자를 모아 불화를 가르치고 있었다.

성수스님은 석정스님이 이제나 저제나 선방으로 돌아오기를 기다리다가 선방으로 돌아오지 않는 석정스님에게 편지를 썼다.

바람을 타고 나르는 새도 바람을 모르고
물 속에 노니는 물고기는 물을 보지 못하는데
부처를 그리는 화공인들 부처를 알리요
어서 빨리 오시라.

(乘風飛鳥不知風 水中遊魚不見水)
(佛畵畵工不知佛 速來速來)

성수스님의 편지는 빨리 와서 함께 참선수행(參禪修行)에 정진하자는 것이었다. 그런데 석정스님으로부터는 답장이 오지 않았다고 한다. 그 대신, 범어사 선방에 있는 일타스님과 광덕스님으로부터 편지가 오기를,

“파밭을 쪼고 팔부정(八不淨)타가 재출가(再出家)한다더니 우리 돌솥(石鼎) 스님을 왜 화나게 하였소.” 하였다.

이때, 성수스님은 도반들이 한곳에 모여 정진을 하게 되면 그에 필요한 선량(禪糧)을 마련하기 위하여 통도사와 언양 사이에 있는 기프내(加川)에 농막(農幕)을 짓고 과수원을 일구고 있었다. 그러하니 파밭과 과수원을 일구면서 땅속의 벌레를 죽이는 살생을 범하기도 하였을 것이고, 농사를 짓자니 어찌 할 수 없이 비구가 지녀서는 안되는 팔부정물(八不淨物, 금·은·노비·소·창고·판매·씨앗)을 갈무리한 것을 이 편지는 지적하고 있다.

또한 편지에 ‘재출가한다더니’ 한 것은 성수스님이 도반들이 함께 모여 정진하자고 권할 때, 지금까지 한 중노릇은 세월을 허송한 것뿐이었으니 그동안은 행자 노릇한 것으로 치고 이제는 다시 출가하는 의기(意氣)로 새로 시작하자 한 말을 일깨운 것이다.

광덕스님과 일타스님이 성수스님에게 보낸 편지는 석정스님은 석정스님 하는 대로 두고 우리 먼저 정진하자 하는 뜻을 말하고 있다. 그러나 성수스님은 석정스님을 그대로 둘 수는 없었다고 한다. 어떻게 해서든지 함께 공부하기를 원했다. 그래서 지체하지 않고 광덕스님과 일타스님에게 답장을 보냈다.

“쇠솥은 가열하면 할수록 좋은 솥이 되려니와 돌솥(石鼎을 우리 말로 풀면 돌솥임)은 과열(過熱)하면 파정(破鼎)이 되나니 금정산(金井山, 범어사가 있는 산 이름)의 두 화상은 금정(金井)의 자비수(慈悲水)를 뿌려 과열된 석정을 쉬게 하시오.”

석정스님도 함께 모이자 한 것이다. 그러나 뿔뿔이 흩어져 있는 도반들이 한곳에 모여서 수행하기는 매우 어려운 일이었다. 그래서 성수스님은 그 대안으로 서로 흩어져서 수행하더라도 한 달에 한 번 서로 공부한 경지를 글로 써서 알리면 도반들이 수행하는 데 도움이 되지 않겠는가 생각했다. 그래서 선우회(禪友會)를 만들기로 제의하였다.

이때, 선우회에 가입한 스님은 27인으로 성수스님을 비롯해서 일타(日陀), 광덕(光德), 운문(雲門), 혜원(慧源), 덕륜(德輪), 법연(法演), 석정(石鼎), 종수(宗壽), 행원(行願), 청하(靑霞), 도견(道堅), 고산(杲山) 등 당대의 중견 선객(禪客)들이었다.

선우회 회원들은 매달 한 번 수행한 경지를 글로 써서 회장인 성수스님에게 보냈다. 그것의 편집을 맡은 광덕스님이 회보(會報)를 겸한 소책자로 엮어서 회원들에게 보내면 회원들은 서로 도반들의 경지에 대해 평창(評唱)을 하고 평창한 글은 그 다음 호에 실렸다. 성수스님은 회장을 맡은 17년 동안 회원들의 이 일언록(一言錄)을 모았으나 뜻하지 않게 소실되고 말았다 한다. 매우 아쉬운 일이다.

16. 첫 만남

내가 스님을 처음 만난 곳은 천성산(千聖山) 미타암(彌陀庵)에서였다. 그때, 미타암의 암주(庵主)는 성수(性壽)스님이었다.

성수스님은 미타암의 법당을 넓혀서 새로 짓고 요사(寮舍)도 새로 지었다. 그리고 암자 뒤에 있는 자연 동굴법당(洞窟法堂)을 오르내리는 위험한 길을 보수해서 안전하게 오르내리도록 하였다. 또 법당 앞의 석축을 세 길이나 쌓아 올려서, 사람 하나 겨우 지날 만한 통로에 지나지 않던 법당 앞에 뜰도 만들었다.

성수스님은 미타암의 암주를 맡자 시작한 이 같은 불사(佛事)를 끝내고 새 법당의 크기에 맞추어 후불탱화(後佛幀畵)와 신중탱화(神衆幀畵)를 새로 조성하기로 하였다. 그리고 탱화의 조성은 석정(石鼎)스님에게 부탁을 하였다. 그래서 석정스님이 미타암에 머물면서 탱화를 조성하기 위해 미타암으로 오기로 했다. 그리고 그 날 몇 사람이 초청을 받았다. 화천(華天)스님, 덕륜(德輪)스님, 법연(法演)스님, 고 처사(高處士, 그때 광덕스님은 아직 비구계를 받기 전이었으므로 이같이 불렀다), 그리고 나였다.

그때, 나는 미타암에 미리 와 있었다. 성수스님이 불사의 회향을 기념해서 신도들이 마땅히 읽어야 할 경을 골라서 번역하자 해서 그 일을 상의하기 위해서였다. 초청 받은 스님들보다 미리 오라 해서 먼저 가기는 했으나 어차피 초청 받은 스님들이 오면 그 스님들과 함께 의논할 일이어서 그 스님들이 올 때까지 빈둥거리고 있었다.

그런데 손님들이 오기로 한 날, 암주스님은 이른 아침에 시자를 데리고 장에 가고 후원(後院)의 보살도 암주스님을 따라 장에 갔다. 주인 없는 암자를 나그네가 지키고 있는데 초청 받은 손님 중에 고 처사가 맨 먼저 도착하였다.

우리 두 사람은 첫 대면(對面)의 수인사(修人事)를 나누었다. 우리가 만나는 것은 처음이었으나 서로에 관해서 들은 바는 있었다. 그러므로 처음 만나는 사이임에도 결코 낯설지 않았다. 주고받은 것 없어도 호감이 가는 사람이 있듯이 고 처사가 그러했다.

입가를 감도는 수줍은 웃음, 부드러운 눈길과 목소리, 그러한 것들이 친근감을 느끼게 하였다. 우리 두 사람이 십년지기(十年知己)인양 두서 없는 이야기에 팔려 있는데 예기치 않은 불공(佛供)손님이 왔다.

일흔 살은 넘었음직한 노보살이었다.

미타암은 전국적으로 유명한 기도처여서 불공을 드리러 오는 이가 많았다. 머리에 공양미(供養米)를 인 노보살은 이 고장 사람들이 찻길에서 미타암까지 10리라고 하는 가파른 산길을 걸어서 올라온 사람답지 않게 조금도 피곤한 기색이 없었다.

아마도 이 노보살도 여느 보살들과 한가지로 산을 오르다 잠시 쉴 때, 공양미를 땅에 내려놓지 않고 무릎에 올려놓고 쉬었을 것이다. 부처님께 올리기 위해서 밤늦도록 뉘와 돌을 가리고 키질을 해서 등겨를 없앤 청정미(淸淨米)를 무겁다 해서 땅에 내려놓을 수 없는 정성이 담긴 공양미를 부처님 앞 탁자에 올려놓고 절을 하고 난 노보살에게 말했다. 주지스님이 출타중이니 주지스님이 돌아올 때까지 후원에서 쉬시라 했다.

그러나 노보살은 사시불공(巳時佛供, 사시는 오전 9시에서 11시 사이. 보통은 10시에 드린다.)을 올리고 곧 돌아가야 한다 했다. 그 말을 들은 나는 난감했다. 부끄러운 말이지만, 그때까지 나는 불공의식을 익히지 않은 허울만의 스님이었기 때문이었다. 그러한 나를 딱하게 여긴 고 처사, 의식은 당신이 맡고 축원은 나더러 하라 하였다. 그 무렵 고 처사는 머리를 깎고 먹물 옷을 입고 있었다. 내가 겉모양은 스님이지만 남을 위한 불공을 드릴 줄 모르는 것에 비하면 고 처사는 월등히 스님답다 할 것이었다.

우리는 서둘러 마지(摩旨)를 지어 부처님께 올리고 불공을 드렸다. 나는 평소의 지론(持論)대로 축원을 한문으로 하지 않고 우리말로 번역해서 하였다. 불공을 마치고 노보살은 말하기를 70세가 되도록 절에 다니면서 불공을 드렸는데 자기가 알아듣는 우리말로 하는 축원은 처음이라고 하였다. 그리고 알아들으니 알아듣지 못할 때보다 훨씬 더 마음이 벅차다고 하였다.

누구나 알아듣는 우리말로 축원을 하거나 의식을 행하면 가볍게 느껴지고 정성이 담긴 것 같지 않고, 반대로 알아듣지 못하는 한문으로 해야 신비하고 장중하며 정성이 담겼다고 생각하는 관습이 지배하고 있던 때였다. 그러한 때에 젊은이도 아닌 노보살의 말은 고 처사와 나에게 신선한 충격을 주었다.

이로 인해서 경전보다 일상적이며 기본적인 의식을 먼저 번역해서 신도로 하여금 알고 신행하도록 해야 한다는 데 우리 두 사람은 의견이 일치하였다. 뒷날, 스님이 불광회를 설립하여 우리말 의식집을 간행하고 우리말로 의식을 행한 것은 오래 전에 이미 뜻을 세운 것임을 알 수 있다.

우리는 성수스님에게 미타암 불사의 회향 때, 신도들에게 필요한 의식문(儀式文)을 가려 뽑아서 번역하여 나누어 주는 것이 좋겠다고 제의하였다. 그렇게 되면 절에 왔을 때만이 아니고 집에 돌아가서도 부처님께 예경을 할 수 있게 된다고 하였다. 스님은 그때 이미 부산에서 법등가족법회를 이끌고 있었기 때문에 그 성과에 대해서 잘 알고 있었다. 성수스님과 다른 스님들도 찬성이었다.

그런데 문제는 비록 소책자이지만 회향식 때까지 활자로 인쇄한 책을 간행하기에는 시간이 촉박하였다. 그래서 우선 회향식 때까지 조석예불문(朝夕禮佛文)을 비롯해서 신도들에게 필요한 의식문을 등사(謄寫)해서 나누어 주기로 하였다. 그러나 여기에도 넘어야 할 고비가 있었다. 등사판 등 필요한 기구를 빌리는 일이었다.

요즘과 같이 컴퓨터가 보급되어 누구나 인쇄를 할 수 있는 때가 아닌 그때는, 등사기구를 소유한 사람은 경찰관서에 등록을 해야 하고, 등사한 인쇄물은 검열을 받아야 했다. 일제의 식민통치 하에서는 항일문서(抗日文書)를 만들지 못하게 하느라 그러했고, 광복 후와 한국전쟁 후에는 공산주의자가 불온문서 따위를 만들어 살포하지 못하도록 하기 위해서였다.

따라서 시골에서는 개인이 등사기구를 가지고 있는 경우가 매우 드물었다. 다행히 아랫마을의 초등학교 교장이 미타암 신도여서 학교의 등사기구를 빌리기로 했다. 교장은 승낙을 했는데 담당교사는 경찰지서에 신고를 하고 학교에서 일을 해야 한다는 것이었다. 등사기구를 절로 가지고 갈 수 없다는 것이다. 담당교사의 말은 절에서 무엇을 인쇄하는지 자기가 알 수 없기 때문이라고 했다. 또 학교비품을 학교 밖으로 내보낼 수 없다는 것이었다. 책임을 맡은 사람으로서는 당연한 말이었다. 그러한 그를 설득해서 지서에 함께 갔다. 지서주임의 허락을 받고서야 등사기구를 절로 가져와서 사용할 수가 있었다.

그렇게 해서 등사기구를 빌린 기간은 일주일이었다. 그런데 사흘 뒤에는 고 처사가 기장포교당으로 돌아가야 했으므로 우리는 일을 서둘러서 해야 했다. 고 처사와 나는 각자 번역할 것을 분담했다. 그리고 1차로 번역한 것을 둘이서 검토하여 문장을 최종적으로 확정하였다.

이때, 첫째로 문제가 된 것은 용어의 선택과 문장의 장단(長短)이었다. 한문을 우리말로 옮기면 문장의 길이는 어쩔 수 없이 길어지게 마련이다. 그 중에서도 한문의 글자를 낱낱이 직역하면 문장의 길이도 길어지고 문장은 난삽(難澁)해진다. 그래서 의역(意譯)을 가미해서 문장의 길이를 줄이고 문장을 매끄럽게 하기로 하였다. 그리고 번역할 수 없는 용어는 그대로 두는 것을 원칙으로 하되 유사한 말이 있을 경우는 그것을 택하기로 하였다.

한편, 우리를 크게 망설이게 한 것은 다라니였다. 다라니는 중국의 역경사(譯經師)들이 다라니의 소리에 가장 가까운 소리를 가진 한자로 음사(音寫)한 것이다. 그러므로 다라니를 중국발음으로 읽으면 원음 (原音)과 근사하지만 우리가 읽는 한자음(漢字音)으로는 원음과 전혀 다른 소리가 난다. 다행히 한글은 다라니의 원음을 매우 근사하게 표기할 수 있으므로 다라니의 원음을 찾아서 한글로 적을 것인가, 아니면 지금까지 해 온대로 우리가 읽는 한자음을 적을 것인가 하는 것이 문제가 되었다.

지금도 역경(譯經)에 있어서 이것은 풀어야 할 숙제가 되어 있지만 그때, 이 문제는 우리를 크게 당혹스럽게 하였다. 사실 한글은 어떠한 소리든 소리를 적는 표음(表音)의 능력에 있어서는 세계의 어떠한 문자보다도 우수한 문자이다. 그럼에도 우리는 지금까지 읽어온 대로 관습에 따르기로 하였다. 그것은 법연스님이 원음을 따른다고 해서 지금까지 읽어 온 것과 다르게 표기하면 지금까지의 다라니는 잘못된 다라니가 된다. 그러므로 우리가 섣불리 결정할 일이 아니라고 지적했기 때문이었다.

다른 이야기이지만, 황산덕 박사가 불교진흥원 이사장을 맡아 있을 때였다. 우리말 통일의식집(統一儀式集)을 편찬하는데 다라니의 표기가 문제가 되었다. 이때, 황산덕 박사는 재래식 다라니 표기를 버리고 새로 다라니 원음을 표기하는 것은 기독교에 비교하면 루터의 종교개혁과 같다고 하였다. 그만큼 이 문제는 중요한 문제이다. 이렇게 중요한 문제를 우리는 처음 만났을 때 논의하였다.

회암대선사(스님의 사숙, 필자)

17. 약석(藥石)

내가 미타암에서 스님을 만난 뒤, 두 번째로 만난 것은 부산 범일동에 있는 어느 법등가족법회(法燈家族法會) 회원의 집에서였다.

미타암에서 헤어진 지 한 달 가량 지나서였다. 스님으로부터 한 장의 엽서를 받았다. 당신이 나는 모르는 어느 신도로부터 공양청장(供養請狀)을 받았는데 거기에 함께 참석했으면 좋겠다는 것이었다. 그리고 참석여부를 엽시로 알려 달라고 하였다.

그때는 지금과 달라서 편지가 전해지지 않는 일이 종종 있었다. 더구나 산골의 암자까지는 우편배달부가 오는 일이 없었다. 그러므로 편지를 받았는지 알아보기 위해서 반신(返信)이 필요했다. 또한 공양을 초청한 이에게도 참석여부를 알리는 것이 도리이므로 회답을 해 달라는 것이었다.

그때, 나는 천성산 화엄벌 아래 있는 성수스님의 토굴에 있었다. 버스가 다니는 국도(國道)에서 15리 길이므로 우편배달부가 올래야 올 수 없는 곳이었다. 게다가 주소가 없는, 그야말로 번지 없는 토굴이었으므로 편지를 받을 수 있는 곳이 아니었다. 때문에 국도변에 있는 버스영업소에 부탁을 해서 그 주소로 우편물을 받았다. 나에게 오는 편지를 우편배달부가 버스영업소에 맡기면 나는 밖에 나간 길에 편지를 찾았다.

그러나 밖에 나갈 일이 없어서 토굴에 죽치고 앉아 있으면 제때에 우편물을 받지 못했다. 그래서 지켜야 할 기일을 지키지 못하거나 답장을 못하여 낭패를 겪는 일이 더러 있었다. 때문에 나는 나에게 보내는 편지는 엽서로 써달라고 부탁을 했다.

엽서는 오픈되어 있어서 굳이 보려고 해서 보는 것이 아니라 눈길이 가면 자연히 읽게 되어 있다. 남의 편지를 읽는 것은 지켜야 할 신서(信書)의 비밀에 속하지만 버스영업소 주인이 나에게 온 엽서를 읽고서 급한 것이면 나물 캐러 산에 오르는 인편에 보내 주므로 나에게는 매우 편리하였다.

스님이 보낸 편지도 그렇게 해서 받았다. 물론 가기로 하였다. 그러나 혼자 가는 것보다는 성불암의 법연스님과 함께 갔으면 했다. 그래서 성불암으로 내려가 법연스님에게 함께 가자 했더니 법연스님은 초청 받지 않았으니 가지 않겠다는 것이었다. 뒤에 알았지만, 법연스님은 정중한 초청장을 이미 받고 있었다. 그리고 그 초청장에는 나를 데리고 오라는 부탁도 함께 적혀 있었다. 혹 내가 엽서를 받지 못할 것을 생각해서 그리한 것이다. 그런데 법연스님은 시치미를 뗀 것이었다.

나는 원래가 게을러서 어디 나다니는 것을 싫어했다. 더구나 밥 한 끼 먹자고 부르는 대로 이곳저곳 쫓아다니는 것은 질색이었다. 아무리 진수성찬을 대접받는다 해도 토굴에 앉아서 먹는 찬밥이 편했다.

그 무렵, 나는 사나흘에 한번 중탕(重湯)을 해서 밥을 지어놓고 하루 한 끼만을 먹었다. 부처님 때로부터 정해져 내려오는 제도 중에 오후 불식(午後不食)이 있다. 내가 하루 한 끼만을 먹는 것은 오전에 한 끼만을 먹고 오후에는 먹지 않는 오후 불식의 제도를 지키기 위해서가 아니었다. 다만 게을러서 밥짓는 횟수를 줄이기 위해서였다. 그러므로 한 끼 밥은 배가 고프면 오전 오후를 가리지 않고 먹었다.

법연스님은 그러한 나를 아는지라 짐짓 시치미를 떼어 나를 떠본 것이었다. 그래도 내가 스님을 만나러 함께 가자 했더니 못 이기는 척 따라 나섰다. 그리고 초청한 집에 도착하자 하는 첫마디가, "오지 않겠다는 찬 대사(燦大師, 필자의 별호)를 코를 꿰어 끌고 오느라 땀을 뺐다."고 하였다.

그 말을 들은 스님이 나에게, "오후 불식을 깨뜨리게 해서 미안하오. 그러나 약석(藥石)으로 알고 먹기로 합시다." 하였다. 그러자 종수(宗壽)스님이 "우리가 오늘은 찬 대사 덕에 고 처사의 배를 덥히는 기왓장을 삶아서 먹게 되었소" 하였다.

우리는 박장대소를 하였다. 웃지 않을 수 없는 것이 '약석'이라고 하는 말이 가지고 있는 두 가지 뜻을 교묘하게 연관지어서 말했기 때문이다.

'약석'이라고 하면 보통은 약과 침 따위의 의료기를 말한다. 금속으로 된 침이 나오기 전에는 돌을 뾰족하게 갈아서 침으로 사용했기 때문에 생긴 말이다. 그런데 선원(禪院)에서는 석식(夕食)을 약석이라고 한다. 또 위장병을 앓는 사람이 불에 달구어 배 위에 올려놓고 배를 덥히는 납작한 돌이나 기왓장을 약석이라고 한다. 배가 차고 소화가 되지 않는 고 처사는 늘 자라통(湯婆)에 끓인 물을 담아서 약석과 같은 용도로 사용하고 있었다. 그러므로 종수스님의 말에는 선원의 스님들이 먹는 석식과 고 처사의 약석이 함께 어우러져 은유하고 있어서 웃지 않을 수가 없었던 것이다.

『장아함경(長阿含經)』에 보면 '약석'이라는 말이 나오고 병을 치료한다고 하였다. 『장아함경』에 이 말이 나오는 것으로 보아서 '약석'은 부처님 당시부터 사용해 온 것을 알 수가 있다. 부처님 당시의 비구들은 오전에 한 끼만을 먹고 오후에는 먹지 않았다. 때문에 밤이면 춥고 배가 고팠다. 이때, 따뜻하게 데운 돌을 배에다 올려놓고서 추위를 막

고 고픈 배의 허기를 달래었다. 이 돌을 약석이라고 한 것은 한기(寒
氣)와 기갈(飢渴)을 치유하는 돌이라는 뜻으로 하는 말이다.

　그런데 그 말이 한국과 중국 등, 북방불교권의 선원에 들어와서는
그러한 뜻과 함께 따로 석식을 뜻하게 된 것이다. 여기에도 병을 치유
한다는 뜻이 담겨 있다. 그래서 석식을 뜻하는 약석을 약식(藥食)이라
고도 한다.

　북방불교권에 이 말이 들어와서 이같이 말의 뜻이 추가된 것은 추운
지방에서는 배가 고프면 한기를 더욱 이길 수 없고, 그로 인해서 병에
걸리기 쉬우므로 그것을 미리 막기 위해서 저녁 식사를 하게 된 데서
비롯되었다. 그러나 저녁을 먹는 관습은 부처님이 정한 규율에 어긋나
는 것이었다. 그래서 그것을 피하기 위해서도 석식을 한기와 기갈을
치유하는 약이라고 해서 '약석'이라고 한 것이다.

　이같이 약으로 먹는 약석이므로 약석은 아주 소량(小量)을 먹는 것
이 상례이다. 그래서 석식은 재식(齋食), 즉 오공(午供) 때 밥을 받는
큰 발우에 받지 않고 가장 작은 발우에다 받았다. 이것은 시장기를 면
할 만큼만 먹자는 것이다. 그러나 지금은 생활환경과 식생활의 변화로
절에서도 그것이 지켜지지 않고 있으나 건강을 위해서 저녁을 적게 먹
으라는 말은 승속(僧俗) 간에 새겨들을 만하다. 예부터 겨울밤에 먹는
밤참을 약석이라 하고 저녁을 적게 먹으라고 한 지혜는 선원의 '약석'
에서 유래한 것이다.

　그런데 그 날의 저녁공양은 약석이 아니라 그야말로 진수성찬이었
다. 표고버섯으로 탕을 끓이고 나물을 무치고 신선로를 끓이고 튀김을
한, 표고버섯 일색이었다. 나는 지금까지도 그와 같은 표고버섯 일색
의 식사를 그때 이외에 접한 적이 없다. 어느 스님은 표고버섯을 알맞

게 썰어서 갖은 양념과 버물러 난자를 빚어 기름에 튀긴 것을 고기로 착각하고 슬그머니 상 밑에 내려놓기도 하였으니 그 음식솜씨가 어떠한지 짐작할 만하다 할 것이다.

그러나 그보다도 내가 감동한 것은 스님에 대한 집주인의 태도였다. 범어사 신도라고 하는 그 처사는 스님보다도 나이가 열댓 살 위라고 한 것 같았는데 나이를 가리지 않고 스님을 위하는 태도가 마치 스승을 대하듯 하였다. 부인도 그러했고 자녀들 또한 그러했다.

18. 노자(路資)

스님이 감기가 심해서 누워 있다는 소식을 듣고 차일피일하다가 며칠이 지나서야 기장포교당엘 갔다.

그때는 지금과 같이 어디서나 전화로 소식을 주고받을 수 있는 때가 아니어서 산골에는 반드시 사람이 소식을 전해 주어야 하는 때였다. 풍문(風聞), 바람결에 소식을 듣는다는 말이 있듯이, 그때는 그야말로 바람결에 소식을 전해 들었다.

바람결에 듣는 소식은 우선 정확도가 떨어진다. 그리고 소식이 전해지기까지 상당한 시일이 걸린다. 그런데 절에서 절로 전해지는 소식은 생각보다 빠르고 정확한 것이 특징이었다. 그 날도 노전(爐殿)의 노스님이 5리나 되는 산등성이를 넘어와 우정 소식을 전해 주었다. 소식을 듣고서 차일피일한 것은, 굳이 변명 삼아서 이야기하자면 내가 사는 천성산(千聖山)에서 동래를 거쳐 기장에 갔다가 하루에 되돌아오는 노정(路程)이 빠듯한 하룻길이었기 때문에 새벽부터 서두르는 것이 싫었고, 가서 하루 이틀을 머물 생각이었기에 머무를 하루나 이틀을 버는 궁리를 하느라고 차일피일 미루었던 것이다.

그 무렵의 나는, 내가 사는 토굴에 불공을 드리려고 찾아오는 신도가 있는 것도 아니고, 나를 후원하는 신도가 있는 것도 아니고, 또 나에게 먹고 살 돈이 있는 것도 아니어서 때로는 하루 한 끼가 기약이 없는 때도 있었다.

토굴에 들어가 정진하는 내 또래의 젊은 수좌들은 대부분 토굴에 들어가기 전에 토굴에서 사는 동안 필요한 식량 등을 미리 준비하였다. 대개는 은사스님이나 도반, 그리고 법랍이 높은 스님과 신도가 토굴에 들어가 정진하는 젊은 스님에 대한 기대에서 도와주었다. 그것은 그만큼 촉망을 받고 있다는 뜻이다. 그러나 나에게는 촉망받을 만한 거리가 하나도 없었고 손을 벌려 도와달라고 할 비위도 없었다. 그러니 양도(糧道)가 막막한 토굴살이였다.

그러한 내 처지를 아는 친구들 몇이서 토요일이면 내 토굴을 찾아왔다. 등산을 겸해서 나를 만나러 오는 그들은 하룻밤을 자고 가면서 내가 한 주일 가량 먹을 수 있는 식량을 륙색에 지고 와서는 두고 갔다. 그것이 나의 유일한 양도였다.

내가 스님의 소식을 듣고 선뜻 나서지 못한 것은 그 친구들이 올 때가 다가왔으므로 그들을 만나고서 스님을 찾아갈 생각이었기 때문이었다. 그러나 이 날은 토요일 오후가 다 가고 어둠이 내려앉을 때까지 이 친구들이 오지를 않았다. 내 속셈으로는 그들과 함께 나설 생각으로 기다렸으나 그들이 오지 않아서 못내 서운하였다. 어느 시인은 기다림은 행복한 것이라고 하였지만 나에게 있어서 기다림은 조금도 행복한 것이 아니고 괴롭다면 괴로운 것이었다. 더구나 친구들이 가져다 주는 식량으로 호구지책(糊口之策)을 삼아온 나는 어느덧 그들이 가져올 식량을 기다리고 있었으니 그 기다림이 행복할 수는 없었다. 내가 기다리는 것은 친구가 아니라 식량이었다. 그러니 씁쓸하지 않을 수 없었다.

다음 날, 나는 혹 친구들이 오면 볼 수 있도록 방 문고리에 내가 가는 행선지를 적은 쪽지를 끼워놓고 토굴을 나와 스님에게로 갔다.

스님은 여름인데도 두꺼운 이불을 덮고 누워서 "무엇 하러 왔나." 하면서 사람을 편안하게 하는 예의 그 어설픈 웃음을 입가에 띄웠다.

스님은 웃을 때면 덧니가 드러나는데 우리는 그것을 보고 소녀 같다고 곧잘 놀렸다. 그러면 스님은 "태어나면서 그렇게 생겨 먹은 것을 어떻게 하나, 차라리 뽑아버릴까?" 하기도 하였다. 그러나 덧니를 뽑지도 않았고 사람을 편안하게 하는 그 어설픈 웃음은 70을 지나 열반할 때까지 변할 줄을 몰랐다. 그것은 당신의 성품에 변함이 없는 것을 말하는 것이었다. 그러한 스님을 향해 나는 짝사랑 패라고 하였다. 한번 좋은 사람은 그가 무엇을 하건 무슨 말을 하든 끝까지 마음을 주었다.

스님을 짝사랑 패라고 하면 "나도 좋고 싫은 것은 가릴 줄 안다. 그러나 차별할 생각은 없다."고 한다. 그래서인지 스님의 부드러움 속에는 냉엄함이 있다. 그 냉엄함이 하도 날카로워서 면도날 같다고 한다. 한때 나를 비롯해서 스님과 가까이 지내는 서넛이 만나면 종단에 '세 면도날'이 있다고 했다. 그 중의 한 사람이 스님이었다. 그리고 또 다른 두 사람과 함께 '세 면도날'이자 '세 변덕'이라고 부르며 서로 웃었다. 즉, 고변덕, 서변덕, 박변덕이 그 셋이었다.

그런데 박변덕이 둘이었다. 박씨 성을 가진 사람이 나와 또 다른 한 스님이었다. 그래서 세 변덕이 누군가 나에게 말하라 하면 나는 나를 빼고 다른 세 사람을 지명했다. 고변덕에게 말하라 하면 다른 세 사람을 가리켰고 서변덕 또한 그러했고 다른 박변덕 역시 그러했으니 서로 보고 웃었던 것이다.

각설하고, 스님이 점심을 먹고 이내 떠날 것이냐고 물었다. 내가 한 이틀 머물다 가겠다고 하자 스님이 "잘되었다. 내가 하다만 일이 있는데 그것을 도와주고 가라." 하였다. 그리고 내놓은 것이 『반야심경』을 한문으로 적고 한자의 음(音)을 한글로 적은 다음 번역을 한 것이었다. 무엇에 쓸 것인지 물었더니 스님은 마당에서 풀을 뽑고 있는 한 중년 남자를 가리키면서 그에게 읽힐 것이라고 하였다. 그러고 보니 전에 보이지 않던 사람이었다.

웬 사람인가 물었더니 노름꾼, 술망나니에다 손버릇이 나쁘기로 기장 읍내에서 첫 손가락을 꼽는 사람이라고 하였다. 그는 술을 마시고 집에 돌아오면 반드시 아내를 때리고 세간을 부순다는 것이다. 그가 아내를 때리는 데는 일종의 절차가 있다고 한다. 그는 노름방에서 돈을 털리고 돌아오면서 술을 마시고 온다. 노름에서 돈을 잃고 돌아가는 사람에게는 몇 푼의 돈을 준다. 이를테면 위로금이랄까 석별금(惜別金)이라고 하는 돈이다. 그 돈으로 그는 술을 마시고 집에 돌아온다. 집에 돌아오기가 바쁘게 아내에게 노름 밑천을 내 놓으라고 다그친다. 아내는 없다고 한다. 가장은 허구한 날 노름방에서 밤낮을 보내고 아내의 허드렛일로 겨우 입에 풀칠하는 집안에 돈이 있을 리가 없다. 아내가 돈이 없다고 하면 나가서 돈을 빌려 오라고 한다. 아내가 이제는 신용을 잃어서 누구도 빌려주지 않는다, 설사 금덩이를 내보이며 금을 팔아서 갚을 테니 그동안만이라도 빌려달라 해도 빌려주는 사람이 없다 하면, 그때부터 아내를 때리기 시작한다는 것이다.

이것을 보다 못한 이웃이 지서에 고발을 해서 남자는 지서에 붙들려 갔다는 것이다. 붙들어간 지서의 주임이 노름하고 아내를 때린 죄로 감옥에 가겠는가, 아니면 술을 끊고 노름에서 손을 떼고 아내를 때리지 않겠는가, 어느 쪽이든 선택을 하라 하였다. 사내는 후자를 택했다. 그러나 지서주임 말이 그 약속은 이미 한두 번도 아니어서 믿을 수 없으니 포교당 스님에게 가서 보증을 서 달라고 해라 하였다는 것이다.

이것이 계기가 되어 사내가 포교당에서 먹고 자고 한 지 며칠이 되었다는 것이다. 그런데 먹고 재우기만 해서는 안 되겠기에 무엇이건 마음을 붙여서 술과 노름을 잊게 하기 위해서 숙제를 주어야 하겠는데 생각해 낸 것이 『반야심경』을 외우게 하는 것이고, 외운 다음에는 『반야심경』을 가르칠 것이라고 했다. 그러니 사내가 읽고 외우기 좋도록 원고를 정리해 달라는 것이었다. 아무리 감기를 앓는다 해도 스님이 못할 일이 아닌데도 나에게 맡기는 것은 가난한 포교당 밥을 거저 먹지 않게 하려는 것이었다. 예나 지금이나 절에서는 무위도식(無爲徒食)하는 것을 제일 가는 금기로 삼는다. 또한 무위도식하지 않음으로써 마음이 편안하다. 그것이 스님의 의도였다.

스님과 이런 저런 이야기로 시간 가는 줄을 모르고 있는데, 손님이 찾아왔다고 해서 내다보니 토굴로 나를 찾아오기로 한 친구들이었다. 반가웠다. 그러나 반가운 마음과는 달리 내 입에서는 "느이들 믿다가 내가 굶어 죽을라, 꼴도 보기 싫으니 어서 가라."는 고함이 터져 나왔다. 친구들은 내 말을 농담으로 듣고 노려보는 나를 밀치고 들어와 스님과 수인사를 나누었다. 스님이 "찬 대사가 왜 저럽니까? 찬 대사 고함소리를 처음 듣습니다."고 물었다. 그러자 한 친구가 내 사정을 미주알 고주알 다 털어놓았다.

　들고 난 스님이 "그러면 나와 함께 이곳에서 삽시다." 하였다. 그러나 내가 돌아올 때 노자(路資)에 보태라고 준 봉투에는 적지 않은 돈이 들어 있었다. 토굴에서 한두 철은 지낼 수 있는 쌀값이었다.

19. 꿈 깨라

　스님이 즐겨 쓰는 말이 있다. 누가 찾아와 "형편이 이러저러한데 어찌하면 좋습니까?" 하면 "몽상(夢想)에서 깨어나야지." 한다. 한마디로 '꿈 깨어라'다. 어찌 보면 무정하기 짝이 없다.

　꿈꾸어 오던 희망이 이루어지지 않아서 찾아와 조언을 구하는 사람에게 '꿈 깨라' 하면 그것은 '되지도 않을 일에 연연하지 말고 일찍이 단념해라.' 하는 말과 같다. 한가닥 희망을 갖고 찾아와 조언을 구하는 사람에게는 이 말이 무정할 수밖에 없다. 그것은 이러저러하니 이렇게 하는 것이 좋겠다고 자상하게 조언을 해도 조언을 구하는 사람으로서는 긴가민가할 터인데 한마디로 '꿈 깨어라' 하면 듣는 사람에 따라서는 조롱하는 말로도 들리고 업신여기는 말로도 들릴 수가 있다. 그래서 스님을 냉정하다고 하는 이도 있다.

　프랑스의 작가이며 철학자인 사르트르는 '조언을 구하는 사람은 자기가 바라는 조언을 구한다.'고 했다. 그러므로 자기가 바라는 조언을 해 줄 사람을 찾아가서 조언을 청하게 된다. 이 사람이면 내가 바라는 조언을 해 줄 것이라고 믿고서 찾아가 조언을 구한다는 것이다. 그런데 모처럼 별러서 찾아와 조언을 구하는 사람에게 '꿈 깨라' 하니 실망이 이만저만이 아니다. 좀 자상하게 대해 주면 안 되는가 하면,

"사람마다 다 같지는 않지만 대부분의 사람은 자기가 바라는 조언이 아니면 듣지 않는다. 귀에 솔깃해야 좋아한다. 설사 조언을 따른다 해도 세상 물정을 모르는 중의 조언은 처음부터 현실성이 없다." 하였다.

그러니 이렇게 하면 사업에 성공을 하고 저렇게 하면 영달(榮達)을 하고, 하는 따위의 조언은 도리어 조언을 구하는 사람에게 해가 되면 되었지 유익하지 않다는 것이다. 차라리 그 사람으로 하여금 진실한 마음으로 현실을 바로 보고 용기를 가지고 대처할 수 있게 하려면 지금까지 욕망을 좇아 살아온 꿈을 깨트려 주는 것이 낫다는 것이다.

전도(顚倒)와 몽상(夢想)을 아주 벗어나 끝내 열반에 이른다고 하는 『반야심경』의 '원리전도몽상구경열반(遠離顚倒夢想究竟涅槃)'이 바로 스님의 그러한 뜻을 설하고 있다. 스님이 술망나니에 노름꾼에다 아내를 때리는 사내에게 『반야심경』을 외우게 한 것도 그러한 뜻에서였을 것이다.

그런데 몽상을 깨뜨리는 방법이 여러 가지였다. 스님이 강남의 봉은사 주지를 맡아 있을 때였다. 그때, 봉은사에는 대학생불교연합회의 구도부(求道部) 학생들이 스님들과 같은 일종의 출가생활(出家生活)을 하면서 학교를 다니고 있었으며, 매주 일요일에는 대학생을 위한 법회가 열렸다. 스님은 이 대학생불교연합회의 지도법사였다. 대학생들이 모여서 수도를 하고 법회를 하는 봉은사는 사람들에게 색다른 절로 인식되고 있었다. 이러한 인식은 어느덧, 대학을 지망하는 학생이나 그 부모가 봉은사 부처님께 불공을 드리면 소원을 이룬다고 하는 믿음으로 변해서 많은 사람들이 불공을 드리러 왔다. 그 중 한 부인이 스님을 찾아와 "스님, 저희 아들이 이번에도 떨어졌습니다. 어떻게 하면 좋습니까?” 하였다.

그때, 스님의 말이 “잘 생각해 보세요. 보살님 아들이 대학에 합격하면 다른 아이가 그 대신 합격을 못합니다. 보살님의 아들이 합격을 못해서 다른 아이가 그 대신 합격을 합니다. 보살행을 했다고 생각하십시오.”였다. 대학에 낙방한 것을 억울해 하지 말라는 것이다. 누군가 합격을 하면 누군가 불합격을 한다. 그래서 갈등이 생긴다. 나 이외의 다른 사람이 다 경쟁자로 보이고 내가 물리쳐야 할 적으로 보인다. 모두가 자기 본위로 생각하기 때문에 이승은 사바세계라고 스님은 말한다.

여느 사람 같으면 “더 열심히 공부하라 하시오.”라든가 “실패는 성공의 어머니이니 단단히 각오를 하고 공부를 하면 반드시 대학에 진학할 것이오.”라고 판에 박힌 조언을 할 것이지만 스님은 그렇지 않았다. 판에 박힌 말은 그 말이 전적으로 옳은 말이기 때문에 판에 박히는 것이다. 그러나 100퍼센트 옳은 충고라고 해서 반드시 100퍼센트의 성과가 보장되는 것은 아니다.

야구의 코치가 타석(打席)에 나가는 타자에게 ‘홈런’을 쳐야 한다는 충고는 전적으로 지당한 충고이다. 그러나 그 충고 때문에 홈런을 치게 되지는 않는다. 학생에게 ‘공부를 열심히 해야 한다.’고 하는 충고나 조언도 그와 같은 것이다. 그렇다고 바른 말을 하지 말라는 것은 아니다. 입에 발린 바른 말보다는 바른 말 속에 갇힌 허상(虛像)을 깨달으라는 것이 ‘보살행을 했다’고 생각하라는 것이다. 조언을 구하는 사람에게 환상을 심어주어서는 안 된다는 것이 스님의 생각인 것이다.

기장포교당에서 풀을 뽑던 술망나니, 노름꾼, 아내 때리기를 일삼는 폭군 사내는 겨우 한글을 깨친 무식한 사람이었다. 그러한 사람에게 스님은 아무런 이유도 말하지 않은 채 반야심경을 배우라고 했다. 충고도 하지 않았다. 그저 심심할 때 읽고 외어 보라 한 것이다. 그로부터 한 달 가량 지나서 기장포교당에 갔을 때, 전혀 예상치 못한 일을 목격했다. 그 망나니 중년 사내의 태도가 확연히 달라져 있었다. 우선 사람을 대하는 태도가 전과 같이 데면데면하지 않고 친절했다. 또 얼굴이 맑고 온화했다.

우리가 가자 스님이 그를 불러 "판사님이 오셨으니 내게 한 말을 판사님에게 다시 해 보시오." 하였다. 우리 일행 중에 초임판사가 있었다. 그 초임판사에게 그 사내가 한 말은 대강 이러했다.

그는 나이 40이 넘도록 원수진 사람도 없는데 사람들을 까닭 없이 미워하고 세상을 원망하며 살았다는 것이다. 마땅히 하는 일이 없으니 도박판을 드나들었고 돈을 잃으면 억울한 생각에 술을 마시고, 몇 푼을 따면 땄으니 한잔하고, 술에 취하면 앞뒤 없이 세상을 원망하는 감정이 솟구쳐 아무에게나 행패를 부리고 아내를 때리고 자식들을 못살게 굴었다는 것이다.

지서주임이 감옥에 가겠느냐, 아니면 다시는 나쁜 짓을 않겠다는 보증을 포교당 스님에게서 받아 오겠느냐 했을 때, 자기 생각에는 지서주임도 뇌물 먹는 도둑이고 면서기도 부정하는 탐관오리, 지체가 높으면 높은 대로 낮으면 낮은 대로 온통 도둑 천지인데 내가 무슨 죄를 지었느냐는 것이다. 그래도 감옥에 가는 것이 싫어서 스님에게 왔더니 "내가 지은 죄가 큰 것을 알게 되었다."고 하였다. 남을 괴롭히는 것이 큰 죄라는 것이다. 자기는 지금까지 세상을 거꾸로 살았다는 것이다.

얼마 전, 어느 젊은 검사가 지은 죄를 죄라고 생각하지 않는 피의자를 설득하는 것이 가장 어려운 일이라고 토로했다는 말을 들었다. 피

의자가 자기 죄를 인정하려 들지 않는 것은 어제오늘의 일이 아니고 일단은 피하고 보자는 것이 인간의 심리일 것이다. 그러나 죄를 죄라고 생각하지 않는 것은, 그리고 그러한 현상이 근래에 와서 부쩍 는 것은 사회병리현상에서 나왔다고 보아야 할 것이다. 특히 사회지도급 인사나 가진 사람 중에 그러한 사람이 많다는 데 문제의 심각성이 있다.

뇌물을 먹은 어느 다선(多選) 국회의원이 법정에서 자기에게 죄가 있다면 모든 정치인도 다 죄인이라고 떳떳이 말했다고 한다. 이 말은 자기의 죄는 죄가 아니라는 말과 같다. 이 사람은 고법(高法)에서 실형을 선고받았어도 대법원 판결이 남아 있다고 해서인지 감옥에 가지 않고 세상을 활보하고 다닌다. 서민 같으면 어림도 없는 일이다. 이 사람만이 아니다. 어느 도지사는 1억 원을 받았다 하고 그 도지사의 부인은 남편이 받은 돈의 네 배가 되는 4억 원을 받아 철창에 갇혔어도 조금의 뉘우침도 없다 한다.

나라의 사정(司正)을 책임지고 있는 법무장관의 아내와 전직장관의 부인, 그리고 재벌의 부인과 옷장수가 얽히고 설킨 고급 옷 사건, 파업을 막아야 하는 검사가 도리어 파업을 유도했다고 백주에 술을 마시고 호언장담하는 세상, 검찰총수가 대선 출마자의 고향에서 민란이 일어날 것 같아서 대선후보의 비자금을 조사하지 않았다고 공언하는 세상, 이 무서운 말을 듣고도 잠자코 있는 사람들.

도둑은 훔친 재물을 줄여서 죄를 가볍게 하려는 것이 보통이고 도둑 맞은 사람은 잃은 것을 줄이지 않는 것이 상식인데 도둑 맞은 어느 도지사는 한사코 도둑 맞은 재물을 줄이고 도둑은 그렇지 않다고 하는 세상, 큰 도둑일수록 영웅시되고 동정 받는 세상, 전도(顚倒)된 세상이 아니고 무엇이겠는가.

　이 전도된 세상에서 자기만은 어떤 죄를 지어도 길이 잘살 것이라고 환상을 믿는 사람들은 '꿈 깨라'라고 한 스님의 말을 귀에 못이 박히도록 듣고 들어야 한다.

제 5 장

眞俗不二

원만구족, 시비와 분별이 없네.

可笑尋牛者	우습구나 소를 찾는 그대여
騎牛更覓牛	소를 타고 소를 찾고 있구려.

20. 그 길뿐이오

　요즘은 어떤지 모르지만 내가 산에 살 때만 해도 젊은 수좌가 환속
(還俗)을 하겠다고 하면 주변의 스님들이 걱정을 했다. 특히 인연이
깊은 대덕(大德)스님들은 젊은 수좌가 세속에 나가서 어떻게 살지 걱
정을 했는데 전혀 생계를 꾸려 갈 능력이 없다고 생각되는 수좌에게는
당신의 신도 가운데서 도울 수 있는 사람에게 부탁을 하는 경우도 있
었다. 그런가 하면 같은 나이 또래의 도반들 중에는 환속하는 도반의
세속살이가 궁금했다.

　그 중에서도 환속하면 결혼을 할 것인지, 한다면 상대는 어떤 여자
인지, 아이는 몇이나 낳을 것인지, 무슨 직업을 가질 것인지, 어디에서
살 것인지 등등 궁금한 것이 한두 가지가 아니었다. 이렇게 궁금한 것
끝에 "장가들면 공양청장(供養請狀)이나 하소." 한다. 거기에는 도반이
환속해서 어떻게 사는지 궁금한 것들을 보고 싶은 우정어린 심정이 담
겨 있다. 그러한 심정은 대덕스님 또한 한가지이다. 옛말에 '중 사위는
삼지 않아도 중 며느리는 삼는다.' 하였듯이 장가도 들지 못할까 하는
걱정이 담겨 있다.

　내가 은사스님을 뵙고 환속을 허락 받고 환속한 뒤에 광덕스님을 만
났더니 탐탁치 않은 표정이었다. 그런 때의 스님 표정은 싸늘하다. 그
때 나는 양복을 입고 있었는데 양복 입은 내 모습을 건너다보던 스님
이 엉뚱하게도 "양복 값이 비싸겠소." 하였다. 내가 아무런 의미 없이
그저 하는 소리로 "좋아 보입니까?" 하자 "그 길뿐이오?" 하였다.

　나의 은사스님께서도 "그 길뿐이냐? 그러면 가거라." 하셨는데 광덕

스님도 그랬다.

그때, 나는 환속할 길밖에 없어서 환속한 것도 아니고 환속해서 무엇을 하겠다는 의지나 계획이 있었던 것도 아니었다. 다만 절에 사는 것이 견딜 수 없었다. 겉으로는 참선 수행한답시고 선방에 앉아서 망상을 굴리면서 지내는 것이 견디기 힘들었다.

선가(禪家)에는 야호선(野狐禪)이라는 말이 있다. 야호(野狐)는 여우다. 우리말에 이랬다저랬다 변덕이 심해서 행동을 종잡을 수 없고 속마음을 알 수 없는 사람을 가리켜서 여우같다고 한다. 중국에서도 여우는 진실성이 없는 것을 말한다.

이 '야호'가 선(禪)에 들어와 '야호선'을 일컫게 된 것은 '백장야호(百丈野狐)'라고 하는 화두(話頭)에서 비롯되었다.

백장(百丈)선사가 상당(上堂)해서 설법할 때면 늘 한 노인이 말석에 앉아서 듣고 있었다. 하루는 설법이 끝나고 대중이 모두 흩어져 갔는데도 노인은 남아 있었다. 백장선사가 "누구냐?"고 물었더니 노인이 대답하기를,

"나는 옛날, 이곳에서 학인(學人)들을 지도하고 있었습니다. 하루는 한 학인이 수행을 많이 해서 깨달은 사람도 인과(因果)의 법칙에 따라 인과의 지배를 받느냐고 물었습니다. 그때 나는 인과불락(因果不落, 인과의 지배를 받지 않는다.)이라고 대답했습니다. 그러자 당장에 인과의 지배를 받아서 야호의 몸을 받아 지금에 이르렀습니다. 아무쪼록 한 말씀 깨우쳐 주십시오." 하였다.

백장선사가 "인과에 현혹되지 않을 뿐이다(不昧因果)." 하였다. 노인은 그 한마디에 깨달았다.

이때부터 '백장야호'는 화두가 되었고, 야호선은 깨닫지도 못한 주

제에 깨달음을 얻었다고 뽐내며 주제넘게도 남을 가르치는 사람을 말하게 되었다. 또한 참선도 하지 않고 수행도 하지 않으면서 수행하는 양하고 참선하는 척 하는 거짓 선사(禪師)를 일컫게 되었다. 그때의 나는 거짓 참선꾼이었다. 말하자면 야호선이었던 것이다. 그러니 선방의 방석이 가시방석이었다.

환속하는 나에게 나의 은사스님과 광덕스님이 '그 길뿐인가?' 하였는데 그것은 물음이 아니라 나의 선택을 질책한 것이었다. 그러나 그때의 나는 그 질책을 그다지 심각하게 받아들이지 않았다. 환속한 뒤, 취생몽사(醉生夢死)로 세월을 보내는데 하루는 광덕스님에게서 만나자는 전화가 왔다.

'속환(俗還)이 신심'이라는 말이 있다. 환속한 사람의 신심 없는 것을 빗대어 하는 말이다. 생각 같아서는 환속한 사람이 절에 자주 다닐 것 같은데 보통 신도에 비해서 자주 다니지 않기 때문에 나온 말이다. 나도 그랬다. 마치 절에 가지 못할 죄라도 지은 사람 마냥. 그때 스님은 총무원 서무국장을 맡고 있었기 때문에 만나고자 하면 언제고 조계사에 가서 만날 수 있고, 대각사가 숙소였으므로 대각사에 가면 함께 밤을 새우면서 이야기할 수 있는데도 자주 가지를 않았다.

그 날은 약속을 했으므로 저녁 늦게 대각사로 만나러 갔다. 저녁 식사와 함께 마신 술기가 가시지 않은 채였다.

술 냄새를 풍기는 나에게 "야호선을 하더니 신심마저 떨어졌소? 그래 술 마시는 일뿐이오?" 하였다. 마치 '그 길뿐이오?' 하듯이.

나는 대답을 하지 않았다. 만나자 하였으면 할 이야기가 있을 터이니 그 이야기나 어서 하시오 하는 침묵이었다. 스님은 그러한 나를 측은한 눈길로 건너다보면서,

"일을 하지 않겠소?" 하였다.

"술 마시는 것도 나에게는 일입니다."

"술 마시는 것 한 가지만 가지고서야 부족하지 않은가?"

"무슨 말씀입니까? 돈을 벌라는 말씀입니까?"

"돈 버는 것 말고 열중할 수 있는 일을 하면 어떠냐는 것이지."

"아하, 스님이 생각하시는 일이 있는가 봅니다."

"있어요. 그런데 술값을 아껴야 할 것이오."

그때, 종단의 기관지로 「대한불교」라고 하는 대판(大版) 2면짜리 신문이 있었다. 총무원의 재정이 어려워서 그때까지 김춘강(金春岡) 거사가 맡아서 경영하고 있었다. 김춘강 거사는 젊어서 현 동국대학교의 전신인 중앙학림(中央學林)을 다닌 스님이었으나 환속을 해서 한의원을 개업하고 있었다. 총무원 재정이 어찌나 어려웠던지 한 달에 한 번 간행하는 신문을 감당하지 못해서 김춘강 거사에게 맡겼던 것이다.

그런데 그때, 김춘강 거사는 한의사회의 회장을 맡고 있었다. 그러한 까닭으로 해서 이 신문에는 한의사회의 기사가 심심찮게 실렸다. 때문에 종단 내에서는 「대한불교」가 종단의 기관지가 아니라 한의사회의 기관지가 되었다는 여론이 일었다. 그것을 들은 김춘강 거사가 나이가 많아서 신문경영을 맡을 수 없다는 이유로 신문을 총무원에 돌려주었다.

신문을 인수한 총무원에서는 난감했다. 간행비도 문제지만 신문을 맡을 사람이 없어 생각 끝에 찾아낸 사람이 나였다.

"그러니 군소리말고 맡아 주시오."

"그래서 술값을 아껴야 한다 하셨습니까?"

이렇게 해서 재력이 있는 사람이 나와서 신문을 맡기까지 신문을 맡기로 하고 신문을 맡아서 하게 되었는데 술값을 아껴서 되는 일이 아니었다. 처음에는 대판 2면을 냈으나 곧 타블로이드판으로 판형을 바꾸었다. 타블로이드판은 판형이 작은 대신에 필요에 따라 증면하기 쉽고 제작비도 쌌다. 대판신문은 신문을 조판(組版)할 수 있는 신문사가 아니면 제작할 수 없고 따라서 제작비도 비쌌다. 그러나 타블로이드판은 어지간한 인쇄소에서 제작할 수 있어서 제작비를 절감하는 이점이 있었다. 또한 「불교신문」과 같은 전문지는 지면을 특성화하기 쉽고 독자가 들고 읽기 편리한 장점도 있어서 타블로이드판으로 바꾸었던 것이다.

그러나 신문은 대판이어야 권위가 선다는 스님들의 여론에 밀려서 다시 판형을 키웠고, '신문'이란 말을 제호에 넣어야 한다고 해서 신문 제호를 「대한불교신문」으로 바꾸고 증면을 하고 주간(週刊)으로 간행을 했다. 그러나 재정이 문제였다. 신문대금은 여전히 걷히지 않았다. 보다 못한 스님이 신문대 걷는 방안을 고안해 냈다. 신문대를 각 사찰의 분담금에 넣어서 징수하여 신문사에 넘겨주자는 것이었다. 종회에서 이 안이 결의되었다. 그러나 분담금을 징수하는 재무부의 입장은 달랐다. 신문대는 고사하고 분담금도 걷히지 않는다는 것이었다. 재정이 어려워 몇 사람 안 되는 신문사 식구들의 봉급은커녕 교통비가 어려웠다.

그러한 때, 1964년 5월경 행원스님이 이한상(李漢相, 당시 풍전산업, 대한전척 사장) 거사에게 신문사 경영을 권유하였다. 이한상 거사는 자기는 토건업자일 뿐 신문에 대해서 아는 것이 없다고 고사하였다. 그러나 끝내 뿌리치지 못하고 신문을 맡게 되었다. 그때 행원스님은 달마회(達摩會) 지도법사였고 이한상 거사는 달마회 회원이었다. 때문에 고사하는 이한상 거사를 설득해서 신문을 맡게 할 수 있었다.

이한상 거사는 신문을 맡는 조건으로 총무원이 신문사 인사에 관여하지 않을 것을 제시했다. 그리고 신문을 새로 창간하는 마음으로 하는 것이니 그동안의 신문대 미수금과 부채를 인수하지 않는다는 조건을 제시했다. 총무원은 이의가 없었다. 그러나 그렇게 되면 그동안의 부채를 내가 갚아야 할 입장이었다. 그러나 한편으로는 신문에서 손을 떼는 홀가분한 마음에 나도 동의를 하였다. 그런데 신문에서 손을 뗄 수가 없게 되었다. 이한상 거사가 나에게 편집국을 맡으라고 하였다. 나는 싫다고 하였다. 그때, 스님이 그동안은 돈이 없어서 신문을 마음껏 만들지 못했으나 이제는 재정이 넉넉할 터이니 잘 할 수 있지 않겠느냐, 신문다운 신문을 만들어 보라 하였다. 그리고 하는 말이 "야호선보다는 나을거요." 하였다.

결국 신문사에 주저앉았다. 기자를 새로 모집하고 그런대로 편집국을 구성해서 대판 8면을 주간(週刊)으로 발행했다. 2년이 지났다. 나는 신문사 봉급으로는 생활이 힘들어 신문사를 그만두기로 하였다. 그때는 이미 결혼을 하였고 아내가 첫 아이를 임신했을 때여서 나로서는 가장의 책임을 다해야 할 처지였다. 그래서 스님에게 신문사를 그만두기로 했다고 하자 "장가들면 그렇게 되나. 그렇게 되어야 하겠지." 하였다.

신문사를 그만두고 개인 사무실을 냈다. 1년 넘게 동분서주하는데 뜻밖에 운허스님이 찾는다고 했다. 운허스님은 법정스님이 맡고 있는 역경원 편집부장을 맡으라는 것이었다. 그때, 역경원은 그동안 동국대학교 전임 총장이 불교와 하등 관계가 없는 동양출판사에 위탁했던 한글대장경의 제작과 보급업무를 되찾아와 재출범(再出帆)을 하려고 하는 때였다. 당장 사람이 없으니 수고해 달라는 노스님의 청을 거역할 수가 없었다. 결국 하던 일을 그대로 둔 채 역경원 일을 맡았다. 처음에는 두 가지 일을 함께 할 생각이었고 역경원이 궤도에 오르면 그만두고 하던 일로 돌아갈 생각이었다. 그러나 그것이 그렇게 되지 않고 도리어 사무실을 닫게 되었다.

어느 날, 광덕스님이 급히 만나자 해서 갔더니 신문이 폐간될 처지에 있으니 신문을 맡아주어야 하겠다는 것이었다. 그때, 스님은 총무원 총무부장을 맡고 있었는데 총무원은 전(前) 중앙공무원교육원, 지금의 동국대학교 농과대학 건물에 있었다. 이한상 거사가 사업에 실패하여 미국으로 간 지 오래 되었고, 또 그동안 신문사가 들어 있던 이한상 거사의 회사건물이 남의 손으로 넘어가 비워 주어야 했으므로 이래저래 더 버티기 어려운 차에 인쇄시설이 없다는 이유로 폐간될 위기에 처해 있다는 것이었다. 우선 스님과 함께 문화공보부에 가서 보니 폐간 리스트에 올라 있었다. 짧은 시일 내에 인쇄시설을 하겠다고 약속하고 돌아왔다.

폐간될 위기에 있는 것을 보고서 신문을 하지 않겠다고 할 수 없었다. 또 다시 맡았다. 일단은 살려놓고 보기로 하였다. 인쇄시설은 스님이 인쇄업을 하는 박충일 거사(현 대한인쇄문화협회 회장, 전 불광사 신도회장)에게 부탁을 해서 해결하였다. 신문사 사옥은 총무원의 아래층으로 옮겼다. 나로서는 신문사와 역경원이 동국대학교의 한 캠퍼스 안에 있어서 편리했다. 신문사를 인수하고 보니 받을 것은 없고 빚만 있었다. 원고료를 비롯해서 제작비, 사무용품비, 밀린 급료 등등. 이번에도 빚은 내 차지가 되었다.

당장 갚지 못한 빚은 어음을 써 주었다. 그리고 편집부 기자와 업무사원을 새로 모집해서 진용을 일신했다.

스님의 권유로 나는 「불교신문」과 세 번의 인연을 맺었다. 그 중에 이한상 거사의 사장시절을 제외한 두 번은 폐간의 위기에 놓여 있을 때였다. 그리고 그때마다 나는 실질적인 경영주이자 편집자이고 기자였으며 때로는 사환이기도 했다. 결코 경영상의 여건이 좋지 않았음에도 그 일을 한 것은 스님의 말과 같이 '야호선'보다 나아서였는지 모른다. 혹은 힘들어 할 때면, 스님은 으레 "탁자밥(卓子, 부처님께 올린 공양) 내려 먹은 빚 갚는다 생각하시오."라고 했는데 그것 때문인지도 모른다.

21. 망촉(望蜀)

어느 젊은 스님이 환속을 했다. 환속을 하자 곧 결혼을 했는데 상대는 상당히 재력이 있는 집 규수였다. 이 규수가 어찌나 스님을 찾아다녔는지, 도를 통하지 못할 바에야 환속해서 여자 한 사람 구제하자 하고 결혼을 했다는 것이다. 그러나 결혼은 했으나 마땅한 직장이 없어서 처가에서 서울 복판에 번듯한 상점을 차려 주었다.

청담스님은 장가를 잘 들었다고 해서 "환속을 하려거든 아무개와 같이 하라."고 말할 정도였다. 그래서 젊은 스님들 중에는 우정 상점을 찾아가는 이들이 있었다. 그러나 상점에는 아내가 있을 뿐 환속한 스님은 없었다. 점원에게 사장님 좀 보자 하면 여주인을 가리켰다. 여주인에게 물으면 마뜩치 않아 했다. 찾아간 스님들 가운데 환속한 스님을 상점에서 본 이가 없었다. 때문에 스님들 사이에서 환속한 스님이 스님들을 피한다는 말이 오고 갔다.

그런데 어느 날, 광덕스님이 나에게 돌아오는 일요일 집에 있을 것이면 집으로 오겠다고 해서 그러자 했는데 함께 온 사람이 바로 그 환속한 스님이었다. 나는 두 사람이 함께 온 것이 뜻밖이어서 어리둥절하였다.

아내가 내 온 다과상을 받은 스님이, "이 두 사람에게는 다과보다도 술상을 차려 주시지요." 해서 이번에는 아내가 어리둥절했다. 나는 통상 점심을 먹을 때 반주를 하므로 점심때라면 모를까 아침부터 술상을 차리라는 스님의 뜻을 헤아릴 수가 없었던 것이다.

그러는 내 아내에게 스님은 "오늘, 이 두 사람이 술을 마셔야 할 일이 있습니다. 보살님도 동석하세요." 하니 아내는 더욱 영문을 몰라 하면서도 술상을 차려 왔다.

나와 손님이 마주 앉아 술잔을 두어 잔 주고받았을 때, 스님이 운을 떼었다.

"두 사람 처지가 비슷해서 내가 가자고 해서 왔소. 어디 두 사람이 이야기를 해 보시오."

처지가 비슷하다는 말은 나를 또 의아스럽게 하였다. 그러나 이야기를 들어보니 우리 두 사람은 두 가지 점이 같았다. 환속한 점이 같고 아내가 기독교 집안의 딸이라는 점이 같았다. 나는 그제서야 '아하!' 하면서 짚이는 것이 있었다. 그러니 속환이 주인과 속환이 손(客)이 마주 앉아서 동병상련의 술잔을 기울이고 있는 셈이었다.

나를 찾아온 속환이 손님과 그의 아내 사이에 종교적 갈등이 심해서 처지가 같은 내가 어떻게 사는지 알고 싶은 것이었다. 스님이 내 아내에게 동석을 하라 한 것은 나와 아내 사이에 있음직한 종교적 갈등에 대해서 직접 듣고 싶은 것이었다. 스님은 부엌에서 점심 준비를 하는 내 아내를 불러서 그 점을 물었다. 아내의 대답은 간단하고 명료했다. '전혀 문제가 없다'는 것이다. 손님이 도무지 믿을 수 없다는 표정으로 왜 문제가 없는가 물었다.

지금도 교회에 다니는가, 남편에게 교회에 다니자고 조른 적은 없는가, 불교를 믿는 사위에 대해서 친정에서는 무어라 하는가, 남편을 개종시키라고 하지는 않는가, 또 집에 처가 식구나 기독교인들이 와서 예배를 보자 하지는 않는가 등등 궁금한 것이 한두 가지가 아니었다.

나의 장인은 기독교 계통의 중고등학교 교감을 지낸 목회자였고 장모는 장인이 타계한 뒤 연금을 받을 정도로 독실한 기독교인이었다. 그러므로 애당초 결혼을 반대하였다. 결혼을 한 뒤에는 교회에 가지 않고 절에 다니는 딸이 마음에 들 리가 없었다. 또한 딸을 그렇게 만든 사위는 '마귀 사위'였다. 따라서 종교가 다른 친정과 남편 사이에 끼인 아내에게 갈등이 없을 수 없었을 것이지만 그것을 조금도 입 밖에 내거나 내색하지 않았다.

처가의 일로 교회의 예배에 참석해야 할 경우에 우리는 기꺼이 교회에 간다. 마찬가지로 시집 일로 천주교회에 갈 일이 있으면 역시 부담을 느끼지 않고 천주교회에 간다. 가서 우리는 그들과 같은 기도를 부처님에게 드린다. 아이의 돌에 처갓집 사람들이 와서 예배를 볼 때, 우리는 함께 참석해서 불교를 믿지 않는 사람들이 찾아와 이교도의 행복을 빌어주는 것을, 그리고 그렇게 하도록 허락해 주신 부처님께 감사한다.

혹 친정쪽 사람이나 기독교인 친구, 그 중에는 목사도 있고 목사의 부인도 있어서 그들이 아내에게 교회에 나오기를 독촉하고 남편을 기독교로 개종시키라고 말하면 아내는 "불교를 믿는 생활이 마음 편하

다.”고 한다. 스님은 그러한 내 아내에게,

 “불교는 마음의 평안을 가르치는 종교다. 어떤 종교는 마음을 평안하게 하기보다는 불안하게 한다. 죄를 강조하고 말세(末世)를 주장해서 사람들로 하여금 공포에 사로잡히게 한다.”고 하였다.

 유명한 이야기이지만, 달마대사를 찾아간 혜가(慧可)선사가 달마대사에게 청한 것은 “마음이 불안하니 마음을 편하게 해 주십시오.” 하는 것이었다. 여기서 보듯이 마음의 평안이야말로 불교의 주제라고 할 것이다. 그런데 내 아내는 절에 다닌 지 일천하고 남들처럼 자주 절에 가는 것도 아니며 불교를 교리적으로 아는 것도 없으나 불교의 주제에 대해서 확고한 신념을 가지고 있었던 것이다. 그 점을 스님은 칭찬을 했다.

 요즘 여성들은 나를 고루하다고 할지 모르나 나는 평소에 아내는 남편을 편하게 해 주고, 주부는 가정을 평안하게 해 주며, 어머니는 아이들을 평화로운 가정에서 자라도록 하는 것이 첫째 의무라고 생각한다. 왜 여자만이냐, 남자에게도 그러한 의무는 당연한 것이 아니냐는 항변이 있을 수 있다. 옳은 말이다. 거기에는 아내와 남편의 반반의 책임이 있는 것이 아니라 아내의 전부와 남편의 전부가 합해서 하나가 되는 의무가 있다. 그런데 부처님께서는 유독 ‘아내는 가정의 통치자’라고 말씀하셨다. 통치자가 하기 나름으로는 평화도 있고 투쟁이 있게도 된다. 통치자로서의 아내는 그만큼 현명해야 한다는 것이다. 나는 패미니스트는 아니지만 그 점에 있어서 아내를 존중하고 또한 여성을 존중한다.

 스님은 그 날 부부간의 종교적 갈등에 대해서 대충 이런 이야기를 했다. 기독교인들에게는 서구 열강이 동양을 침범해서 영토를 확장한 것과 같이 무작정 기독교의 영토를 넓히려고 하는 경향이 있다. 그것은 신앙으로 포장된 이기심과 탐욕 때문이다. 동양에는 '망촉(望蜀)'이라는 말이 있듯이, 욕심 많은 조조(曹操)도 남의 영토를 빼앗는 것을 삼가했는데 기독교인은 그렇지 않은 것이 문제다. 부부간에는 자기를 강요하지 말고 서로 사랑과 인내로써 상대방을 받아들여야 한다. 그래야 사랑이 충족된다. 그렇지 않으면 채워지지 않는 욕망 때문에 사랑이라고 생각했던 감정은 미움으로 변해서 가정에 파탄이 온다고 하였다. 그리고 '마음이 만족하면 저절로 즐겁고 행복하다' 하였다.

그 뒤로 내 집에 왔던 속환이 손님을 만난 적이 없으므로 그의 가정생활에 어떤 변화가 있었는지 알지 못한다. 다만 우리가 나눈 많은 이야기들이 도움이 되었기를 바랐다.

각설하고, 스님이 말한 '망촉'에 대해서 약간의 부언을 할까 한다. 한자를 그대로 풀면 '촉(蜀)나라를 바란다'는 뜻이다. 그러나 제대로는 한 가지 소망을 이루고 나서 또 다른 것을 더 바란다는 뜻으로 쓰인다. 바꾸어 말하자면, 마음에 탐욕이 생기면 만족할 줄을 모르게 되는 것을 가리켜서 하는 말이다. 이 말은 중국의 후한서(後漢書)『헌제경(獻帝經)』에 조조가 한 말로 기록되어 있다.

촉나라의 유비(劉備)가 아직 살아 있을 때, 한중(漢中)을 차지한 조조의 세력은 가장 절정에 달해 있었다. 조조는 그 세력을 몰아 롱(隴, 지금의 甘肅省 지방)을 빼앗았다. 이때, 명 참모인 사마의(司馬懿)가 "지금 여세를 몰아 일거에 촉나라를 공격합시다."라고 건의했다. 그러나 조조는 신중하게 사마의의 진언(進言)을 물리쳤다. 그때, 조조는 "사람이란 만족할 줄을 모르기 때문에 괴로움을 당하는 것이다. 우리는 이미 '롱' 땅을 얻었다. 이 위에 촉나라를 더 바라겠는가?" 하였다.

‘망촉’이란 말은 이렇게 해서 생겼기 때문에 앞에서 말한 바와 같은 뜻
을 갖게 되었다.

스님이 그 날, 굳이 ‘망촉’을 예로 든 것은 사람이 욕심을 버리면 괴
로움에서 벗어나는 것을 일러주기 위한 것이었다.

22. 평생에 단 두 번의 공찰(公刹) 주지

내가 알기로 스님은 평생에 단 두 번의 공찰 주지를 맡았다. 한번은
강남 봉은사이고 또 한번은 수원 봉녕사이다.

(1) 봉은사 주지

그 중, 봉은사 주지를 맡은 것은 한국대학생불교연합회와 관계가 있
다. 스님이 한국대학생불교연합회와 인연을 맺은 것은 이한상 거사가
불교신문사 사장을 맡은 것이 계기가 되었다. 불교신문사 사장을 맡은
이한상 거사는 처음 신문을 맡았을 때와는 달리 기왕 종단의 기관지를
맡았으니 종단의 발전과 한국불교의 중흥을 위해서 해야 할 일이 있으
면 재정지원을 아끼지 않겠다고 하였다.

이것이 계기가 되어 스님을 비롯한 여러 사람 사이에 종단발전과 한
국불교의 중흥에 관한 논의가 활발해졌다. 그 과정에서 앞으로의 시대
는 재가불자의 역할이 종단적으로나 사회적으로 증대할 것이라는 점
이 크게 부각되었다. 따라서 미래사회의 중견으로 성장할 대학생에 대
한 포교와 신행의 지도, 그리고 교육방법 등이 모색되었다. 그 결과,
대학생불교연합회를 만들자는 데 의견이 모아졌다. 동시에 대학생들

이 수련을 할 수 있는 중심도량의 필요성이 강조되었다. 그리고 그 도량은 서울에 있는 것이 좋다는 것이었다.

그때까지는 대학생을 위한 상설도량이 처음이었으므로 공찰(公刹)을 지정하기란 쉬운 일이 아니었다. 그런데다 방학 때가 아닌 평상시에는 수련하는 학생이 학교에 통학을 해야 하므로 가급적 도심에서 가까워야 했다. 이 같은 지역적인 요건을 갖춘 공찰을 대학생의 수련도량으로 종단에서 배려하기란 더욱 쉽지가 않았다. 그때, 스님은 총무원장인 청담스님에게 간청을 해서 어렵사리 봉은사의 주지를 맡고 봉은사를 대학생불교연합회의 수련도량으로 개방을 했다.

이러한 인연으로 한국대학생불교연합회가 창립을 하자, 스님은 대학생불교연합회의 지도법사를 맡고 봉은사에 상주(常住)하면서 수행하는 대학생불교연합회의 구도부(求道部) 학생들에게 방사(房舍)를 내어주고 침식을 하면서 학교에 통학하도록 하였다. 이것이 스님이 평생 동안 단 두 번을 맡은 공찰주지 중 하나였다.

(2) 봉녕사 주지

또 한번의 주지, 스님이 수원의 봉녕사 주지를 맡았을 때는 봉녕사가 지금과 같이 손꼽히는 비구니도량이 아니라 한낱 독(獨)사리의 작은 절에 지나지 않았다. 가난한 절이어서 누가 주석을 하려 하지 않아, 비구니 스님들 몇이서 근근히 도량을 지키고 있는 형편이었다.

봉녕사는 본래 가난한 절이 아니었다. 절은 법당을 중심으로 좌우에 방장과 시자실이 있는 일자형(一字型)의 작은 절이지만 앞에는 사찰소유의 논과 밭이 펼쳐져 있고 야산이 마치 삼태기마냥 둘러싼 아늑한 절이었다. 그리고 그밖에도 절을 유지하기에 충분한 사유지가 있었다.

동헌대선사(스님의 사숙. 좌에서 두 번째, 필자)

그 재산이 해방 후의 농지개혁으로 속인의 손에 넘어가고, 또는 대처승 주지가 팔아 없애어 남은 것은 법당뿐이었다. 산 주인은 심심하면 길을 막고 스님들의 출입을 막았다. 설상가상으로 앞 논이나 밭에서 일하는 사람들은 비구니 스님들 들으라고 고성방가를 하고 심하면 법당 앞에서 추잡한 농짓거리를 서슴지 않고 해댔다. 낮은 그렇다 하나 밤은 밤대로 술 취한 무뢰배들 때문에 공포에 떨어야 했다. 그리고 넌지시 들리는 소문은 절을 비우고 떠나면 별 일 없을 것이라는 공갈이고 협박이었다.

봉녕사 스님들은 그래도 참고 견디어 언젠가는 절 땅을 되찾아 도량을 넓히고 산에 나무를 가꿀 꿈을 키우고 있었다. 그러나 그 행패가 하도 심해서 견디다 못한 봉녕사 주지 스님이 총무원으로 스님을 찾아와

실정을 호소하였다. 듣고 난 스님이 이내 말하기를,

"내가 주지를 잠시 맡아서 버릇을 고쳐야 되겠소. 그렇지 않아도 봉녕사는 정화 전에 주지가 부당하게 팔아 없앤 망실재산도 있으니 그것도 찾을 겸, 그런 다음에 다시 주지를 맡으시오." 하였다. 이것이 봉녕사 주지를 맡게 된 동기였다.

어느 날, 봉녕사로 스님을 찾아갔더니 마루 끝에 웬 목검(木劍)이 세워져 있었다. 무엇에 쓰자는 목검인가 하고 물었더니 '활인검(活人劍)'이라고 하였다. 살려야 할 사람이 있는가 물었더니 있다고 하였다. 그것도 한두 사람이 아니라고 하였다. 그 까닭인즉슨 이러했다.

총무원 직원이 봉녕사 망실재산을 파악하기 위해서 토지대장을 열람하자 새로 온 봉녕사 주지가 옛 주지가 판 땅을 되찾으러 왔다는 소문이 퍼졌다. 봉녕사 땅을 차지한 사람들은 정화 전의 주지를 포함해서 모두가 토박이였으므로 그들은 물론 봉녕사 땅과 관계가 없는 그 고장 사람들까지도 스님에 대한 감정이 사나웠다. 예의 무뢰배들이 절에 와서 부리는 행패도 더 심했다. 밤에도 마음을 놓고 잠을 잘 수가 없었다.

지금은 봉녕사가 수원시의 한 복판에 위치해 있지만 그때는 아주 변두리여서 인적이 드물고 치안의 손길이 미치지 않는 궁벽한 곳이었다. 밤에는 통행금지 시간이 있었으나 무뢰배들에게는 그것이 통용되지 않는 치안의 사각지대나 다름이 없었다. 그러니 비구니 스님들이 얼마나 심한 곤욕을 치루었는지 짐작할 수가 있다.

스님은 그 무뢰배들을 몇 차례 만나 타일렀다. 그러나 그들은 지게 작대기를 질질 끌고 와서 시위를 하고 토박이임을 내세워 텃세를 부렸다. 스님은 궁리 끝에 목검을 생각해 냈다고 한다. 지게 작대기의 시위에 목검으로 맞서자는 것이었는지, 그 대결이 실제로 이루어졌는지, 승부는 어떤 결과였는지 묻지 않아서 알 수 없으나 그 무뢰배들이 스님에게 항복한 것은 확실했다. 그리고 그들이 봉녕사 땅을 차지한 사람들의 사주를 받아 술잔이나 얻어 마시고 한 짓임을 알게도 되었다. 무뢰배들은 스님에게 밝은 삶을 살기로 약속을 하였다.

스님이 봉녕사 주지를 맡았을 무렵, 총무원은 전국 사찰의 망실재산을 찾는 일을 하고 있었기 때문에 봉녕사의 망실재산은 쉽게 파악이 되었다. 그러나 그 재산을 찾기 위해서는 재판이 불가피하고 재판을 하게 되면 하루 이틀에 끝나는 일이 아니므로 스님은 그때까지 봉녕사 주지로 머물러 있을 수가 없는 처지였다. 스님은 무뢰배들의 항복을 받아내고 후환을 없앤 뒤에, 당초에 계획했던 대로 봉녕사 주지를 후임자에게 물려주어 오늘과 같은 훌륭한 비구니 도량이 될 수 있도록 도왔다.

각설하고, 스님이 무뢰배들의 지게 작대기에서 떠올린 활인검에 대해서 첨언(添言)을 하자면, 활인검은 『벽암록』 12칙의 수시(垂示, 일종의 짤막한 序言)에 보이는 말이다. 이 수시에 의하면 활인검은 살인도(殺人刀)와 함께 선사의 살활자재(殺活自在)한 경지를 비유하고 있다. 『벽암록』에 말하기를 "살인도와 활인검은 오랜 예부터의 풍규(風規)로서 지금도 긴요한 것이다." 하였다. 살인도는 생명을 빼앗는 칼, 활인검은 생명을 주는 칼이다. 생명을 빼앗고 주는 칼을 무애자재하게 쓰는 것은 선가(禪家)에 전해 오는 오랜 풍규이자 가풍으로서 지금도 긴요하다는 것이다. 스님은 그 활인검을 봉녕사를 살리는 데 긴요하게 썼고 또한 무뢰배들을 범죄에서 구하여 밝은 삶을 살게 하였다.

23. 서산대사(西山大師)와 스님

내가 번역한 『서산대사집(西山大師集)』이 대양서적에서 한국명저대전집(韓國名著大全集) 중 하나로 출판되어 그 책을 스님에게 증정하였을 때였다. 스님은 책을 두 손으로 머리 위에 받쳐들고 잠시 눈을 감고 생각에 잠겼다. 그런 다음 책을 무릎 위에 내려놓고서 말하기를,

"나는 서산스님의 '제부모문(祭父母文)'을 읽을 때마다 나 자신을 돌아보게 된다."고 하였다.

그 날, 스님과 나는 책장을 이리저리 넘기면서 서산스님을 중심으로 많은 이야기를 나누었다. 그 중에 스님이 당신 부모의 제사를 지낼 때, 축원을 대신해서 서산스님의 '제부모문'을 읽은 적이 있었다는 말은 아직도 기억에 생생하다.

스님은 '제부모문'을 펴서 읽어내려 갔다. 그 사이에 느꺼운 마음을 감추지 않았다. 그리고,

"서산스님의 부모에게 제사하는 이 글에는 서산스님의 간절한 효심(孝心)과 일찍이 부모형제를 잃은 비통함이 구절마다 생생히 나타나 있어서 나로 하여금 동병상련(同病相憐)의 슬픔을 금치 못하게 한다."고 하였다.

서산스님은 아홉 살 때 어머니를 여의고 열 살 때 아버지가 유명(幽明)을 달리 하였다. 그리고 세 형 중에서 두 형과 한 누이동생이 서산스님을 앞서서 타계(他界)하였다. '제부모문'에는 이러한 처지에 놓인 서산스님의 가슴에 복받쳐 오르는 슬픔이 그대로 드러나 있다.

서산스님이 이 글을 쓴 때는 이 글 가운데서 "세월은 흘러 어느새

백발이 성성하였나이다.” 한 것으로 보아서 이미 노년(老年)임을 알 수가 있다.

백발이 성성한 노선사(老禪師), 임진왜란을 당하여서는 승군(僧軍)을 이끌고 전쟁터를 누비며 미증유의 국난을 극복하는 데 큰 힘이 된 노승장(老僧將), 억불(抑佛)의 법난 속에서 불교를 중흥시킨 선교양종판사(禪敎兩宗判事), 선조(宣祖) 임금이 나라 안에 으뜸인 대선사이며 선교(禪敎)를 도맡아 종지(宗旨)를 북돋우고 불교를 세워 중생을 널리 제도하는 자리에 오른 존자(尊者)라고 지극하게 칭송해 마지않은 ‘국일도대선사 선교도총섭 부종수교 보제등계존자(國一都大禪師 禪敎都摠攝 扶宗樹敎 普濟登階尊者)’가 부모의 영전에 엎드려 부모에게 제사하는 모습을 상상하는 스님의 노선사를 흠모하는 마음이 자신의 연민이 되어 동병상련의 슬픔을 금치 못하게 한 것이었다.

스님은 열일곱 살에 하나뿐인 형을 잃고 열여덟 살 때 아버지를 여의었다. 그리고 한 해를 걸러 스무 살에 어머니를 여의고 스물두 살 때 누님을 잃었다. 불과 5～6년 사이에 잇따라 유명(幽明)을 달리한 이들의 죽음은 스님에게 있어서 서산스님 못지 않은 비통함을 느끼게 하고 삶의 좌절을 겪게 하였다. 서산스님이 “누구에게나 부모가 없을까마는 저희 부모의 은혜는 다른 사람과 아주 다르며, 누구에게나 생사가 없을까마는 저희 부모의 죽음은 참으로 마음 아픈 일입니다.” 하였는데 그러한 심정 또한 스님도 같다고 하였다.

서산스님이 출가한 뒤에 돌아가신 부모를 생각할 때마다 “바람이 고목(古木)에 불어도 슬프고 달을 쳐다볼 때마다 공문(空門, 불교)에 명복을 빌었다.”고 심정을 토로한 대목에 이르러서는 기어이 눈시울을 적셨다.

"소자가 뜰에서 절을 한들 누가 시(詩)를 가르쳐 주고 문에서 절을 한들 누가 베 짜던 일을 멈추겠습니까. 아버지를 생각하오니 창자가 이미 끊어졌고 어머니를 생각하오니 눈물이 피로 변하나이다. 천하와 인간세상의 그 어떤 슬픔이 이보다 더하겠나이까." 한 대목은 스님을 더욱 느껍게 하였다.

스님이 '제부모문'을 읽을 때마다 스스로를 돌아보게 된다고 한 것은 비단 이러한 동병상련 때문만은 아니었다. 또 스님은 '제부모문' 이외에도 서산스님의 시를 사랑했다.

스님은 서산스님이 '제부모문'에서 "소자는 (어려서) 외로운 그림자를 쓸쓸히 나부끼면서 이름을 관학(館學, 조선시대에 인재를 키우기 위해서 세운 교육기관)에 두었다가 학문을 그만두고 산에 들어가 머리를 깎은 뒤에는 선(禪)과 교(敎)의 일을 맡았고 금궐(金闕)에 두 번 조회(朝會)하였삽더니 어느새 백발이 성성해졌나이다."고 한 말을 가리키면서 정치권력에 아첨하는 오늘의 세태를 개탄하였다.

승속을 막론하고 어떻게 해서든지 정치권력과 가까이 하고, 정치권력과 가까운 것을 자랑으로 여기는 세태, 종단을 위하고 불교를 위해서 정치권력과 사이 좋은 관계를 유지해야 한다고 하는 현실과 비교할 때, 서산스님은 선교양종판사의 승직(僧職)에 있었고 선조(宣祖) 임금으로부터는 보제등계존자(普濟登階尊者)로 추앙을 받았음에도 평생에 단 두 번, 판사의 인수(印綬)를 받을 때와 인수를 내놓을 때를 제외하고 대궐을 출입하지 않은 것은 오늘의 우리에게 시사하는 바가 크다고 하였다. 스님은 서산스님을 정치권력의 힘을 빌리지 않고 조선조 건국으로부터 임진왜란 때까지 2백년을 이어온 억불의 법난(法難) 속에서 불교를 중흥시킨 중흥조(中興祖)라고 하였다. 오늘의 종단 스님들의 법맥(法脈)이 서산스님에게 닿아 있는 점으로 보아서 수긍이 가는 말이다.

스님은 "나도 어려서는 세속의 학문에 뜻을 두어 영달을 꿈꾸었고 출가해서는 선교를 익혔으나 이룬 것이 없다."고 반조(返照)하였다. 그래서 내가 스님에게 "아직도 대사일번(大死一番)은 끝나지 않았습니까?" 물었더니 스님은 서산스님의 '자조(自嘲)'라고 하는 시를 들어 대답을 대신하였다.

대저 인생은 나이가 귀하나니
이제야 비로소 옛날의 행동을 뉘우치네.
어찌하면 하늘에 통한 바다를 끌어다
산승(山僧)의 판사(判事) 이름을 씻을고.

이 시는 서산스님이 나이 서른에 선교양종의 판사가 되어 조계종의 초석을 다졌으나 그것도 출가의 본분사(本分事)가 아니라 하고 서른일곱 살 되는 해에 그 판사직을 내놓고 산으로 들어가면서 지은 시이다. 스님은 이 시를 읽은 다음에,

"서산스님은 불혹(不惑) 이전에 승직에 몸담고 불교를 중흥시켰음에도 승직에 있던 시절의 이름을 부끄러워했는데 나는 나이 이미 지천명(知天命)인데도 아는 것도 없고 이룬 것도 없어 서산스님에게 아득히 미치지 못한다." 하였다.

스님은 또 '회포를 쓰다'라고 하는 시를 찾아서 읽었다.

젊어서는 공자와 석가를 분별하려 뜻하였고

심지(心地)를 공부하면서는 죽기 전에 쉬려 하였네.
광음(光陰)은 화살과 같이 빠르고 몸에 병 많으니
하나의 일도 이루지 못하고 속절없이 머리만 희었네.

그리고 말하기를 "어때, 내 처지가 그와 같지 않은가." 하였다.

24. 후기(後記)

지금까지 내가 아는 스님의 반생(半生)을 이야기하였다. 그런데 아쉬움이 남는다. 그 아쉬움은 어디에서 오는가? 다하지 못한 이야기가 있어서인가? 그러한 면도 없지 않다. 그러나 그보다는 마음의 공동(空洞) 때문이다. 스님 생전에는 느끼지 못한 마음의 공동이다. 이제 입멸(入滅)한 스님을 생각한다 해서 생전만 같겠는가.

돌이켜 생각하면 스님이 나에게 「불교신문」을 권하지 않았다면 나는 전혀 다른 인생을 살았을 것이다. 「불교신문」이 인연이 되어 스님 말마따나 '야호선'을 하면서 부처님 공양을 축낸 빚을 그나마 갚는 척이라도 할 수 있었던 것은 스님의 공덕이다.

내가 못다한 이야기, 스님이 심혈을 기울인 종헌, 종법, 종령, 그리고 각종 제도는 종단이 최초로 도입한 현대적 법률이며 제도였으며 종단을 위기에서 구하는 초석이 되었다. 부디 종단사(宗團史)를 연구하는 이들의 조명을 기대한다. 그리고 필생의 불사(佛事)인 불광회(佛光會)와 마하반야바라밀운동과 보현행원운동, 그리고 잡지와 출판에 관한 분야는 그에 직접 참여한 이들의 다양한 증언이 있기를 바란다. 그리

하여 그것을 바탕으로 스님이 남긴 유업이 길이 계승되기를 바라마지
않는다.

　글을 맺으면서 스님의 각령(覺靈) 전에 스님이 평소에 좋아한 서산
대사의 '천사소(薦師疏)' 중의 일문(一文)을 올려 기원하오니,

　"황금대(黃金臺) 위에서 나뭇가지 흔드는 바람소리 들으며 소요하시고

　백옥지(白玉池) 중에서 연꽃을 밟고 유희(遊戲)하시되

　남은 물결은 두루 번져 괴로워하는 중생들이 함께 젖게 하소서."

구국구세의 횃불

- 스님, 어서 오시지요 -

글 | 송암지원

救國救世

부 처 님 대 자 대 비 는 오 직 세 계 평 화

寂滅無性	적멸하여 성품없으니
不可取	취할것도 아예없다네.

구국구세의 횃불

나는 그동안 늘상 구국구세(救國救世)를 말하고 생각하며, 또 그 속에 파묻혀 살다시피 했어도 사실은 구국구세가 무엇인지 제대로 알지 못하고 살았다. 즉 평소에 구국구세를 아주 잘 아는 것처럼 말하고 행동했어도 실제로는 잘못 알고 있으면서 잘 아는 것으로 착각하고 있었다는 고백이다. 아마 이번에 충격적인 기연(奇緣)을 만나지 못했다면 나는 평생 착각 속에 살면서 많은 사람들을 웃겼을 것이고, 그로 말미암아 영락없이 세간에 웃음거리가 되고 말았을 것이다. 수행자가 아닌 어릿광대가 될 뻔했던 내 자신을 생각할 때마다 아찔한 생각마저 든다.

그동안 내가 구국구세를 잘 안다고 착각했던 것은 어쩌면 내 머릿속으로 구국구세를 멋대로 이리저리 그리고 만들었기 때문이라고 생각한다. 그렇게 착각으로 오인된 구국구세에 파묻혀 살고 있던 나에게 이미 입적하신 스님께서 친히(?) 오셔서 구국구세가 무엇인지, 다시 자세하게 당신 자신의 몸소 겪은 수행을 통해 알려 주었다. 그때서야

나는 원래의 거룩한 구국구세 앞에서 자괴(自愧)를 느꼈고 뼈아픈 자
책과 반성을 했다. 그리고 고개 숙여 앞으로는 구국구세의 높은 법문
앞에 더욱 겸손할 것과 어긋나지 않을 것을 굳게 다짐했다.

 사실 구국구세는 대비이고 보살행이며 진리 그 자체다. 그 까닭에
내가 임의적으로 이리저리 그리거나 자의적으로 만든다고 해서 만들
어지는 것이 아니고, 이미 있는 것(圓滿具足)이다. 다만 행동하고 노력
하여 드러내는 것, 필요한 곳에 나투는 것일 뿐이다. 새로 만들거나 어
디서 빌려오면 그 순간부터 크게 어긋나거나 매우 잘못된 것이 되고
만다.(실제로 그렇게 할 수도 없는 것이지만 설령 생각만 그렇게 한다 해
도 벌써 그 생각이 십만 팔천 리나 어긋난 것.) 아무튼 나는 구국구세의
바른 뜻과 원래의 이치를 스님의 무진보살행(無盡菩薩行)을 통해 다시
배워 얻게 되었다.

 지난 2001년 3.1절 기념법회 때였다. 그리고 그것은 실로 예상하지
못했던 갑작스럽고 충격적인 자각과 배움의 기회였다. 그 날의 자각과
배움이 너무나 명백하고 확실해서 앞으로 다시는 구국구세에 대해서
의심이나 혼란이 없게 되었고 착각도 하지 않을 자신이 생겼다. 왜냐
하면 그 자각과 배움은 직접 스님으로부터 법을 전수 받은 것이나 다
름없었기 때문이다. 여러 말보다 우선 그 기연(奇緣)을 소개하겠다.

 그러니까 불기 2545년 3월 1일, 도솔산 도피안사에서는 몇 가지 법
회를 한꺼번에 합동으로 봉행했다. 그 자리에는 종단의 대원로이신 석
주 노스님을 비롯하여 출가대중들만도 스무 명이 넘게 동참했고, 오백
여 명의 신도들로 법당이 꽉 차서 더 들어설 자리가 없었다. 그 날의
성대한 법회 도중 주지인 내가 세 번씩이나 입이 다물어지지 않을 정
도로 크게 놀랄 일이 발생했던 것이다. 먼저 그 첫번째 이야기.

(1) 자비는 진실생명의 체온

그 날의 첫번째 놀랐던 일은 아흔셋 되신 칠보사 석주 노스님 때문이었다. 오전 10시 30분부터 시작된 법회가 다 끝나고 시간을 보니 어느덧 오후 1시가 가까워 오고 있었다. 노스님은 그 긴 시간 동안 시자(侍者)가 앞에 갖다 놓은 찻잔에 손 한번 대지 않고, 또 잠시도 자리를 떠나지 않고 모든 의식을 대중과 함께 끝까지 여법(如法)하게 봉행했다. 법회 도중 차츰 시간이 길어지자 주지인 나는 노스님의 건강과 불편이 염려되어 방으로 들어가실 것을 몇 차례나 권했지만 한사코 자리를 지켰다. 무려 두 시간 반 동안이나 노스님은 자세 한번 흩뜨리지 않고 정좌(正坐)한 채, 미소 띤 자안(慈顔)으로 법회를 원만히 증명했던 것이다. 노스님은 젊은 사람들도 힘들어 할 오랜 시간이었는데도 불구하고 허리를 꼿꼿하게 세워 학(鶴)같이 앉아서 법회 진행을 주의 깊게 관찰하며 새로운 순서가 진행될 때마다 미리 주보의 내용을 찬찬히 읽어본 뒤 주지인 나를 향해 고개를 끄덕여 동의해 주었으며, 또한 그윽한 자비의 눈길로 무언의 찬사를 보내주었다. 노스님의 그러한 배려는 행사 진행자인 나에게는 생각지도 않았던 실로 과분하고 놀라운 은혜였다.

(2) 원을 가진 사람이 나의 후계자

그리고 두 번째, 세 번째 놀란 일은 그 날 설법을 맡은 서울 대각사 주지, 홍교(興敎) 사숙으로부터였다. 우선 그 두 번째 내용부터 소개하겠다.

스님 말년, 당신의 출가 본사였던 부산 범어사 서지전에서 잠시 머물던 때의 어느 날, 사제(동생)인 홍교 사숙이 주동이 되어 문중의 다른 대덕들과 함께 스님 문병차 서지전을 방문하였다. 홍교 사숙은 스님(光德)이 젊은 시절 범어사에서 노스님(東山) 모시고 살 때의 여러 가지 모범적인 수행이야기를 꺼내어 잠시라도 환자의 무거운 분위기를 떨쳐 버렸다. 그리고 스님이 이룩한 종단이나 범어사의 불사, 동국대나 불광의 여러 업적에 대한 찬탄과 위로의 인사를 올리고 난 뒤, 끝으로 동석한 대덕들을 대신하여 스님께 여쭈었다.

"부처님께서 열반에 드실 즈음, 제자들은 부처님께 이제 누구를 의지해야 하느냐고 여쭈었습니다. 그때, 부처님께서는 '자기 자신과 법에 의지하고 귀의하며 계율을 근본으로 삼고 살아라.' 하고 대답하셨다고 합니다. 이제 스님(光德)이 사바를 떠나시면 불광의 대중은 누구를 의지하며 누가 과연 스님의 뜻을 이어서 전법(傳法) 불사(佛事)를 제대로 계승해 나가겠습니까?"

이 질문이 홍교 사숙의 입을 떠나는 순간, 동석한 대덕들은 침묵 속에서도 일제히 스님을 주시했으며, 동시에 스님과 홍교 사숙의 두 눈빛이 허공에서 섬광을 일으켰다. 이어서 스님의 목소리가 침묵의 무거운 방안에 찬찬히 울려 퍼졌다.

"송암이 잘할 것이고, 나의 대를 이을 것이야."

"어떤 것이 스님(光德)의 본래면목(本來面目)입니까?"

"……양구(良久, 말 이전의 도리를 내 보임)."

그 날, 합동기념법회에 동참했던 모든 출가·재가의 수행자들이 숨소리 하나 크게 내지 않고 침묵한 채 엄숙하게 지켜보는 가운데 대각사 주지인 홍교 사숙께서는 미리 준비한 메모를 한 장 한 장 넘겨가면

서 또박또박 분명한 어조로 스님과 나누었던 그때의 문답을 도피안사
대웅전 법상에서 공개했다. 그 순간 나의 눈은 화등잔이 되었고 몸이
감당 못해 흔들릴 정도로 가슴속에 소용돌이가 일었다.

(3) 구국구세는 청정이다

이제 마지막 세 번째 이야기다.

1971년 12월 25일, 서울 대연각 호텔 화재사건이 있었다. 그때 귀중
한 생명이 무려 165명이나 희생되어 1950년의 한국전쟁 이후 가장 큰
참사였다고 했다. 그로 인해 나라의 분위기는 먹장구름이 끼어 있는
것처럼 무겁고 어두웠다. 그러므로 누구나 할 것 없이 우울한 연말, 가
슴 답답한 새해를 맞이하게 되었다.

불기 2545년 3.1절 기념법회시 도피안사에서 설법하는 대각사 주지 흥교스님

그 당시 홍교 사숙은 서울 종로 대각사에서 스님과 함께 살고 있었다. 스님은 작은 골방이나마 독방을 가지고 있었고 홍교 사숙은 대중과 함께 큰방에서 지낼 때였다.

대연각의 화재사건이 일어난 며칠 뒤, 해가 뜬 낮에도 쌀쌀한 날씨였는데 밤이 되니 찬바람이 더욱 기승을 부리며 문틈을 비집고 들어와서 방안에서도 몸을 웅크릴 정도로 추운 날이었다. 홍교 사숙은 평소처럼 대각사 큰방에서 이부자리 하나만 차지하고 한쪽 구석에서 일찌감치 잠자리에 들었다. 얼마나 잤을까, 한밤중 스님께서 사전에 아무런 말씀도 없이 홍교 사숙을 흔들어 깨웠다. 엉겁결에 벌떡 일어나 시계를 보니까 새벽예불 시간은 아직 한 시간이나 남은 정각 세시였다. 그 순간 어리둥절하여 단잠 놓친 아쉬운 표정으로 스님을 바라보자 스님의 기상천외한 말씀이 눈가에 달라붙어 있던 잠에 대한 미련을 천리만리 쫓아버렸다.

"홍교스님, 우리 일어나서 가사장삼 입고 밖으로 나가자. 나가서 서울 시내를 돌며 새벽 도량석을 하자. 어두운 먹장구름(사람들의 우울한 마음)이 가득 끼어 있는 이 서울 하늘의 구름을 염불로 몰아내자. 이대로 두면 틀림없이 또 무슨 일이 더 일어날 수밖에 없을 것 같으니 우리라도 나서서 어둡고 불안한 기운을 부처님 위신력으로 싹 몰아내고 깨끗하게 씻어버리자. 이렇게 공기(사람의 마음)가 음울하면 신장님도 돌보지 못하고 성현들의 가호도 막혀 버린다. 서울에 이런 커다란 사고가 났다는 것은 신장님들이 돌보지 않는다는 증거이고 성현들의 가호가 없었기에 닥쳐온 재앙이며 모두가 정신을 소홀히 하여 자초한 불행이 아닌가."

스님과 홍교 사숙은 그 날 새벽부터 서울 시내에 서려 있는 어두운 기운을 몰아내어 삼보님과 성현들이 가호하는 청정도량(서울)으로 장엄하기 위해 새벽 도량석을 시작했다. 대각사(종로 봉익동)를 나와서 먼저 돈화문, 다시 서쪽으로 방향을 잡아 광화문, 거기서 남쪽으로 꺾어 남대문, 명동을 거쳐 을지로 3가를 지나 대각사로 돌아오는 매우 커다란 도량석이었다.

절에서 도량석이라고 하면 매일 아침 예불시간 전에 절 안에서 하는 의식이다. 잠든 만물을 일깨우며, 도량을 청정하게 장엄하여 새벽예불 시간에 오실 부처님과 성현들을 맞이하기 위한 사전 준비이다. 왜냐하면 도량이 청정하지 않으면 부처님과 성현들이 오시지 못할 것이라는 수행자들의 정성스러운 생각, 대충 이러한 의미의 도량석을 서울 시내를 돌면서 하겠다는 것이 그 당시 스님과 홍교 사숙의 뜻이었다.

그때만 해도 통행금지 시간이 엄격하게 적용되고 지켜지던 때, 처음에는 두 스님이 앞뒤로 서서 목탁을 치며 염불하고 가노라면 경찰관들이나 방범대원들이 이상하게 여겨 제지하기도 했고, 심지어는 파출소로 연행하여 자초지종을 캐묻기도 했다. 그럴 때 스님은 파출소에서 경찰관, 방범대원을 상대로 또는 취객이나 경범자들을 앞에 놓고 설법을 했다.

스님과 홍교 사숙은 진리의 힘(淸淨)으로 서울을 새롭게 하기 위해 찬바람 부는 새벽거리를 염불과 목탁을 울리며 누볐고, 또 만나는 사람들에게 간곡하게 법(淸淨)을 설했던 것이다. 이와 같이 하루도 빠짐 없이 정해진 시간에 서울 거리를 돌며 도량석을 하니까 그 후로는 경찰관이나 방범대원들과 만나게 되어도 더 이상 붙잡거나 무엇을 묻지도 않았다. 오히려 길을 비켜주며 경의를 표하고 도량석 하는 스님들을 보호해 주기까지 했다.

대연각 화재사건은 너무나 큰 재앙이었기에 후유증도 오래 갔다. 희생당한 시신을 가까운 대학병원에 안치했는데 몇 가지 미해결의 문제로 오랫동안 대학병원 영안실에 머물렀다. 두 분 스님은 도량석을 대학병원 영안실까지 연장하여 매일 병원 영안실에서 금강경 독경을 끝으로 도량석을 마쳤다. 이렇게 새벽 도량석을 마치고 대각사에 돌아오면 아침공양 시간(7시)이 되었다. 그러니까 서울 시내를 돌며 새벽 도량석을 장장 네 시간 동안이나 했던 것이다.

홍교 사숙은 그 후 석 달 동안 도량석을 하다가 일이 생겨 중도에 그만두게 되었지만 스님은 원래 계획대로 일 년 동안 계속했다. 그야말로 하루도 빠지지 않고 서울을 청정도량으로 만들기 위한 특별새벽기도, 그 용맹정진을 묵묵히 계속했다.

나는 시종 꿇어앉아 홍교 사숙의 설법을 경청하면서 스님의 새벽 도량석에 대한 참뜻을 분명 다시 보았고 다시 깨달았다. 다시 깨닫고 보니 스님의 도량석은 바로 부처님의 대비구세였고 소천선사의 구국구세였으며 보현보살의 대행원만이 아닌가. 나는 비로소 스님의 구국구세를 새로 얻게 되었다. 결론적으로 말하자면 '마음청정 국토청정 세계청정'이 구국구세였던 것이다.

모두가 희망을 잃고 슬픔과 실의(失意)에 빠져 헤어나지 못하고 있던 어두운 밤, 청정의 횃불을 높이 들고 마(魔)의 어둠을 쫓았던 스님, 분명 이 시대의 횃불이었다. 바로 어둠 덮힌 광야에 홀연히 나타난 초인(超人), 그는 구국구세의 횃불이었다.

조선시대 효자스님

불교 사학자 김영태 박사는 '오늘날의 한국불교는 사실 조계종이 아니고 서산종(西山宗)'이라고 말했다. 즉 서산대사가 아니었다면 지금의 조계종은 없었을 뿐만 아니라, 현재 조계종의 거의 모든 스님들도 서산대사의 후손들이라고 단정하여 말했던 것이다. 나는 그러한 김영태 박사의 주장에 대해 처음에는 안타깝게도 삐뚤어진 선입관을 가지고 들었다.

즉 김영태 박사가 서산대사에 대한 특별한 논문을 발표한 일이 있거나 그도 아니면 서산대사가 조선시대 불교사에서 워낙 뛰어난 인물이기에 학자들이 이구동성으로 하는 얘기로만 생각하고 그렇게 적당히 치부하고 있었다.

그런데 어느 날 스님께서 왕봉(旺峰) 김영태 박사와 거의 같은 맥락의 이야기를 하게 된 사건이 있었다.

절에서는 해마다 새해 초하루가 되면 세알(歲謁)법회를 올린다. 그때 역대조사 중에서 시대별로 가장 뛰어난 고승 한두 분을 뽑아 존호를 부르며 세알을 아뢰는데, 조선시대에는 으레 서산대사가 들어가기에 젊은 내가 감히 외람되고 참람하기 짝이 없는 질문을 불쑥 했던 것이다.

"서산대사는 정치권력과 가까운 분이 아니었습니까?"

스님은 나를 한동안 푸른 눈빛으로 바라보고 있다가 이와 같이 준엄한 훈도를 했다.

"서산대사의 글을 읽어보았나? 우선 『선가귀감(禪家龜鑑)』이나 『청허당집(淸虛堂集)』이 있는 것을 알기라도 하는가? 대답을 못하는 것을 보니 선조(先祖)에 대해 자세히 알지도 못하면서 조심성도 없고 예의도 없구나. 사려 깊지 못한 언행은 수행자가 취해야 할 태도가 아니야. 그리고 조상님의 뜻을 바로 알지 못하는 사람은 후손이라고 말할 수 없는 것도 잘 알고 있겠지. 제 기분대로 아무렇게나 말하고 함부로 사는 것은 결코 수행자가 아니야. 서산대사가 아니었다면 오늘의 조계종은 없는 것과 같아. 서산대사는 조계종을 이루신 조사야. 그리고 구국의 보살행을 성취하신 어른께 어찌 세알을 아뢰지 않겠어. 이제 보아하니 그동안 송암이 천부당 만부당한 생각에 빠져 있었구나. 이번 기회에 서산대사에 대해 자세히 공부해서 잘못된 태도를 고치도록 해."

한마디 한마디가 무서운 회초리였다. 살점이 떼이는 것 같은 고통이 느껴졌다. 사실 그때의 꾸지람은 내가 마음에 새겨야 할 일상의 훈도라고 하기보다는 나의 수행자답지 못한 태도와 무식에 대한 무서운 채찍이었고 징벌이었으며 평생 간직하고 살아야 할 인생의 명훈(銘訓)이었다. 나는 너무나 부끄러워 몸둘 바를 몰랐고 가슴이 미어지도록 송구하여 아무런 생각도 떠오르지 않았고 무슨 말도 할 수 없었다. 후손으로서 조상님을 욕되게 한다는 것은 용서가 없는 법이다. 그러기에

나 또한 분명 삿갓을 써야 될 사람인 것은 너무나 자명하다.

그 후 선어록(禪語錄)에 관심을 가지고 대하다 보니 편찬의 기준이나 내용이 전부 중국을 조종(祖宗)으로 삼고 있었지 우리의 책은 거기에 끼지도 못한 것을 알게 되었다. 늦게나마 스님의 회초리를 통해 『청허당집』과 『선가귀감』을 보게 된 나는 비로소 서산대사를 다시 알게 되었고 새로 만나게 되었다.

그때 생각하기를, 언젠가는 서산대사의 글을 전부 모아서 가장 현대적인 장정으로 책을 만들 것을 작정했었는데 드디어 그 기회가 왔다. 바로 유찬노사(老士)를 만날 수 있었기 때문이다. 일찍이 노사가 번역한 『청허당집』이 있었고, 또 이번에 '서산대사와 스님'이라는 글도 써주었다. 이래저래 『청허당집』 출판의 분위기가 익어가고 있다. 스님께 맞은 매를 통해 틔운 새싹이 유찬노사를 만나므로 한층 크게 성장할 것 같다.

이와 같이 스님은 나를 위해 분야마다 심모원려(深謀遠慮)의 자비를 베풀어 놓았고 방편시설을 다 갖추어 미리 대비해 놓았다.

절마다 도서관을 두었으면

불교의 중생구제(布教) 활동에 있어 언어와 문자를 빼면 불가능할 것이라는 것은 삼척동자도 다 아는 사실이다. 특히 오늘날 우리가 몸담고 있는 현대사회는 점점 지식사회로 변해가고 전문 분야의 분화현상은 시간이 흐를수록 빨라지고 있다. 이러한 문명의 비약적인 발전과 더불어 말과 글의 역할과 그 영향력은 더더욱 커져가고 있음은 너무나 분명한 사실. 실제로 오늘날 언론의 힘은 그러한 점을 잘 증명해 주고 있다. 거의 절대적인 권위와 힘을 말과 글(신문과 방송)은 자랑하고 있고 내지 국가의 제4부라고 불리기까지 하여 그 역할과 위세를 사뭇 크게 떨치고 있는 것이다.

스님이 펼친 한국불교의 새물줄기인 반야바라밀 신앙운동의 시작도 이러한 문자의 기능을 활용한 월간 「불광(佛光)」을 발간하는 것으로부터였다. 스님은 이미 출가하기 전, 엄청난 양의 독서로 문자나 말에 대한 기능과 역할을 충분히 깨닫고 있었기에 자연스럽게 문서포교에 대한 중요성도 잘 알고 있었을 것이라는 생각이 든다. 그러기에 문서를 통한 포교의 방법을 스님 자신의 새로운 불교운동에 주저 없이 선택했으며 또 최일선에 앞장세우는 순발력과 결행을 보였던 것이라고 본다. 이와 같이 스님의 소년시절부터 터득한 문자에 대한 직접적인 경험을 바탕으로 한 불교 전도의 방법은 어쩌면 스님에게 있어서는 지극히 자연스러운 순서이고 예정된 과정이었을지도 모르겠다.

내가 월간 「불광」과 '불광출판부'의 책임자(主幹)가 된 뒤 업무보고를 위해 스님 방에 들어가면, 스님은 으레 문서포교에 대한 중요성을 먼저 언급하고 난 뒤 업무에 대한 나의 보고를 듣곤 했다. 이제 여기서 그때의 훈도를 살펴보고 다시 생각해 봄으로써 스님의 보다 깊은 진의와 포교의 방략을 새겨본다.

"송암, 나는 젊은 시절에 가끔 우리 인류에게 문자가 없었다면 어떻게 되었을까를 생각해 보곤 했어. 또 오늘날처럼 책이 많지 않았다면 우리 인류문명은 지금 어느 정도 수준에 머물렀을까 생각해 보기도 했고. 만약 그때 나의 공상대로 문자가 없었거나 책이 부족했다면 인류의 문명은 지금과는 비교할 수조차 없는 훨씬 미개한 상태에 머물게 되었을 거야. 잘 아는 이야기겠지만 우리 인간에게 말과 글은 매우 중요하고 미묘한 정신작용이 아니겠어. 사람이 정작 사람인 까닭은 말과 글, 즉 정신작용이 뛰어나기 때문이라고 보지. 뿐만 아니라 인간의 말과 글은 지구상의 모든 생명체 중에서 가장 독특하고 고유한 것이기도 하고, 그리고 불교의 입장에서 보더라도 말과 글은 부처님 가르침의 세계로 들어가는 훌륭한 문(門)이야. 만약 진리의 세계에 문이 없다거나 통로가 없다면 그것은 닫혀 있는 것이고, 닫혀 있는 것은 아예 없는 것이나 같지 않겠어. 아무튼 나는 송암에게 우리가 벌이고 있는 문서포교의 중요성을 강조하고 싶어서 이런 이야기를 하고 있는 거야."

　스님은 이와 비슷한 이야기를 기회 있을 때마다 내게 반복해서 들려 주었다. 또 그때마다 처음 이야기하는 것처럼 말에 힘을 실어서, 내게 무게를 느끼게 했다. 또 어느 때는 이런 획기적인 이야기도 덧붙여 주었다.

　"우리나라 전국 방방곡곡에 절이 있지. 아마도 각 면단위마다 절이 다 있을 걸. 이렇게 각 지역마다 빠짐없이 있는 전국의 모든 절에서 지금보다 더 열심히 부처님의 진리를 포교, 전법하고 이익중생을 왕성하고 줄기차게 실천해 나간다면 실로 짧은 기간 안에 우리나라 전국에 대단한 변화를 몰고 올 수 있을 거야. 사실 부처님 법의 위신력은 다른 그 무엇과도 비교가 안 되지. 오랜 역사와 문화, 그리고 심오한 철학과 풍성한 예술(다양한 표현) 등, 말로는 미처 다 설명이 안 된다고 보면 되겠지. 불교 저변을 형성하고 있는 유형, 무형의 온갖 것들과 폭과 깊이를 다 헤아릴 수 없는 문화현상은 실로 엄청난 것이야. 아무튼 우리 불교인들이 크게 자각하면 그 대단한 진리의 위세를 뭐라고 다 말할 수 있겠어? 그러기에 불교 수행자들이 제대로만 활동하면 상상할 수도 없는 큰일(眞理의 힘)이 일어나고 그로 인해 새 힘이 곳곳에서 솟아나 나라의 힘은 더욱 왕성하여 새롭고 신선한 기운이 나라 전체에 가득하게 될 거야.

　그런 일(포교와 전법)의 첫번째로 전국에 있는 각 절마다 제각기 도서관을 두어서 그 지역사회의 문화, 예술, 교양의 중심이 되면 얼마나 좋을까. 만약 조계종 총무원에서 대대적으로 전국 사암에 도서관 설립 운동을 벌인다면 그리 오래지않아 크고 작은 수천 곳의 도서관이 일시에 등장하여 우리나라가 진리의 정법으로 철학국가가 되고 일등 문화국가가 되어 모든 산업발전의 원동력이 되며 토대가 될 수 있을 거야.

우리 조계종 총무원 도서관 설립에 대하 종책을 결정하고 각 절(사암)마다 자체적으로 도서관 설립에 대한 장기적인 계획을 설정하여 매년 차근차근 내실을 기해가며 해마다 도서구입 예산도 세워 좋은 책을 꾸준히 구입하는 것이지. 그리고 한편으로는 유관기관이나 여러 사회단체의 협력을 받아 책에 대한 인식과 독서의 중요성을 일깨워가고, 또 한편으로는 주민과 신도들의 협조를 통해 책 수집과 도서 기부를 유치하는 노력을 지속적으로 기울여 나간다면 아마 상상할 수도 없는 일이 발생할지도 몰라. 그렇게 도서관이 설립되면 우선적으로 절 내의 스님이나 신도들이 크게 성장하는 것은 더 말할 것도 없지 않겠어. 뿐만 아니라 그 지역 주민들까지 편리하게 책을 볼 수 있고 자료를 쉽게 찾을 수 있도록 배려하면 앞에서 말한 대로 우리나라는 순식간에 일류 지식국가 및 문화국가로 나아갈 수 있을 거야. 그로 인한 연관 분야의 파급 효과도 또한 대단할 것이고, 즉 불교 출판을 비롯한 불교학의 발전과 진흥은 가히 비약적이라고 말해도 될 거야.

아무튼 '말이나 문자'를 우리가 비록 방편이라고는 해도 그것으로 부처님 가르침을 널리 전해야 하고 크신 은혜도 갚아야 해. 진리를 전달하는 수단으로 말과 글, 결국 그것을 통해 구국구세의 중생성숙, 국토성취도 가능한 것이야."

나는 그때 스님으로부터 받은 가르침에 힘입어 우리 절(안성 도피안사)이 이곳 산중에 위치하고 있어도 개산 후 바로 도서관을 만들었다. 비록 어려운 시골 절 살림살이지만 먼 앞날을 내다보며 뜻을 가지고 알뜰살뜰 도서를 차곡차곡 사 모았고 더러는 신도들에게 기증 받기도 했다. 지금도 도서를 모으느냐고 꾸준히 문의해 오는 신도들이 있다. 나는 도서관 설립의 경험을 통해 일은 반드시 돈이나 물질로만 이루는 것이 아니라는 익숙한 사실을 새삼 깨닫기도 했다. 일은 철저히 뜻으로 하는 것이고 결국은 뜻이 일을 이루게 하는 것이라는 평범한 진실을 다시 확인한 셈이다.

그리고 규모가 작지만 절 내에 간경도감(출판사)을 설치해서 인연 닿는 책을 쉬엄쉬엄 펴내고 있다. 스님 생전의 간곡하고 지극한 문서 포교의 뜻을 살려서 '독서는 깨달음에 이르는 또 하나의 길(修行)'이라고 생각하여 '종이거울(책) 자주보기 운동'도 벌여 나가고 있다. 아무튼 문화·예술·교육 또는 정치·경제·사회·종교 등 모든 분야를 통틀어서 제각기 가지고 있는 그 밑바닥 정신을 한마디로 철학이라고 말한다면, 그러한 다양한 문화형태의 철학을 책에서 찾을 수밖에 없다. 이러한 사실을 직시하여 종단의 종책으로 각 절마다 도서관 설립 운동을 벌여 나간다면 다소 때늦은 감이 있어도 호법(護法)으로 호국(護國)하는 한국불교의 유구한 전통을 다시 되살릴 수 있고 동시에 참불교의 모습도 다시 확립할 수 있을 것이다. 각 절마다 도서관 설립운동을 시작하면 시간이야 좀 걸리겠지만 그 결실은 상상할 수도 없을 만큼 크리라고 생각한다.

만약 사람이 무엇으로 사느냐고 누가 묻는다면 이구동성으로 대답할 것이다. '깨달음으로 살아간다'고. 이처럼 인간은 매일매일 크고 작은 깨달음 속에서 자기 자신을 가다듬기도 하고 보충하거나 바로 세우기도 하는 성장과 발전을 통해 기쁨과 행복을 느낀다. 그러기에 깨달음이 바로 기쁨이고 행복이고 내지 인생인 것이다.

사람은 누구나 이러한 깨달음의 삶 속에서 진정한 자기의 참모습을 찾아가고 확립해 가는 것. 그뿐만 아니라 그것이 보시와 희사이고 기여이며 모두의 성취인 것(皆共成佛)이다. 그러기에 우리가 책을 통해서 얻게 되는 깨달음은 실로 다 헤아릴 수조차 없다. 우리 모두가 책을 가까이 하고 책 속에서 길을 찾으며, 성숙을 찾고, 인간 공의(公義)를 찾는다면 한층 사회는 안정되고 윤택하며 살기 좋은 세상이 될 것이라고 나는 굳게 믿는다. 또한 그것이 바로 부처님의 지혜자비이며 중생 구제의 간절한 뜻을 이루는 또 하나의 길이라고도 생각한다.

자, 이제 불국토 성취의 확실한 방법이 '절마다 도서관을 설치하는 것'이라고 내세우면 어떨까. 비록 스님이 생전에 나에게 강조한 제안이라고 해도 새로운 아이디어는 먼저 쓰는 사람이 진짜 임자이니까, 누가 쓰든지 먼저 쓰면 바로 주인이 되고 선구자가 될 것이고 스님의 진정한 후계자가 될 것이다. 비록 그것이 한때 누구의 생각이라고 해도 아무런 장애나 손해는 전혀 없을 것이다. 나의 이 제안을 대다수 사람들이 잠꼬대 같은 소리로 여길지도 모르겠지만, 그렇더라도 용기를 내어 당당하게 우리 불교계에 공론화해 보고 싶다.

스님의 답장 쓰기

스님께 오는 편지는 무수히 많다. 각계 각층에서 사전 예고도 없이, 동서남북 정해진 방향도 없이 화살처럼 날아드는 것이 편지다. 아무리 편지 쓰기 싫어하는 편리한 시대에 사는 요즘 사람들이라고 하더라도, 불광사의 많은 신도대중과 함께 수행하고 정진하기 때문에 스님에게 전달되는 편지 수량은 응당 많을 수밖에 없는 것이다. 어린아이에서부터 노인에 이르기까지 발신자도 무척 다양하다.

세상에는 하늘의 별처럼 직업이 많다고들 하는데 그런 다양한 직업에 종사하는 제각각의 사람들이 모두가 고뇌를 한아름씩 안고 살아가서인지, 화살촉에 종이를 묶어 쏘아 날리듯이 인생살이에서 겪는 고통의 화살을 스님께 쏘아대는 것이다. 그래서 스님에게 우송되는 대부분의 편지는 스님을 위로하는 문안의 편지라기보다는 자신이 짊어진 인생의 짐이 무겁다고 호소하는 안타깝고 답답한 사연들을 적은 편지가 대부분이다.

경우에 따라서는 현실적인 도움을 요청하는 내용이 있기도 하고, 아니면 위로와 격려 받기를 원하는 내용, 부처님의 가르침을 묻는 구도의 내용, 자식으로부터 외면당하고 있는 늙은 부모의 안타까운 심정, 소년소녀 가장들의 눈물어린 사연들, 교도소에서 참회의 눈물을 쏟아가며 써서 보낸 현대판 참회록, 정든 임과 헤어져 살 뜻을 잃어버린 젊은 청춘남녀들의 사랑병에 이르기까지 일일이 모두 거론할 수조차 없을 만큼 그 종류가 다양하다. 우리 인생의 수많은 가지가지 고통처럼.

불광사는 서울 도심에 자리하고 있으니까 매일 비슷한 시간대에 우편 배달 거사님(?)이 오는데, 함께 사는 대중들의 편지는 어쩌다가 가뭄에 콩 나듯이 가끔 발견되고 거의가 스님의 존함이 씌어진 봉투들이다.

특히 연말이나 새해가 되면 아예 한 묶음씩 끈으로 동여서 가지고 올 때도 있다. 시자가 편지를 가지런히 챙겨서 스님 방으로 가지고 올라가면 스님은 하던 일을 멈추고 돋보기 안경 너머로 물끄러미 시자 손에 들린 편지 뭉치를 바라본다. 그럴 때의 스님 표정은 오늘은 또 무슨 소식일까 하고 궁금해하는 어린아이 같은 눈빛이 무척 인간적인 호감을 주기도 하고, 때로는 답장 쓸 걱정을 미리 하는 것 같은 힘든 눈빛으로 느껴지기도 했다.

"오늘도 스님께 편지가 많이 왔습니다."

"그래, 어디 한번 볼까." 하면서 웅크리고 있던 허리를 펴고 자리에서 일어나 종종 아기걸음으로 종이 자르는 가위를 찾아들고 의자로 옮겨 앉는다. 스님은 봉투 안에 든 내용물이 잘려 나가지 않을 정도로 조심스럽게 끝부분만 살짝 잘라낸 뒤 편지를 펼쳐든다. 스님은 먼지 묻은 구식 돋보기 안경을 다시 고쳐 쓰고 팔을 앞으로 쭉 뻗어서 편지를 눈에서 멀리 떨어뜨린 다음 천천히 읽어내려 간다.

그러한 스님의 어깨너머로 편지지를 넘겨다보면 글씨를 깨알같이 촘촘하게 쓴 편지도 있고, 아니면 글자가 커서 여러 장 두툼하게 쓴 편지도 있다. 스님은 그러한 편지를 귀찮은 내색 없이 손에 침을 묻혀 한 장 한 장 넘겨가며 알뜰하게 읽는다. 옆에서 그런 스님의 표정을 바라보노라면 무척이나 진지한 모습이다. 평소 경을 읽거나 불전(佛典)이나 여타의 전적(典籍)을 읽을 때처럼 등을 곧게 펴고 정수리가 봉긋하고 유난히 빛나는 아미를 약간 숙인 채 묵연히 읽어내려 간다.

우선 그렇게 그 날 받은 편지를 모두 읽은 뒤 스님 나름대로 분류하여 놓고 사안에 따라 하나하나 답장을 쓴다. 스님 당신의 건강이 좋았을 때는 앉은자리에서 한꺼번에 여러 통의 답장을 다 쓰지만 건강이 어려울 때는 쉬엄쉬엄 나누어서 썼고, 그나마도 안 되면 주변 사람들의 도움을 받아서 구술에 의지하기도 했다. 그러나 구술은 어디까지나 가장 마지막 수단이다.

아무튼 스님은 편지 한 통 온 것을 당사자가 직접 찾아온 것처럼 생각하여 필기도구를 들고 일일이 응대하고 질문에 따른 적절한 대답을 했다. 흔히 이름이 널리 알려진 사람일수록, 또는 사회 저명인사일수록, 아니면 연세가 높을수록 편지에 대한 답장이 귀해진다는 이야기를 들은 적이 있지만, 병과 노쇠와 줄곧 동행하고 있던 스님은 편지 한 장이라도 소홀히 한 적이 없다. 그것을 보고 나는 속으로 '우리 스님은 무척 양반이시구나.' 하는 생각을 했다.

이제 다시 지난날 스님이 편지를 받고 조그만 경상 앞에서 일일이 답장 쓰는 모습을 생각해 보면, 무척 아득한 옛날 이야기처럼 느껴지고 그리운 생각이 든다. 소위 이것을 격세지감(隔世之感)이라고 해야 할까.

아무튼 나도 주지를 하고 나이가 점점 들어가니 방문객도 더러 있고 불교를 묻기 위해 찾아오는 사람도 간혹 있다. 정말 물어물어 이 외진 시골까지 찾아오는 귀한 발걸음이고 소중한 인연인데도 때로는 힘들다는 생각이 앞선다. 스님에 비하면 아무것도 아닌 일이고 아직도 젊고 건강한데도 말이다.

나는 그런 안이하고 잘못된 생각을 하다가도 다시 스님 생각을 하게 되면, 그때서야 내 자신이 너무나 한심한 생각도 들고 반성과 참회도 생긴다. 그런 나에 견주어 누구에게든 차별 없이 일일이 답장을 쓴 스님은 어떻게 그렇게도 자상하고 자애로울 수가 있을까 생각해 보게 된다. 편지를 받고 답장 쓰는 것은 작은 일이지만 한편으로는 그 일이 스님이 갖고 있는 사람에 대한 정성이고 따뜻한 인간애로 느껴진다.

그래서 나는 편지 받고 답장 쓰는 일이 비록 쉬운 일이라 해도 누구나 다하는 일은 아니라고 생각한다. 더군다나 병고와 노쇠로 육신의 불편이 많았던 노인(스님)에게 있어서랴.

아는 사람이든 모르는 사람이든 상대가 누구에게 편지가 왔든지 아무런 차별이나 따로 구분 없이 일일이 쓰는 답장은, 스님의 깊은 신앙심의 발로이고 그 실천이며 스님의 가슴속에 인간존중이 없으면 안 될 일일 것이다. 상대방을 알든 모르든 받은 편지에 대해서는 하나도 빠뜨리지 않고 일일이 회신을 보내는 성실함은 스님의 살아 있는 도(道)이며, 한 인간으로서 갖추어야 할 사회적인 의무와 도리이기도 하며, 보현행자의 높은 경지가 우리들 눈앞에 현실로 나타난 것이라는 생각도 갖게 된다.

스님은 평소 서로 친하거나 아는 사이에도 편지 쓰기를 좋아했다. 시 같은 몇 구절을 산뜻하게 써서 안부와 근황을 대신 묻기도 하고 일상적인 생활에 대한 글을 써서 보낼 때도 있다. 아마도 편지 쓰기는 스님의 젊은 시절부터 익혀온 습관이었을 것이다.

스님이 한창 젊었던 시절, 사제였던 홍교법사와 많은 편지를 주고받았다. 그 일부를 지금 내가 보관하고 있지만, 그뿐만 아니다. 강당(講堂)에서 공부하는 사제나 상좌, 그리고 군에 간 상좌 등 주변들에게 일일이 보낸 편지를 다 모은다면 모르긴 해도 아마 수천 통은 쉬이 되지 않을까.

아무튼 편지 쓰는 모습 하나만으로도 충분히 느낄 수 있는 것은 스님의 지극한 삶이다. 사람을 만났을 때도 지극했으며 만나지 못하고 서로의 체취만 주고받는 편지에서도 지극했다. 아니 스님 인생 전체가 지성이었고 지극이었다. 어느 때나 사람에게 진지하고 정성스러우며 지극했다는 것은 무엇을 의미하는 것일까. 그것은 스님이 모든 사람들을 철저하게 부처님으로 생각하고 믿고 대했다는 뚜렷한 증거라고 본다. 그런 마음이 스님에게 없었다면 스님은 그 수많은 편지에 대한 회신도 몇 번에 끝나고 말았을 일, 결코 평생의 일이 되지 못했을 것임은 그리 어려운 추측이 아니다. 내가 두 권의 책(시봉일기)을 펴내고 나니 과거 스님과 인연 있는 분들이 각처에서 찾아와 지난날 스님과 함께 살았던 시절의 사연을 나에게 전해 주었다.

그 이야기를 모두 종합해 보면, 스님은 누구에게나 한결같았다는 것이다. 대각사 골방에서나, 보현사 낡은 방에서나, 아니면 길을 걷다가 거리에서 누구를 만났다 하더라도 항상 사람을 따뜻하게 맞이했고 부모나 형제처럼 대해 주었다는 일치된 증언이다. 그런 이야기를 들을 때마다 나는 다 감당이 되지 않아서,

'아아, 스님은 인간이 아닌 분이야. 인간으로서 그럴 수가 있을까.

내 좁은 가슴으로서는 이해가 다 미치지 못하고 도저히 감당이 되지 않는구나!' 하고 자탄 어린 감탄을 금치 못하곤 했다.

스님은 인간으로서 가지고 있었던 일체의 자존심마저 모두 녹여 없앤 텅 빈 공(空)의 경지, 임성(任性)의 주인공(散人)이고 무애인(無碍人)이었다는 생각을 한다.

금하효행상

한때, 출가한 스님들은 세속의 인연들과 멀어질수록 도가 높다거나 출가수행을 잘하는 것으로 생각한 적이 있다. 그러기에 부모나 가족을 짐짓 멀리하여 어디서 사는지조차 서로 모르고 지내며, 심지어는 언제 부모가 이승을 떠났는지 모르는 경우도 허다했다. 물론 출가수행자 모두 그렇다는 것이 아니고 또 그것이 전적으로 잘못이라는 이야기도 아니다. 경우에 따라서 얼마든지 그럴 수도 있고 아닐 수도 있는 것이다.

그러나 스님은 부모님에게 참으로 효성이 지극했다. 평소 간간이 내비치는 부모님에 대한 언급을 미루어 생각해 보면 간절하기 그지없고 정성스럽기가 여간 아니어서 내 표현이 미처 못따를 지경이다.

스님은 해마다 부모님의 기일(忌日)이 다가오면 며칠 전부터 마음의 준비를 하고 있다가 하루나 이틀을 앞두고 제사 준비를 미리 부탁해 왔다. 물론 스님 개인적으로 제수(祭需) 마련의 모든 비용을 넉넉히 내어서 사중 살림에 누를 끼치는 일이 없었다. 그리고 당일 아침 일찍 머리를 깎고 목욕을 마친 뒤 새 옷을 갈아입는다.

어느 때의 일이다. 그 날 스님의 부모님 기제를 올리고 난 뒤 법주실에 들어가자 내게 이런 부탁을 했다.

"이 다음 내가 죽고 없더라도 우리 부모님 제사를 올려다오."

순간 가슴이 뭉클하고 무엇인가 '쿵!' 하고 내려앉는 소리가 울려왔다. 나는 한동안 아무런 말도 못하고 우두커니 서서 스님을 바라보며 생각했다. 스님과 처지가 비슷했던 조선시대의 고승인 서산대사를 떠올렸던 것이다. 스님은 평소 서산대사의 효심에 대해서 무척 흠모하고 우러렀다.

흔히 서산대사라고 하면 다른 특출한 면모만 생각하게 되는데, 사실 서산대사는 인간적으로 매우 본받을 점이 많은 출중한 수행자였고 뛰어난 고승이었다. 그런 점을 잘 알고 있던 스님이 가끔 속내를 내비치는 것을 듣고 생각해 보면 서산대사의 인간 됨됨이를 흠모하고 있었다는 것을 느끼게 된다. 그것은 대부분 서산대사의 효심에 대한 것들이다.

마찬가지로 지금 내가 스님으로부터 느끼는 인간미의 으뜸도 역시 효심이다. 스님의 효심은 스님 자신의 일로만 끝나는 것이 아니라 바로 나의 거울이고 무수한 사람들(佛光信徒)의 인생교훈이 되기에 말이다.

그것은 세속의 부모를 철저하게 남 보듯이 대해야 하고, 어쩌다가 만나서도 냉랭하고 박절하게 대할수록 좋다는 잘못된 생각을 아무런 반조나 뉘우침도 없이 저지르고 있던 나에게는 바로 철퇴였다. 사실 수행도 잘 하지 못하면서 사람의 도리를 출가라는 미명으로 전부 외면했고, 힘들고 귀찮을 법한 일은 미리 수행에 방해될 것이라는 이유를 내세워 더더욱 소홀하였다. 출가를 방패로 삼고 수행을 미화시켜 뻔뻔스럽게 살아온 내 삶에 있어서 스님의 훈도는 무서운 망치였다. 잘못

되고 삐뚤어진 나의 생각을 어느 한순간 때려부수어 가루로 날려버리는 금강의 법(法)망치였던 것이다.

나는 스님 생전에 다행스럽게도 스님 곁에서 지낸 시간이 많았다. 이제 스님이 떠난 뒤, 시간이 흘러갈수록 내가 당시 스님을 통해 새겼던 결심을 실천하고 싶어졌다. 즉 스님의 구국구세사상을 실천하고 싶다는 말이다. 제일 긴요한 것부터 한 가지씩이라도 차근차근 실행에 옮겼으면 하는 생각이다.

그래서 일년 전부터 무엇을 어떻게 할 것인가를 꾸준히 생각하고 연구하며 깊이 고심했다. 물론 현실적으로 여러 가지 좋은 일이야 무수히 많겠지만, 나는 우선 스님이 제일 좋아할 일이 무엇일까 생각하여 스님의 의중과 뜻을 먼저 살펴가며 궁리했다. 그것은 우선 스님이 좋아한다는 확신이 있어야 하고 또 현재의 내 힘에 맞는 일이어야 했다. 그래서 가장 가까운 주변에서 방법을 찾았다.

나는 숙고와 장고를 거듭한 끝에 마침내 스님의 삶 속에서 효가 차지하는 비중이 사뭇 컸음을 생각해 내고 효에 대한 일을 우선 사업으로 떠올렸다. 여기에는 또 하나의 계기가 작용했는데, 우리 절 가까운 이웃마을에서 놀라운 효를 발견했기 때문이다.

그것은 이곳 죽산면 농협조합장을 하고 있는 윤용규 씨를 통해 지역사회의 효 이야기를 어느 날 듣게 된 것이다. 그래서 구국구세운동의 첫 출발을 효 선양으로 삼기로 하여, '금하효행상(金河孝行賞)'을 제정했다. 해마다 칠월 백중에 효자·효부를 찾아내서 그들에게 스님의 뜻(孝心)과 격려와 따뜻한 위로를 한아름씩 전하기로 했다. 물론 상금도 정성껏 준비하고 말이다. 자세한 전말과 그 내막은 이렇다.

스님의 회갑 때 모습

그러니까 지난 해, 2000년 10월쯤의 일이다. 시간이 자꾸만 흘러가기 전에 구국구세의 실천을 작은 것부터라도 시작해야겠다는 생각을 하고 있던 차, 나의 고민을 덜어주기 위해 스님이 특별히 보낸 것처럼 박경훈 노사(老士)를 만나 스님에 대한 여러 가지 인간적인 면모를 자세히 전해 듣게 되었다.

그로부터 스님에 대한 그리움과 존경의 심정이 한층 더 간절해갔다. 특히 스님의 효심에 내 가슴이 아프다는 생각마저 일었다. 그래서 하루라도 빨리 효를 통한 스님의 구국구세 사업을 하고 싶었다. 그렇지만 벌써 백중이 지난 뒤였기에 조바심이 일어도 꾹 눌러 참고 다음 해 백중까지 기다리기로 했다.

그래서 무려 일년 동안 성급한 마음을 눅자쳐 가며 기다리고 준비했다. 그동안 시간적으로 충분한 여유가 있었기에 준비에 만전을 기하여 올해(2001년 9월 2일), 드디어 제1회 '금하효행상'을 시상하게 되었다.

지역사회의 문화활동을 전담하고 있는 안성시 문화원과 공동 주관하고, 지역 유지들로 구성된 '금하효행상 위원회'를 발족하였다. 그것은 아무런 간섭 없이 위원회가 나서서 직접 효자·효부를 선발하고 적임자를 찾는 것이 훨씬 좋은 방법이라는 생각에서였다. 마침 우리 교계의 「현대불교신문」에서 이 사실을 미리 알고는 취재에 나섰다.

그때 취재차 내려온 기자에게 취재 이유를 물어보니, "만약에 전국의 모든 절에서 이곳 도피안사처럼 해마다 백중날 사찰 인근에 있는 효자·효부를 표창한다면 우리나라의 불교가 크게 달라질 뿐만 아니라 나라 전체가 새로워질 수 있는 사뭇 뜻깊은 불사다."라는 대답이 돌아왔다. 그래서 다른 일 제쳐놓고 서울에서 떨어져 있는 이곳 지방까지 내려왔다는 부연 설명을 덧붙이는 것이다.

아무튼 금하효행상을 효시로 전국의 모든 절에서 또 다른 효행상이 무수히 등장해야 한다는 기자의 이야기를 듣고 내 자신도 깜짝 놀랐고 한편 흐뭇하기도 했다.

흔히 상패를 받으면 집안 어디 한적한 곳에 잘 모셔(?) 두는데 나는 평소 그 점이 아쉬웠다. 그래서 집 거실 벽에 상패를 걸어둘 수 있도록, 상패를 하나의 예술품 수준으로 제작하기로 착안하였다.

마침 스님의 평생 신도인 지혜심의 여식, 김응화 교수(디자인 전공)의 탁월한 구상으로 나의 계획이 멋지게 이루어졌다. 이렇게 하여 나의 처음 생각이 그대로 살아나게 되었는데, 나는 상패 제작에 대한 취지와 문안만 김 교수에게 넘겨주고 나머지는 예술가의 몫으로 생각하고 기다렸던 것이 좋은 상패가 등장하는 데 주효했던 것 같다. 막상 시상식 하루 전날, 김 교수가 제작한 상패를 받아들고 보니 너무나 뜻밖이어서 벌린 입을 다물 수가 없었다. 평소 김 교수의 솜씨를 믿고 있었지만 막상 상패를 대하고 보니 김 교수의 솜씨는 사실상 내 짐작을 멀리 벗어나 있을 정도로 탁월했다.

서예가 정응표 불자가 써준 제목과 김 교수 자신이 고른 본문의 글꼴, 그리고 초록의 바탕색과 깔끔한 테두리를 한 상패는 말 그대로 멋진 작품이 되어 원래 계획한 이상의 놀라운 결과를 가져다 주었다.

거기다 내가 더욱 놀란 것은 상패 바탕색이 초록으로 처리되었다는 것. 스님은 생전에 초록을 생명 색으로 여겨 많이 사용하고 좋아했다. 불광사 신도들 단체 의식복의 색을 초록 치마에 흰 저고리로 삼을 정도였다. 나는 김 교수에게 상패 제작 전에 초록색을 거론한 적도 없고 그 어떤 요구나 주문도 따로 하지 않았다. 그리고 김 교수 자신도 누구에게 들은 바 없이 스스로의 영감과 판단으로 상패의 바탕을 초록색으로 골랐다는 것이다. 우연의 일치라고 생각하여 그냥 넘기기에는 너무나 묘한 생각이 들었고 또 주체할 수 없는 기쁨이 일었다. 나는 스님께서 이 일을 미리 아시고 미묘한 가피를 아무도 몰래 가만히 보내 주시어 이루어진 일이라고 생각하고 싶었다.

이러한 일련의 일을 미루어 보면 '금하효행상'은 내가 제정한 상이 아니다. 나는 다만 스님의 뜻을 받든 심부름꾼에 지나지 않는다. 그리고 이런 미묘한 과정을 겪으면서 이 상에 스님이 무언의 가피를 내려 인가했다는 더욱 큰 믿음이 들었다.

나머지 다른 일들도 처음 계획보다 크고 원만하게 이루어졌다. 어떤 사람은 상금이 너무 많다는 이야기도 있었으나 그 상금도 부족함 없이 넉넉히 마련되었다. 아쉬움 하나 없는, 안성시와 불교계 전체가 주목하는 행사로 원만히 끝났으니 이제 드디어 '금하효행상'의 그 첫 발걸음을 힘차게 내디딘 것이다.

끝으로 여기에 '금하효행상' 상패의 전문을 실어서 상의 취지를 다시 한번 소개한다.

金河孝行賞

청신사 ___________

청신녀 ___________

위 분은 어버이의 높으신 은혜를 크게 깨달아 세간살이의 온갖 어려움 속에서도 지극한 孝心으로 어버이 섬기고 받들기를 다하여 우리 인간 세상에 孝의 생명질서를 한층 굳건하게 세웠습니다. 이는 참으로 아름다운 일이며 또한 公義를 지키는 인간의 본분사라 말하지 않을 수 없습니다.

아울러 두 분의 이 孝行은 바로 金河光德 大禪師의 救國救世 사상을 이룸이며, 孝聖 목련존자와 願行을 같이한 해와 달처럼 우뚝한 일입니다. 이에 삼가 조상님 보은 공경의 백중날에 鄕土 諸賢이 衆智를 모아 추천한 귀하께 이 패를 드려, 오래도록 그 효행을 기리고 永世토록 그 덕행을 찬탄하며 잊지 않고자 합니다.

아울러 지성 기울여 가문과 후손의 永昌을 간절히 축원합니다.

辛巳年(2001)년 백중일

도솔산 도피안사 주지　송암지원

안성시 문화원 원장　　최 병 찬

인간성 옹호자

사람을 대하거나 사물을 관찰할 때, 겉모양만 대강 살피고는 성급하게 생각하고 쉽게 판단하며 그때의 기분 따라 평가하고 말하는 사람이 있다. 그런가 하면 상당히 깊숙한 내면까지 들여다보고서 그 안에 감춰진 속까지 알아내는 특별한 사람도 있다. 이 두 가지 이야기는 똑같은 대상을 본다고 해도 보는 사람의 안력(眼力, 정신)에 따라 느끼는 차이가 각기 다르다는 것이고, 결국 그런 차이는 정신력의 차이라는 말이다.

일반적으로 스님을 겉으로 아는 사람들은 거의가 스님의 마음이 약하다고 말하기도 하고 인정스럽다고 얘기하기도 한다. 그 까닭은 스님이 남에게 박절한 말이나 행동을 못하고, 설령 어떤 결론을 내려야 할 때도 상대방이 마음 아파할까 봐 이 눈치 저 눈치를 살펴가며 우물쭈물 하기 때문이라는 것이다. 사실 그럴까? 이런 의문을 가지고 스님을 다시 유심히 살펴보면 그렇지 않은 사실이 곧 판명된다.

스님이 그렇지 않은 점, 스님의 겉이 아닌 내면에 대한 나의 믿음은 이러하다.

첫째, 사람에 대해 차별심이 없다. 그것은 스님의 자비심 때문이다. 소위 일반적으로 갖기 쉬운 친(親)·불친(不親)에 따라 태도가 달라지고 표정이 바뀌는 것이 아니다. 사람을 만나는 것에 대한 까다로운 절차를 아예 떠나 누구에게나 스님의 자비심은 적용되고, 어디서나 있는 그대로 적절하게 표현되고, 상대방에게 곧 전달된다. 이런 점을 굳이 말하자면 무연자비(無緣慈悲)의 경지라고나 할까. 이러한 내면의 모습이 원만하지만, 스님의 겉모습만 보는 사람들은 제각각의 소견에 따라 별별 소리를 다 한다. 그것은 스님 내면의 자비를 보지 못한 안력(眼力) 부족이라는 생각이다.

둘째, 스님 성품의 특성은 시종일관(始終一貫)이다. 처음과 끝이 한결같다는 뜻이다. 오늘은 따뜻하고 내일은 차갑다든지, 시시각각 변화하고 바뀌어서 도대체 어느 것이 진실인지 상대방에게 분간 못하게 할 만큼 무상(無常)하지 않다는 것이다. 그것은 사람을 대함에 있어서 미리 계산하거나 겉모양에 치우쳐 대접이 달라지지 않는다는 뜻과 같은 것이다. 어디까지나 상대가 가진 불성(佛性)의 모습을 처음부터 끝까지 잘 지켜보며 그 모습 그대로 사람을 대하고 자비를 나누고 전하며 지속적인 응원을 쏟아 부어주기 때문일 것이다.

아주 단적인 한 예로, 스님이 직접 키우다시피 한 사제(師弟) 반월스님에 대한 태도를 보면 알 수 있다. 그에 대한 스님의 시종일관한 태도를 보면 내 말은 금방 증명될 것이다. 뿐만 아니라 스님의 인간성 옹호에 대한 수많은 일화 중에서 어느 한 가지만 듣게 되더라도 나머지는 저절로 알게 되고 저절로 깨닫게 될 것이다.

내가 모두(冒頭)에서 제기한 대로 스님의 인정과 따뜻함의 실체는 과연 무엇일까? 호사가들의 발언처럼 마음이 약해서, 너무나 인정스러워서, 그도 아니면 혹자가 혹평하여 말한 것처럼 여성스러워서였을까? 어림도 없다. 철저한 인간성 옹호자인 스님의 마음 밑바닥에는 자비물결이 언제나 출렁거리고 있기 때문이었다. 우리 불자들은 그러한 진리의 힘을 근원적인 힘이라고 한다. 사람에게 근원적인 힘이 없으면 평등을 쓸 수 없고 도저히 시종일관 할 수도 없다. 그런 힘은 지어먹은 일시적인 생각으로 되는 것이 아니다. 지어먹은 힘은 한두 번의 일로 끝난다. 결코 오래 가거나 항상(恒常)할 수 없다. 예를 든다면 고집스럽다든지 근성이 강하다든지 자존심이 있다든지 하는 것으로는 진리를 실천하는 일에 한계가 있을 것이고, 또 실천한다 해도 고작 몇 번에 그칠 일이고 얼마 동안의 단기간에 끝나고 말일이기 때문이다.

밑바닥에서 우러나오는 힘, 진리의 작용만이 인위와 조작과 억지를 초월하고, 시간이나 대상마저 벗어나 훤출한 면모를 자연 그대로 현실 속에 드러낼 수 있는 것이라고 본다. 스님의 인간 옹호는 진리의 작용(妙用)이며 그 숨결이다. 그러기에 스님의 인간성 옹호는 제불의 본회(本懷)이고 또한 스님의 본상(本相)이라는 생각을 하게 한다.

불광평화상 제정

이미 다른 곳에서도 수차 언급했던 이야기지만 스님이 참으로 하고 싶었던 일은 세계평화운동이다. 정법호지발원이나 법등운동이나 불교사회과학연구소 설립이나 그 모두가 사실은 평화운동을 하기 위한 기초 작업이다. 스님이 세계평화운동에 원을 세웠던 것은 그것이 바로 부처님의 근본 뜻이고 구세 의지였기 때문이다. 그런 까닭에 스님의 관심이 평화운동과 그 성취에 쏠린 것은 너무나 당연하다고 볼 수 있다.

그런데 그 방법은 이제까지 수많은 사람들이 해 왔던 것과는 거리가 먼 것이다. 왜냐하면 스님의 세계평화운동의 방법은 자못 창의적이면서도 지극히 현실적이기 때문이다. 창의적이라고 하는 것은 지금까지 수많은 사람들이 실험적으로 도전했던 불확실한 방법이 아니라는 것이고, 현실적이라는 것은 지혜의 산물이라는 것이다. 그러기에 그것은 불교적이라고 말할 수 있는 것이며 또한 광덕스님의 것이라고 말해도 되는 사뭇 독창적인 것이다.

불교의 세계평화운동에 대해서 누구나 스님으로부터 설명을 듣거나 직접 대화를 나누게 되면 쉽게 수긍하고 금방 뜻을 같이 했다. 그 이유는 스님의 입장이 부처님의 가르침에 잘 부합하여 어긋나지 않기 때문일 것이고, 또 독자성과 창의성이 뛰어나기에 누가 듣더라도 새로웠고 가능성이 있다고 느꼈기 때문일 것이다. 모든 일이 다 그렇겠지만 확실하고 분명해야 쉬워지고, 쉬워져야 행동으로 옮겨진다.

즉, 불교를 이론으로만 보거나 특별한 것으로 파악하지 말고, 각(覺)이라는 절대 순수한 존재에서 비롯됨을 믿고 터득해야 한다는 것이 한결같은 스님의 주장이다. 또한 그것은 선(禪)이 추구하는 것이며 바로 거기(존재론)에서 사회과학의 원리와 방법의 도출이 가능하다고 말하고 있다. 또한 거기서 세계평화운동의 원리와 그 방법이 드러나는 것이다.

각이라는 존재에서 모든 사회과학의 원리가 도출되며 그 방법이 설 수 있다고 본 것은 매우 획기적인 일이다. 즉 진리를 인간 삶의 중심 토대로 삼고, 도덕과 윤리로 삼고, 법으로 삼는다면 현대 국가의 법치주의 이념에도 잘 부응하는 좋은 사용이 될 것이기 때문이다. 그런 정당한 사회제도(正法에 의한 方法)를 통해 개인을 구제하고 사회를 구제하며 나아가 인류행복이라는 불국정토를 실현한다고 보았던 것이다. 그러므로 각의 이해는 사회과학적인 안목과 철학적인 안목이 동시에 갖추어져야만 구체적인 방안이 떠오르게 되며, 실천덕목으로 이어지게 되고 나아가 도덕과 윤리의 문제만이 아니라 법질서가 우리 생활의 안전한 테두리로 작용한다고 보았다.

그러한 까닭에 연구소를 차려서 각을 이해하고 사회과학과 철학의 토대에서 현실적인 방안을 찾되 근본에 위배되거나 상치되지 않는 묘법(妙法)을 찾아내고자 한 것이다. 이것은 국내뿐만 아니라 연구소의 성과물을 국제사회에까지 파급시키고 주제로 부각시켜서 정치·교육·사회·경제의 모든 지도자들에게 고취해 가는 국제적인 활동으로까지 내다보았던 것이다. 이렇게 되었을 때 불교사상운동은 세계평화운동으로 이어져서 폭넓게 뻗어 가고 인류의 공존공영의 토대가 마련되며 무궁한 발전(創造)이 비로소 가능한 것이다. 공리공론이 아닌 실제적인 원리와 방법의 활용으로 인간 구제라는 불사가 이루어짐을 스님은 확신했다.

국제적인 협력을 형성하기에 앞서서 국내의 기반을 충실하게 갖추고 그것을 토대로 하여 점차 국제적인 활동으로 진행시킬 계획이었으므로 이와 같이 스님의 원대한 포부와 계획에는 실현 가능한 세밀한 밑그림이 있다. 바로 불광에서 실시한 정법호지발원과 법등조직이다. 실제로 불광의 호법발원과 법등활동(지역)은 스님의 계획을 현실로 뒷받침해 주었다. 다만 그것을 실현하는 데 장애가 되었던 것은 스님 자신의 건강이, 그 계획과 포부를 끝까지 받쳐주지 못했을 뿐이다. 그것은 실로 어쩔 수 없는 불가항력이었다.

그러나 '불광평화상'을 만들고, '불광평화연구소'를 만들고, '불광평화운동'의 일꾼을 배출시킨다는 전대미문(前代未聞)의 대작불사(大作佛事)를 스님은 입적할 때까지 계획하고 꿈꾸었다.

제 7 장

山高水長

인간은 오고가도 자연은 그대로이고 전쟁과 평화속에도 역사는 흘러 길구나.

一念萬年   한 생각이 곧 무량겁.

산고수장(山高水長)

아, 내가 그곳을 다녀왔는가.

그리고 그 익숙한 땅을 언제 떠나왔던가.

무슨 까닭 모를 인연으로 이제 겨우 한번 바라보기만 한 것으로 이다지 그립고 아쉬운지, 흥분과 열정을 주체하지 못하는 감정적인 범부가 되어 이렇게 몸부림치며 그리워하는 것은 대체 무슨 까닭이란 말인가? 마치 수백생 오랜 인연으로 만나게 된 청춘 남녀가 처음 대면할 때의 충격같이, 알 수 없는 그리움과 설렘이 내 가슴에 가득하여 잠시도 수미산의 모습이 나에게서 떠나지 않는구나.

수미산에 대한 흠모와 뜨거운 열애는 불꽃처럼 이글거리는 정열이 되어 다시 나의 온몸을 휘감아 돈다. 이 절절한 그리움은 마치 끝없이 넓은 바다, 넘실거리는 푸른 파도처럼 나의 가슴속 바다에서 흠모와 열애의 물결로 거세게 파도치고 있다.

나는 또 묻고 싶다. 옷깃을 여미고 내 자신에게 '내가 과연 그곳을 다녀왔는가?' 하고 말이다. 이렇게 내 자신을 향해 마치 바보 같은 질문을 거듭 하면서도 금방 또 그 알 수 없는 그리움에 다시 휩싸이고 만다. 그러기에 명쾌한 대답이 따로 있을 수 없는 것이다.

그것은 아마 지금 내가 알지 못하는 과거 어느 생, 스님은 티베트의 고승인 쫑카파나 마루빠였나보다. 당연히 수미산에서 나는 스님을 시봉 했을 터이고, 그리고 스님이 한국에 태어날 때는 원효대사였고, 수많은 고승이 되었을 것이므로 나는 또 그런 스님을 의당 따라다녔을 것은 불문가지(不問可知).

그때마다 생긴 습관과 훈습은 내 몸에 깊이 녹아들어 인생의 비밀코드로 되었을 것, 그것이 금생의 내 대뇌피질에 고스란히 이전되었을 것이다. 그런 오랜 입력코드가 감당 못할 슬픔(스님의 入寂)을 당하게 되자 결국 수미산을 찾도록 작용했을 것이라는 마치 신화나 전설 같은 나의 신앙고백이다. 그러기에 부지불식간 스님을 찾아 나선 본능적인 발걸음이 수미산을 빙 돌고 온 내막이고 그 속 사연이었다고 믿는다.

이 모두가 참으로 불가사의한 일, 우리네 일상적인 알음알이로는 미처 해명할 수 없는 신비한 일이다. 더더욱 당사자인 내가 다 알 수 없고 밝힐 수 없는 일이기에 그냥 불가사의라고밖에 다른 말이 더 없다. 마치 봄날 피어난 형형색색의 꽃을 바라보며 느끼는 신비와도 같다. '도대체 이다지 고운 빨간 색은 어디에서 왔고, 그리고 노랑·분홍·자주는 또 어디에 숨어 있다가 이렇게 깜찍한 모습으로 나타났을까? 흙·줄기·잎, 아니면 그 어디에…… 그렇다. 나도 불가사의, 스님도 불가사의, 천삼라(天森羅) 지만상(地萬象) 그 모두도 불가사의. 그러기에 나의 삶, 우주의 존재인 개나리, 진달래, 사슴과 토끼, 해와 달 등 그 모두가 역시 불가사의다.

결국 그런 불가사의가 우주이고 나의 인생이지만 현실에서 가만히 응시해 보면 그런 불가사의 인생도 어디론가 속절없이 흘러가는 것이 눈(마음)에 보이기도 하고 내 가슴에 소리 없이 젖어들기도 한다. 깊이 들여다볼수록 어디론가 정처 없이 마냥 흘러가기만 하는 것 같은 내 인생은 그래서 더욱 허무해지고 또 슬픔과 분노마저 느끼나 보다.

왜냐하면 거기에는 그냥 흘러갈 수 없는 까닭이 분명 있고, 흘러가게 내버려두어서 안 되는 필연의 곡절이 있기 때문에, 그리고 지금 내가 잘 모른다 해도 분명 내 인생이 가지고 있는 숨겨진 비밀코드는 분명 어딘가에 있다는 생각이기에 내 뜻과 상관없이 마냥 흘러가는 인생 앞에서 나는 한치도 선선히 물러설 수 없는 것이다. 다만 그것을 현실 가운데서 자세히 알지 못하고 설명하지 못하기에 나로서는 더 진한 슬픔과 한계, 그리고 분노를 느끼며 몸부림치는 것이다.

아무튼 나는 그런 생각이 내 마음 밑바닥에 있었기에 수미산을 대하자 말자 곧바로 나의 스님으로 정했다. 그 이후로도 수미산을 나의 스님으로 철석같이 믿게 된 것은, 내 어릴 적 나이로는 도저히 감당할 수 없었던 한 사건의 영향 때문이라고 생각한다. 그 사건은 분명 내 일생의 운명을 가름하는 중요한 단초가 되었다. 나의 가장 가까운 삶의 보호자이자 혈친이었던 할머니와 증조 할머니의 일방적인 의도(?)로 벌어진 사건이었다. 그 사건의 자초지종을 설명해서 나와 수미산에 얽힌 비밀을 해명하는 하나의 측면단서로 삼으려 한다.

어린 시절, 나는 두 할머니와 함께 사랑방에서 생활했다. 두 할머니는 어느 날(물론 길일을 택했겠지만), 우리 동네에서 가장 물이 잘 솟아나는 마을 어귀 샘(화랑골)에다 나를 전광석화로 팔아버렸다.

그 샘은 물이 어찌나 잘 나오는지 내 초등생시절, 새 봄 새 학년이
된 날 학교가 일찍 파해 집으로 돌아오는 길에 그 샘을 지나노라면, 동
네 부인들이 겨우내 쌓아 두었던 옷가지를 모두 이고 나와서 시끌벅적
빨래하느라 야단법석이었다. 신통하게도 그 샘은 온 동네 사람들이 모
여서 그렇게 물을 엄청 퍼 써도 물이 부족하여 빨래꾼들이 기다리는
법이 없다. 샘 밑바닥이 바다나 강하고 붙어 있는 것처럼 물을 푸고 돌
아서면 금방 철철 넘쳐 다시 논 자락으로 흘러 들었다.

온 동네 사람 모두 마시고 온갖 것 다 씻고 무진장 퍼 써도 언제나
남는 넉넉한 수량을 가진 샘, 그 샘이 두 할머니의 점지로 나의 어머니
가 되었던 것이다. 단연 우리 동네에서 제일 가는 샘이기에 동네 사람
들의 사랑과 관심이 온통 집중된 곳임에는 말할 필요도 없다. 그런 신
령스러운 샘의 정령을 기상천외한 생각과 행동을 가진 나의 두 할머니
가 독차지하고 말았다.

큰 사건이었다. 그 사건을 모의하고 만들면서도 실제로 당사자인 나
에게는 사전에 어떤 의논이나 통고도 없었다. 심지어는 사건의 비밀이
미리 샐까봐 기휘(忌諱)하느라 안채의 내 친어머니(生母)도 모르고, 이
웃도 모르게 전광석화(電光石火)의 대담한 기지와 순발력으로 나를 그
샘에 팔았다.

나는 꼼짝없이 영문도 모른 채 샘의 아들이 되었고, 샘의 정령이 나
의 새 어머니가 되었으니 무척 기막힌 인연이라고나 해야 할 것이다.
그리고는 해마다 음력 정월보름, 솔바람이 몹시 불어 마치 파도치는
소리로 들리는 밤이 되면, 나는 두 할머니 손에 강제로 이끌려 까닭도
모른 채 밤길을 터벅터벅 걸어야 했다. 물론 그 날에 대한 준비도 이미
몇 달 전부터 사뭇 철저했다.

　　지난 겨울 내내 두 할머니는 안채에 있는 어머니 몰래 밤늦도록 돌린 물레에서 뽑아 감은 명줄 실타래와 오십 리나 떨어진 읍 장날, 새벽밥 먹고 가서 사온 소지(燒紙)로 올릴 닥지와 누런 양초 두 자루를 준비한 지는 이미 오래 전, 그 날 낮 흰 무명보자기를 대나무 채반에 깔고 그 위에 쌀가루를 켜켜이 쌓아서 백은 양솥에 잘 찐 흰 백설기를 대나무 소쿠리에 담아 머리에 이고 행여나 내가 어디로 달아나기라도 할까봐 나의 손을 꼬옥 잡고 어두운 밤길을 잘도 걸어갔던 두 할머니. 그렇게 끌려가다시피 따라갔던 힘든 길이 나중 수미산 언덕에 앉아서 생각해 보니 마치 수미산 둘레를 도는 의식인 '코라' 같기도 했다.

　　두 할머니는 그 날 낮 백설기 찔 때 목욕하고 저녁에 어머니(샘)에게 가기 전에 또 목욕했다. 그리고도 무엇이 더 부족하고 모자란다고 생각했는지 사랑방 윗목에 단정히 앉아 기도하듯 삼태성(三台星)이 하늘 복판에 오기를 기다렸다. 고대하던 삼태성이 수많은 별들 속에서 하늘 복판에 그 모습을 드러내면 두 할머니는 사전에 이미 약속이나 한 듯 손발이 척척 잘도 맞았다. 누가 먼저라고 할 것도 없이 각자의 임무에 따라 광주리를 이거나 내 손을 잡고 휭— 하니 집을 나섰다.

　　어머니(샘)에게 가는 날, 두 할머니의 걸음은 무척이나 빨랐다. 저 멀리 동구 밖 외진 곳에 있는 샘까지는 꽤 먼 거리였지만 두 할머니는 단숨에 맑은 물이 펑펑 솟아오르는 우물가에 도착하여 일 년 동안 벼르고 별러 가슴에 켜켜이 쌓였던 기도송을 쏟아내었다. 앉을 새도 없이 선 채, 두 손을 싹싹 비벼 올리고 싹싹 비벼 내리기를 반복하며 합장하듯 절을 했다. 그리고 난 뒤, 우물가를 빙 둘러 나무나 돌에 의지해 명줄을 건 뒤 촛불을 밝히고 백설기를 샘 속에 던져 넣고 나에게 영문도 모르는 절을 자꾸만 하게 하고는 소지를 올렸다. 소지가 바람을 타고 잘도 올라가면 마치 두 할머니의 소원이 금방이라도 이루어지는 조짐이라도 되는 듯 좋아했다. 두 할머니의 그런 기분은 곧 기도문으로 나타났다. 청산유수 같은 기도의 주문을 두 할머니는 소지를 올리며 잘도 읊조렸다.

"용왕님, 우리 계사생 김팔석(주술 상담가의 조언에 따라 두 할머니가 지은 필자의 兒名, 바위나 샘에 팔아야 수명이 길어진다는 뜻임)이를 잘 자라게 보살피시고, 명문대가의 규수를 배필로 맞이하게 하시고, 나라에 기둥이 되어 그 이름을 사해에 드날리게 하시고, 가문의 위세를 떨치게 하여 주시며 명(命)은 백천을 더하게 하여 주사이다.……"

기도문은 일사천리로 할머니 입에서 실타래가 풀리는 것처럼 잘도 이어졌다. 너무나 잘 외는 기도문이어서 지금도 가끔 기도문 외워 올리는 할머니를 생각하면 할머니보다 더 젊고 많이 배운 지금의 나도 그처럼 간절하고 막힘 없이 부처님께 축원 올리기란 쉽지 않다는 것을 실감한다. 그런 실력이기에 소원 빌고 기도문 올리는 일에 있어서는 단연 동네에서 뽑혀 다녔다. 누구도 우리 두 할머니를 흉내낼 수 없기에 단연 타의 추종을 불허하는 독보적인 경지였다.

기도문 외워 올리는 두 할머니의 모습은 마치 축원 올리는 고승의 모습과도 같았다. 그러나 기도문 외워 올리는 데 천부적인 재능이 있는 두 할머니라 해도 내가 모르는 사이 아마 며칠 전부터 남몰래 기도문을 외우고 연습했을지도 모를 일이다. 왜냐하면 그렇게 샘 앞에 서서 천연덕스럽고 또 막히거나 더듬지도 않고 줄줄 기도문 외는 두 할머니의 능력이 내가 커 갈수록 점점 놀랍게 느껴졌기 때문이다. 어쨌거나 기도문을 술술 외워 올릴 때의 두 할머니는 조금도 무학의 시골 사람 같지가 않고 뛰어난 능력을 갖춘 유식한 사람으로 보였고, 무척 신기하다는 생각까지 들었다. 지금도 가끔 그때 들었던 기도문이 편편히 생각나는 것을 다시금 새겨보면 멋진 문장이기도 했다.

아무튼 추워서 손끝을 호호 불며 언제 끝나나 하고 끝나기만을 초조하게 기다리며 곁에 서 있는 나에게 자꾸만 샘의 정령(용왕님)을 향해 절을 하면서 '엄마, 엄마' 하고 큰 소리로 부르라고 채근했다. 두 할머니는 초파일 날 가까운 문경 김용사에 가서 부처님께 절을 많이 하면 좋다는 이야기를 들었는지 샘에게 자꾸만 절을 하라는 것이었다. 나는 캄캄하고 깊은 밤중, 아무도 없는 외진 곳이었는데도 행여 누가 보는 것 같아 괜히 얼굴이 붉어져 주위를 힐끔거려가며 지엄한 할머니의 명령을 고분고분 따를 수밖에 없었다.

아, 세월은 흘러 이제 많은 것이 바뀌고 변했다. 고향의 그 샘이 아직도 있는지 모르겠고 두 할머니는 오래 전 왔던 길로 다시 돌아갔다. 요즈음의 신세대 엄마들은 아이가 태어나면 돌과 샘에 파는 일도 없을 것이니 어린 시절 나의 일은 벌써 전설이 된 것 같다. 그 흔한 연속극 어느 한 장면에서도 등장하지 못하는 나만의 비밀이 되었으니, 아마 그것도 내 가슴속에만 살아 숨쉬며 명맥을 유지하다 사라져 가는 나만의 신화로 끝나고 말 것이다.

그렇구나, 이제 그 날의 주인공인 나만 이렇게 남아 어느덧 오십의 인생고개를 넘는 중년 나그네가 되었다. 다시 그때를 생각해 보니 부끄럽고 쑥스러움은 어디로 가고 오히려 그리움만 아련하다. 그리움, 두 할머니가 강제로 맺어준 샘 어머니와의 사연, 말하자면 그런 것들이 나의 인생 속에 갈무리된 비밀코드다.

산신령같이 지엄했던 나의 두 할머니에게 배운 대로 나는 지난번 티베트에 가서 수미산을 보자마자 얼른 우리 스님으로 삼아버렸다. 그리고는 꾸벅꾸벅 절을 하면서 "스님, 스님!" 하고 잘도 불렀다. 어색하지 않았다. 인생의 비밀코드가 마침내 풀리는 것 같았다. 어릴 적 샘의 정령이 나의 엄마였기에 그때의 연습으로 아주 쉽게 수미산을 바라보며 수미산 정령을 스님이라고 불렀던 것이다. 그 말이 내 입에서 술술 거침없이 잘도 나왔다.

그 옛날 할머니가 맺어준 샘 엄마 덕분에 나는 커서도 힘을 얻었고 출가하여서도 곧잘 가호를 받았다. 샘의 정령을 엄마로 부르고 믿었던 비밀코드, 그것이 풀리는 순간 나는 수미산을 보고 지체없이 나의 스님임을 알게 되었다. 가히 천부적(두 할머니에게 점지받은 것)인 지혜였고 뛰어난 순발력이었다. 타고난 문화형질의 유전 때문이리라. 그때 동행했던 사람들은 아무도 그런 생각을 못하고 수미산을 바라보다가 압도되고 기에 눌려 멍하니 입 벌리고 있는 동안, 나는 날래고 민첩한 몸놀림으로 아무도 모르는 사이 큰일을 구상했고 또 서둘러 마쳤던 것이다.

나는 그런 수미산을 다시 보고 싶다. 그리고 그립다. 어릴 적 샘 어머니에게 기도하듯이 수미산 스님을 바라보며 다시 또 기도하고 싶다. 그때는 할머니가 시켜서 했지만 지금은 내 스스로 간절하게 기도하고 싶다. 왜냐하면 수미산에 대한 기도는 바로 스님과 나와의 대화이기 때문이다. 아주 은밀한 깊은 밤중, 스님과 나만이 나누는 대화, 스님이 입적이라는 이름으로 홀연히 자취를 감추고 나의 곁을 떠난 뒤, 그동안 여러 가지 의문이 많이 쌓였다. 아니 솔직히 말해 의문이라기보다는 이별의 아쉬움이다. 그것을 풀고 싶다. 그리고 수미산이 나의 스님이라는 사실을 모든 사람에게 흔쾌히 인정받고 싶다. 우리 동네 사람들이 샘을 나의 어머니라고 무언중에 인정해 주었듯이.

사실 수미산이 나의 스님이라는 사실을 널리 인정받고 싶어서 나는 그동안 우리나라에 수미산을 적극 소개했다. 내가 출판사를 개설하여 가장 먼저 낸 책이 바로 수미산 순례기이고, 또 내년(2002년 7월 6일, 도솔산 개산 10주년)에는 서울 인사동 화랑가에서 수미산 사진전을 계획하고 있다. 그리고 여기 이 이야기를 길게 쓰는 속셈도 그런 뜻이 들어 있음을 부인하지 않는다.

아니, 나는 지금 한편으로는 글을 쓰고, 또 한편으로는 한량없는 세월동안 무수한 생명들로부터 이어져온 장단에 맞춰 노래와 춤을 곁들여 가고 있다. 그러나 나는 춤추고 노래하면서도 그곳으로 가고 싶은 생각에서 벗어날 수가 없고, 그 생각에서 자유로울 수가 없다. 그것은 그리움이다. 한 번 갔지만 꿈결 속에 갔다온 것 같은 그곳으로 다시 가고 싶은 것은 내 가슴에 고여 있는 그리움 때문이라는 것, 변명의 여지가 없다. 그리움으로 수미산을 찾아가야 하는 나에게 그리움과 수미산은 둘이 아니(不二)다. 그리움은 스님이고 내 부모이고 두 할머니이고 어릴 적 만났던 동무들이고 일체 중생 모두다.

이제 현실 가운데 온갖 한계를 느끼는 내 무능을 훨훨 떨쳐버리고 무한한 가능성만 있는 내 마음의 고향(한없는 그리움), 그곳으로 나는 가고 싶다. 그냥 가고 싶은 것이 아니라 마냥 달려가서 덥석 안기고 싶다. 나를 적대하지 않고 나의 고집을 아름답게 보아줄 넉넉한 그곳, 그 수미산으로 달려가서 스님에게 풍덩 빠져들듯 안기고 싶다.

태양에 그을려 화상 입은 사람들처럼 피부색이 까맣게 보이는 형제들 속으로, 그리고 거친 산과 가냘픈 풀들과 그 위에 뛰노는 홀쭉한 양떼들이 정답게 어우러진 화평, 그곳으로 나는 가고 싶다.

회갑 때의 스님 모습

거기 그네들과 어울려 어깨동무 하면서 아무런 투쟁이나 긴장 없이 안락하게 평화의 낙토에서 무던히 살고 싶다. 이곳 모든 것을 훨훨 털고 홀홀 떠나서 생명의 원형, 그 앞에 겸허하고 순수하게 서고 싶다. 이것은 무엇으로 때묻기 이전의 나의 간절한 서원이고 절실한 소망, 스님과의 뜻깊은 해후, 그리움의 완성이다.

아, 언제나 갈 수 있을까. 외우(畏友) 성우화상은 임소산인(任逍散人)이 되어서 귀선(歸仙)한 지 이미 오래인데, 나는 아직도 욕망의 파고(波高)에 휩쓸려 고통의 삶을 살아가고 있다. 그래서 더더욱 도연명의 귀거래사 같은 수미산 찬가를 북 치고 장고 치며 춤추고 노래부르며 목청껏 외치고 싶다. 생각해 보면 나의 이 글이야말로 사실은 수미산으로 돌아가고자 하는 또 다른 귀거래사이다. 도연명의 낙원은 조그만 시골이었지만 나의 낙원은 우주의 안테나, 수미산이라는 것을 이렇게 공개한다.

아무튼 자연과 인간이 둘 아닌(不二) 평화의 낙토, 그곳으로 달려가듯 찾아가 스님 품에 안기고 싶은 심정은 나이가 들수록 가슴속 깊은 곳에서부터 솟아오른다. 아무리 생각해도 여기 이 땅은 나의 휴식처는 아닌 것 같다. 의무를 수행하는 땅이지 나에게 휴식을 주는 곳은 아니라는 말이다. 그래서 적절한 휴식을 위해서 나에게 꼭 필요한 곳이 수미산이다. 그러기에 달랑 편지 한 통 써 놓고 오늘이라도 떠나면 만사가 형통인데 무엇을 연연하여 세월만 녹이고 있는지 나도 나를 모르겠다. 의무의 땅에서 겪는 수많은 갈등과 생활의 질곡 속에서 스스로 탈출하지도 못하면서 안일과 나태의 깊은 잠에 빠져드는 까닭은 또 무슨 비겁이고 겁약이란 말인가. 그래서 내 입으로 나를 일깨우기도 한다.

'어서 깨어나라.'

‘어서 일어나라.’

망설여서 끝없는 후회를 자꾸만 만들지 말라. 무엇이 진정 나를 잡아당기고 있는가. 없다, 사실 나를 잡는 것은 아무것도 없다. 다만 내가 제행무상(諸行無常)의 부처님 가르침에 대한 깊은 뜻을 모르고 있을 뿐이다. 결국 모든 것이 무상하다는 사실을 정녕 나는 모르고 있다. 조금이라도 안다면 조금이라도 통절히 안다면 왜(?) 발걸음이 이리 더딜까? 무엇 때문에 이렇게 어정거리는가. 이미 비밀코드가 풀렸는데도 말이다.

나는 수미산과 마나사로바 호수를 한마디로 산고수장(山高水長)이라고 부르고 싶다. 산고는 수미산의 초출(超出)을 의미하는 대덕(大德)이고 묘덕(妙德)이다. 그래서 수미산의 또 다른 이름은 묘고산(妙高山)이다. 그리고 수미산의 눈 녹은 물이 모여 생긴 넓고 넓은 마나사로바 호수는 기나긴 사대(四大) 강의 발원지이기에 수장이라고 불러도 되겠다. 사실 그보다는 내가 의도한 수장(水長)에 대한 속뜻은 나의 기나긴 그리움을 의미한다고 실토한다.

“아아 열악한 땅, 순박한 사람들이여! 이 무슨 아이러니인가? 옥토의 땅에 잘먹고 잘사는 내가 더 순박해야 할 터인데도 오히려 뒤바뀌었구나.

뒤바뀜이여! 이 무슨 안타까운 조화인가. 나의 안락향, 언젠가 찾아가야 할 신비와 미지(未知)의 땅, 영원한 나의 스님인 수미산 초출한 그 웅자여! 사바하!”

부처님을 만나러 가라

문명의 고도한 성장은 동시에 사람들의 삶에 변화를 재촉하고 있다. 그러므로 우리가 살아가는 삶의 방법도 하루가 다르게 바뀌어 가고 달라져 가고 있는 것이 오늘날의 현실이다.

그러기에 우리 불교도들 역시 많이 달라지고 바뀌어가고 있다는 것은 특별히 새로운 일이 아닐 것이다. 오히려 변화하지 않는다면 그것이 이상한 일이지, 오늘날의 세태와 흐름 가운데서 변화하는 것은 지극히 자연스러운 하나의 추세이고 시대의 흐름에 대한 적극적인 태도이고 적응일 것이다.

단지 그 달라지는 속도가 눈부시다고 말할 정도로 빠르고 신속한 것이 문제라고나 할까. 저녁에 보았던 것이 잠자고 아침에 일어나면 어느 사이 달라져 있을 정도이니 말이다. 이처럼 정신이 어지러울 정도로 급속하게 변화하는 세상에서는 무엇인가 단단히 잡고 있지 않으면 마치 거친 파도 속에 돛단배를 탄 사람처럼 넘어질 수도 있을 터, 각별히 안전을 위해 조심만 더하면 될 것이다.

아무튼 이러한 변화는 눈에 보이는 건물이나 상품 따위의 물질적인 것만이 아니라 사람의 정신이나 사상도 빠르게 달라지고 변화하는 것은 역시 마찬가지다. 이런 정신적인 변화를 그때그때 감지하는 사람도 있지만 전혀 모르고 지내 사람도 많을 것이다. 그렇지만 시간이 한참 지난 뒤에 다시 뒤돌아보면 나중에라도 변화된 자신의 모습을 자연히 알게 될 것이다. 그 중에 더러는 너무나 달라진 자기 자신의 변화된 모습(정신상태)을 발견하고 깜짝 놀라기도 할 것이지만 좋은 쪽으로의 변화는 그만큼의 성장이기 때문에 놀랍긴 해도 불만스럽지는 않을 것으로 생각한다.

그런 점에서 우리 불자들이 여러 가지 달라지고 변화한 것 중에 여기서 말하고 싶은 것은, 인도의 부처님 성지를 순례하고 참배하는 일에 대해서다.

사실 얼마 전까지만 해도 우리 불도(佛徒)들에게 '성지순례'라고 하면 무척 생경한 말로 들렸다. 즉, 자주 쓰지 않던 용어였다. 어쩌다가 성지순례라는 말을 듣게 되면 우리 불교와는 거리가 먼 어느 특정 종교의 전유물로만 여겼고, 혹 몇 사람이 성지순례를 간다고 해도 좀 특이한 사람들의 특별한 일로 생각할 뿐이었다.

그런데 최근 들어 성지순례 가는 사람들이 갑자기 많아졌다. 그들의 구성을 가만히 살펴보면 학교 동창들끼리, 학부모들끼리, 동네 주민들끼리, 같은 절의 신도들끼리 등등 여러 가지 형태다. 거기에다 성지순례를 위한 준비도 사뭇 적극적이다. 사람에 따라, 형편에 따라 조금씩 다르긴 하겠지만 몇 년 전부터 적금을 들거나 아니면 계를 모아서 준비하거나 또 더 용기 있는 사람들은 미리 은행에서 대출을 받아 순례를 다녀오고 난 뒤 갚아나가는 사람도 있다고 들었다. 아무튼 이러한 사실은 불과 얼마 전까지만 해도 거의 볼 수 없었던 일이어서 오히려 깜짝 놀랄 정도로 격세지감(隔世之感)이 든다고 해야 할지…….

내가 아는 어느 불교성지순례 전문여행사는 몇 년 전까지만 해도 먼 미래를 생각하여 투자하면서도 온갖 고생을 다 했는데, 지금은 일년 전에 사전 예약하지 않으면 원하는 적절한 기간에 출발하기가 어려울 정도가 되었다고 한다. 그만큼 성지순례 인구가 대폭 늘어난 것이다. 이러한 현상은 최근 몇년 만에 달라진 새로운 변화이고 분명 우리 불교도들의 달라진 풍속도(風俗圖)이다. 그동안 성지순례에 대한 불자들의 인식이 좀더 새로워지고 왕성해지기를 고대하고 있던 한 사람으로서 나에게는 무척 반가운 일임에 틀림없다.

그러나 성지순례 인구가 늘어날수록 우리는 보다 정성스러운 순례를 통해서 부처님에 대한 믿음을 한층 크게 키워가야 하는 것, 그것은 너무나 당연한 과제일 것이다. 인도성지순례는 아주 비싼 비용으로 배우는 불타전(佛陀傳) 학습인 까닭에 반드시 좋은 성과가 있어야 하고 심오한 깨달음이 있어야 하기 때문이다. 그렇게 하기 위해서는 성지순례 기간동안 부처님의 체취를 직접 느낄 수 있고 부처님의 가르침을 보다 가까이서 접할 수 있는 여러 가지 사전준비를 철저하게 해야 한다. 그리고 부처님께서 실제로 법을 설했던 장소에 가서 부처님의 친설을 더욱 크게 들을 수 있고 절실하게 가슴에 담아 올 수 있도록 미리 자료를 확보하고 문헌을 챙겨야 할 것은 말할 나위도 없다.

아무튼 그런 세세한 준비는 순례객 각자의 몫으로 두고, 여기서 강조하고 싶은 것은 성지순례는 불자라면 누구나 일생에 한 번은 다녀와야 하는 수행의 필수 코스라는 것이다. 그래서 나는 가까운 사람일수록 성지순례를 적극 권하고, 특히 우리 절 신도들에게는 '꼭'이라는 말을 붙여 강조하고 있다.

그 흔한 해외여행 가기 전에 불자로서 부처님 성지부터 먼저 다녀오라고 말하는 까닭은 첫째, 순례를 통해 인생의 자세를 다지자는 신앙적인 측면 때문이다. 둘째, 여러 여행 중에서 순례가 가장 진지한 구도여행이라는 생각에서이다.

순례는 구도라는 의미를 내포하고 있기 때문에 첫 해외 나들이를 순례로 시작하는 것은 앞으로 있을 모든 여행에 건전성을 유지하기 위한 방법이기도 하고 여행의 좋은 습관을 순례를 통해 형성한다는 말이기도 하다. 무슨 일이든지 첫 시작이 중요하다는 것은 누구나 다 아는 사실이다. 하다 못해 자동차 운전만 하더라도 처음 버릇이 잘못 들면 여간해서는 고쳐지지 않는 법이다. 그렇게 보았을 때 해외여행 가기 전에 순례부터 먼저 다녀오면 거의 모든 사람들이 앞으로 있을 자신의 해외여행을 보다 진지하고 성공적인 여행으로 향상시키게 될 것이다. 그러나 이 두 번째 사항은 어디까지나 공짜로 받게 되는 덤과 같은 것이다.

이미 말한 바지만 한국의 불교도라면 누구나 일생에 한 번은 성지순례를 다녀와야 한다고 애써 강조하는 것은, 거기에는 우리가 확립해야 할 믿음(信)이 있고 찾아야 할 도(道)가 있고 구해야 할 진리(法, 가르침)가 있기 때문이다. 그러기에 순례는 믿음에 대한 열정과 순수한 행을 통해 부처님을 만나러 나서야 한다고 본다. 우리가 해외여행을 마치 이웃집 다녀오듯 쉽게 나다니는 좋은 시기에 태어나서 별별 곳을 다 돌아다니면서도 정작 부처님의 성지순례는 빼놓거나 미뤄 놓았다면, 이는 성의부족의 문제만이 아니라 우선 순위를 분간하지 못하는 지혜로워야 할 삶의 자세에도 문제가 있다고 본다. 또 그것은 불자들이 자신의 인생에서나 일상생활에서나 부처님 가르침을 가장 고귀하게 생각하고 우선으로 생각해야 하는 것에도 문제가 되는 것이다.

순례는 소중한 체험(깨달음)이다. 여러 가지 힘든 주변 여건 속에서도 순례를 뜻깊게 다녀온 사람들의 일상에서 매우 다른 모습으로 삶의 태도와 자세가 바뀐 것을 보게 된다. 생활이 더욱 검소하게 되고 외적인 관심이나 추구보다 내적인 성장을 우선하는 가치관을 갖게 된다. 또 알뜰하게 저축하여 어느 정도 여유가 되면 불교를 주제로 새로운 여행(순례)을 계획하는 사람들도 모두 성공적인 순례를 마친 사람들에게서 나타나는 현상이나. 아무튼 국제화시대와 변화하는 사회에서 불자들의 의식이 바뀌어 성지순례를 많이 가는 것은 자연스러운 일이며 또 당연한 일이라고 본다.

그런데 아직까지 우리들의 성지순례의 행태나 면모를 살펴보면 미숙하기 짝이 없고 심지어 안타깝다는 생각마저 들 때가 많다. 뜻깊은 순례라는 말과는 아예 거리가 멀고, 구도라는 의미의 순례에 아직 발걸음도 못 뗀 수준을 느낀다. 순례보다 한 단계 더 낮춰서 '건전한 여행'의 수준에도 훨씬 못 미친다고 하면 지나치게 인색한 표현일까. 그러나 지금 우리 불자들이 갖는 순례는 겨우 걸음마 단계에 지나지 않는다. 나 역시 마찬가지였겠지만 다행히 스님의 훈도를 입어 이제는 어느 정도 부끄러움을 면할 수 있게 되었다고 생각하여 이 글을 쓴다.

언젠가의 일(1992년 1월)이다. 그때 내가 주동이 되어 신도들과 함께 인도 부처님 성지순례를 간다고 들떠 있는 것을 본 스님은 조용히 나를 불러 물었다.

"송암, 인도 성지순례는 왜 가는가, 무엇 하러 가며 어떠한 입장으로 가는지 나에게 한번 명쾌하게 말해 봐? 고고학이나 역사학을 연구하는 학자의 입장으로 유적을 확인하기 위해 가는지, 예술가 입장에서 고대 인도의 미(美)를 살피러 가는지, 아니면 불자라는 의무감 때문에 한번 가보는지, 그도 아니면 남들이 다 가는 곳이니까 호기심으로 따라가는지, 어디 한번 송암 자신의 생각을 나한테 말해 봐."

스님의 형형하고 푸른 눈빛에 나는 그만 어안이 벙벙해지고 말았다. 그동안 나는 성지순례의 뜻을 평소 누구보다 견고하게 가지고 있다고 자부하고 있었다. 그런데 막상 스님으로부터 성지순례에 대한 참뜻을 알고 있느냐고 추궁을 받자 그만 당황하고 말았다.

사실은 내가 성지순례를 자주 나서게 된 것은 부처님의 자취를 찾아서였다. 그 당연한 일을 스님께서 호되게 추궁하였고 또 대답을 빨리 하라고 푸른 하늘 같은 눈빛으로 나를 바라보았다. 얼굴을 붉히며 어쩔 줄 몰라 앉아 있는 내 모습이 좀 안쓰럽게 보였는지 스님이 먼저 입을 떼었다.

"이것 봐, 송암. 성지순례는 철저히 부처님 만나 뵈러 가는 길이어야 해. 저 옛날 현장스님처럼 또는 혜초스님처럼 구도의 각오와 결심으로 떠나지 않으면 안돼. 어떻게 하든지 우리 출가자들은 부처님을 만나서 법문을 눈으로 보고 귀로 들어서 깨달아야 하는 것이 우리 일생의 크나큰 과제야. 그래서 우리 모두가 진리 속에서 사는 참된 인생이 되어야 하거든. 그렇다면 성지순례는 당연히 기도가 중심이 되어야 하고, 명상과 사색을 통해서 부처님을 찾고 법문을 들을 수 있어야 해. 일전에 내가 누구에게 들은 얘기로는 그 귀한 돈(달러) 가지고 인도에 가서 기도하지 않고 사유하지 않는다고 했어. 아무튼 송암, 내 말은 인도에 가게 되면 더 가까이서 직접적으로 부처님을 만나야 한다는 것을 말하고 싶고, 그 점을 강조하고 싶은 거야."

사실 인도를 한 번도 가보지 못한 스님은 몇 차례나 갔다온 나보다 성지순례에 대한 사정을 더 잘 알고 있었다. 영축산이나 죽림정사, 칠엽굴 등 주요한 성지의 위치나 현재의 상태, 거기에 대한 뜻을 환하게 알고 있을 뿐만 아니라 우리 한국 불자들의 순례에 대한 여러 가지 문제점도 다 알고 있었다. 그래서 나를 짐짓 엄한 표정으로 대한 것이다.

그런 엄한 스님의 가르침을 받고 난 뒤, 나는 사전준비와 마음의 자세를 더 철저히 한 다음, 우리 일행은 인도 땅 뭄바이에 첫발을 내디뎠다. 그리고 우리는 어디를 가든 기도와 명상, 설법부터 먼저 했다. 그 다음 성지에 대한 안내자의 설명을 듣고 주변을 둘러보며 각자 사색의 시간을 가졌다. 심지어 밤 기차를 타고 가다가 다음날 새벽, 예불시간이 되면 달리는 기차 안에서 미리 준비해 가지고 간『불광요전(佛光要典)』을 의지하여 예불을 올리고 경전을 읽고 석가모니불 염불을 했다. 이런 점에서 인도는 무척 너그럽고 자유로운 나라였다. 우리의 기도 소리를 동양, 한국의 음악(合誦)으로 여겨서 귀기울여 주고 미소로 관심을 나타내 주었다.

그뿐만이 아니었다. 우리는 다음 행선지로 가기 위해 플렛폼에서 기차를 기다리다 기도시간이 되면 누가 먼저라고 할 것도 없이 모두 내 주변으로 모여들었다. 다같이 자연스럽게 책을 펴들고 기차역 플랫폼에서 노래하듯 기도를 했다. 그리고 일정상 새벽 일찍 버스가 출발한 경우도 많았다. 그때도 역시 어김없이 기도부터 하고 미리 대기해 있던 차에 올랐다. 아마 남들의 눈에는 우리가 순례하러 온 것이 아니라 기도하러 온 것처럼 보였을 것이다. 그렇게 우리는 가는 곳마다 성지마다 기도하고 석가모니불 정근하며 순례를 계속했다.

영축산에서 기도를 마친 불광 인도성지순례단의 기념촬영(1992.1.15)

우리가 성지에서 그렇게 기도하고 있을 때, 가끔 귀에 익은 목소리가 뒤에서 왁자지껄했다. 귀에 익은 목소리, 분명 우리 한국인들의 반가운 목소리였다. 그런데 한 무리 한국의 순례객들이 우리가 기도하는 중에 나타났다가 기도가 끝나고 찾아보면 어디로 갔는지 종적이 묘연했다. 행여 아는 사람들인가 해서 돌아보면 이미 바람같이 나타났다가 바람같이 사라져 버린 뒤였다. 그 순간 기대가 허물어진 씁쓸한 기분을 느꼈고 또 뭔가 무척 안타깝고 아쉬운 느낌을 금할 수 없었다.

성지순례가 무슨 군인들의 '번개작전'도 아니고 유람객들의 소풍도 아닌 수행자들의 뜻깊은 구도의 길이라면 진지함과 경건함, 엄숙함과 그리움이 가득한 내면의 행사가 성지마다 있어야 하는데도 그렇지 못했던 것이다. 만약에 스님이 내가 인도로 떠날 때 미리 닦달하지 않았다면 나 역시 바람 같은 그들과 마찬가지였을 것이다. 단지 나는 스님 훈도의 은혜가 사전에 있었고 다른 사람들은 그러한 과정이 없었던 차이뿐이라는 생각을 하면 스님의 사전 훈도가 여간 다행스러운 일이 아니었다. 그러기에 내 몸, 내 생각 구석구석에 스님의 입김이 서리어 있고 숨결이 배어 있다. 그 덕분에 우리는 성지순례를 다니면서 바람 같은 허깨비 신세를 면하게 되었고 마치 음풍농월하는 유람객의 불경(不敬)을 부처님께 저지르지 않아도 되었던 것이다.

이제 한국의 불자들은 더 뜨거운 마음으로 성지순례를 나서야 한다. 그리고 2천만 불자가 모두 한번씩 성지순례 길에 나서야 한다. 불자라면 누구나 해외어행 가기 전에 순례부터 다녀와야 한다. 그래서 사시절 어느 때나 성지마다 한국인들이 가득해야 하고, 또 한국인들이 가는 곳마다 기도하는 목탁소리가 울려 퍼지고 명상과 좌선의 모습이 마치 나무 위에 앉은 학처럼 고고(孤高)하게 보여야 한다. 그래서 우리 한국 불자들은 앞장서서 기도와 참선으로 성지를 다시 가꾸고 정화해야 한다.

이제 우리는 그동안 우리가 성지를 얼마나 훼손시키고 오염시켰는가를 심각하게 반성해야 될 때가 되었다. 바야흐로 지금 이 기회를 못 살리면 돌이킬 수 없는 성지 훼손의 큰 과오를 범하게 된다는 사실을 깊이 자각해야 하리라. 그러기 위해 우리는 출발하기 전부터 부처님을 만나러 간다는 다짐과 각오가 선행되어야 하고, 일상의 기도가 아닌 특별기도기간이라는 마음을 더 다잡아야 할 것이다. 스님께서 어리벙벙한 나를 그토록 닦달했던 것은 사안이 그만큼 중요했기 때문이고 컸기 때문이었다는 사실을 이제야 더욱 깊이 깨닫고 있다.

부처님의 위신력을 쓰는 사람들

신라시대의 재가불자(信徒)들도 목탁을 치면서 염불했을까? 아마 그 당시에 목탁이 있었다면 당연히 서라벌의 모든 불자들이 목탁을 치면서 염불하고 독경했을 것이다.

가정하건대, 일반 신도(佛子)들에게 목탁을 가르쳐 집에서도 목탁을 치게 하고 어디서든 염불할 때 목탁에 맞추어 기도하게 했던 신라불교는 굉장한 힘을 발휘했다. 문화·예술……, 모든 분야에.

나는 목탁을 치면서 기도했든, 염주를 돌리면서 기도했든 신라의 그 무진장한 힘의 근원을 기도라고 본다. 어쩌면 절에 다니는 불자뿐만 아니라 신라의 모든 백성들이 목탁을 치며 염불하고 기도하느라 서라벌을 위시한 방방곡곡에 아침저녁으로 목탁소리가 울려 퍼졌을 광경을 상상해 본다. 집집마다 목탁이 있고 염주가 있으며, 가정에서 예불과 독경과 수행이 있고 그로 인해 부처님 법이 살아 움직이며 법륜(法輪)이 쉼 없이 굴러갔던 저 불연국토(佛緣國土) 신라시대.

이와 같이 사람들에게 주체적인 역량과 자발적인 능력을 개발하고 키워주는 것은 세간에서나 출세간인 불교에서나 공히 마찬가지로 그 시대나 집단의 융성을 의미하고, 또한 개개인의 가치를 발휘하는 중요한 일이다. 이 부분을 소홀히 한다면 개인이나 조그마한 집단이나 또는 커다란 나라나 모두 퇴보하고 결국은 고통을 받게 될 것이다.

불광의 탁월함은 바로 불자 개개인에게 수행의 역량을 키워주었다는 사실에 있다. 이로 인해 재가불자들은 집에서 예불·독경·염송·좌선 등 거의 모든 수행을 각자 근기에 맞춰 할 수 있었고, 이웃이나 친지들이 몸이 아프면 병원에 가서 기도해 주어 그들을 병 없는 곳으로 인도하였으며, 상당시(喪當時)에는 염불기도를 통해 모든 사람에게 죽음마저 본래 없는 도리를 일깨워 주었던 것, 바로 이것이 한국불교 새물줄기의 모습이다.

이야말로 참으로 놀라운 일이고 우리들의 현실 생활 속에서는 획기적인 일이다. 사실 이것은 오늘날 대한민국시대에 이르러서 불광이 맨 처음 시작할 일이 아니라, 이미 불교가 이 땅에 처음 들어왔을 때부터 그렇게 해야 했는데도 그 오랜 세월 동안 실천하지 못했던 일이 아닌가 생각해본다.

그 덕분(?)에 우리 불교는 제대로 힘을 쓰지 못했고 중요한 부분을 많이 잃게 되었다. 급기야는 자체 역량을 기르지 못하여 부처님 대비 구세의 뜨거운 사회적 의지를 펴지 못하여 평화와 번영을 만들지 못하는 무기력한 가르침, 또는 그 집단으로 전락한 때도 있었으니 애석하기 그지없는 일이다. 설령 주체적인 역량을 펴는 수행의 모습이 있었다 해도 그것은 일부, 전문 수행자들인 출가대중에 한정되었던 것이라고 본다.

이러한 점에서 그동안의 실천적인 한계를 단숨에 뛰어넘고 수많은 세월의 뒤틀림과 나태와 겁약을 단번에 타파한 것이 대한민국시대의 불광의 등장이었다. 바로 그 점이 불광이 이 시대에 새롭게 펼친 역할이었으며, 새물결의 도도한 위세이고, 진리의 크나큰 위신력이며, 새로운 불교의 신앙혁명이었다.

불광의 새물줄기는 사회 속에 진리의 터전을 마련하고 인간의 삶 속에 구체적으로 자비의 위력을 떨치기 시작했다. 그것은 동체대비의 발로였고 동일생명의 체온이었다. 병들고 고통에 헤매는 사람들에게 부처님의 위신력으로 병 없음과 고통 없음의 세계로 인도하는 것이야말로 구세대비이며 중생성숙, 국토성취인 것이다.

그래서 스님의 신도(同志)들은 어디서나 기도하며 목탁을 쳤고 기도정진을 일과수행으로 삼았다. 병원 입원실이나 영안실 등 장소를 가리지 않고 인간의 고통이 있는 곳이면 기꺼이 목탁부대, 기도부대가 나타났으며, 또 서로 앞다투어 그 대열에 동참을 자원했다. 과거에는 신도들이 목탁 치고 기도하는 것이 부끄럽다고 생각했지만 스님의 신도(兄弟)가 되어서는 오히려 자랑스럽고 기쁘다고 했다. 그래서 불광의 새물줄기를 이끄는 형제들 한사람 한사람은 바로 여래(如來)의 전법사자(使者)들이고, 물러설 줄 모르는 코끼리 같은 포교사였고, 초원의 사자(獅子) 같은 새로운 사상가들이었다. 마치 군인은 총과 활을 잘 쏘고, 야구선수는 공을 잘 던지고 때리듯이 불광 형제들은 목탁을 잘 치고 경을 잘 읽고 기도를 즐겨했다. 그렇게 목탁 잘치는 불광 형제들을 모아놓고 스님은 이렇게 설법했다.

"목탁소리는 수행자 자신의 혼침(惛沈)을 일깨우고, 천마외도(天魔外道)가 두려워 벌벌 떨며, 모든 하늘(天上)과 인간들이 크게 환희심을 일으킨다."

　이에 삼보 헌신의 충성스러운 신도(同志, 佛光兄弟)들은 더더욱 큰 용기로 목탁을 쳤고, 이웃을 섬기고 받들었다. 자기 자신의 힘이라고 생각하지 않고 오직 부처님의 가호와 위신력이라는 믿음으로 말이다.

　저 신라는 기도로 나라가 흥했지만 어느새 기도를 잊은 사람들은 놀고 즐기기에 바빴다. 자연스레 쇠미의 길을 달려 망국에 이르렀던 것을 보면 오늘날 통일의 과업을 안고 있는 우리 불자들은 과연 무엇을 해야 할까. 다시금 내 자신을 되돌아보게 된다.

인등이 없는 법당

불교신앙 행태(行態)를 개선하고 바꾸는 데는 원칙이 있어야 한다. 그리고 그 원칙은 반드시 부처님 근본 뜻에 입각한 새로운 신앙행태가 되어야 하리라. 개인의 기복 차원에만 머문다거나 바람직하지 않은 방향의 임의적이고 자의적인 해석에서 비롯된 변화의 시도는 극히 경계하고 삼가야 될 것이다. 그러기에 신앙행태의 개선은 일종의 부처님 근본 뜻으로 돌아가자는 다짐이며 발심이고 내지 새로운 신앙운동이 되어야 할 것은 재론의 여지가 없겠다. 역사적으로는 대승불교운동이 그 좋은 선례가 되고 우리들의 교훈이나 좌표가 된다고 할 것이다.

스님은 철저하게 이런 원칙과 기준을 갖고 불광이 한국불교의 새물줄기임을 자임(自任)하여 새불교운동을 펼쳐 나갔다. 잠실 벌판에 새로 불광사를 지은 뒤에는 더욱 단호할 정도로 그동안 우리가 알게 모르게 뒤범벅이 된 불교신앙 행태를 일신했다. 신도들이 각자 개인적인 소망으로 부처님께 발원하고 기도하더라도 거기서 한 걸음 더 나가서 보다 큰 서원을 세우기를 원했고, 부처님이나 이웃에 공양을 올려도 역시 큰마음이기를 바랐으며, 보시 수행으로 이웃을 돕는다 하여도 상(相)에 머물러 개인의 이익이나 작복에 머무는 것을 도무지 바라지 않았다. 가족 성장의 기도를 하여도 나라의 축원을 먼저 하도록 인도했으니 말이다.

그러기에 불광사 대웅전에는 인등공양이라는 개인의 기복이 주가 된 신앙행태는 처음부터 없었다. 아예 인등이라는 이름과 그런 흔적도 처음부터 두지 않았다. 왜냐하면 인등공양을 개인 위주나 가족중심의 작은 기도라고 보았기 때문이다.

그래서 스님은 법당에 인등을 설치하지 않았다. 오직 진리의 눈으로 보고 생각하고 행하는 각자의 인생이 되기를 스님은 신도들에게 원하고 있었으니 진리에 부합하지 않는 것은 자연히 멀어질 수밖에 없었다. 자칫 대중(信徒)의 뜻에만 따라서 신앙행태를 지어 가거나 시대의 흐름에 편승하여 이것저것 만들어 가다보면 부처님의 근본 뜻과 멀어질 수 있다는 염려에서 극도의 경각심을 가지고 새로운 신앙행태 하나하나를 주의 깊게 살피고 조심했다.

사실 각각의 인생을 진리의 눈으로 바라보면 개인 따로 가족 따로가 아니다. 다만 우리들의 분별심이 작용하여 취사선택의 갈등과 대립이 멈추지 않고 거기서 끝없는 고통이 형성되고 있는 것이다. 스님은 오직 재가의 수행자(信徒)들이 근본 진리의 뜻으로 기도하고 수행하며 각기 자신의 보살도를 이루기를 바랐으며 큰 원으로 구국하며 구세하기를 원했을 뿐이다.

그런데도 불구하고 스님 말년, 병고와 노쇠로 말미암아 하루하루의 생활이 불편하고 몹시 힘들었을 때, 당시 불광사의 소임자가 대웅전에 인등을 설치했다는 말을 전해 들었다.

나중 무슨 일로 그가 나에게 전화를 했기에 겸해서 대웅전 인등설치에 대해 물어보았더니, 모든 것은 법주(光德)스님의 허락 하에 일을 했다는 대답이 돌아왔다. 나는 바로 그것이 문제라고 생각했으며, 그에게 곧바로 그 점을 신랄하게 지적했다.

"스님께서 혹심한 병고로 인해 하루하루를 버티는 것도 무척 힘이 드실 터인데, 젊은 사람에게 무엇을 타이르고 다시 이치를 설명하고 가르칠 수 있겠는가? 말할 기력이 없어서 설명이나 설득도 못하고 당신의 뜻을 거두어들이고 체념할 수도 있지 않겠나. 내가 짐작해 보니 스님은 병고와 노쇠로 인해 스스로 한계를 느껴 부득이 한발 뒤로 물러섰고, 그래서 너희들 알아서 하라고 맡겼을 것이다. 또 스님의 성품은 우리가 잘 알다시피 부득부득 이유와 조건을 만들어 들고 가서 조르면 당신의 생각을 기꺼이 물렸던 분이 아니신가. 그리고 그 어려운 상황에서 무슨 말씀을 더 하시겠나. 모시는 사람이 스님의 근본 뜻을 잘 살펴서 과거에 그런 일이 없으면 깊이 심사숙고하거나 또는 당연히 하지 말아야 할 일을 가지고 왜 그렇게 했느냐?"

이렇게 칼날을 세워 말을 하고도 나는 너무나 안타깝고 답답함을 느꼈다. 꼭 스님의 경우와 일치하는 것은 아니지만 비슷한 교훈이 될 것 같아서 옛 중국의 고사성어 하나를 차용해서 말하고 싶다.

고사성어 가운데 '결초보은(結草報恩)'이라는 말이 있다. 그 말이 성립되기까지의 과정이 무척 흥미있게 진행됨을 언젠가 책에서 읽은 적이 있다. 늙은 아버지가 아들에게 여러 번 유언을 했는데 그때마다 유언이 달라지는 것이었다. 좀더 젊었을 때 한 유언도 있고, 병상에 누워서 한 유언도 있고, 임종 직전에 한 유언도 있었다. 막상 아버지가 운명을 하자 아들들은 어느 때의 유언을 따르냐를 놓고 의견이 분분했다.

불광사 보광명당에서 열린 학생들의 공연을 대중들과 함께 지켜보는 스님

  그때 큰아들이 나서서 아버지의 본뜻을 '찾자'고 제안했으며, 형제
들도 모두 찬동했다. 큰아들이 생각한 아버지의 본뜻은 가장 이성적인
판단으로 내린 유언이라고 생각하여 아버지가 조금이라도 더 건강하
고 젊은 시절에 내린 유언을 채택한 것이다. 노쇠와 병고로 고통받을
때의 유언은 아버지의 본뜻과 거리가 멀다는 큰아들의 지혜로운 판단
으로 계모를 순장하지 않았던 것이다. 그래서 이미 죽은 계모의 친정
아버지가 딸을 구해준 큰아들이 전쟁에서 어려움을 겪게 되자 풀을 묶
어(結草) 돕게 된다는 것(報恩)이 고사, 결초보은의 줄거리다. 여기서
죽은 귀신의 보은이 사실인지 아닌지는 중요하지 않다. 아버지의 유언
을 해석하는 큰아들의 바른 자세가 매우 돋보이는 것이다.
  마찬가지로 스님의 뜻과 가르침이 이리저리 바뀌어서가 아니라 상황을 명민하게 살피지 못한 주변 사람들, 그리고 자기들의 생각을 관철시키기 위해 누워서 고통 가운데 하루하루를 근근히 넘기고 있는 스님께 무리한 동의를 받아내어 자기들 행위의 정당성을 만들어 가는 행태들이 문제라는 것이 내 생각이다. 물론 소임자로서의 절 발전을 생각해서였겠지만 아무리 발전이라고 하더라도 스님의 근본 뜻을 비켜 가면서 절 발전만 생각한다면 결과적으로 스님께 더 큰 불효를 짓게 되는 것이다. 또 불광사가 한국불교의 새물줄기라는 스님이 세운 근본 입장에서 벗어나지 않는 가운데 절 발전을 이루어야지 스님의 뜻을 어겨가면서(허락을 받았다고 하지만) 멋대로 운영하는 것은 한국불교의 새물줄기임을 선언한 불광사가 취해야 할 일이 아니고, 스님의 계승자들이 시도해야 할 일은 결코 아니기에 나는 찬성할 수가 없었다.

그러므로 새불교운동, 새로운 사상운동을 열어 가는 사람들은 언제나 꿋꿋하고 씩씩해야 한다. 가난도 겁내지 말고, 사람들이 덜 모여도 두려워하지 말고, 비난이나 비협조에도 한눈 팔아서는 안 된다. 무슨 일이나 새로운 것은 익숙해질 때까지 적응의 진통이 따르는 법이니까 말이다. 스님이 법당에 인등을 설치하지 않았던 까닭은 인등이 나빠서가 아니다. 인등 올리는 것보다 더 큰 기도를 위해서다. 신도 각자가 큰 기도를 하여 나라가 잘되고 인류가 잘되면 우리 가정이나 나는 덩달아서 저절로 잘될 수밖에 없는 진리의 당연한 귀결 때문이다. 그래서 불광의 가장 큰 기도는 '정법호지발원'이었다. 부처님 법으로서 나라를 구하고 세계를 구하고 가정의 행복과 개인의 안심입명을 열어 나갔던 기도, 바로 호법발원 말이다.

삼귀의와 오계의 다짐

내 노트에 1992년 5월 6일이라는 날짜가 얌전하게 적혀 있다. 그 날 있었던 일을 소개하겠다.

평소 스님은 불교의식 가운데서 삼귀의만 노래하거나 염불하고 오계를 같이 이어서 행하지 않는 것에 대해 잘못이라고 지적하며 고쳐야 한다고 늘 생각했다. 종단 전체가 일시에 바꾸지는 못해도 우선 불광만이라도 매 법회 때마다 가장 먼저 올리는 삼귀의 다음에 오계를 이어서 다짐하도록 준비했다.

부처님 율장(律藏)에 근거한 모든 계와 율, 그리고 의례는 조계종 전계사(傳戒師)와 협의하는 것이 좋다는 스님의 판단으로 당시 '조계종 전계대화상'이었던 일타스님과 의논을 했다. 그러한 스님의 뜻은 바로 일타스님의 주석처인 해인사 지족암으로 전달되었고, 그 뜻을 접한 일타스님께서도 흔쾌히 아니 당연히 그렇게 해야 한다고 의견과 뜻을 같이해 왔다.

일타스님의 견해와 해석으로도 현행 방식이 잘못되었다고 적시했다. 반드시 개선해야 될 사항이며 오히려 때늦은 감이 있어도 스님의 제안이 종단을 위해 다행스럽다고 하였다. 또한 그런 생각과 지적을 해 준 것에 대해 무척 반기고 기뻐했다.

나는 그 일에 대한 심부름을 담당한 입장이었기 때문에 일타스님과 스님과의 유선대화를 주선했고, 그러므로 자연히 곁에서 두 분의 대화 내용을 감지하게 되었다. 두 분의 합의에 의해 스님은 우선 오계에 대한 노래가사를 지어서 다시 한번 일타스님과 유선으로 문구(文句)와 자구(字句) 조정을 거쳤다. 그리고 바로 나에게 '보현행원송'을 작곡한 청암 박범훈 불자에게 작곡을 의뢰하도록 했다. 이리하여 '오계의 노래'가 한국불교에 처음 등장한 것이다. 오계의 노래에 대한 가사 내용은 다음과 같다.

〔오계의 노래〕
부처님 전 목숨 바쳐 맹세 하옵나니
모든 생명 존중하고 죽이지 않으오리
아낌없이 베풀고 훔치지 않으오리
청정심을 행하고 삿된 음행 않으오리
진실을 말하고 망어를 않으오리
정념을 지키고 술 취하지 않으오리.

스님은 이 곡을 작곡가에게 의뢰하면서 이미 불리고 있는 삼귀의와 어울릴 수 있도록 작곡되었으면 좋겠다는 부탁을 했다. 그리고 지금부터 작곡되는 찬불가는 우리의 정서에 바탕을 둔 노래였으면 좋겠다는 뜻도 함께 전했다. 우리의 정서로 부처님의 가르침을 새기고 찬탄하거나 깨달을 수 있는 것이면 더욱 좋겠다는 스님의 뜻이다. 그런 뜻에 맞는 오계 노래의 작곡으로 찬불가의 독자성이 확보되고 우리 문화의 창조적 계승발전이라는 새로운 가능성을 여는 계기가 되기를 스님은 바랐던 것이다.

아무튼 '오계의 노래'가 갖는 본뜻은 언제 어디서나 불자들이 모이면 삼귀의와 오계의 다짐으로 법회가 시작되어야 한다는 것과, 지금까지 삼귀의만 독립적으로 또는 줄여서 했던 잘못을 바로잡자는 것이다. 그런 요구가 적절히 수용되긴 했지만 막상 곡을 대하고 보니 노래 부르기가 좀 어려운 느낌이 들었다. 그렇지만 스님은 불광의 모든 의식 때마다 빠짐없이 오계의 노래를 함께 부르도록 했다.

당대 두 고승(律師)이 원만하게 뜻을 이뤄 바로잡은 일, 이제 널리 실천하여 부처님의 근본 뜻을 살려나가는 것만이 나를 비롯한 후세 사람들의 몫으로 남게 되었다.

나랑 살고 싶어했던 스님

스님의 앙상한 가슴, 그 속에 사무치고 한 맺히고 아프고 시린 기막힌 사연들.

그러한 부처님의 팔상록 같은 이야기는 내가 스님에게 직접 들은 것보다 제3의 만남을 통해 들은 얘기가 더 많다. 예를 들면 홍교스님·홍교법사·월탑노사(月塔老士) 등, 대부분 스님과 친했던 분들의 후일담을 통해서 들은 얘기들이다. 여기에 두어 가지 이야기를 소개한다.

1.

2542(1998)년 초가을, 아무런 사전 예고도 없이 불광사에 머물고 있던 스님이 이곳 도솔산에 당도했다. 얼떨떨하여 우두커니 장승처럼 서 있던 나에게 홍교 사숙을 만나기 위해 발걸음을 했다는 시자의 귀띔이 있고서야 황급히 인천으로 연락을 했다. 그 무렵 홍교 사숙은 치아 치료로 인천 집에서 머물고 있을 때였다. 홍교 사숙은 연락을 받자마자 잘 훈련받은 군인처럼 지체 없이 이곳 도피안사로 달려왔다. 스님은

그 날 저녁 불문(佛門)의 동생인 홍교 사숙과 보현당 보시실에 함께 누워서 밤새워 두런두런 가슴 속 얘기를 다 털어놓으며 의논하고 고뇌했다.

그 날 저녁 두 분의 자세한 상황은 스님이 하룻밤 묵고 가신 며칠 뒤에서야 홍교 사숙으로부터 전해 듣게 되었다. 그 날 다녀간 걸음이 스님 생전 마지막 도솔산행이 되었는데도 그 당시에는 아무도 그 사실을 알지 못했다. 아무튼 홍교 사숙이 이야기해 준 그 날의 비화(秘話)를 나는 평생 가슴에 간직하게 될 것 같다.

어느 날, 아침공양을 하면서 홍교 사숙이 나에게 거론했던 비화의 전모(全貌), 그 중 일부다.

"송암 화상, 형님(광덕스님)이 그 날 저녁 밤늦도록 잠들지 않고 나에게 거론한 얘기는 거의 화상에 대한 얘기였어. 내 느낌으로는 형님이 화상을 서울 불광사로 데려가고 싶은 마음이 가득했어. 그런데 형님이 그런 이야기를 꺼낼 때마다 내가 이렇게 초를 쳤지. '아니 형님, 주지가 지금 여기서 공부 잘하고 있는데, 데리고 가서 또 무슨 고생을 시키려고 그래요. 여기서 그냥 살게 내버려 두세요.' 하고 사뭇 항의조로 말해 버렸어. 내가 그렇게 핀잔을 해도 형님은 또 미련을 버리지 못하고 자꾸만 '송암' 타령을 하는 거야. 주지 화상이 앞으로 서울 가는 것은 내 말 한마디에 달려 있어. 알겠지? 나에게 잘 보여야 되는 것 잊지 말고."

마지막 말은 농담 반 진담 반이었지만 홍교 사숙 특유의 재치와 유머이기도 했다.

2.

2543(1999)년 6월 11일 오후 5시경, 부산 가야공원 신흥사에서 홍교사숙을 뵙고 며칠 전(6월 6일)에 발간한 책(『내일이면 늦으리』)을 드렸더니 그 자리에서 이리저리 책장을 넘기면서 눈길 가는 대로 몇 단락 읽었다. 한참 시간이 지난 뒤 나를 건너다보고 웃으며 입을 열었다.

"아니, 송암은 무척 효자네. 언제 이런 생각을 다 하게 되었어? 송암에게 이런 구석이 있으니까 스님(광덕)이 그런 소동을 감내하면서도 끝까지 송암만 좋아하셨지."

이런 덕담과 아울러 스님과 단 둘이 나눴던 불광사태 당시의 이야기(秘話) 한토막을 들려주었다.

"송암, 불광이 한창 시끄러울 때, 내가 서울 불광사로 스님(광덕)을 찾아뵙고 인사를 드렸더니 대뜸 스님(광덕) 말씀이, '홍교, 나 좀 도와줘. 나는 송암하고 살고 싶어.' 하시고는 마치 어린아이가 하소연하듯이 나를 빤히 쳐다보시는 거야. 그리고 두 무릎을 가슴에 바짝 당겨 앉아서 손을 덜덜 떨어가며 괴로워하는 모습이 어찌나 안타깝던지 차마 무슨 말로도 위로해 드릴 수가 없었어. 지금도 그때를 생각하면 스님이 너무나 애처롭고 불쌍한 생각이 들어. 천하의 그 광덕스님이 어떻게 이 지경이 되었나 하는 한탄이 저절로 터져 나왔지. 사실 나는 스님으로부터 그런 호소를 듣는 순간 젊은 시절의 혈기가 확 솟아나서 두 팔을 걷어붙이고 나서지 않았겠어. 그런데 내가 나서서 본격적으로 사태를 풀어갈려고 뛰었더니만 일부에서 '홍교가 불광을 차지하려고 움직인다.'고 모함을 하는 거야. 나는 너무나 어이없고 기분이 나빴어. 오직 의협심으로 스님을 돕기 위한 마음뿐이었는데 오히려 전혀 엉뚱한 소리가 들리지 않겠어, 그것도 손아래 사람들에게서 말이야. 그래서 나는 그만 손을 딱 떼버리고는 지체 없이 부산으로 왔지. 사실 스님(광덕)을 생각하면 미안했지만 일부 몰지각한 사람들의 악의와 오해받을 일을 생각하니 화도 나고 괘씸하기도 하여 손을 뗐던 거야.”

홍교 사숙은 밤늦도록 스님과 관계된 젊은 시절의 여러 이야기를 내게 들려주었다. 내가 쓴 책을 손에 들고 자꾸만 이리저리 넘겨보며 대견해 했고 무척 귀하게 생각해 주었다. 마치 홍교 사숙 자신에 관한 일이나 되는 것처럼 말이다.

홍교 사숙은 그 날 전북 남원에 있는 용성조사(龍城祖師) 생가를 절로 만드는 기공식 행사에 참석하고 내가 그곳 절(신흥사)에 도착하기 직전 귀사하여 막 저녁공양을 끝낸 무렵이었다. 하루종일 먼길 운전하느라고 무척 고단했을 텐데 밤늦도록 스님과 살았던 젊은 시절의 수행 이야기를 재미있고 성실하게 들려주었다. 나에게는 고맙고 귀하기 그지없는, 돈으로 구할 수 없는 무가보의 자료였다.

스님과 나 사이에 무슨 알 수 없는 업연이 가로 놓여서 서로 원하면서도 떨어져 살아야 하고, 또한 온갖 고생을 겪어야 하며, 안타까움의 고통으로 눈물을 삼켜야 하는지 아직도 그 까닭을 다 모를 일이다.

아무튼 스님은 나를 곁에 두고 싶어했으며 모든 불사를 맡기고 싶어했다는 것을 여러 곳에서 확인했다. 사실 그 말을 전해 듣는 것만으로도 기쁨과 보람을 느끼게 된다. 신의를 얻는다는 것은 천하를 다 얻은 것보다 더 큰 것이기에.

제 8 장

本地風光

본지풍광 어느때나 현전하여서 법의수레 미묘법문 굴려지이다.

江上晚來雨滴靑   강가 저녁무렵 빗방울 푸르구나.

본지풍광(本地風光)

　내 나이 이십대 초, 그러니까 사미계 받고 군에 가기 직전 잠시 종로 대각사에서 지낼 때다. 그 당시 나보다 출가 나이가 훨씬 많은 어느 선배스님에게 내 말못할 속 고민을 토로한 적이 있다. 나는 그 스님에게 결례를 무릅 쓰고 단도직입으로 가슴에 있는 이야기를 그대로 털어놓았다. 나중 생각해 보니 조심해야 할 일이었다는 것을 느꼈지만 그때는 혼자 감당이 서지 않았고, 그렇다고 스님께 말할 수도 없고 하는 수 없이 평소 친절하게 대해 주었던 선배 스님께 믿고 말했던 것이다.

　"스님, 저는 요즈음 예쁜 처녀에게 장가가고 싶어요. 불도(佛道)를 닦아도 장가가서 살면서도 가능하잖아요. 서로 좋아하는 사람끼리 함께 살며 부처님 가르침도 배우고 싶다는 생각이 자꾸만 간절해집니다."

　"그래, 그럼 장가가면 되잖아." 너무나 쉽게 대답해 주었다.

　"그러나 그것이 쉽지 않을 것 같아서요. 아마 저는 어쩌면 장가갈 수 없을지도 몰라서요 왜냐하면 우리 스님을 여기에 혼자 계시게 하고 내가 장가들어 어디로 훌쩍 가버리면 스님이 얼마나 외로워하고 섭섭

하시겠어요. 그렇다고 내가 장가가서 우리 집에 와서 사시라고 하면
될까요. 안 되겠지요. 그러니 어떻게 해요. 틀림없이 내가 장가가면 스
님이 허전해 하고 속으로 크게 실망하고 슬퍼하실 텐데요."

내 말을 다 듣고 난 그 선배 스님은 나를 이상한 친구라고 눈을 흘
기고는 훈계 겸 핀잔을 주었다. 자기가 그렇게 좋아하는 일이고 또 하
고 싶은 일이라면 그렇게 하면 되는 것이지 스님을 생각하여 못하는
바보가 어디 있느냐는 투였다.

"너의 스님이 너를 낳아준 부모냐? 아니면 수십 년 함께 살아서 정이
푹 들기라도 했느냐? 어제, 아래 머리 깎은 새파란 친구가 언제 스님과
정이 들었다고 스님이 불쌍해서 지가 가고 싶은 장가를 못 간다고 해."

어처구니없다는 표정이 역력했다. 그때의 일을 지금 다시 생각해 보
아도 그 선배 스님 앞에서 쩔쩔매던 나의 초라한 모습이 그대로 선연
히 떠오른다. 사실 그대로였다. 지금 생각하면 어린 시절의 일이기에
먼저 웃음부터 나오지만 그 당시로서는 장가도 가고 싶었고 스님 곁을
떠나기도 싫었다. 나는 혼자 속으로 끙끙거리며 갈등을 심각하게 겪었
다. 스님과 헤어질 수 없다는 생각, 비록 어린 철부지 내 마음이었음에
도 저절로 속에서부터 우러나왔다. 지어먹어서 만들어진 억지생각이
아니었고, 가슴속 저 밑에서 마치 샘물처럼 흘러나왔던 생각이었다.
내가 예쁜 색시 얻어서 스님 곁을 훌쩍 떠나면 스님이 외로워할 것 같
아서 나 혼자 속 갈등을 겪으며 몸부림쳤고 결국은 스님이 애처로워
나의 발길은 떨어지지 않았고 끝내 장가도 갈 수 없었다.

사실은 그 당시 어느 여대생을 알고 있었다. 우연히 알게 된 그녀는
전북 군산에 있는 대학생이었는데, 글을 잘 썼고 시를 많이 외고 있어서
무척 운치가 있고 정감도 많았다. 어느 날 그녀와 만나서 인생 이야기를

몇 마디 나누게 되었고, 그 뒤 다시 만나게 되어 인생과 불교이야기가 점차 길어졌던 것이다. 그렇게 만나는 횟수가 한 번 두 번 늘어나다 보니 그만 내 가슴에서 이성에 대한 애정이 살며시 일어나게 되었던 것이다.

그녀는 나를 만나러 군산에서 밤 기차를 타고 서울까지 왔다가 어디 마땅한 자리에 앉아 보지도 못하고 돌아가곤 했다. 나를 만나러 서울까지 왔지만 내가 머물고 있던 절로 갈 수도 없고, 어디 음식점이나 제과점에 들어갈 수도 없었다. 아무리 찾아보아도 우리가 잠시나마 머물 수 있는 마땅한 자리가 없어서 대각사 옆 종묘에 들어가 한 바퀴 빙 돌고는 그냥 왔던 길을 되싶어 서울역에서 군산행 열차에 다시 올랐던 것이다.

아무튼 내면의 진통과 갈등, 번뇌 속에 몸부림치다가 결국 예쁜 그녀 만나서 장가가는 꿈 같은 일은 단념하고 말았다. 하고 싶었던 일을 못하는 것도, 싫은 일을 해야 하는 것도 분명 고통이다. 그리고 기쁨이나 고통, 그 모두는 인간의 삶이고 성숙으로 나아가는 하나의 진지한 과정이라고 하면 누구나 내 주장을 순순히 이해하고 받아들일까.

그런데 나는 그 모든 것(인간의 오욕이나 칠정까지도)을 '본지풍광'이라고 말하고 싶다. 감히 그렇게 말해도 될지는 모르겠다. 왜냐하면 인간의 삶에서 일어나는 모든 일은 어느 것 하나도 따로 버리고 취할 것이 없다는 생각이 들어서이고, 또 모든 일이 시간이 지난 뒤에 다시 생각해 보면 크나큰 교훈이라는 생각이 들기 때문이다. 그래서 따로 버리고 취할 것이 도무지 없다는 말이다.

『벽암록』 제24칙에 '만행문중 불사일법(萬行門中 不捨一法)'이라는 짧은 구절이 있다. 나는 '인생살이 순간순간 닥치는 온갖 일에 따로 취사선택의 분별심을 갖지 말고 그 모두를 크고 넓게 수용하는 삶의 자세와 태도'가 바로 이 구절에 들어 있다고 보았다.

1987년 부처님 오신 날, 서울놀이마당(석촌호수)에서 안숙선 명창의
'판소리 불타전'을 듣고 있는 스님.

본지풍광, 과연 본지풍광의 진정한 뜻은 뭘까? 인간 무명의 내용이자 그 속성인 오욕(五欲)이나 칠정(七情)이 본심을 가로막는 것이 아니라, 그 순간순간 일어나는 오욕칠정을 잘 조절하여 원동력으로 삼으면 오히려 바람직한 인간세상을 만들어 가는 비결이 아닐까 하는 생각도 언뜻 떠올려보게 된다. 아무튼 인간은 살아가면서 어구의 해석은 제각각일 수 있으나 근본원리는 각각일 수가 없는 것이다. 그래서 나의 생각도 그러한 뜻에서 크게 어긋나지 않았으면 좋겠다.

이제 다시 그때를 되돌아보면 지금이나 그때나 스님은 항상 나를 지켜 주었고 인도해 주었다. 부족한 나를 출가수행자의 길로 이끌어준 스님의 자비가 나를 애욕의 파도 높은 바다를 무사히 건너게 했던 것이다. 그런 까닭에 스님은 내 인생에 결정적인 의지처였고 삶이었다.

이제 수십 년의 세월이 속절없이 흘러 그 의지처가 어느 한순간 와르르 무너졌고, 그로 말미암아 내 공허감은 이루 말로 다 표현할 수조차 없었다. 그런 공허한 내 심정의 일단을 표현했던 구절이 공책 갈피에 끼어 있기에 이 글의 말미를 삼는다. 2543(1999)년 6월 17일(목), 새벽예불을 마치고 쓴 글이라고 조그맣게 부기되어 있다.

경모(敬慕)

스님이 보고 싶다.
보고 싶은 마음이 어찌나 간절한지 살과 뼈가 따로따로 아프다.
나는 감당하지 못해 그만 몸져눕는다.
낮이나 밤이나 누워서 꿈을 꾸었고
그 꿈길에서도 스님을 찾아 헤매고 다녔다.

스님이 너무나 보고 싶다.
잠을 자면서도 눈물을 흘리고
스님, 스님 불러보기도 한다.
마치 몽유병 환자처럼
소리내어 스님을 불렀고 두리번두리번 스님을 찾았다.

꿈속에서 울었는지
잠이 깨어 일어나 앉아 어둠 속에서 울었는지
도무지 모를 눈물을 손등으로 훔쳐가며 스님을 찾았다.
나는 분명 실성한 사람.
제 정신 아닌 중증의 병자였다.

훤한 낮에도 스님이 보고 싶었다.
하늘을 보고 땅을 보고 구름을 보고 풀과 나무를 보아도
온통 스님 생각이다.
그 모두가 스님 모습으로만 보이는 나는 정녕.

계절이 바뀌고
꽃이 바뀌고 잎이 달라져도 심상하기만 했고
스님 찾는 나의 슬픈 공허는 가을하늘처럼 높아가기만 했고
아득히 멀어져도 사라지기는커녕 점점 커가는 중이었다.

나는 사실 스님을 따라가고 싶었다.
이 생을 그만 종결짓고 싶었다.

바로 그 날, 그 시간
스님 육신은 다비로 다 없어지고
새벽달은 조는 듯 멈추어서 희미한 빛을 다비장에 내리고 있던 순간.

남은 몇 점 뼛조각마저
기어이 삼키려는 불길만 이글이글 기염을 토할 때
그 불길 속에 조용히 엎드려 나머지 뼛조각을 안고 싶었다.
넉넉히 삼분이면 다 안을 수 있다는 계산도 했다.

그렇게 했다면 병자처럼 아픈 나의 그리움도 벌써 끝났을 텐데.
하지만 왜 이렇게 스님이 보고 싶은지 아직도 그 까닭을 알 수 없다.
그것도 무슨 인생의 비밀일까.
나무보현보살마하살.

미타촌 이야기

과거 인도인들은 인생을 네 단계로 나누어 매우 효과적이고 알뜰하고 규모 있게 살았던 것 같다. 대강 나누어 보면 스승을 찾아서 인생과 우주의 원리를 가르침 받고, 다시 집에 돌아가서 가업을 계승하고, 그리고 가족과 사회에 기여하는 삶이 끝나면 다시 숲속으로 들어가 명상과 사유를 통해 자신이 살아온 지금까지의 인생을 반조 정리한다.

이와 같이 사람이 살아가는 데 있어 하루의 일이든 일생의 삶이든 정리한다는 것은 매우 의미 깊은 일이며 또한 삶의 지혜라고 생각한다. 일이든 인생이든 정리되고 간추려졌을 때 거기서 새로운 길이 열리기도 하고 보다 나은 세계가 나타나기도 할 것이다. 이런 점에서 인도인들은 매우 차원 높은 사고방식을 지녔다는 생각이 든다.

아무튼 인도인들은 영생(永生)을 산다는 긴 생각에서 금생을 바라보았고, 보다 나은 다음 생의 행복을 위해 금생의 삶을 정리하고 추스릴 줄 알았던 것 같다. 그러기에 그들이 처한 현실의 모든 고난을 잘 이길 수 있었을 것이고, 높은 정신문화를 개발하여 자기들의 삶을 더욱 의미 깊게 만들었을 것으로 생각해 본다.

이러한 인도인들의 인생철학에 비해 오늘날의 우리들은 과연 어떠한가. 결론부터 미리 말하면 끝 모르는 집착과 탐욕의 무한 연장, 그 행진일 뿐이라는 생각이 든다. 집착으로 시작하여 집착으로 끝나는 오늘날의 우리 인생들로서는 도저히 인도적인 사고나 생활방식은 엄두도 못낼 일이다.

태어나면서부터 기르고 가꾸고 젖어왔던 자신의 몸에 대한 애착과 너무나 편리한 생활습관에 푹 젖어 살아온 안락에 대한 집착, 그리고 가족과 물질의 소유와 집착, 아무리 까치발을 하고 목을 늘여 멀리 바라보고 앞을 내다보아도 애착과 집착의 행렬은 정말 끝이 없다.

어쩌면 사람의 가슴과 몸, 아니 머리끝에서 발끝까지 가득 들어 있는 내용물은 이 두 가지, 애착과 집착이 아닐까. 말하자면 사람의 간, 쓸개, 위, 장, 허파, 혈관, 쉬지 않고 돌아다니는 피 등, 몸 안에 있는 모든 기관과 물질에 이 두 가지가 덕지덕지 달라붙어 함께 따라 움직이고 있는지도 모를 일이다. 그런 탐욕의 인간에게 천재일우의 호기와 행운이 다가와서 잠깐이나마 일으킨 좋은 생각의 힘은 실로 미약하기 그지없어서 도저히 그 막강한 두 가지 힘을 당하지 못하다가 결국 그 세력과 영향력 안에서 힘 한번 제대로 써보지도 못하고 이내 사라져 버리는 슬픈 운명. 이것이 인간의 피치 못할 숙명이라고 말하면 누구나 이의 없이 받아들일까?

이와 같이 우리 범부의 삶은 전적으로 집착에 의해 좌지우지될 뿐이다. 그러니 이대로 살다가 죽을 수밖에 없는 것이 오늘날 우리들의 모습(중생의 자기한계)이라고 말할 수밖에 없다. 이렇게 단정하여 말한다고 누가 나에게 거칠고 사납게 항의할 사람이 있을까? 아니다, 결코 집착이나 애착이 인간의 전부가 아니다. 이렇게 대들면서 나를 몰아세울 수 있을까, 정말 그랬으면 좋겠다.

스님께서는 일찍이 나이든 불자들을 위하여 수행공동체를 결성하고 싶어했다. 그래서 그 이름까지 미타촌(彌陀村)이라고 지어놓았다. 재가 불자들뿐만 아니라 스님 자신도 형편 따라 힘을 따라 함께 공부하면서 인생의 대미를 멋있고 아름답게 장식하고 싶어했는지도 모르겠다. 아무튼 그러한 당신의 계획과 포부를 여러 차례 나에게 자세히 말씀했다.

한때 부산에 사는 어느 신도의 발원에 힘입어 스님은 아주 구체적인 계획까지 머릿속에 그리며 현실적인 구상을 가지고 나에게 몇 가지 의견을 묻기도 하고 좀더 분명하게 알아보도록 지시하기도 했다. 어쩌면 그 옛날 인도인들이 인생의 마지막 단계, 임주기(林住期, 이때는 숲속에 살면서 명상에 든다.)를 가졌듯이, 우리 불자들도 가정이나 사회의 의무를 마무리한 뒤 절에 들어와서 자신의 인생점검과 보충을 통해 앞길을 닦고, 더욱 원만한 삶을 이룩(廻向)할 수 있는 계기를 마련하는 것이 바람직하다고 스님은 생각했을 것이다.

스님이 현실적으로 미타촌 건립을 착수하지는 않았지만 그러한 희망과 청사진을 나에게 보여준 것만으로 미타촌 건립 불사는 나에게 자동 인계되었다. 스님의 그 불사를 계승하고자 발원한 내가 막상 미타촌 설립계획에 구체적으로 착수했을 때, 현실과는 너무나 거리가 있다는 것을 발견했고, 또 수행공동체가 실현 가능하더라도 많은 노력과 시간이 필요할 것이라는 판단이 들었다.

내가 이곳 도피안사에 수광원(壽光院, 彌陀村과 같음)을 짓고 수행공동체 결성을 제창했을 때, 예상하지 못했던 현실적인 여러 가지 장애가 속속 등장했다. 나는 그때 무척 당황하고 암담하기까지 했지만 다시 용기를 일으켜 이런 말로 신도들을 일깨우고 각성을 촉구하며 동참을 호소하고, 인간 삶에 있어서 수행이 매우 중요함을 역설했다.

"부모가 자식의 일을 언제까지나 끝도 없이 마냥 도와준다는 것은 사실 불가능하다. 설령 가능하고 그것이 옳다고 하더라도 전적으로 찬성만 할 수가 없다. 왜냐하면 그것보다 더 우선 해야 될 일이 있기 때문이다. 즉 그것은 자신이 나이가 든다는 것이고 또 나이가 든다는 것은 자기 자신의 인생문제를 생각하거나 해결할 수 있는 시간이나 기회가 매우 빠르게 줄어들고 있다는 사실 때문이다.

벌써 나이가 예순이 가까워오거나 넘었다면 자신의 인생을 찬찬히 돌아보아 정리하고 가다듬어야 할 단계에 진입했음을 뜻한다. 그것은 수행(인생정리)을 최우선으로 생각하고 실천해야 될 마지막 때가 왔다는 것을 뜻하고 있는 것이다. 그러니 솔직하고 겸허하게 자기 입장(늙음)을 직시하여 현실의 한계를 빨리 깨닫고 과감하고 단호하게 자식들을 불러 앞에 앉혀 놓고 결연한 자세로, 다음과 같이 이연(離緣)을 선언하라. 그리고 수광원으로 와서 염불하고 살자"

『나는 이제 인생 살길이 많이 남아 있지 않다. 남은 기간이 얼마가 될지 나도 모르고 너희들도 모른다. 그리고 다른 그 누구도 나의 미래를 모른다. 그러기에 이제 더 이상 미뤄서는 안 된다는 절박한 생각이 느껴질 뿐이다. 그런 까닭에 더 이상 미적미적 너희들 곁에서 일신의 안락을 추구하느라 세월을 허송하거나 기회를 자꾸만 뒤로 미뤄서는 안 된다는 것을 절실하게 깨달았다. 그러므로 나는 이제 세상의 만 가지 인연을 단호하게 뿌리치고 겸허하게 길 떠날 준비를 해야 하고 또 서둘러야 한다. 이 일은 내가 직접 하지 않으면 안 되는 나의 일이다. 왜냐하면 이 일은 당사자인 나 이외에는 아무도 대신해 줄 수 있는 성질의 일이 아니기 때문이라는 것을 너희들은 너무나 잘 알고 있을 것이다. 그리고 내가 너희들의 아이를 보아주고 집안 청소를 해준다 하여도 그것이 너희들에게 천만금(千萬金)이 되지 않는다는 것을 너희들도 잘 알고 있을 것이다. 단지 조금 더 편리하고 약간의 도움이 될 뿐이다. 그 작은 것에 비해 남은 내 인생은 너무나 짧고 앞날은 전혀 예측할 수 없는 절박한 상황에 처해 있고 인생의 진정한 의미는 참으로 무겁고 소중하다는 사실이다. 그러니 어찌 내가 서두르지 않겠는가?

인간의 몸과 정신은 오온(五蘊)이며 오온은 원래 없는 허깨비이고 그것은 끝내 나를 배신하고 등져버리고 만다. 그런데도 불구하고 허깨비 같은 오온에 매달려서 언제까지나 그 힘을 얻어 쓸려고 발버둥치는 것은 오히려 한순간의 코미디도 되지 못할 무의미하기 짝이 없는 일이다. 그러기에 나는 이제 집을 떠나 절로 들어가서 도(道) 닦으며 여생을 마치려 한다. 다만 내가 부모로서 너희들이 진정 부처님 무량공덕 생명의 주인공으로, 참된 인생을 충실히 살아갈 수 있도록 기도하겠다. 이 일이야말로 진정 큰 것이고 참으로 너희를 위하는 보배로운 일일 것이다. 그리고 정녕 너희들을 위한 참다운 사랑의 길이 되고 그 실천이 될 것이다. 세간의 모든 것은 나타났다 사라져 가는 일시적인 현상일 뿐, 어찌 거기서 불생불멸의 참 생명을 얻을 수 있고 볼 수 있겠는가 말이다. 이것이 내가 너희들 곁을 떠나는 이연(離緣)의 참뜻이며 너희들 곁을 떠나면서 남기는 진정한 고별사다.』

이렇게 말하도록 예시를 해가며 아무리 내가 좋은 말로 신도들을 설

득해도 개개인이 무시겁 이래로 길러왔던 집착의 동아줄은 쉽게 끊어
지지 않았다. 어찌된 일인지 오히려 절에 오래 다닌 신도들일수록 집
착의 힘이 크고 강했다. 정말 알 수 없는 일이었다. 도저히 어찌할 수
없는 일이라는 것을 느끼고 나는 그만 한발 뒤로 물러서고 말았다.

　분명 여기에는 뭔가 잘못이 있다고 판단되었다. 도저히 묵과할 수
없는 신앙의 실책이 우리 한국 불교도들에게 있다는 말이다. 말로는
수없이 수행해야 한다고 스스로 발설하고 근사하게 약조까지 해 놓고
도, 실제로 때가 되면 멀리 미국에 살고 있는 손자를 데려다가 어르고
웃으며 희희낙락, 그 속에 파묻혀 살아가는 재미에 젖어 세월을 보내
는 어처구니없는 모습을 바라보고는 나는 그만 실망감에 젖어 한때 미
타촌을 포기하려고도 생각했다. 아무리 스님의 유업이라고 해도 그들
의 견고한 집착의 동아줄을 끊을 수 있는 힘이 내게는 없었기 때문이
었다. 이러한 우여곡절과 실망이니 절망이니 하는 와중에 나는 나의
법력의 미약함과 세속인들의 무서운 집착의 견고함을 어쩔 수 없이 동
시에 보게 되었을 뿐이다.

　당초 스님의 미타촌 건립 원력대로 노년기에 접어든 인생들이 함께
모여 부족하면 부족한 대로, 더디면 더딘 대로 염불당에서 염불하고
선방에서 좌선하고 새벽에 일어나 부처님께 머리 조아리고 예배하는
것으로 하루를 열어가고 또 여생의 신성한 삶을 살게 되면 얼마나 좋
을까.

　그러나 온갖 이유와 핑계, 기상천외한 구실을 만들어 수행을 비켜
가고자 하는 무수한 대보살(?)들을 볼 때마다 과연 미타촌이 이뤄질까
하는 의심과 실망도 일었다. 그러나 순수하게 자기의 앞날을 준비하고
예비하기 위해 사는 대보살 아닌 지혜보살들이 분명 어딘가에 많이 있

을 것이다. 그들을 불러모아 부처님 품안에서 도 닦고 살아가는 훈련을 쌓으면 스님의 원력을 성취할 미타촌은 출현할 것이다. 그래서 그들에게 스님의 고준(孤峻)한 교화(敎化)의 선방편(善方便)으로 안심입명(安心立命)을 얻게 하자. 마침내 그로부터 스님의 자비는 강물처럼 풍성하게 도도히 세상으로 넘쳐흐를 것이다.

부처님 법은 단 한사람에게도 의지처가 되고 바다를 무사히 건너게 하는 자항(慈航)임에 틀림없다. 그래서 스님은 위법망구로 목숨까지 걸지 않았던가!

이제 다시 스님이 듣도록 미타촌 사바하, 수광원 원만성취를 크게 외치고 싶다.

연꽃 행렬

몽골의 속담에 '아이에게는 칼을 주지말고, 어리석은 사람에게는 권력을 주지 말라.'고 한다.

마찬가지로 스님은 이렇게 말씀한 적이 있다.

"자비심 없는 사람에게는 머리를 깎게 하지 말라."

물론 이 말씀에는 여러 가지 이유가 있었고, 이 이야기를 하게 된 정황이 따로 있다. 스님께서 근거 없이 단순하게 이 말씀만 따로 뚝 떼어서 한 것이 아니고 또 그럴 인품도 아니다. 스님은 평소 출가자의 본분은 대자대비라는 사실을 늘 역설하였고, 그런 자세가 없으면 불교의 구세 의지는 뿌리내릴 곳이 없다고 단언했다.

불교의 사회적 역할이나 교단에 대한 자정(自淨)의 기능이나 인류 역사에 대한 기여와 책임감은 전적으로 불자들의 대자대비로부터 비롯됨을 사무쳐 보고 설파한 말이다. 부처님의 대비구세를 소천노사와 스님은 구국구세라고 표현하였다. 표현이야 어떻든 간에 모두가 대자대비에 바탕하고 있다는 것은 하등의 차이도 없다.

사실 자비라는 말이 얼마나 진실하고 또 절실한 말인지는 누구나 잘 알고 있고 충분히 공감하고 있다. 심지어 타종교에서도 자비라는 말을 익숙하게 쓰고 있는 것을 보아도 가히 짐작할 만한 일이다. 실제로 종교집단만큼 보수적이며 독자적인 영역을 고집하는 곳은 아마 여타의 곳에서는 그 유례를 찾을 수 없을 만큼 독보적이다.

그런데도 요즘 일부 타종교에서 우리의 자비라는 말을 차용하여 자기 말처럼 스스럼없이 쓰고 있으며 벌써 일상화되다시피 했다는 것은 과연 무엇을 말해 줌인가. 그리고 자비에 대한 사람들의 호감은 비단 종교인들뿐만 아니고 일반인들에게도 마찬가지다.

이 모든 현상을 바라보며 갖게 되는 생각은 '자비가 그만큼 중요한 것이고 핵심적인 것'으로 우리 사회에 깊이 뿌리내렸다는 사실이다. 그러나 정작 '자비'의 주인공들인 우리 불자는 이 자비에 대해서 얼마나 소중하게 생각하고 있는지 살펴보아야 할 일이고, 그러기에 앞서 우선 자기 자신부터 엄밀하고 자세하게 점검해 보아야 할 일이다.

이 점을 스님에게서 찾아보면 스님은 자비에 대해 너무나 투철했다. 스님에게 자비는 무척 소중했고 존엄했으며, 위없는 것이었고, 내지 스님 자신의 전부였다. 자비가 스님의 재산이었고 자랑거리며 유일한 무기였다는 말이다(慈悲無敵). 이런 지고의 보물인 자비를 스님은 가슴에 가득 간직하였다가 필요하면 즉시에 꺼내어 일상에 그대로 사용했다. 그래서 스님의 인생은 자비의 삶, 오직 그것이었다고 해야 할 것이다.

우리가 일상 쓰는 말 중에 사람이 어둡지 않다고 했을 때, 과연 그 말은 무엇을 뜻함인가. 삼독심이 없다는 말, 바로 자비가 가슴속에 항상 살아서 숨쉬고 있다는 뜻이 아닐까. 자비가 무슨 물건처럼 있다가

없기도 하고 또 어쩌다가 간혹 나타나는 것이라거나, 쓰면 금방 동이
날 정도로 부족한 것이라면 우리들 삶 속에 결코 자비를 만날 수 없을
것이다.

그러나 자비의 실체는 무궁무진이다. 쓴다고 없어지는 것이 아니고
오히려 쓰면 쓸수록 더 커지는 것이 자비의 생리이고 그 위력이다. 스
님은 이러한 자비 속에서 자비와 더불어 함께 살았다.

어느 날 스님은 여러 상좌 중에서 자비심 부족한 상좌의 이야기를
누구에게 전해 듣고 몹시 안타까워하며, 곁에 있던 나를 대신 타이르
며 출가의 근본은 자비라고 앞의 말씀을 한 것이다. 스님의 신념을 뒷
받침이라도 해 주듯이 언젠가 어느 책에서 읽어본 글이 문득 떠올랐
다.

'불타 석가모니가 땀과 눈물로 걸어가신 길. 그 길은 마침내 나와 당
신, 우리 모두가 함께 걸어가야 할 지혜의 길이며 자비의 길이고 우정
과 해탈을 여는 진리의 길임을 깨닫습니다. 우리의 다정한 벗들, 그 분
과 단풍나무 아름다운 작은 오솔길을 함께 걸어보지 않으렵니까.'

이렇게 더 계속되고 있다.

'동도(同道)의 길을 함께 가는 나의 도반(인생)이신 그대 벗이여, 날
마다 높은 뜻을 세우고 날마다 희망을 가슴에 담고 기쁨의 손길로 정
열의 발걸음으로 진리의 연꽃 행렬에 참여합니다. 아득한 과거부터 까
마득한 미래세까지 이어질 연꽃 행렬에 법의 기쁨으로 즉시 동참 동행
합니다.'

식당작법

　우리의 생명을 잘 유지하고 건강을 지키기 위한 필수 요건은 누가
뭐라고 해도 밥이다. 그러므로 이 밥이야말로 아무리 강조해도 그 중
요성을 다 말할 수 없는 매우 귀한 영약(靈藥)이며 살아 있는 날까지
는 단연 불사약(不死藥)이다.

　그렇다면 이 밥에 대한 수행자들의 기본 태도는 무엇이며 어떠한
가? 이는 누구나 불교에 처음 마음을 내었을 때 가장 먼저 배우고 이
해하게 되는 하나의 필수과정이다.

　출가수행자들인 스님들은 하루 세 번 영약(밥)을 먹을 때마다 그 뜻
을 새기는 의식(食堂作法)을 치른다. 그 절차와 진행과정이 사뭇 엄숙
하다. 경건하다고 말하기보다는 오히려 신비한 느낌마저 들 정도다.

　그러나 재가수행자인 신도들에게는 제대로 된 공양의식(식당작법)
이 없어서 밥(食事, 供養)에 대한 참뜻과 식사예절이 갖는 진정한 의미
를 알지 못하고 불교를 알기 전, 가정에서 익힌 습관대로 적당하게 지
나가는 것을 보고 무척 아쉬움을 느끼고 있었다. 이에 대해 어느 날 스

님께 여쭈었다.

"스님께서 절은 학교와 같다고 말씀하셨는데, 그렇다면 일반인이 절에 와서 신도가 되면 밥 먹는 것에서부터 앉고 서고 기도하는 일상의 모든 수행절차와 생활태도를 다시 배워야 하지 않겠습니까? 신도들이 법회 때마다 보광명당(불광사 지하에 있는 큰법당)에서 점심공양을 함께 하는데 그때 사용할 수 있는 핵심을 짚은 간추린 식당작법이 필요하다고 생각합니다."

스님은 비록 나이 어린 상좌가 이야기하거나 아랫사람이 건의하는 내용이라 해도 상대의 말허리를 자르는 일이 거의 없다. 상대가 무슨 말을 하든지 웬만하면 끝까지 다 듣고 난 뒤에 스님 자신의 의견을 보탠다. 나는 평소 그러한 스님 앞에서도 한번 말을 하기 시작하면 내 뜻과 주장이 관철되도록 열렬하게 웅변하듯이 쏟아 붓는 습관이 있다. 그 날도 식당작법에 대한 나의 강하고 억센 주장이 듣기에 다소 부담스러웠겠지만 별다른 내색 없이 스님은 묵묵히 다 듣고 난 뒤에 오히려 빙그레 미소지으면서 입을 떼었다.

"좋은 생각이야. 사실은 그동안 나도 이미 여러 번 생각했고 계획하고 있었던 일이야. 큰절에서 출가대중들이 하고 있는 식당작법을 내가 다시 연구하고 간추려서 원문(漢文)을 불자들에게 맞도록 적절하게 번역해 볼 테니 조금 기다려 봐."

스님은 너무나 순순히 동의하고 허락해 주었다. 이런 위없는 스승 앞에서 그렇게 내 주장(熱辯)을 과하게 토로하지 않아도 될 일이었는데 마치 국회의원 선거 유세하듯이 기선을 잡아나갔으니 나도 참 어지간히 잘난 맛에 사는 인물이구나 하는 생각과 반성이 들었다.

아무튼 이리하여 신도용 '불광식당작법'이 출현하게 되었다. 그 후로는 절에서 공양할 때마다 신도들과 함께 목청을 가다듬어 '불광공양 게송'을 낭랑하게 읊조려서 공양의 참뜻을 새겼다. 스님이 몸소 새로 만들다시피 하여 남겨주신 그 모두를 여기 소개한다.

식당작법(食堂作法)

－가정에서 식당작법을 할 때는 온 가족이 함께 모여 앉아 아래 순서에 따라 게송을 낭독한다. 즉 공양준비가 다 끝난 뒤 가족이 모두 식탁에 둘러앉으면 먼저 불은상기게와 오관게를 낭송한 뒤 식사를 한다. 수발게는 식사가 다 끝난 뒤 마지막으로 낭송한다. 이때 유의할 일은 가족 중에 누군가가 먼저 식사가 끝났다고 자리에서 일어서면 안 된다. 가족이 모두 공양을 끝낸 뒤 수발게를 하고 다 함께 자리에서 일어서야 한다. 그리고 오랜만에 가족이 모두 한자리에서 만났기에 그 자리에서 바로 가족회의를 하게 되어도 도중에 음식 그릇을 치우지 말고 그대로 둔 채 이야기를 하고 다 끝나면 게송(수발게)을 한다. 그리고 게송은 가족 모두 일제히 낭송해도 좋고 누군가 대표로 해도 좋겠다.－

1. 불은상기게(佛恩想起偈)

부처님은	가비라에	탄생하시고	佛生迦毘羅
마갈타－	나라에서	성불하시어	成道摩竭陀
파라나－	녹원에서	설법하시고	說法婆羅奈
구시라－	쌍림에서	열반드셨네	入滅拘尸邪

2. 오관게(五觀偈)

| 온갖정성 | 두루쌓인 | 이－공양을 | 計功多少 量彼來處 |
| 부족한－ | 덕행으로 | 감히받누나 | 忖己德行 全缺應供 |

탐심을—	여의어서	허물을막고	防心離過 貪等爲宗
육신을—	지탱하는	약을삼으며	正思良藥 爲療形枯
도업을—	이루고자	이제먹노라	爲成道業 應受此食
마하반야바라밀			摩訶般若波羅蜜

—여기까지 낭송한 뒤 공양한다.—

3. 수발게(收鉢偈)

크신은혜	넘치는—	공양받으니	飯食己訖 色充力
몸과마음	안강하고	청정하여라	威振十方 三世雄
바라건대	모든중생	고해를벗고	回因轉果 不在念
위—없는	보리도를	이뤄지이다	一切衆生 獲神通
마하반야바라밀			摩訶般若波羅蜜

—가정에서 하루에 한 번, 또는 때(생일, 명절 기타)를 정하여 온 가족이 함께 모여 위의 식당작법에 의지해서 공양하면 근본을 찾는 수행이 되어 건강과 행복을 누리게 된다.—

—위의 식당작법을 매 끼니 때마다 행하기가 어려울 경우에 아래의 약식 작법을 사용한다. 흔히 일상에 간편하게 사용할 수 있는 게송이어서 여기에 마저 소개한다.—

「대자대비 부처님
크신은혜 이공양
일체중생 발보리
마하반야바라밀.」

입측오주(入厠五呪)

　지난번 스님께서 핵심을 잘 거양한 식당작법(食堂作法)을 만들어 주
어서 법회를 마치고 대중공양을 할 때마다 잘 사용하고 있었다. 나의
청을 내치지 않고 들어주신 스님께 감사하지 않을 수 없다. 식당작법
이 갖고 있는 원래 뜻에 있어서나, 문장 또는 글자의 운율에 있어서 옛
어른들의 핵심을 고스란히 나타내었을 뿐만 아니라 현대인들의 언어
감각에도 거슬리지 않고 부합하는 잘 간추린 식당작법이었다.

　한편 내 마음 한구석에는 또 다른 새로운 일거리가 떠올랐다. 즉 불
자들이 화장실에서 어떤 마음을 가져야 하는가에 생각이 미쳤다. 물론
스님들에게는 화장실에 앉아서 거행(?)하는 의식이 예부터 전해오고
있었다. 하지만 이를 일반 불자들이 원문(漢文) 그대로 보기에는 무리
였다. 한문 그대로여서 원 뜻을 잘 알 수 없기 때문이다. 그래서 절에
서 스님들만 은밀하게(?) 사용하던 입측오주를 찾아내서 번역만 잘하
면 재가불자들도 볼 수 있고 사용할 수 있을 것이라는 생각이 들었다.

　그런데 문제는 이 입측오주 번역이었다. 병고로 힘들어하는 스님께

이것마저 청을 한다는 것은 좀 무리한 일 같았다. 그래서 궁리 끝에 내가 직접 번역하기로 했다. 물론 번역에 대한 안목이나 솜씨는 스님과 비교할 수야 없겠지만 나중에 스님께 감수를 받는다면 결과적으로 스님이 번역한 것과 다름이 없을 것 같았다. 이런 생각은 내가 번역에 자신이 있어서가 아니라 마음 한구석에 이런 일마저 스님께 청한다는 것이 송구스러운 생각이 들었기 때문이고, 그리고 이미 제주도에 있는 일장스님의 번역이 있으니, 그것을 구해서 내 스타일로 손질만 좀 하면 될 것 같아서였다. 즉시 출판부 벗들에게 연락하여 일장스님 번역의 입측오주를 구했다.

나는 그것을 내 방 입구에 붙여놓고 들고날 때마다 수시로 읽었다. 읽어보면서 조금이라도 걸리는 곳(내 기분)이 있으면 내 감각에 맞게 새로 다듬어 나갔다. 몹시 까탈스러운 내 성미 그대로 글자 수까지 딱 맞추어 우선 시각적으로 어그러지는 느낌이 들지 않도록 만들었고, 문맥으로도 흐름이 단절되거나 중복되지 않도록 아귀를 딱 맞추어 빈틈없게 만들었다. 그야말로 물 한방울도 새지 않을 만큼 꼭 맞추었다.

그러기를 또 얼마간, 마침내 어느 정도 다듬어졌다고 자신이 섰을 때, 나는 스님께 들고 가서 목소리를 가다듬고 제법 감정까지 넣어가며 읽어 드렸다. 내가 번역한 문장이 더욱 돋보이게 하려고 잔기침까지 참아가며 매끈하게 읽어내려 갔다. 그리고 중간에 행여 더듬거리지 않으려고 정신을 바짝 차렸다. 누구나 자신이 글을 직접 읽는 것보다 다른 사람이 읽는 소리를 들으면, 글에서 느끼지 못한 부분이나 부족한 부분을 감정의 표현인 말의 억양, 고저와 강약을 통해 어느 정도 조절이 된다는 것을 알고 있었기에 그런 점을 사전에 계산하여 읽었다. 미리 연습한 대로 스님 앞에서 입측오주를 낭랑하게 낭송하여 성공했다. 스님이 다 듣고 웃으며 칭찬을 주었기 때문이다.

"매끄럽네. 그만하면 잘된 것 같아. 이제 소원이 다 풀렸겠구먼!"

이미 앞에서 밝힌 바대로 사실 일장스님이 번역해 놓은 것에 나의 감각으로 어순을 바꾸고 몇 가지 단어를 첨삭한 것에 지나지 않았다. 그러나 나는 그런 자세한 내막은 스님께 말하지 않고 난삽(難澁)한 한문을 처음부터 내가 다 번역한 것처럼 교묘하고 적당하게 얼버무리고 말았다. 스님의 인정과 칭찬을 독점하고 싶어서 그랬던 것이다. 한편 생각하면 전쟁터에서 남이 세운 공로를 빼앗아 자기 것으로 만든 것처럼 속이 뜨끔한 일이긴 했으나 살살거리며 웃어 넘기고 말았다. 상좌의 능한 점이나 좋은 점을 유난히 애지중지하고 좋아했던 스님에게 밝게 웃는 기쁜 모습과 환한 눈빛을 마음껏 받고 싶었고 독차지하고 싶어서 그런 짓을 했던 것이다.

스님의 천진무구한 표정과 밝은 눈빛 속에 앉아 있노라면 내 몸은 온통 속속들이 스님의 사랑으로 푹 젖어들게 된다. 나는 그것이 좋았다. 그래서 수행자가 거짓마저 보태가면서 스님의 사랑을 탐했다. 물론 잘한 일은 아니다. 스님께 읽어드린 그 입측오주의 전문을 여기다 소개한다.

입측오주(入廁五呪)

입측진언(入廁眞言)

버리고	또버리니	큰기쁨일세
탐진치	어둔마음	이같이버려
한조각	구름마저	없어졌을때

중천의　둥근달님　미소지으리
옴 하로다야 사바하(세 번)

세정진언(洗淨眞言)
비워서　청정함은　최상의행복
꿈같은　세상살이　바로보는길
온세상　사랑하는　나의이웃들
청정한　저국토에　어서갑시다.
옴 하나마리제 사바하(세 번)

세수진언(洗手眞言)
활활활　타는불길　물로꺼진다
타는눈　타는경계　타는이마음
맑고도　시원스런　부처님감로
화택을　건너뛰는　오직한방편
옴 주가라야 사바하(세 번)

거예진언(去穢眞言)
더러움　씻어내듯　번뇌도씻자
이마음　맑아지니　평화로움뿐
한티끌　먼지마저　없는세상이
이생을　살아가는　한가지소원
옴 시리예바혜 사바하(세 번)

정신진언(淨身眞言)
한송이　피어나는　연꽃이런가

해뜨는 푸른바다 숨결을본다
내몸을 씻고씻은 이물마저도
유리계 푸른물결 청정수되라
옴 바아라 뇌가닥 사바하(세 번)

　나는 스님의 인가(?)가 내린 글이기에 서둘러 인쇄하여 그 위에 코
팅처리까지 했다. 물을 쓰는 장소에서도 물에 젖지 않도록 조치하여
여러 신도들에게 시골 잔칫집 떡 돌리듯이 골고루 나누어주었다. 신도
들로부터도 멋진 글이라는 찬사를 듣게 되었으니 이래저래 칭찬과 덕
담의 인사가 자자하였고 그 즐거움은 오래 갔다.

사경의식 작법

불기 2532(1988)년 9월 20일, 이 날은 스님께 '사경의식 작법'을 받은 날이다.

그 무렵 군사정권의 맹정(猛政)은 계속되고 있었지만 나라의 운세는 무척 좋을 때였다. 올림픽이 열렸고 경제가 잘 돌아가고 있었으니 말이다. 그 당시 나도 스님 회하에서 이런저런 심부름을 하며 의욕적으로 살아가고 있을 때였고.

얼마 전 스님께 청한 '사경의식 작법'의 의식문을 두 손으로 받아들었다. 나는 잘 다듬어진 사경문을 받아들고 너무나 좋아서 시종 싱글벙글 했던 기억이 지금도 생생하다.

사람의 욕심이 끝이 없다고 해야 할지, 아니면 나의 욕심이 끝이 없다고나 해야 할지, 나선 김에 서울까지 다녀온다는 속인 같은 심리 때문이라고 해야 할지, 나는 사경작법을 한 손에 든 채, 그 자리에서 또 스님께 '종송(鐘頌)' 번역마저 청했다. 스님의 고통(老病)은 아랑곳하지 않고 내 할 일만 자꾸 챙겼으니, 노쇠한 스님의 입장에서야 자신의 고통을 배려하지 않고 몰라주는 상좌의 처사에 섭섭함과 젊은 사람으로부터 늙음에 대한 몰이해를 당하면서 아마 서글픔을 느꼈을 것이다. 그 당시 스님이 나에게 얼마나 섭섭하고 야속하게 느꼈을까 하는 느낌이 이제야 내 가슴에서 아프게 울려온다. 어쩔 수 없는 나이의 한계일까, 아니면 나의 미련 때문일까. 그런 내 자신이 밉기만 하다.

그 날, 스님 앞에서 나는 감정과 목소리를 가다듬고 스님이 번역한 사경의식문을 낭랑하게 읽었다. 조용히 끝까지 다 들은 스님의 안온하고 만족한 미소를 바라보면서 나는 더욱 황홀한 기분이 되었다. 스님은 염불 게송이나 의식문을 새로 번역하여 나에게 넘길 때는 으레 큰 소리로 낭송해 보도록 했다. 그때마다 나는 방송국의 성우처럼 목을 가다듬고 스님의 표정을 살펴가며 천연덕스럽게 읽었다. 내가 막힘 없이 잘 읽고 감정의 흐름이 좋으면 스님은 아기처럼 천진하고 고운 웃음을 짓곤 했다. 스님 회하(會下)에 살면서 스승 상좌 간에 마주 바라보며 아무런 간격없이 흔쾌히 웃고 행복해하는 순간이 바로 그런 때였다.

그 당시 나는 어느 책에서 보았던 명구 하나를 내 책상 앞에 붙여 놓았다.

'보살은 서원으로 미래를 살고, 중생은 업으로 과거에 머문다.'

나는 그 명구의 영향 때문인지, 전생의 내 업 때문인지, 아니면 또 다른 무슨 내가 미처 알지 못한 힘에 이끌려서인지, 마치 일 중독에 빠진 사람처럼 쉬지 않고 일을 했다. 아마 앞의 명구대로 중생이라는 소리를 듣지 않고 보살이라는 소리가 듣고 싶어서 그렇게 일했는지도 모르겠다.

그 당시 끝도 없이 일을 꾸며대는 나를 스님은 과연 어떻게 보았을까. 사경의식문을 한쪽 손에 받아들고도 만족하지 못하고 스님께 다시 종송 번역을 청했던 것은 분명 지나침이었고 결례였다. 조금만 지혜가 있었어도 스님의 형편을 얼마든지 배려하면서 많은 일을 할 수 있었는 데 어리석은 나는 마치 스님을 몰아붙이듯 일을 벌여 갔다. 이 일이 바로 그 단적인 예이다.

아무튼 그 자리에서 종송(鐘頌) 번역을 청하자 스님은 아무런 말씀 없이 가만히 나를 바라보기만 했다. 그러한 스님의 눈빛 속에 '저 사람이 왜 저러나.' 하는 의문을 가지는 듯했고, 그 말씀이 귀에 들리는 듯했다.

그 날 저녁에 쓴 내 일기에는 참회하는 구절이 가득 담겨 있었다. 지금 다시 그때를 되돌아보면 비록 철이 없기는 했지만 그래도 가끔 자신을 반성하며 살았던 것 같기는 하다. 일기 속에 그런 스님에 대한 반성의 구절이 있는 것을 보면 싹이 아주 노랗지만은 않았던 것 같다.

지금 생각해 보면 스님 곁에 살면서 스님 힘든 일만 찾아내어 괴로움을 드렸던 것이 사실이라는 것을 솔직히 고백하고 참회한다. 그러나 스님에게는 아프되 아픔이 도달하지 못하는 또 다른 경지가 있다. 바로 이 번역문이 그것을 잘 말해주고 있다. 이제 여기서 생로병사가 없는 스님의 참 도리, 즉 '사경의식 작법'을 소개하여 나의 허물을 슬쩍 감추고 합리화하려 한다.

사경의식 작법

一. 삼귀의례
―여럿이서 게송으로 할 경우에는 '선창후화(先唱後和)', 노래로 할 때는 동시에 다함께 부른다.―

[게송]   [노래]

귀의불 양족존(歸依佛 兩足尊)   거룩한 부처님께 귀의합니다.
귀의법 이욕존(歸依法 離欲尊)   거룩한 가르침에 귀의합니다.
귀의승 중중존(歸依僧 衆中尊)   거룩한 스님들께 귀의합니다.

一. 공양게
―집에서 사경할 때는 일주 향을 피워 올리고 난 뒤 게송을 낭송하나, 사무실이나 기타의 장소에서는 마음 향으로 대신하고 게송을 낭송한다. 또는 게송도 생략 가능함.―

일심으로   향과꽃―   구름일구어
시방세계   부처님과   무진법문과
삼승사과   승보님께   공양하오니
크―옵신   자비로써   거둬주소서

一. 정례
―대중과 함께일 때는 선창후화의 격식이나, 혼자일 때는 이어서 낭송함.―

일심정례   본사세존   석가모니불(절)
일심정례   시방삼세   상주불보(절)
일심정례   시방삼세   상주법보(절)
일심정례   일체보살   제현성승(절)
일심정례   시방삼세   상주승보(절)

一. 염불(다함께)
나무 삼계대사 사생자부 시아본사 석가모니불…(21염 또는 무수염)

빛나올사   거룩하신   석가모니불
시방세계   무엇으로   견주어보리
이-세간   모든것을   다보았지만
부처님만   하온어른   다시없어라.

一. 발원
- 대표자 또는 다함께 - 낭송형식으로 -

대자대비   윤택한-   지혜의물과
거룩하온   능엄정을   먹으로하고
넓고깊은   서원을-   붓으로하여
견고하온   믿음의-   청정지위에
마하반야   법신문자   서사합니다.
이문자는   삼세불의   진실몸이니
모든공덕   빠짐없이   구족합니다
바라건대   사경하는   이공덕으로
시방세계   중생들이   모두다함께
무시이래   지은죄장   소멸되옵고
위-없는   큰법문을   얻어지이다
몸과마음   청정하고   보리빛나고
복과지혜   구족하게   장엄하오며
보현행원   원만하게   이룩하여서
모든중생   함께성불   하여지이다
나무마하반야바라밀.

一. 반야심경 봉독
－한글로 된 경문을 다 함께 봉독함. 별도준비－

一. 사경 시작
－죽비 3성으로 시작을 알림. 또는 목탁도 가능－

一. 사경 끝남
－죽비 3성으로 끝남을 알림. 또는 목탁도 가능－

一. 사은명
－다함께 낭송으로－

평화한 천하　나라님 은혜
낳아 기르신　부모님 은혜
함께 도웁신　중생님 은혜
정법 빛내신　삼보님 은혜
마음에 새겨　잊지 않으리

一. 회향
－다함께 낭송으로－

저희들이　　지은바－　　이－공덕이
일체의－　　중생들의　　공덕이되어
모든중생　　빠짐없이　　성불하옵고
위－없는　　불국토를　　이뤄지이다.
나무마하반야바라밀

제 9 장

向上一路

끝없이 초월해 가는 길은 일천 성인도 전하지 못한 것인데

達者同遊涅槃路　　　　깨달은 사람들 열반의 길에서 함께 노니네.

향상일로(向上一路)

『벽암록』 제12칙의 불과(佛果)선사의 수시(垂示)에서 향상일로를 잠깐 언급하고 있다.

'끝없이 초월해 가는 길(向上一路)은 일천 성인도 전하지 못한 것인데, 배우는 사람이 원숭이가 물속에 어린 그림자를 잡으려는 것처럼 애를 쓴다.(向上一路 千聖不傳 學者勞形 如猿捉影)'

어느 때 나는 도솔산에 혼자 우두커니 있다가 불현듯 만행(萬行)을 떠나고 싶어서 그 날로 훌쩍 떠난 적이 있었다. 그러나 이름만이라도 이 절의 주지이니까 혹시 내가 없을 때 이 산속까지 찾아오는 신도나 지인, 또는 볼일을 가지고 오는 이가 있으면 사람(住持) 없음에 허행(虛行)이 되어 섭섭해 할 것 같은 염려와 죄스러움 때문에 요사채 현관문에 집 비우는 사유를 간단히 써서 붙여 놓았다.

그러고도 마음이 편치 않아 아예 현관문은 잠그지 않았고 차실(茶室)도 편안히 사용할 수 있도록 준비를 했다. 그리고 부엌도 누구나 공양할 수 있도록 배려해서 설령 한 끼 식사를 하고 가더라도 덜 어색하고 덜 불편하도록 챙겨 놓았다. 마치 주지가 잠깐 이웃마을 다녀올 때처럼 모든 것을 그대로 유지해 두었던 것이다. 오는 이가 부엌에서 밥을 해먹든 차실에서 차를 한잔 마시든 형편 따라 할 수 있도록 준비해 두었던 것이다. 그렇게 내 나름대로의 온갖(?) 심모원려(深謀遠慮)를 다 해놓고서야 조금 가벼운 마음으로 만행을 떠났다.

훌훌 나가 돌아다니다가 열흘 만에 다시 절로 돌아왔더니만 모든 것이 처음 내가 마련해 두었던 그대로 있었다. 일단은 안심이 되었다. '그동안 아무도 오지 않았었구나.' 하고 가슴을 쓸며 안심했다. 그 후 한동안의 시간이 지난 뒤 산 너머 불광원에 머무는 스님께 문안인사를 갔다. 오랜만에 뵙는 참이라 스님께서 이런저런 공부 이야기와 수행자로서 살아가는 방법을 일러주시고는 그 끝에 이렇게 덧붙여 훈도 했다.

"출가수행자는 공부만 잘하면 살 곳은 저절로 마련되고 의식도 저절로 생기고 대중도 저절로 따르게 되는 법이야. 애써서 의식주를 따로 구하지 않고 챙기지 않아도 공급이 되는 게야. 도(道)의 문중에서는 도가 제일인 까닭이지. 집 잘 짓고 도량 잘 가꾸는 것이 복이 되고 다른 수행자의 외호(外護)가 되긴 해도 이미 출가하여 당당한 장부가 되었을 바에는 근본을 살펴 심지를 밝히고 향상일로(向上一路)를 가야 하지 않겠어.

내가 며칠 전 송암 만행 가고 없는 빈 절에 갔었지. 그리고 현관에써 붙여 놓은 종이 쪽지도 읽어봤어. 송암의 심정을 이해하지만 주지의 직분으로서는 곤란한 일이었어. 수많은 신도들이 땀 흘려 모은 정재(淨財)를 바쳐 땅을 사고 집을 지어 절을 이루어 삼보에 봉헌하였는데 주지가 되어서 그 책임을 소홀히 한다면 말도 안 되는 무책임한 짓

아닐까? 아무튼 송암은 이제 절 지키면서 공부해야 하는 신세를 자초(自招)했으니 앞으로 두번 다시 도피안사를 빈 절 만들지 않았으면 좋겠어."

그때 현관문에 써 붙여 놓은 종이 쪽지에는 '만행 가는 까닭과 돌아오는 날짜와 혹시 절을 찾아오신 분들은 밥 해먹고 차 마시라는 부탁과 집 비우는 양해와 용서를 구하는' 내용이 간략히 들어 있었다. 이것을 정작 보아야 할 사람들은 보지 않고 뜻밖에 스님만 읽게 되었으니 여간 계면쩍은 일이 아니었다.

나는 자세를 고쳐 무릎꿇어 묵묵히 고개 숙이고 앉아 스님 말씀을 가슴 깊이 새겼다. 사람이 부끄러움을 느끼게 되면 말을 떠난 경지에 도달한다는 것을 스스로 깨닫는 순간이기도 했다. 지금도 가끔 주지하면서 힘들면 그때의 스님 훈도가 떠오르곤 한다. 내 마음 호수에 둥근 달이 되어 이렇게 비춰 준다.

"출가자가 공부만 잘하면 절은 곳곳에 있는데, 향상일로의 공부는 짓지 않고……."

출가자의 진정한 공부, 그것이 과연 무엇일까. 저 유명한 중국 수대(隋代)의 천태대사도 말년에 탄식하여 말하기를 "내가 주지살이만 하지 않았더라도 더 깊은 공부를 할 수 있을 텐데." 하고 못내 아쉬워했다. 천태대사 같은 성인도 이런 말씀을 하는데 나 같은 범부가 어찌 아쉬움이 없겠는가,

그러나 나는 일용(日用) 속에서 공부를 찾고, 공부 속에서 할 일을 보는 이사원융의 바른 길을 찾아 끝없는 초월의 길을 가기로 작정한 지 이미 오래다. 언제나 내가 나를 보고 다스리면서 말이다. 더군다나 스님께서 향상일로의 말씀도 분명히 하셨기에.

잠자러 절에 왔나

군에 입대하기 전, 부산 범어사 강원(講院)에 있던 나는 잠시나마 스님 곁에 있다가 입대하고 싶어서 경기도 남양주시 구리읍에 있는 보현사로 거처를 옮겼다. 그때 내 나이 스물한 살이었다. 그런데 막상 내가 보현사로 거처를 옮기고 나니, 그때까지 보현사에 살던 사람들에게 이런저런 형편이 생겨서 다 떠나게 되었다. 결국 스님과 나 단 둘이서만 살게 된 행운이 왔다. 그리고 그것은 나에게 큰복이 내렸던 것과 같은 것이었다.

그러나 스님을 모시고 나 혼자 살던 시절이었기에 대신 절일은 전부 내 몫이 되었다. 일이라고 말할 수는 없지만 불공이며 예불, 기도 등은 말할 것도 없고 법당 청소와 마당 청소, 풀 뽑는 일 등 잠시도 쉴 여가가 없었다. 그 중에서도 산 아래까지 내려가서 식수를 물지게로 져 올리는 일은 가장 힘든 고역이었다. 식수를 큰 통에 가득 담아 넘치지 않게 물지게에 지고 올라오는 일을 몇 차례 반복하고 나면 추운 겨울에도 등에 땀이 흥건했다. 아무튼 여러 가지 일을 매일매일 반복하면서 살았는데 항상 똑같은 일이긴 했어도 어느 때는 좀더 피곤할 때도 있었다. 그때만 해도 한창 젊은 힘이 넘칠 때라 저녁이면 잠도 힘차게 잤다.

그래서 새벽에 일어나는 것은 전적으로 탁상시계에 의지하고 있었다. 새벽 3시가 되어 탁상시계가 소리를 커다랗게 울려주지 않으면 도저히 혼자서는 일어날 엄두도 낼 수 없을 만큼 깊은 잠에 빠지곤 했다. 그런데도 불구하고 어떤 때는 그만 깜빡하여 탁상시계의 멈춤 장치를 풀어놓지 않고 그냥 잠이 들 때도 가끔 있었다. 그럴 때는 한밤중 꿈결에 법당에서 목탁소리가 아주 멀리서 아스라이 들려오는 것이다. 스님 모시고 사느라 내 나름대로는 늘 긴장하고 있을 때라 단잠의 꿈속에서도 목탁소리가 들리는 것이다. 그럴 때면 '허 참 이상하다. 아직 시계가 울지 않는 것을 보면 예불시간이 안 되었는데 어째서 법당에서 목탁소리가 날까. 아마 나한님들이 장난을 치고 있을 거야.' 하고는 또다시 깊은 잠 속으로 빠져드는 것이었다.

그런 날은 으레 눈떠보면 방밖은 대낮처럼 훤했고 새소리가 숲이 흔들릴 정도로 야단이었다. 아뿔싸, 그만 늦잠을 잔 것이다. 자다가 예감이 이상하여 벌떡 일어나 보면 이미 돌이킬 수 없는 상황이 된 것이다. 그야말로 나는 죽을 맛이었다. 그 날은 하루종일 얼굴을 제대로 들고 다닐 수가 없었고 특히 스님 앞에 서기가 가장 큰 고통이었다. 그런데도 스님은 별 말씀이 없었고 어쩌다가 눈이 마주치면 가만히 웃을 뿐이었다.

그런데 사람은 참 묘한 구석이 있다고 생각한다. 늦잠이 처음이었을 때는 그렇게도 견디기 힘들었는데 그 이후에도 몇 차례 그런 일이 더 있고 난 뒤부터는 훨씬 대범(?)해졌다. 으레, 스님이 또 웃어 주시려니

하는 생각이 들었고, '오늘도 무사히'라는 만심(慢心)이 어느새 생겨버렸다. 동시에 마음이 느슨하여 별로 긴장도 없었고 죄책으로 인해 발걸음이 그다지 무겁지도 않았다.

그러던 어느 늦은 봄날, 벌떡 잠자리에서 기겁을 하고 몸을 일으키니 그 날도 이미 문 밖이 환하게 밝아 있었다. 아뿔싸, 또 늦잠이었다. 벌써 아침공양까지 끝난 뒤였다. 그런데 그 날은 공기가 심상치 않았다. 살그머니 공양주 할머니에게 다가가니 아주 낭패한 모습으로 나를 쳐다보면서 천천히 말했다.

"큰스님께서 상좌스님 일어나는 대로 곧장 방으로 오라고 하셨어요."

갑자기 온몸이 서늘해짐을 느끼며 드디어 올 것이 왔구나 하고 낙심천만이 되었다. 나는 곧 내방으로 돌아가서 가사장삼을 차려 입고 고개를 푹 떨군 채 잔뜩 긴장한 얼굴로 스님 방문을 조심조심 두드렸다. 안에서는 아무런 대답이 없었지만 나는 방문을 조심스레 열고 들어가서 스님께 죽을 죄를 지은 사람이 제발 살려달라고 간절하게 빌듯이 지성껏 참회를 했다.

그리고 무릎을 꿇고 고개를 떨군 채 앉아서 스님의 처분을 기다렸다. 무슨 벌이라도 다 받겠다는 각오로 묵묵히 앉아 있는 나에게 스님은 한동안 아무런 말씀이 없었다. 오히려 그것이 더 힘들었다. 그런 때의 침묵은 가장 무서운 벌이나 마찬가지였다. 그렇다고 고개를 들고 스님을 바라볼 엄두는 더더욱 꿈에도 생각할 수 없는 불가능한 일이었다. 혹시 꼼짝이라도 하면 죄가 더 무거워질 것 같아 미동도 않고 앉아 있었다. 그러나 속으로는 일각이 여삼추였다. 그러고도 다시 한참이 지난 뒤,

　"지원(至元, 나의 法名), 이 곰 같은 녀석아, 잠자러 절에 왔나. 잠 실 컷 자고 싶으면 속가 집에 가서 자지, 왜 여기까지 와서 미련한 곰처럼 잠만 자고 있나. 사람이 뜻이 없으면 정신이 흐리게 되고 정신이 흐리면 잠만 쏟아지는 법이야. 그뿐인 줄 아나. 결국은 삼독심(三毒心)만 가득한 아주 고약한 인간이 되고 마는 것이야. 무릇 출가수행자는 높은 뜻을 가지고 그 뜻을 향해 한결같이 가야 하거늘, 하물며 아침예불도 모시지 않고 웬 늦잠이냐. 늦잠이 도대체 웬말이냐! 에이, 이 고약한 녀석! 뜻을 갖지 않으면 수행은 못하는 법이다. 다시 뜻을 세우든지, 잠 실컷 자는 집으로 돌아가든지 오늘 중으로 두 가지 중에서 하나를 결정해라!"

　나는 추운 겨울 물바가지를 뒤집어 쓴 기분이었다. 오한을 느꼈고 내 정신이 아닌 것 같았다. 처음 스님 방에 들어가서부터 스님 방을 나올 때까지 줄곧 꿇어앉아 있었다. 물러가라는 스님의 말씀에 자리에서 일어서는데 다리가 펴지지 않아서 그만 뒤로 넘어지고 말았다. 하필이면 스님이 앉아 있는 쪽으로 뒤로 벌렁 넘어져 스님 앞에 나뒹군 우스꽝스러운 꼴이 되고 말았다. 너무나 창피하고 바보 같다는 생각이 들어 얼른 몸을 일으켜 엉금엉금 기어서 마루로 나왔다. 누구나 알겠지만 한번 저린 다리는 좀처럼 풀리지 않고 결국 한참 시간이 지나서야 겨우 풀려 간신히 걷게 된다. 나는 부득불 마루에서 다리를 주물러 자가치료를 한 뒤 물러났다.

　그때만 해도 스님의 성품 속에는 여름과 겨울이 동시에 있었다. 따뜻한 자비의 풍성한 여름과 준엄한 가르침의 북풍한설을 동시에 가지고 있었는데, 나는 그만 예불에 소홀한 일 때문에 그 무서운 북풍한설에 내 몸을 통째 맡기게 되었던 것이다. 지금도 가끔 그 당시의 일을 생각하노라면 그때의 싸늘한 기운이 내 몸에 가득 번져 옴을 느끼게 된다. 그러니 그 당시에는 얼마나 혼이 빠졌나 하는 것은 새삼 말이 더 필요 없다. 그로부터 며칠동안 날짜가 어떻게 넘어갔는지 모르게 지냈다.

그런데 어느 날 내가 잠깐 자리를 비운 사이 공양주 할머니가 나대신 공양상을 들고 갔더니 스님께서, "요즘 우리 지원이 밥 잘 먹어요? 그 나이 때는 잠도 많은 법이지요."라고 말씀했다는 것이다.

공양주 할머니로부터 그 이야기를 전해 듣는 순간, 마치 나는 감전된 것 같았다. 스님으로부터 한없는 감사와 기쁨의 희열을 와락 느꼈다. '스님이 나를 못된 놈이라고 생각하지 않고 오히려 인간적으로 깊이 이해하고 있으며 따뜻하게 감싸주시고 있지 않으신가.' 이 얼마나 가슴 벅찬 일인가. 참으로 놀랍고 기쁘다.

내가 훌륭한 수행자가 되도록 바라고 기대하고 있다는 스님의 무한한 신뢰가 내 가슴에 전해지고 느껴지는 순간 새로운 힘이 솟아올랐다. 나는 속으로 중얼거렸다.

'스님이 나를 이곳에서 쫓아내지만 않으면 된다. 스님이 나를 부족한 놈으로, 못된 놈으로 내몰지만 않으면 무슨 수행이라도 다 할 수 있다.'

이런 각오와 다짐을 마음 속 굳게 하게 되니 다시금 스님에 대한 감사와 기쁨이 느껴졌고, 스님의 무한한 자비의 인간애가 거대한 파도처럼 나를 향해 밀려옴을 발견했다. 그와 같이 스님은 나에게 생명의 터전이었다.

나의 석사학위 이야기

한창 꽃피고 잎 돋아나는 호시절인 사월 초(初).

나는 오랜만에 내원(內院)에 우두커니 앉아 있었다. 남창(南窓)을 열어 놓고 차(茶)를 한 잔 마시면서 말없이 숲속을 물끄러미 바라보고 있었다. 그 순간 무심한 내 눈에 봄이 보였다. 흡사 연초록이 불길처럼 나무 끝을 따라 번져가는 것이 보였고, 그 폭이 마치 드넓은 강물처럼 온통 산야를 덮고 있는 것도 보게 되었다. 나는 새삼 계절의 변화를 절감하며 문득 옛 시(古詩) 한 구절이 떠올랐다.

조용한 곳에 홀로 앉아서	靜坐處
차를 반쯤 마셨는데도	茶半
향기는 처음 그대로일세.	香初
아아, 묘용시(깨달음)로구나!	妙用時
물이 흐르네.	水流
꽃이 피네.	花開

나는 이러한 때, 어김없이 스님을 찾아 나선다. 역시 그 날도 시간·공간을 초월하여 내가 석사과정을 수련하고 있을 때 나에게 희망을 걸어주었던 스님을 다시 뵙게 되었고, 스승과 상좌는 오래된 버릇대로 마주보고 앉았다. 먼저 까마득한 지난 시절 나에게 했던 이야기를 다시 반복하여 스님이 말씀을 시작했다.

"송암, 언젠가 본인의 입으로 나에게 말한 적이 있었지, 역사학을 공부하고 싶다고. 물론 역사공부도 좋지. 그렇지만 이제 우리는 부처님의 제자가 되었고, 또 부처님의 가르침을 전해야 하는 입장이 되었잖아. 그러니 사(佛敎史)보다 학(佛敎學)을 해야 하지 않겠어?"

스님은 속말이 더 남은 여운을 띤 표정으로 나를 가만히 바라보았다. 나에 대한 스님의 지대한 관심을 나타내는 방법이기도 하고 그 순간이기도 했다.

스님의 바람과 고구정녕이 있었지만 나는 그때 불교사, 특히 고려시대의 불교운동(정혜결사와 백련결사)에 깊은 관심을 가지고 있었다. 그것은 내가 처음 학교에 입학했을 때 영향을 준 불교사학자 김영태, 고익진 두 분의 영향도 있었지만 그보다는 왠지 모를 정도로 내 자신이 자꾸만 결사에 대한 공부를 해보고 싶었고 논문을 써보고 싶었다. 이미 스님도 말리지 못할 정도로 내 마음은 결사(史)에 가 있었던 것이다.

이러한 선험적(先驗的, 前生事)인 관심을 늘 가지고 있었기에 결사 운운하는 글이나 책이 어디 있으면 무조건 사서 모으거나, 살 수 있는 형편이 안 되면 도서관에 가서 복사를 했다. 그런 점을 미루어보면 나는 아마 과거 생부터 불교운동에 관심을 가졌던 인연소치가 있었던 것이 아닌가 하는 느낌마저 들었다. 사람이 무엇에 사로잡히면 눈에 보이는 것이 없어지고 당돌해지는 법일까. 스님 말씀에 순순히 따르기는 커녕 오히려 나는 스님을 설득하려고 했다.

"스님의 말씀은 잘 알겠습니다. 그러나 제 생각으로는 출가수행자에게 불교학은 평생 공부해 가야 하는 일대과업이고, 불교사는 역사에 대한 기초지식이 없으면 어려운 학문이기에 전문가들로부터 제대로 수업을 쌓고 싶습니다. 그리고 스님께서 시작하신 불광운동을 대한민국시대의 새로운 불교결사로 키워가고 싶습니다. 바로 이 점 때문에 제가 결사에 대한 관심을 더욱 크게 갖게 되었습니다. 어느 시대 어떠한 집단이라도 개혁과 변화가 없으면 그 수명은 오래 가지 못한다고 생각합니다. 설령 부처님 가르침을 펴는 승가라고 해도 근본원리는 불변이되 묘용방편은 그때마다 새롭지 않으면 진리의 위신력은 줄어들기도 하고 늘어나기도 하는 것이라고 봅니다.

그렇게 보았을 때 한국불교의 새로운 개혁은 종단제도만 바꾸는 것이 아니라, 진정 이 시대를 이끌 수 있는 새로운 사상운동이 있어야 한다고 봅니다. 그런 점에서 대한민국시대에 불광의 등장은 부처님의 뜻이라고 보아집니다. 그러므로 불광의 방향은 당연히 새물줄기 형성으로 가야 한다고 봅니다. 이제 스님의 안목과 행원으로 불광이 새물줄기임을 자임하고 대외에 선언하여 그 흐름을 순조롭게 이루어가고 있습니다. 이 역사적인 일에 저의 미력이나마 보태고 싶습니다. 저는 스님 곁에 있으면서 이 점을 가장 자랑스럽게 생각하고 충성을 다하고 싶은 것입니다. 부족한 저는 비록 스님의 상좌입니다만, 의무적으로만 스님을 따르는 것보다, 한국불교의 새물줄기를 이루는 사상가이기에 스님을 존경하고 목숨 바쳐 따르고 싶은 것입니다. 스님의 새로움, 헌신, 창의성, 구국구세, 세계평화 등 바로 이러한 점이 저에게는 너무나 좋습니다.

법문하시는 스님

　그래서 저는 스님이 새롭게 시작한 불교사상운동의 동참자로서, 아니 심부름꾼으로서 스님의 법사(法嗣)이고 싶고 또 감히 계승자이기를 자처하는 것입니다. 스님의 사상에 귀의하고 무릎꿇은 사람이 다시 무엇을 더 바라거나 따로 찾겠습니까.

　아무튼 우리 불광이 한국불교의 새물줄기를 이루는 구체적 방법은 동참불자 각 개인의 남다른 각오와 열렬한 신앙심의 개발에 있다고 생각합니다. 그것은 우리 불광이 추구하고 제시한 새로운 생각(般若)과 거기 따르는 신앙행태(行願, 반야에 대한 믿음과 실천)에 있다고 확신합니다. 또 그 가능성이나 방향은 전적으로 스님께서 시도하고 있고 만들어 놓은 불광방식이 되어야 한다고 믿어 의심치 않습니다. 그러기에 저는 까마득한 세월 오백 년, 천 년 전의 일이기는 해도 그 당시로서는 새로운 불교운동(특히 白蓮結社)에 대한 고찰을 통해 불광 반야바라밀 결사의 미래를 열어 가는 교훈이나 초석으로 삼고 싶습니다."

비록 말은 찬찬히 했지만 스님을 설득해야 하겠다는 내 숨은 의도 때문에 말에 힘이 들어가 있음을 내 자신도 느꼈다. 나는 그 당시 스님 이 시도한 모든 분야의 변화(발전된 모습)를 보고 앞날을 예견하면서, 스님을 불교사의 한 획을 긋고 있는 사상적인 천재라고 생각했다. 그 리고 부처님 큰 서원의 뜻으로 스님이 여기 이 땅에 출현(出現)했다는 생각도 들었다. 역사적인 인물을 예로 들어 말해 본다면 서라벌의 원 효스님같이 이 시대를 위한 새로운 역할을 스님이 한다고 믿고 있었 다.

바야흐로 역사 깊은 한국불교의 물줄기는 분명 새로워져야 한다고 믿고 있었고, 또 그것은 반드시 불광식의 사상과 실천운동으로 회통 (會通) 되어야 한다고 믿고 있었다. 그때의 생각은 지금까지도 또는 앞 으로도 변함 없는 나의 신념으로, 신앙으로 남아 있을 것이다.

한국불교는 조선시대 500여 년이라는 긴 기간 동안의 사회이탈 상 태가 가져다 주는 무기력과 퇴행, 거기에 안주함으로 인한 무책임과 안일은 아직도 불교 구석구석에 눈에 보이지 않게 남아 있다. 어떤 것 은 아주 미세하고 교묘하여 잘 발견되지도 않는다. 그리고 표면에 드 러나지 않는 것들도 아직 많다. 불교의 이념과 사상이 사회에 영향력 을 발휘할 수 없었던 것은 불교사상이 종단이나 교단의 입장에서도 제 도화되지 못하고 사회일반 생활에서도 제도화되거나 내면에 깊이 뿌 리내리지 못했음을 의미한다고 하겠다.

아무튼 나는 웬만하면 스님의 가르침이나 말씀을 내 생각 없이 모두 받아들이는 자세였지만 내 전공에 대해서는 오히려 스님을 설득하는 입장이 되고 말았다. 내 속마음은 스님의 사상을 계승하기 위한 한결같은 신념 때문이라는 것이 그 이유였다.

내 강변(强辯)을 가만히 들어주던 스님은 마침내 미소를 머금고 고개를 끄덕여 내 고집을 인가(?)하고 수용해 주었다. 스님은 내게 불교학(華嚴) 공부를 바라고 있었다. 반야에 대한 공부는 실참실수(實參實修)를 원했다. 일상 속에서 생각을 다듬고 평소 생활(信仰) 속에서 직접 경전을 읽어 경안(經眼)을 열어가기를 바랐던 것 같다.

그러나 불교학에 있어서의 참구(參究)와 연찬(硏鑽)은 화엄학을 권했던 스님, 그런데도 부득부득 불교사의 길로 접어들었던 나의 억지, 사실 지금도 스님의 지도를 거스르면서까지 고집을 부렸던 것이 잘한 일인지 잘못된 일인지 잘 분간이 서지 않는다. 분명 스님의 가르침을 어긴 것은 잘못된 소행이었고, 그러나 스님의 가르침(한국불교의 새물줄기운동)을 떨치기 위해 나름대로 생각을 모아갔던 충실성은 자긍(自矜)해도 될 것 같다. 그렇지만 스님의 뜻을 어겨가면서도 더 깊이 공부하지 못했다는 점(碩士學位까지만)은 다만 죄스럽고 송구스러울 뿐이다.

스님께 받은 유촉

스님은 늘상 이야기했다. 어찌 들으면 스님 자신의 자랑 같은 이야기였는데, 그러나 그것은 자랑으로 끝나는 시시한 이야기가 아니었다. 스님의 주장은 앞으로 우리 한국불교가 무거운 죄의식을 떨쳐버리고 업(業) 타령(신세 한탄) 하지 않고 팔자 소관 따지지 않는 본래의 밝은 불교가 되려면 노래로서 불교의 새옷을 다시 입혀야 한다는 것이다.

그런데 그 밝은 불교운동은 불광이 지향하는 사상(般若)이 아니고는 설 땅이 없다고 한다. 왜냐하면 노래가 설 수 있는 교학적 바탕은 반야(創造, 解脫)이기 때문이라고 했다. 즉 반야바라밀에서 창의성과 밝음이 나오기에 반야바라밀이 아니고는 밝은 노래가 나오거나, 설령 나왔다고 하더라도 서 있을 자리가 없다는 것이다. 생명의 속성은 밝음이고 희망이고 무한 창의인데 그 생명의 원천이 반야바라밀인 것이다. 또한 그 반야바라밀은 바로 모든 생명의 본상(本相)이며 입각처(立脚處)이고 본질이며 근원이라는 말이다.

즉 그동안 우리에게 드리워졌던 한국불교의 어두운 장막(업 타령 :

신세 한탄)을 거두어 버리는 데는 밝은 노래가 가장 좋다고 본 것이다. 왜냐하면 밝은 노래를 통해 생명의 속성을 그대로 살릴 수 있고 고스란히 드러낼 수 있기 때문이다. 그러기에 노래를 통한 감성의 성숙은 매우 바람직한 것이고, 그래서 노래를 감성의 언어라고까지 했으며, 좀더 결정적으로 스님이 적시한 표현으로 이야기하면 '밝은 노래는 기도다'라고 힘차게 설파했다.

그래서 밝은 노래, 진리의 노래를 생활화하고 어느 때나 흥얼거리듯 입에 붙여서 살면 가사(법문)나 멜로디와 같은 율동(밝은 파장)이 몸과 마음에 전해져 자신도 모르는 사이 마음이 바뀌고 따라서 몸도 변화하게 된다는 것이다. 그래서 항상 밝은 노래를 입에 달고 살면 자신도 어느 사이 밝아져 있을 뿐만 아니라 주변 사람들까지도 밝히는 놀라운 힘을 떨치게 된다고 본 것이다.

노래라는 선방편(善方便)을 통하여 나의 삶이 달라질 수 있는 것이면 노래는 큰 기도이고 평상시에 열중해야 할 수행이다. 그래서 부처님의 법문이 노래를 통해 입으로 행동으로 생각으로 펼쳐질 때 자신도 모르는 사이에 많은 변화와 성숙, 발전을 갖게 된다는 것이 스님의 일관된 지론이다. 법회시간에 잠깐 불러보는 노래를 통해서도 많은 변화와 새로운 만남을 얻게 된다. 그것은 바로 부처님과의 교류, 이웃과의 공감, 법우와 함께 느끼는 법열(法悅)의 공유(共有) 등이다. 그 이유는 바로 노래하는 순간 내 마음을 비울 수 있기 때문이고, 비웠을 때 진정 상대방이나 주변과 한마음이 되어 깨닫게 되는 것이다.

인간이 태어나서 죽음에 이를 때까지 각자 인생을 살아가는 것이 마치 나그네와 같다고 비유한다면 우리는 함께 걸어가야 하는 동행자나 동반자가 있어야 한다. 마찬가지로 내 생명에 타오르는 구원(久遠)의 햇불을 밝히기 위해 더욱 절실히 요구되는 것이 다함께이며, 그것은 또 노래를 통해 더욱 큰 가능성을 띠게 되는 것이다. 합창은 함께라고 하는 동일체 의식의 맥박이고 숨결이고 아름다운 얼굴이다.

이미 말했지만 이런 노래에는 실로 여러 가지가 있다. 예를 들면 달콤한 청춘남녀의 사랑 노래가 있고, 자연을 찬미하는 서사시적인 노래도 있고, 이별과 만남을 그리는 희비(喜悲)의 노래도 있고, 슬픔과 기쁨을 표현하는 애환(哀歡)의 노래도 있다. 그러나 우리 불자들의 노래는 부처님의 가르침을 찬탄하는 기쁜 노래와 자신의 참모습을 보기 위한 서원과 기도의 노래가 되어야 할 것이다. 그것이 우리 생명 자체의 덕성과 광휘를 소개하는 진실의 메아리이고 노래다.

그렇다면 어떻게 생명노래를 불러야 할까. 우리가 노래할 때 음악적인 형식을 무시해서는 안 되겠지만 그보다 더 중요한 것은 자기 마음속 깊은 곳에서 울려오는 소리를 이끌어내야 한다는 사실이다. 입으로나 목으로만 부르는 노래가 아닌 마음에서 솟아오르는 진실생명의 노래가 되어야 한다는 말이다. 부처님의 법문을 되새기고 부처님의 공덕을 찬탄하는 노래를 불러야 하고, 그런 노래를 통해서 참 생명의 길을 자꾸만 넓혀가야 한다고 본다.

아무튼 노래의 필요성과 노래가 가지고 있는 기능과 그 가능성을 역설하자면 이 책 한 권을 다 채워도 부족하겠지만 다만 스님의 뜻을 이루기 위해 노래의 효능을 잠깐 짚어 보고 생각해 본 것으로 대신한다.

지난 날 스님이 직접 쓴 시(法門)를 나에게 넘겨주면서 인연 닿으면 작곡을 했으면 좋겠다고 했다. 나는 그 당시 바로 스님의 뜻을 실천하지 못하고 지금까지 간직하고 있다가 이제 와서야 스님이 적어 준 가사를 다시 꺼내 놓는다. 애석하게도 그만 유촉(遺囑)이 되고 말았다.

불광유치원 건립 불사로 스님으로부터 공로패를 받는 필자

모두 두 곡이었는데 곡마다 3절까지 꽉 차게 노랫말이 구성되어 있다. 비록 때늦은 일이고 송구스러운 일이 되고 말았지만 여기에 옮겨서 천하의 이름난 작곡가들에게 선보여 공모(公募)하고 싶다.

[보살의 임]
(1) 과거현재　　미래의　　　보살님들은
　　중생으로　　인하여　　　대비심내고
　　대비로　　　인하여　　　보리심내며
　　보리심　　　인하여　　　성불하시니
　　중생들이　　없다면　　　일체보살이
　　마침내　　　성불하지　　못하신다오

(2) 축―복　　받을지라　중생들이여
　　　보리는　　그대에게　속하였어라
　　　그대는　　불보살의　뿌리되나니
　　　대비의　　물로서　　보리빛나라
　　　아～～　　티끌속　　불멸의복전
　　　그대는　　보살의　　영원한임
(3) 섬기자　　받들자　　거룩한중생
　　　중생을　　섬김이　　부처님섬김
　　　중생들　　공경이　　부처님공경
　　　중생이　　환희하면　제불세존이
　　　모두함께　환희심을　내시나니
　　　중생을　　받들어　　쉬지않으리

　　　〔아제아제 바라아제〕
(1) 임은임은　눈부신　　　햇살로와서
　　　휘～휘～　휘날리는　　꽃잎으로가누나
　　　푸른　　　하늘로오고　푸른하늘로가니
　　　그리운　　그모습　　　허공에 잠겼어라
(후렴) 아제아제　천지열려라　　　새지평열려라
　　　　바라아제　불멸의땅이여　빛날지로다.
(2) 사랑은　　황홀한　　　꿈속으로와서
　　　쓰리고　　아픈　　　　가슴으로가누나
　　　추억도　　꿈도　　　　시간넘어띄우니
　　　서산에　　해는지고　　동산에달이뜬다.
(3) 오!임은　　한량없는　　광명이어라

모두와   한몸이룬   큰몸이어라
모습에도   마음에도   걸림이없는
자재위덕   넘쳐나는   진실이어라

새불교운동원의 의식복장

불광의 나아갈 길은 '한국불교의 새물줄기'라는 역사적 과제를 자담(自擔)하는 것이다. 그 좌표설정은 스님이 우리의 역사·문화·종교·사회·정치·경제·통일·교육 등 모든 분야를 총섭한 뒤 현대서구문명(주로 기독교 사상을 바탕)의 한계를 극복하고 여러 가지 문제점과 결함을 불교의 입장에서 보완한 것이다.

그래서 새불교운동은 지구공동체인 인류의 밝은 미래를 위해 확립한 진정한 삶의 길이다. 그리고 우선적인 부분은 역시 통일을 지향한 민족번영의 길이며 그 토대 위에서 우리가 인류 평화의 초석을 놓는 것이다. 이 새로운 길을 과감하게 가는 것이 스님이 원한 일이었고 몸과 목숨, 전부를 건 구국구세의 승부수였다.

즉 오랜 역사의 불교와 특히 한국불교에 있어서 이와 같은 새로운 불교신앙운동을 전개하는 그 구심점은 어디까지나 법주(法主)인 스님 자신이고, 출가수행자(스님들)는 각 분야의 전문지도위원이 되어 법주를 보좌하며 운동의 주체들인 재가수행자를 이끌고 지도해 가는 것이다. 스님의 새로운 불교운동의 터전과 힘, 주요 대상은 일반 재가대중에게 두었다. 그런 까닭에 스님은 마치 대승불교가 흥기할 때처럼 사부대중의 화합된 힘으로 새 지평을 열어 가는 새로운 불교중흥운동(大乘運動이 근본)을 뜻하였고 목표로 삼았다.

사부대중 가운데 어느 한 부분만의 집합체가 아닌 모두의 동참을 바랐던 것은 역시 과거의 선례를 따랐던 것이고, 그 동참동행의 화합정신을 이 시대의 새로운 불교운동에 그대로 원용했던 것이다. 그러므로 재가수행자들에게도 철저한 수행을 요구했으며, 부처님 은혜의 참 주인공으로서 그 은혜를 갚을 수 있는 공정한 기회를 주어 책임을 자임하게 하여 개개인의 성숙과 향상을 이루게 했다.

즉 재가수행자들이 분명한 자리매김을 하여 보살행의 일정한 책임감과 의무를 갖게 하여 보다 큰 수행을 할 수 있도록 터전을 마련하고 배려했던 것이다. 그러기 위해서는 재가대중의 리더들을(봉사와 헌신의 열렬한 실천자) 이끌고 받아들이고 적극 육성해야 했다. 스님은 거기에 대한 적절한 조처와 아낌없는 배려를 했다.

다른 장에서 이미 언급한 바와 같이, 그때 불광에서는 이미 재가수행자 법사들이 속속 등장하여 설법을 담당하고 있었으며, 재가의 대중들도 일과수행을 닦아가고 있었던 것으로 그 성격을 잘 알 수 있다. 재가법사가 재가수행자들에게 설법을 한다는 것은 다른 곳에서나 여타의 단체에서도 흔히 볼 수 있는 일이다. 하지만 불광에서 재가법사의 설법은 좀 다른 뜻이 있다.

불광의 설법은 누가 와서 하든지 스님(法主)을 대신하여 한다는 뜻과 인식이다. 즉, 법주인 스님을 대신하여 출가수행자만 설법을 하는 것이 아니라, 재가수행자도 스님을 대행하여 설법을 한다는 것에 새불교운동의 성격이 드러나는 것이다. 그리고 그것은 스님의 사상(새불교운동)에 입각하여 설법을 한다는 말이다. 설법은 새불교운동에 동참한 대중들의 사상교육이고 신심강화다. 이것은 설법이라는 방식을 통해 법상(法床) 담당자들에게 주어진 일차적인 임무이다.

그런 뜻에서 재가자의 여러 가지 역할에 따르는 임무의 분담과 헌신을 통한 진리의 확장을 뒷받침하기 위한 입장 정리는 그 나름대로 틀과 구조를 갖추게 되었고, 거기 따르는 의미를 지니게 된 것이다. 그러기에 모든 일 하나하나에 대한 숙고와 세심한 관찰이 필요했고, 적시에 호응해 주고 받쳐주는 순발력이 있어야 했기에 스님은 새불교운동의 제도를 만들고 활용해가면서 잠시도 그 현장에서 눈을 떼지 않고 면밀하게 지켜보고 확인했다. 그런 까닭에 불광에서 쓰고 있는 여러 가지 제도와 수행의 방침은 그것을 만든 당사자인 스님 자신의 충분한 검증과 현실적인 실험을 모두 마친 것들이다.

1992년 4월 2일, 나는 보현행원송 공연을 마치고 바로 이곳(안성 도피안사)에 내려와서 그 해 동안거 결제 때, 천일기도 입재 준비를 하고 있었다. 뜻하지 않게 불광사의 소임자가 중도에 '불광호(佛光號)라는 배에서 내린다'는 갑작스러운 선언으로 칠월 백중날 오후에 스님이 이곳 우거(寓居)에 내려오게 되었고, 나는 스님의 하명하신 바를 따라, 다시 되짚어 불광으로 올라가 모든 불사를 전적으로 담당하게 되었다.

그때 스님의 뜻을 받들어 계획한 몇 가지 일이 있었다. 그 일은 이제 나만의 일이 아니라 스님의 뜻을 계승하고자 하는 사람들, 그 모두에게 해당되는 일이다. 설령 후일 어느 인사가 사전 준비 없이 엉겁결에 스님의 불사를 맡게 된 경우라 하더라도 잊지 말아야 할 점이다. 즉 어느 누가 새불교운동을 담당하게 되었다고 해도 반드시 잊지 말아야 할 중요사항이므로 그 당시의 기록을 찾아 여기에 옮겨 놓는다.

그것은 새불교운동에 재가수행자가 지도적인 위치에 올라 있기 때문에 모든 법회 운영은 재가수행자들의 자발적인 참여와 노력과 수행 정진의 힘으로 이루어져야 한다는 것이다. 그런 재가 지도자들의 역할을 뒷받침하기 위한 여러 가지 방안 중에서 재가법사가 입는 법복이 있다.

그때 정한 모든 법사의 법복은 같은 복식(服飾)에 표시만 다르게 했다. 다시 말하면 법복의 전체 색깔은 회색(승복색)이었으며 그 법복의 깃에 황금색 띠를 두르면 설법복(說法服)을 의미했고, 가사색 띠를 두르면 연화복(蓮華服)을 뜻했고, 자주색 띠는 집전복(執典服)으로 구분하여 확정하였다. 그에 대한 도표를 그려보면 다음과 같다.

구 분	착 복 자	비 고
황금색(설법복)	명 교 사 포 교 사 전 법 사	법사의 구분은 뺏지로 했음
가사색(연화복)	연화법사	상당시(喪當時) 의례통괄
자주색(집전복)	지 휘 자 반 주 자 사 회 인 례	따로 구분 짓지 않았음

불광사의 재건축 계획

종로 대각사에서 매주 목요일 저녁법회로 출발한 불광은 날이 갈수록 신도가 늘어났다. 그러므로 본찰 없이 법당을 빌려서 법회를 유지하고 있었던 불광 신도들로서는 신앙생활에 불편이 따를 것은 불을 보듯(明若觀火) 뻔한 사실이다. 그러므로 자연스럽게 신도들의 우리 절 짓자는 소원도 커가게 되었다. 사실 절을 지어야 된다는 소리가 점점 높아갈 수밖에 없었던 것은 발전에 발전을 거듭했던 불광이 성장하는 구체적인 모습이기도 했다.

흔히 그동안 우리 한국불교에서 이루어져 온 종래의 불사를 보면 미리 절을 짓거나 법당을 지어놓고 그 용도에 따라 차츰 사용하게 되는데, 불광은 그 반대였다. 당장 시급한 신도들의 신앙생활에 대한 절대 요구에 의해서 당연히 불사를 일으켜야 했다. 어떤 특별한 인연으로 인해 미리 절을 짓거나 법당을 지어놓고 그 다음에 신도를 늘려 가거나 용도를 찾게 되는 경우가 아니었다는 이야기다. 사람이 미리 모이고 그 모인 대중의 서원과 보살행에 의해 절을 짓게 되었다는 것이다.

그러나 스님은 불광이 자체 절을 갖는 것에 오히려 반대했다. 신도들이 절이 없어서 수행에 불편이 많으니 우리 절이 있어야 한다고 아우성을 쳐도 망설였다. 어떻게 하면 절을 짓지 않고 수행을 할 수 있을까, 어떻게 절 짓자는 신도들의 요구를 잠재우고 오로지 수행정진만 잘하게 할 수 있을까. 스님은 절 지을 생각보다 절 안 지을 것만 밤낮으로 연구했으니 말이다. 스님에게는 절을 의지하지 않고도 불교운동을 해 나갈 수 있는 특단의 방법이 있었다. 그런 까닭에 스님은 자신의 방안으로 끝까지 불교운동을 펼쳐나가고 싶었던 것이 자꾸만 미루게 된 주요원인이다.

그러나 대중의 뜻은 부처님의 뜻과 같다고 생각해서일까. 마침내 스님도 스스로의 방법을 접어놓고 대중의 뜻을 수용하기로 결정했다. 아마 여러 가지 현실적인 부분을 숙고한 결과 절 짓는 일을 피할 수 없는 일이라고 판단했는지 절 짓기를 결심하고 드디어 잠실에 불광사 건립을 착수했다. 그 창건 이야기는 이미 다른 곳에서 여러 차례 언급했기에 여기서는 그냥 넘어가야 하겠다.

그때 스님은 절 짓기에 앞서서 몇 가지 방침을 미리 정하였는데, 그 중의 하나가 빚 없이 절을 짓는 것이었다. 사실 원칙이라고 하는 것도 상황에 따라 얼마든지 달라질 수도 있고, 특히 절 일은 모두 보시로 충당되는 일이기에 더욱이나 원칙이 지켜지기 어렵다. 하지만 스님은 끝까지 그 원칙을 바꾸지 않고 처음 신념대로 빚 없이 절을 지었다.

그러다 보니 어쩔 수 없이 건축 재료를 검약하게 쓰지 않을 수 없는 피치 못할 사정도 생겼다. 빚 없이 절을 짓기 위해서는 모든 분야의 비용을 아껴서 전체적인 건축비용을 줄여야 함은 불문가지(不問可知)이다. 그런 까닭에 어떤 경우에는 뻔히 알면서도 좀더 튼튼하게 짓지 못한 부분도 많았다. 그렇지만 공사담당자들도 건축주인 스님의 뜻을 저버릴 수가 없었던 것은 당연한 일.

그런 원칙 속에서 불광사 건축이 끝났지만 이런저런 그때의 사정으로 인해 처음부터 집이 오래 가기는 어려운 일이었는지도 모를 일이다. 건축비용은 부족한데 보시는 한계가 있고 빚은 얻을 수 없으니 도저히 더 어쩔 수 없는 일이 되고 말았던 것이다.

그리고 스님의 독특한 불사 방침 중에 또 하나는 어느 특정한 개인의 큰 보시를 받지 않고 많은 사람들의 동참(뜻의 모음과 선행의 기회 부여)에 의해서만 불사를 한다는 원칙이다. 실제로 그랬다. 지금 불광사 보광명당 입구의 시주 동참록을 보면 무려 2만 명의 이름이 기록되어 있다. 그러나 단 하나의 예외는 쌍용그룹 창업주의 부인, 불국생 보살 김미희 불자가 생전에 약속한 시멘트 시주다. 불국생 단월이 이승을 떠나기 전 스님의 불사를 도우라는 부탁(遺言)을 주변에 했던 것이다. 스님이 이 일만은 예외로 받아들였다.

아무튼 스님의 불사원칙과 방법, 즉 절 지으면서 빚을 얻지 않고 그당시의 형편대로만 짓는다는 원칙에 의해 마음껏 재료를 쓰지 못했던 것은 사실이었고, 그로 인해 불과 준공 10년도 못 되어서 건물 여기저기에 문제가 생겼던 것도 사실이다. 내가 다시 서울 불광사로 들어갈 무렵인 1992년 가을에 스님도 그 사실을 인정하고 장차의 계획을 나에게 알려 미리 생각하고 연구하도록 했다.

"앞으로 15년 내지 20년 정도만 있으면 이 건물은 새로 지어야 할지도 모르겠다. 그때 다시 절을 짓기 위해서는 먼저 절 주변의 가옥 몇 채를 더 사들여서 석촌동 160-1 블록을 완전히 확보해서 터를 넓히는 것이 좋을 것이다. 그 이유는 송암이 짐작하겠지만 우리는(절) 조심한다고 해도 이웃에서는 여러 가지 불편이 있을 것이다. 우리 절이 이 지역에서 가장 먼저 자리를 잡았기에 이웃이 가능하면 양해해서 그렇지, 실제로는 우리도 모르는 불편이 이웃들에게는 매우 많을지도 몰라. 그런 점을 잘 고려해서 멀리 앞을 내다보고 침착하게 하나하나 준비해야 해. 그런 다음 현재 있는 건물을 모두 헐어내고 새로운 시대의 필요한 용도에 맞추어 설계하여 그때는 적어도 백 년 앞은 내다보고 집을 지어야 할 것이야. 십 년 후가 될지 이십 년 후가 될지 모를 뒷날에 있을 불광사 재건축 계획을 지금부터 착실하게 하나하나 준비해 가면 신도들에게 큰 부담주지 않고도 무난하고 원만하게 이루어지리라고 본다. 지금까지 내가 다져온 기반도 있으니 말이다.

　그러나 재건축을 시작하기 전에 해야 할 준비로는 물론 땅 구입이나 재원 마련도 있겠지만 그것보다 더 우선해야 할 것은 재가수행자들의 정진에 불편과 지장이 최소화되어야 하는 것이지. 절 짓는 일로 인해 전법이나 수행에 차질이 생겨서는 안 된다는 것. 사전의 치밀한 준비로 지역법회(법등 가족모임)를 더욱 강화하고 거기 따르는 법사 인력을 미리 확보해야 해. 재건축 기간 중의 법회장소는 따로 구하지 말고 정기적으로 한 달에 한 번 꼴로 여러 개의 구법회를 묶어 교대로 돌아가면서 안성에서 법회를 보는 것도 하나의 방법이 될 수 있겠지. 그러니까 각 구법회 별로 한 달에 한 번은 안성 도피안사에서 법회를 열면 이곳 불광사 공사가 한 1년쯤 걸린다고 해도 법우들의 수행에 커다란 공백이나 차질은 없을 거야. 아무튼 송암이 내가 죽기 전 하루 빨리 착실하게 자리를 잡아서 모든 것을 내실 있게 차근차근 준비해 가면 될 거야. 송암 눈에는 양이 차지 않겠지만 내가 이만큼이라도 자리를 잡아 놓았으니 터전은 되지 않겠어. 특히 송암은 신심도 있고 의욕도 있

고 창의성과 논리적인 두뇌, 그리고 무엇보다 큰 재산인 젊음이 있으
니 잘될 수밖에 없다는 사실을 나는 믿어.”

그 후 스님과 나의 쓰라린 좌절과 함께 그동안 알뜰살뜰 모아두었던
거액의 불사금은 어디에 쓰였는지, 지금도 불광사의 재건축을 준비하
기 위해 차곡차곡 쌓여가고 있는지 알 수 없는 일이다. 그러나 그때 스
님과 내가 머리를 맞대고 세웠던 온갖 계획은 상황이 바뀌고 사람이
바뀌니 역시 함께 물거품이 되고 말았다. 내가 신도들의 공양금을 모
아 금융기관에 예탁하고 통장의 기록을 손가락으로 짚어가며 예금 상
황을 설명하면 아이처럼 좋아했던 소년 같은 스님의 모습도 이제 멀리
떠나 버렸다.

지금 밝히는 것이지만 그 당시 불광사 재건축을 거론하면서 사전 준
비를 위한 도피안사 활용방안에 대해서도 여러 말씀이 있었다. 또 미
타촌과 다른 수련시설을 마련하는 것도 스님과 의논이 되었다. 도피안
사 요사채를 새로 짓기 위해 절 입구에 있던 논(지금 향적당 자리)을
사들이라고 땅값을 준 것은 그 일차적인 준비작업의 시작이었다.

이곳 도솔산 개산, 즉 도피안사 창건은 스님이 개산조이고 창건주이
다. 그러하기에 지금도 나는 도피안사는 오직 개산조의 뜻과 사상을
펴기 위해 집을 짓고 땅을 사야 한다고 굳게 생각하고 있다. 이것은 지
금만의 일이 아니라 미래에도 역시 마찬가지 일이 되어야 한다. 그러
기에 스님이 땅을 사라고 돈을 준 것이나 불광사 재건축시에 도피안사
를 적절하게 이용한다는 생각은 너무나 당연한 결정이었다.

제 10 장

須彌大海

수미산보다 높고 대해보다 넓은 것은 보살의 한량없는 무변서원

捲箔逢彌陀　　　발을 걷자 아미타불을 만나고
開門見釋迦　　　문을 열자 석가모니를 보았네.

수미대해(須彌大海)

중국 야사(野史)에, 마지막 왕조인 청(淸)의 강희제(康熙帝)는 그의 할머니를 기쁘게 해드리기 위해서 여러 신하들과 궁인들이 가득한 자금성 할머니(太皇太后) 위로잔치 무대에서 춤까지 추었다고 한다. 그리고 우리 조상님의 이야기로 육순이 된 나라의 정승이 팔순이 넘은 부모를 기쁘게 하기 위하여 어릴 때 모습으로 돌아가 온갖 재롱을 부려, 잠시나마 노부모를 위안해 드렸다는 이야기도 있다. 나는 그 이야기를 들을 때마다 가슴과 등이 서늘하도록 숙연함을 느낀다.

2000년 1월 인도 성지순례를 갔을 때, 이미 내 나이 오십이 다 된 어른이었는데도 체면불고하고 훌쩍훌쩍 소리내어 운 적이 있다. 차안의 사람들이 바라보고 있는 것도 아랑곳없이 마침내 꺼이꺼이 흐느끼며 울었다. 도대체 부끄러운 줄도 모르고 눈물을 줄줄 흘리며 흑흑 흐느끼다니, 이 무슨 망녕이람 하는 생각이 잠시 뇌리를 스치고 지나갔지만 그것이 나의 서러움을 달래기는 어림없는 일이었다. 나는 하염없이 저 가슴 밑바닥에서 솟아나오는 소나기 같은 눈물을 도저히 주체하거나 멈출 수가 없었다.

귀국한 후 다시 그때를 생각한 적이 있다. 부끄럽다는 생각보다는 나는 스님 앞에 서면 언제나 어린아이일 뿐이고 응석받이 철부지이고 싶은 생각이 다시금 들었다. 하고 싶은 일이 있으면 무엇이든지 스님께 물어서 하고, 스님이 시키는 일이라면 기쁜 마음으로 즐겁게 하여 스님께 칭찬 받고 싶다. 내 기분이 우울한 때나 내 육신이 고달파도 스님이 바라보아 주면 다시 생기가 솟아나고 얼굴에 미소가 떠오를 것이라는 생각도 들었다.

아무튼 나는 다음 생에 스님을 다시 만나 모시게 될 때, 스님 앞에서는 헛된 자존심을 세우지 않고, 그 어떤 일에도 내 주장이나 고집을 갖지 않으며 참으로 내가 없는 텅 빈 경지에서 스님을 모시고 섬길 것이다. 원하건대 스님 앞에서는 철저히 아(我)가 없고 싶다. 그리하여 청 황제 강희제처럼 춤도 출 것이고, 우리의 정승처럼 재롱도 부릴 것이다.

스님께 올리는 나의 서원은 견고하기가 저 수미산 같고, 스님을 모시고 이루는 보리도(菩提道)는 마치 큰 바다와 같아서 생각으로 헤아릴 수 없는 공덕을 쌓고 싶다. 그렇다고 상(相)을 갖자는 것이 아니다. 다만 나의 원이 견고하고 높기가 수미산과 같고, 넓고 크기가 저 바다 같음을 발원하는 다짐인 것이다. 그런 한량없는 마음으로 스님을 모시거나 가까이 있고 싶은 것이다.

나는 깨달았다. 아쉬움이 커야 큰 서원도 생기는 법이라는 것을. 이제야 이런 생각을 하는 것은 스님께 저지른 불효의 아쉬움이 너무나 크기 때문임을 나는 나를 되돌아보며 알게 되었다. 그래서 나는 다음 세상에 스님 만나서 모실 방침을 미리 정하고 준비하여 매일매일 다짐하고 잊지 않기를 이렇게 서원한다.

「나는 『금강경』의 가르침에 따라 사상(四相)을 말끔히 소탕하여 내
마음을 깨끗이 한 뒤 지계청엄(持戒淸嚴)하신 스님을 무조건 따를 것
이고, 신심(信心) 깊고 바른 안목(正見)을 갖춘 스님을 그대로 따라 배
워서 기어이 무상보리를 성취할 것이다.」

「아, 이 얼마나 안락한 반야의 배인가! 험한 바다 높은 파도를 단숨
에 건너다니.
아, 이 얼마나 튼튼한 행원의 품인가! 어둠 덮인 광야, 무서운 공포
를 순식간에 떨치다니.」

이것은 스님의 고준(孤峻)한 자비를 본받고 스님의 태고절(太孤絶)
한 지혜(智慧)를 힘들이지 않고 고스란히 양도받는 것을 말한 것이다.
그래서 스님과 나 둘이 있으면 어느 곳이나 그대로 향엄도량(香嚴道
場)의 눈부신 보살국토가 되게 할 것이고, 향수해(香水海) 드넓은 부처
의 바다가 되게 할 것을 다짐하며 일으킨 서원이다.
이렇게 다짐하며 거듭 나의 간절한 서원과 도솔산 찬가를 스님께 두
손으로 바쳐 올린다.

도솔산 가을은
따뜻한 햇살 단풍에 안기고
나무 그림자 사이 웅크린 새끼 토끼
귀 세워 어미 찾는데

뒷다리 힘 오른 어미 토끼
어디를 그리도 뻔질나게 나다니나.

도솔산 가을은
내 생명 떡잎 위에
부처님 자비의 태양을 받아서
끝없이 너울치고 파도치는
광휘의 파노라마.
아, 오색의 파동
단풍 물결이여!

시묘(侍墓)살이

　우리 선조님들은 부모가 이승을 떠나면 무덤 곁에 움막을 짓고 3년 동안 시묘살이를 했다. 요즈음의 달라진 눈으로 바라보면 그것이 지나치게 보이기도 하고 꼭 그렇게까지 해야 할 필요가 있을까 하는 의문도 들겠지만, 그러나 그 당시 조상님들의 마음가짐을 곰곰 헤아려 보면 시묘살이의 고행 속에는 부모의 은혜를 소중히 하려는 결의에 찬 각오와 뜨거운 실천이 들어 있음을 깨닫게 된다.

　사람(부모와 자식)이 서로 만나 함께 살다가 어느 날 갑자기 금생에 다시는 만나지 못할 영원한 이별을 맞이하게 된다면, 말할 수 없는 슬픔의 고통을 느끼는 것은 너무나 당연한 일일 뿐만 아니라 참으로 인간다운 모습이라는 생각이 든다. 돌아가신 부모와는 천륜(天倫)의 관계인 자식, 그 자식이 부모와의 이별(죽음)을 당해 한순간 슬퍼하는 것으로 모든 상사(喪事)가 다 끝나는 것이 아니다. 이별의 고통(슬픔)을 가슴속 깊이 간직할 수 있어야 비로소 상례의 시작이 되고 인생의 새로운 출발이 되는 것이다.

　그러기에 부모와 영별한 자식은 시묘살이를 통해서 우선 부모의 생전 은혜를 가슴 깊이 간직한다. 이것은 시묘살이에서 가장 우선 해야 할 과제다. 이 과정을 통해서 부모의 육신은 땅 속으로 들어가 사라지겠지만 부모의 정신작용(德化)은 자식들의 가슴에서 죽지 않는 생명으로 다시 태어나 자식들을 지켜주고 앞 길을 인도한다. 즉 자식들의 가슴(정신세계)이 돌아가신 부모의 새로운 보금자리가 되는 것이다.

　그 다음 과정이 시묘살이를 통해서, 자식은 이제껏 살아온 자기 자신을 무수히 돌아보는 성찰과 자성의 기회를 갖게 되는 것이다. 돌아간 고인과의 관계를 비롯하여 모든 인간관계를 다시 점검하고 반성과 참회를 통하여 새로워지는 기간이 바로 이 시묘살이라고 볼 수 있다. 그런 반성과 성찰을 통해 뉘우침과 아쉬움을 가슴에 차곡차곡 슬픔(미래의 닥쳐올 자기 자신의 죽음까지)으로 쌓아두는 것이다. 그렇게 되면 이미 살아온 시간 속에도 슬픔이 다시 깃들고 앞으로 살아갈 세월 속에도 슬픔이 깃들게 된다. 이와 같이 과거 우리 조상님들의 시묘살이는 삶(과거·현재·미래)에 슬픔을 저장하는 일이었던 것이다. 우리 조상님들은 이와 같이 슬픔을 간직할 줄 알았기에 슬픔 속에서 인간살이의 공도(公道)를 찾기도 했고 인간애를 확립하기도 했다고 생각한다.

　우리 조상님들의 삶, 그 토대가 기쁨이 아닌 슬픔이었다고 하면 지난친 나의 억측이고 견강부회(牽强附會)라고 생각할지 모르겠다. 그러나 사람이 진정 사람인 까닭은 슬플 때 참으로 슬퍼할 줄 아는 것이라고 본다면, 이런 인간 삶의 기본 토대에서 일상의 모든 것이 형성되기도 하고, 바르게 되기도 하고, 또 새롭게 전개되기도 할 것이다.

　사실 슬플 때 진정으로 슬퍼할 줄 알면 기쁜 일을 당해 기뻐하는 것은 거론의 여지조차 필요 없는 당연하고 자연스러운 일이다. 그러니까 인생살이의 모든 슬픔 중 가장 큰 슬픔을 당해 그 앞에서 어느 순간 눈물 한 바가지를 퍼낸 것으로 인간의 도리가 모두 끝난 것이 아니라는 이야기다. 슬픔을 내면화하여 잘 간직하고 마음 깊이 저장했다는 것에서 참다운 인간의 기본이 형성됨을 뜻하고 있다. 그래서 슬픔을 잘 간직한 사람이 진정 인간답다는 말을 하고 싶고 그 터전 위에서만 인간의 행위는 아름답게 꽃피어 난다고 보는 것이다. 심지어 가장 거룩한 대자대비까지도 말이다.

이와 같이 우리 조상님들은 시묘살이를 통해 슬픔을 간직했고 인간성을 더욱 풍부하게 하여 좋은 세상을 만들며 살았던 것이다.

나 역시 스님 입적 후 천일기도에 들어간 것은 무슨 큰 도를 얻기 위해서나 특별한 소원이 있어서가 아니다. 나의 천일기도는 스님과 영별의 슬픔을 간직하기 위해서였고, 스승의 은혜를 잊지 않고자 하는 다짐에서 시작된 것이었다.

나는 부처님 도를 닦아가는 내 자신의 저력과 밑바탕을 스님과 영별한 슬픔(현재의 그리움과 미래의 나의 죽음)으로 삼고 싶었고, 거기서 삶의 모든 힘을 얻고 싶었다. 또한 이것은 우리 조상님들의 경건한 시묘살이 정신을 불교적으로 계승하는 일도 되리라고 생각하여 천일기도를 시작했던 것이다.

만약 우리 불가의 모든 수행자들이 과거 조상님들의 시묘살이를 본받아, 스승이 열반에 들면 그 아래 모든 제자들이 각자 천일(또는 3년) 동안 특별정진에 들어가서 근신하고 자신을 오롯이 할 수 있는 기간을 갖는다면 우리 한국불교계는 어떤 분위기가 조성될까.

유치원 어린이들의 솜씨자랑을 둘러보며 설명을 듣고 있는 스님

'죽음도 없다'는 알량한 이해(理解) 덕분(?)에 인간이 갖추어야 될 삶의 토대인 슬픔이 대다수의 우리 출가수행자들 가슴속에서 사라져버린 지도 이미 오래된 것 같다. 세간의 일반인들도 역시 마찬가지다. 슬픔이 얼마나 고귀한 인간의 감정이며 내면의 표현인가를 모르고 있으며, 오히려 외면하거나 피하려고만 하고 있다.

이와 같이 진정한 슬픔을 상실한 현대인들, 그 슬픔을 잃어버렸을 때 사실은 모든 것을 다 잃고 말았다고 본다. 그러기에 이승을 떠난 부모의 육신이 채 식기도 전에 유산다툼을 벌이고 형제간에 육박전이 전개되는 이상한 양상(禽獸), 누가 먼저 기선을 제압하여 상대(兄弟)보다 더 많이 가지고 얼마나 더 차지하느냐를 놓고 벌이는 불꽃튀는 살벌함이 슬픔의 공백지대(空白地帶)인 우리의 가슴을 가득 메우고 있는 것이다.

인간이 가지고 있는 무한한 능력 중에서 슬퍼하고 기뻐할 줄 아는 지각과 감성의 작용은 분명 보다 좋은 인간세상을 만드는 토대이다. 그러기에 나는 과거 우리 조상님들의 시묘살이는 천일기도였고 삶의 참회였으며 뜻 깊은 인간수업이었다고 생각한다. 그러므로 결국 이 모든 것은 이상사회 건설의 초석이 되었다고 본다.

인생의 삶은 각자의 근본을 바로 믿고 삶의 자세를 가다듬는 일에서 출발되고 완성된다고 할 것이다. 인생의 진정한 고귀함과 빛나는 가치는 오직 자기 자신 안에 있다는 사실을 증명한 것이 시묘살이라고 본다.

이와 같은 시묘살이의 고행을 통해 얻는 슬픔은 고독이고 인내이며 아픔이다. 그리고 겸손이며 사랑이고 관용이며 대자대비이다. 슬픔은 내면에서 우러나오는 도덕이며 윤리이고 우애와 동포애다. 그리고 영원한 세계평화의 본 바탕인 인류애다.

(「조선일보」, 2001년 9월 14일에 실린 '시묘살이'의 原文)

주지의 공부

　　나눌 수 없는 부처님의 가르침을 대중들의 이해를 돕는다는 이유로
굳이 나눠 보면 사상적인 부분과 신앙적인 부분, 크게 두 가지로 분류
하여 말할 수 있을 것이다. 역시 이러한 측면에서 불교를 본다면, 불교
의 전법활동이나 포교를 사상운동의 전파로 생각할 수도 있을 것이다.
그러기에 불교는 다분히 사상성과 신앙성 두 가지 입장 모두 뛰어나
다. 사상과 신앙이 동시에 탁월한 불교에서 그 한쪽인 사상성만 따로
떼어서 본다면 신도 한 사람은 곧 동지 한 사람이다. 그러므로 신도 한
사람 늘어나는 것은 바로 동지 한 사람 늘어나는 것과 같은 뜻을 가지
고 있다 할 것이다.

　　이런 맥락에서 주지는 새로운 신도가 생기면 마치 그동안 노력한 사
상운동(布敎)의 결실을 얻은 것처럼 기쁘다. 물론 이것은 전적으로 내
경우이기는 하겠지만 말이다.

　　그러나 또 반대상황이 벌어질 때도 있다. 절에 잘 다니던 신도가 어
느 날부터 모습이 보이지 않는가 했더니 끝내 그림자가 사라져버리는

것이다. 그런 경우를 당하면 안타깝다는 표현보다는 괴롭다는 표현이 맞을 정도로 심각해지는 것이다. 그렇게 되면 자연히 주지인 내 자신을 다시 돌아보며 허물이 없는가 반성하게 되고, 부족을 느끼면 더 열심히 노력할 것을 새롭게 결심하기도 한다.

그러나 그 정도가 심할 때는 내가 과연 주지를 해야 하나 그만두어야 하나, 그리고 주지 자격이 있나 없나 하는 곳까지 생각이 미치게 된다. 한마디로 말하면 인생의 맛 중에서 쓰디쓴 좌절의 맛을 보게 되는 것이다. 그것은 바로 신도 한 사람이 절에 나오지 않는 것이 아니라 사상운동의 동지 한 사람이 사라졌기 때문에 받는 일종의 충격인 것이다.

이런 일은 우리나라 절의 주지라면 누구나 한번씩 경험하는 일이기도 하지만, 어쩌면 주지 소임을 잘하기 위한 하나의 약이 되기도 하고, 크게 성장하기 위해서는 반드시 거쳐야 하는 코스일지도 모르겠다. 주지를 하거나 절 안의 소임을 살다보면 거의가 그러한 경험을 몇 번씩 겪게 되는 일이라고 생각되지만 극복하고 넘기기란 말처럼 쉬운 일은 아닌 것 같다. 사람에 따라 누군가에게 자신의 안타까운 심정을 토로하여 속시원히 잊어버리기도 할 것이고, 아니면 속으로 끙끙 앓으며 혼자 삭히는 경우도 있을 것이다. 다만 발설하느냐 하지 않느냐의 단순한 표현의 차이만 있을 뿐이라고 본다.

이점에 있어서는 스님도 마찬가지였으리라. 언젠가 나에게 하신 훈도를 보면 미루어 알 수 있기 때문이다. 아니 스님은 나보다 더욱 열렬한 불교사상운동을 벌였으니 오히려 내가 겪은 심리적 부담이나 곤혹감보다 더 컸을지도 모를 일이다. 지나간 시절 스님께서 나에게 내린 훈도를 다시 한번 새겨본다.

"신도가 한 사람 늘어나고 줄어드는 것에 마음을 빼앗겨서는 큰일(菩薩行)을 하지 못한다. 그럴 때일수록 오히려 송암 자신의 수행을 다잡아 밖으로 마음을 빼앗기지 말고 자신의 내면을 살펴서 부족이 느껴지면 지체 없이 보충하고, 굽은 곳이 있거든 경을 읽고 참회를 하여 뜻과 행을 바르게 해야 해. 수행자가 환경의 변화에 따라 밖으로 눈을 돌리기 시작하면 온갖 시비가 생기는 법이야.

그리고 깊은 생각 없이 기분 따라 온 사람은 역시 기분 따라 가는 것이 그 자취다. 그래서 고인(古人)은 오는 사람 막지 말고 가는 사람 잡지 않는다는 인연법을 내세워 스스로를 경계하고 단속했다. 물론 신도 한 사람이 오면 신심을 키워 뜬구름 같은 불자가 되지 않도록 책임지고 인도해야 함은 말할 필요도 없겠지. 그러나 신심을 오롯이 키우지 않은 대개의 사람(信徒)들은 오고감에 오직 제 기분이 우선이다. 마치 허공에 구름이 제 스스로 오고가는 것처럼 말이다. 그런 까닭에 뜻 없이 기분으로 오고가는 사람을 대할 때는 역시 허공에 구름을 보듯 무심하게 대해야 한다. 사람의 거래에 초연해질 수 있다는 것은 사람을 가볍게 보라거나 소중하게 생각하지 말라는 차원의 이야기가 아니다. 사람에게 집착하여 스스로 상처를 만들지 말라는 것이지.

아무튼 시간이 걸리고 힘든 일이라고 해도 불자들 누구나 뜻을 키울 수 있도록 도와주어야 하고 인도해야 함은 출가수행자들 본연의 의무이다. 그렇게 하여 뜻을 얻고 뜻을 소중하게 여기게 되면 비로소 부처님의 사상운동을 같이하는 입장이 되는 것이다. 이런 사람이 되어서야 불사의 보살동지가 되고, 또 서로 존중하고 섬기게 된다. 비록 드물지만 뜻을 가지고 뜻과 더불어 거래(去來, 오고감)를 삼는 사람을 대할 때는 마치 장중(掌中)의 보옥(寶玉)처럼 조심조심 소중히 대해야 한다.

뜻을 가진 사람을 으뜸으로 생각하고 마치 스승과 같이 받들어야 한다. 그러기에 수행자는 누구나 뜻을 키워야 하고 뜻이 커져야 비로소 대도(大道)가 드러나게 되고, 그 뜻 속에서 부처님의 불사를 이루게 됨을 명심해라. 실로 뜻을 가진 사람, 그 뜻을 꿋꿋하게 지켜 가는 사람만이 이 문중의 진정한 보살이 될 것이다."

이와 같이 주지의 소임은 바로 철저한 수행이고 매사는 정진이며 모든 경계는 향상일로(向上一路)의 끝없는 초월이기에 가람수호(伽藍守護)와 전법도생(傳法度生)은 따로 나눌 수 없는 일이고, 결국 이판 사판이 서로 다른 일이 아닌 것이다.

서울에 절이 부족해서 불광사를 지은 것 아니야

스님의 뜻은 참으로 고매(高邁)하고 준열(峻烈)했다. 가슴속에 간직된 고준(孤峻)한 사상(般若波羅蜜)은 언제나 세상을 염려했고 중생의 고통과 함께 하는 자비로 꽃피어 올랐다.

스님은 자나깨나 오직 일심(一心)을 이루었고, 일심으로 구세대비의 근본을 삼았기에 세월 속에 파묻히는 법도 없었고, 스님 자신의 병고로 인해 퇴색되거나 물러서는 일도 없었다. 언제나 지혜와 자비, 무한한 용기 그대로였다.

이러한 스님의 시종일관한 가슴속의 충정을 바로 알지 못하고 엉뚱하게 생각하고 행동하는 나를 안타깝게 바라보고 있다가 급기야 입을 열었다. 어느 날 불광사 법주실에서였다.

"이봐, 송암. 내가 이렇게 잠실 벌판에 불광사를 지은 것은 서울에 절이 없어서이거나 부족해서가 아니야. 그리고 내가 죽고 난 뒤에 아무개 스님이 지은 절이라는 소리를 듣기 위함도 아니야. 비록 내가 죽은 뒤에라도 절 하나 지어놓고 갔다는 소리는 정말 듣고 싶지 않아.

불광회 창립기념법회를 마치고 다과연에서 환담하는 스님.

나는 자나깨나 반야바라밀 구국구세운동을 하고 싶었고, 또 그 활동을 하다보니 법회를 만들게 되었고, 대중이 모이게 되었던 거야. 그러기에 우리 불광 대중은 구국구세의 원력 대중이야. 불광의 구세 대중과 같이 정진하고 수행하다 보니, 내 뜻보다 대중의 요구에 의해 이렇게 절도 짓게 되었고 본거지를 만들게 되었을 뿐이야.

이러한 까닭에 불광을 통해 한국불교의 새물줄기가 형성되어야 하고 미래 세상 구세대비가 우리들 발 밑에 지천으로 수북하게 쌓여 정불국토(淨佛國土)가 되어야 해. 사실 세상을 구하지 않은 부처님은 어떤 경우에도 부처님이 아니야. 이것이 불교의 근본이야. 그러니 이 다음 내가 죽고 없더라도 이 불광사는 서울에 절이 부족해서 내가 절 하나 지었다는 생각을 하면 나의 권속이 아니야. 나로 하여금 절 하나 지어놓고 갔다는 말을 절대로 듣게 해서는 안돼.

그리고 상좌들이 그 절을 차지하고 앉아서 하는 일 없이 나를 떠받드는 것으로 임무를 삼는다면 바로 나를 지옥으로 밀어넣는 행위나 마찬가지야. 신도들을 불러모아 자기 절을 지어놓고 높이 앉아서 온갖 대접받으며 '나도 중생제도 합네' 하는 생색이나 또는 적당한 선에서 현실과 타협하며 부처님 은혜에 보답한다는 안이한 생각에 머무는 것은 결코 어떤 이유로도 내가 도저히 용납할 수 없는 일이야.

물불을 가리지 않고 대중 속에 뛰어들어서 온몸을 바쳐야 해. 우리 불광은 헌신이 바로 성불이고 봉사가 보살의 길이라는 믿음을 굳게 가져야 해. 부디 자기 일신에 대해 먼저 계산하지 말고 오직 부처님 법에 의지하여 열렬하게 살아가야 이 절 지은 참뜻이 살아난다는 것을 명심해요."

언제나 느끼는 일. 이러한 때의 스님의 눈빛은 더더욱 가을하늘이 되고, 얼굴 표정, 말소리의 고저 강약 등은 온통 하나의 신심으로 원만하여 빛을 발한다. 이와 같은 간절한 자비의 빛, 무변 서원의 광명, 보살의 무진원력이 무엇인지를 나는 스님의 삶을 통해 분명 보고 배웠다.

남의 도움

　나는 주변 사람들에게 도움 받는 것을 좋아하고, 또 도움 받으면서 살아가고 싶은 것이 솔직한 심정이다. 인생을 살면서 나 혼자 충분히 처리하고 해결할 수 있는 일이어도 굳이 남의 도움을 청하고 싶고 누가 도와 준다면 망설임 없이 흔쾌하게 받아들이고 싶다.

　나 스스로 충분히 할 수 있는 일인데도 짐짓 도움을 받고 싶은 것은 무슨 까닭일까? 내가 다른 사람보다 게으르거나 뻔뻔스러워서일까.

　아무튼 도움 받고 싶어하는 나의 습성은 어제오늘의 일이 아니고 꽤 오래된 습(習)이고 업(業)이다. 심지어 어느 때는 나 혼자서 내 머리를 잘 깎고 있다가도 갑자기 누구에게 도움을 받았으면 생각하여 이리저리 주변을 둘러보기도 한다. 무슨 일이든지 혼자 할 수 있는 일도 남의 도움을 받고자 하는 나의 정신상태가 잘못되어 의타심이 생겼을까 하고 가끔 내 자신을 다시 돌아보기도 한다.

　아무튼 남의 도움 받기 좋아하는 것, 왜일까? 물론 그만한 까닭이 있다. 나는 평상시에는 인간에 대한 따뜻함을 느끼지 못하다가도 다른 이로부터 도움을 받을 때 비로소 인간에 대한 숨결과 친근감, 또는 고맙고 감사함을 가장 자연스럽고 부드럽게 느낀다. 즉 남의 도움을 받을 때 인간에 대한 고마움과 우정이 내 가슴에서 솟아나고 살아 있는 것을 발견하게 되고 느끼기 때문이다.

도움이라는 것을 통해 인간과 인간 사이에 막혔던 곳이 뚫리고 가리어 있던 그 무엇이 없어지는 것이라면, 그래서 남의 도움 받기를 망설이거나 주저하지 않는다면 오히려 도움 받는다고 하는 것은 매우 필요한 일이 될 것이라는 생각이 들어서이다. 그래서 나는 짐짓 다른 사람들에게 도움을 자청하고 재청, 삼청, 무수 청을 하고 싶은 것이다.

이런 나의 습성에 문제가 있다면 도움 받기만 하고 도움 주는 것에 인색하거나 외면했을 경우라고 본다. 평소 이 점을 깨닫고 있기에 나도 남에게 도움을 주거나 상대방이 필요로 할 때는 이유를 붙여 피하거나 속셈을 하여 망설이지 않으려고 노력하고 다짐한다. 적어도 내가 남에게 도움 받은 만큼이라도 되돌려주자는 것이 나의 양심이고 도움 받을 때의 기준이다. 그러니까 평소 내 생활에서 서로 도움을 주고받으며 협조하는 것이 인생철학이고 함께 어울려 살아가는 삶에서 진정한 가치가 있다고 생각한다. 그래서 보살행이야말로 인생의 꽃이며 결실이고 최고의 행복이라는 생각을 가지고 있다.

이점에 있어서는 스님도 역시 마찬가지였다고 본다. 단지 나와 차원이 다른 점이라면 내가 다른 사람으로부터 도움 받은 것이 도움을 준 것보다 훨씬 많았는데 스님은 그 반대였다. 스님이 주변의 도움을 필요로 했던 때는 병고와 노년이 되면서부터였다. 그 이전에는 다른 사람들을 돕기만 했다. 남 돕는 일이라면 아무리 중요한 당신의 일이 있어도 한쪽으로 밀어놓고 상대방이 필요한 일에 손발 걷어붙이고 온몸

으로 나섰던 것이다. 이런 점에 있어서 스님의 이타행(利他行)은 타고
난 천성이라고 말해도 될 것이고, 수행을 통해 크게 깨달은 각행(覺行)
이라고 말해도 될 것이다. 왜냐하면 남 돕는 점에 있어서 스님은 워낙
출중했던 보현행자였기에 말이다.

이에 대한 명확한 증거는 스님이 번역한 '보현행원품'을 읽어보면
금방 알 수 있다. 스님이 '보현행원품'에 귀의하고 공감하며 기쁨을 느
꼈기에 우리나라 최초로 그 책을 번역했을 것이고, 또 평생 보현행자
로 불행(佛行)을 구현했던 것을 보면 이미 알 수 있는 일이기도 하다.
아니 스님은 남 돕는 일에서 불교의 영원한 불멸(生命)을 발견했고 행
복의 길, 열반의 길을 보았을 것이다.

나는 그러한 스님을 곁에서 찬찬히 바라보며 흉내내었고, 내 임의대
로 스님을 해석하여 모방을 감행했던 것이다. 어쩌면 아전인수(我田引
水)가 될지도 모를 위험을 무릅 써가며, 더더욱 남의 도움을 받는 일에
나는 신명을 냈고 용감하기까지 했다. 여기까지는 누구나 다 할 수 있
는 일일 것이다. 그러나 받은 만큼이라도 남을 도와야 하는데 오히려
받기만 하고 돕지는 않는다고 하면, 결코 이것은 예삿일이 아닌 것이
다. 그러기에 이제부터는 열심히 남 도울 일에 신명을 올려야 스님의
주변에라도 다가갈 수 있고, 또 스님 만나는 다음 생이 순조로울 것 같
다. 준 만큼 받고 받은 만큼 베풀어야 하는 것은 만고불변의 법칙인 것
을 어찌하리. 누가 정녕 이 엄연한 사실에서 자유로울 수가 있으며, 예
외일 수가 있으랴.

생일 불공

1997년 나의 생일날, 산 너머 불광원으로 스님께 문안 인사를 갔다. 때 이른 더위 때문에 스님은 광진당(光震堂) 문을 활짝 열어놓고 마당을 바라보며 의자에 앉아 있었다. 내가 들어서자 스님의 밝은 눈빛은 반가움을 띠었고 나는 바로 알아차렸다. 엎드려 큰절을 올리고 스님 곁에 앉았어도 스님은 원래 그대로 자세에서 미동도 없었다. 그러나 '왜 왔는지, 그동안 잘 있었는지'를 말하라는 스님의 말없는 물음이 내 살갗으로 들어왔다.

"사실 오늘이 제 생일날입니다. 스님을 한동안 뵙지 못하여 문안도 올리고 생일날 감사의 인사도 드리려고 왔습니다. 그리고 무엇보다 앞으로 더욱 열심히 정진하여 살겠다는 다짐을 스님께 올리고 싶어서 왔습니다."

스님은 나의 얼굴을 찬찬히 바라보았다. 역시 아무런 말씀도 없으신 채 아기 같은 눈빛만 더욱 반짝였다. 가만히 곁에 앉아 있자니까 마치 청춘 남녀가 연애하는 것처럼 나와 스님은 서로 무언의 뜻이 섬세하게 교감되었다. 말없는 말을 주고받는 관음보살과 남순동자처럼 말이다. 나는 무언중에도 스님 마음을 다 읽게 되는 특별한 느낌을 받았다.

스님과 나는 그렇게 한동안 앉아 있었고, 마침내 스님이 눕고싶어 하기에 등을 받쳐 편안하게 눕는 동작을 돕고 난 뒤 불광원 광진당을 나섰다. 오늘 스님이 반겨 주신 무언의 환대(無上迎)로 나는 어느 때보다 기쁘고 흐뭇했다. 스님이 번역한 관음 가영(歌詠)을 읊조리며 6월 하늘을 가로질러오는 훈풍을 마음껏 가슴에 안고 걸었다.

［관음보살 가영(觀音菩薩 歌詠)］
흰옷감은 관음보살 설함없이 설하시고(白衣觀音無說說)
남순동자 마음밝아 들음없이 듣는고녀(南巡童子不聞聞)
물병에는 푸른버들 사시절이 여름인데(瓶上綠楊三際夏)
바위－앞 푸른대는 온천지가 봄이어라(巖前翠竹十方春)

시조창을 읊조리듯 흥얼거리며 논둑 밭둑 길을 천천히 걸어서 불광원 갔던 길을 되짚어 절에 도착했다. 이미 신도들이 축하 난(蘭) 분을 들고 와서 내방 앞에 놓고는 공양간에서 음식을 준비하느라 부산스러웠다. 스님께 다녀온 기쁨, 신도들이 찾아준 반가움이 내 가슴에 가득 고였다. 나는 뭔가 표현하고 싶었다. 아니, 생일 불공을 올리고 싶었다. 살며시 내 방에 들어가 책상에 앉아서 나의 결심을 써 내려가기 시작했다.

생일 불공(生日佛供)
도솔산 하늘위로 솜구름가고

유월볕 벼포기는 기세도좋다
이몸이 출가하여 벌써반평생
아무런 道果없이 허송한세월
고마운 신도들은 생일상철철
무거워 젖가락이 휘는고뇌야
짐스런 苦의망태 언제나벗나
기필코 제도하리 나의업신을

스승은 관음보살 무언자비고
단월은 난분으로 유언자빌세
은혜는 강산같이 깊어가는데
大道는 아직까지 멀기만하네
수행자 제일관문 뚫을라치면
불같은 용맹정진 휘몰아가서
황하수 거슬러서 곤륜넘을때
큰소리 웃으려고 어금니문다.

화개장터 장돌뱅이

벌써 삼십 년의 시간이 속절없이 흘렀다. 내가 바랑을 지고 화개장터를 오르내리며 과일과 푸성귀를 골라 담던 일이 말이다. 그러니까 1972년 봄부터 나는 지리산 쌍계사에 몸을 담고 살았다. 그때 소임은 원주였지만 하는 일은 행자생활 그대로였다.

범어사에서 행자과정(생활)을 끝낸 나는 사미계를 받아 본격 출가생활을 시작했지만 은사에 대한 일이 순조롭지 않아 결국 속가 집에서 두어 달 지냈다. 나의 완강한 신념(고집)으로 사태는 원래 내가 뜻한바대로 이루어지게 되었는데, 사실 그것은 스님(光德)이 한발 물러서서 나를 안아주었기 때문이고, 또 그 덕분에 다시 바랑과 승복을 차려 입은 나는 지리산으로 찾아들 수 있었다.

또한 그 과정은 내가 쌍계사에서 다시 행자생활을 시작한 것과 같은 의미를 지니고 있었다. 범어사에서 이미 계를 받았지만 앞에서 말한 대로 사세(事勢) 부득이하여 쌍계사로 가게 되었고, 거기서 후원 살림살이를 모두 맡게 되었다. 그런데 쌍계사의 후원 일(살림살이)은 그 당시 어린 내가 처리하기에는 너무나 많았다. 일이 많기로는 범어사가 월등했지만 그래도 범어사에는 노련한 후원 소임자들이 따로 있고, 거기다가 행자들이 많았기에 일이 척척 잘 되었지만 쌍계사에는 나와 더불어 고작 두 명의 행자가 더 있을 뿐이었다.

몇 안 되는 손으로 일을 하니 해도 해도 끝이 없는 것이 일이었고, 하루종일 일을 하고도 또 얼마나 일을 더해야 할지 분간이 서지 않을 만큼 일의 연속이었다. 스무 살의 내 나이로는 감당 못할 정도로 벅찼다.

화개장터에 내려가서 시장 보는 일은 이틀거리 사흘거리로 치르는 정기행사였고, 각 법당 청소하랴, 마당 청소하랴, 하루 세 번 공양준비하랴, 빙빙 돌 듯이 죽 이어지는 일정은 매일 치르는 행사였다. 이와 같이 절 안의 살림살이를 챙기고 부처님과 대중을 받드느라 잠시도 쉴 틈이 없었던 시절.

가끔 남들은 도시락 싸들고 칠불암까지 갔다오는 행운을 누리기도 하지만 나에게는 그런 기회나 여유란 꿈도 못 꿀 일이었다. 오직 일 속에서 하루 해가 뜨고 지는 것이었다. 범어사 행자생활의 엄격한 고행을 능가하는 일이었으므로 나는 그때를 '지리산수도상(智異山修道相)'이라고 불러 본다.

그러나 사람은 아무리 바빠도 그 일이 익숙해지면 잠시나마 틈이 생기고 여유를 얻게 되나 보다. 역시 그 바쁜 쌍계사 행자생활에서도 나만의 즐거움은 있었다.

내가 혼자 누린 즐거움은 화개장터에 내려가는 일이었다. 사실 나는 장에 간다 해도 사물에 대한 분별력이 없고, 나이가 어렸기에 물건 볼 줄도 몰랐고, 좋은 물건 고를 줄도 몰랐다. 화개장터 노점에서 콩나물

장사하고 있는 쌍계사 신도 할머니(보살)가 나대신 물건을 사서 챙겨
주는 대로 지고 오는 것이 주임무였다.

시장 가는 날, 바랑망태를 지고 할머니(보살)에게 가서 반찬거리가
떨어졌다고 하면 그 할머니는 절살림을 훤하게 아는 터라 주저 없이
푸성귀를 주섬주섬 챙겨서 나의 바랑망태에 가득 넣어주곤 했다. 그리
고 또 어느 날 재가 있다고 말하면 역시 그 일도 다 알아서 과일이나
나물거리를 바랑에 가득 넣어주는 대로 짊어지고 쌍계사로 올라오면
되었다.

목하 내 나이 오십, 지금도 잊을 수 없는 것은 화개장터 그 할머니의
한결같이 순박한 마음씨다. 그리고 해가 서산에 기울 무렵, 지리산 계
곡(대성골)에서 내려오는 물길을 거슬러 쌍계사를 향해 걷다 보면 석
양의 낙조를 받은 물결은 금빛으로 출렁거렸고, 그 위에 뛰노는 물고
기(은어)들은 하얀 비늘을 햇빛에 드러내며 팔딱팔딱 춤을 춘다. 그 광
경이란 금빛과 은빛의 하모니가 연출한 하나의 환상이었다고나 할까.

아무튼 그러한 섬진강의 풍광은 세월이 흐르는 것과는 아무런 관계
없이 아직도 내 마음에서 생생히 살아 숨쉬는 몇 안 되는 그 시절의
소중하고 그리운 추억이다. 요즘도 가끔 그때의 화개장터와 강변의 풍
광을 떠올려 보노라면 빙그레 웃음부터 먼저 나온다. 화개장터에서 쌍
계사까지 십리는 넉넉히 될 벚꽃 길을 따라 묵직한 바랑을 지고 걸으
면서 산과 강을 번갈아 바라보며 상념에 젖던 일이 엊그제 같기만 한
데 언제 이렇게 나이가 들었나 하는 자조 어린 실소라고나 할까.

큰절 서편의 탑전에 오르면 육조대사의 머리를 모셨다는 육조정상
탑이 있다. 아득한 옛날, 육조스님을 엄청 존경한 신라의 어느 스님이
중국 당나라에 몰래 가서 육조스님의 머리를 끊어 들고 도망쳐 다시

신라로 돌아와 그 머리를 모신 곳이 바로 쌍계사 탑전이라고 했다. 이야기도 재미있지만 너무나 신기하고 궁금하여 나는 절 안에 대중이 아무도 없는 틈을 타서 살그머니 탑전으로 올라가 탑 아래 땅속으로 손을 넣었는데 아무리 넣어도 끝이 없었다. 뻥 뚫린 허공만 느껴졌다. 급기야 몸을 거꾸로 물구나무서듯 엎드려 힘껏 팔을 휘저어 보아도 역시 허공만 만져졌고, 애꿎은 엉덩이만 공중으로 치켜들려 곤두박질치고 말았다.

그 탑전 바로 앞은 옛날부터 이름도 유명한 쌍계사 선방이었다. 그 곳(禪院)에 동당(東堂)·서당(西堂)이 있는데 터가 얼마나 드센지 공부하러 오는 선객(禪客)들은 누구나 한번씩 캄캄한 밤중에 신장(神將)들의 시험을 받아 마당에 내리꽂힌다는 얘기를 듣고 해만 지면 그 근처에 얼씬도 못했던 기억도 역시 새롭다.

어쩌다가 쌍계사 산내 암자인 가까운 국사암에 오르면, 큰절 원주스님이 왔다고 극진했던 비구니 노장님의 환대도 잊을 수 없고, 숨을 헐떡이며 산길 수십 리를 올라가서야 도달하는 불일암 도인(이름을 모름) 스님의 모습도 좋았다. 어린 내가 보기에도 뭔가 비범한 분위기를 띤 그 도인 스님은 어느 날, 소풍삼아 즐겁게 달려간 나를 가만히 바라보며 잔잔히 웃어주었다. 그 친절을 빌미로 나는 겁도 없이 도인 스님의 얼굴을 빤히 쳐다보았고, 급기야 도인의 팔뚝을 손가락으로 만져보며 투명한 살갗 속에 내비치는 실핏줄을 보고 무척 신기해하기도 했다. 도를 잘 닦으면 저렇게 핏줄도 보이는구나 하고 자못 신기하여 큰절에 와서 여러 스님들에게 되물어보기도 했다.

하늘같이 높이 보였던 사숙과 대중들이 나만 남겨놓고 하동 읍내로 출타하고 없던 날, 평소 궁금했던 대웅전 뒤 봉우리의 산줄기를 따라

올랐다. 한 발 한 발 올라가면서 조금만 더 가봐야지 하는 호기심 때문에 자꾸만 발길을 옮겨 놓다가 끝내 길을 잃고 말았다.

어느덧 해는 기울고 어둠은 시시각각 나를 내리눌렀다. 순간 공포감이 엄습해 왔다. 나는 그만 맥이 탁 풀려 그 자리에 털썩 주저앉고 말았다. 그때 평소 노장 스님들이 '관세음보살은 우리 중생들에게 무슨 일이 생겨도 열심히 부르기만 하면 소원을 다 들어주고 문제를 해결해준다.'고 했던 말이 퍼뜩 떠올랐다. 앞뒤 재거나 머뭇거릴 상황이 아니었다. 어둠 깔린 썰렁하고 으스스한 산속에 꼼짝없이 갇혀 한발자국도 옮길 수 없었던 나는 있는 힘을 다해 관세음보살을 불렀다.

그러기를 얼마나 지났을까, 어느 순간 회오리바람이 휙 불어와 내 눈앞에 쌓여 있던 낙엽들을 말아 올리며 저만큼 가고 있었다. 살길이 열리려고 그랬을까, 아니 약속대로 관세음보살의 인도가 눈앞에 나타났던 것일까. 나는 그 광경을 바라보는 순간 예감이 번뜩했다. 저 회오리바람을 따라가면 살게 된다는 직감이 왔던 것이다. 나는 저만큼 낙엽을 말아 올리며 앞서 간 회오리바람을 따라 사정없이 뛰기 시작했다.

그렇게 한동안 내달리는데 내가 달려가는 앞쪽이 점점 환해지고 그 길을 계속 가면 살 것 같은 확신이 들어서 숨가쁜 줄도 모르고 더더욱 앞만 보고 계속 달렸다. 역시 나의 예감은 적중했다. 어느 모퉁이를 돌아서는 순간, 어둠 속에서도 분명 대웅전 용마루가 느껴졌다. 나는 그제야 걸음을 천천히 하여 턱까지 차 올랐던 호흡을 고르며 비로소 가슴을 쓸어 내렸다.

어리석음은 또 다른 이름의 순수함일까. 쌍계사 시절, 제2의 행자생활은 어리석었던 만큼 더 순수한 시기였다는 생각을 해본다.

스님의 다음 명령이 떨어질 때까지 나는 쌍계사 후원에서 그 고된 행자생활을 참으며 살았다. 남들은 한 번으로 족한 행자생활을 나는 두 번이나 했으니 역시 행운이라고 말해야 할 것이다. 힘들었던 만큼 스님의 한량없는 은덕과 관심이 더 지극하고 크다는 것, 스님의 특별 지시로 생전 처음 가게 된 쌍계사, 지금도 스님의 명령만 있다면 그 어디라도 서슴없이 달려가고 싶다.

(월간 「풍경」, 2001년 11월호에 실린 글의 原文)

제 11 장

海印三昧

해 인 삼 매 는 세 계 평 화 의 완 성 도

人靜畵樓明月夜　　달밝은밤 그림같은 누각에올라

醉哥歡酒落花前　　노래하고 기쁜것도 잠깐이라네.

해인삼매(海印三昧)

위말라시리 마하테라(大長老)는 스리랑카의 고승으로 현재(2001년) 한국 나이로 81세가 되었다. 마하테라는 젊은 시절 태국에서 공부했는데 그때 함께 유학생으로 공부했던 스님이 한국의 홍교스님(그 당시)이었다. 무려 수십 년이나 지난 그 당시에 함께 공부하며 친분을 쌓은 인연 덕분에 우리 절을 방문하게 되었다. 그 자세한 내용은 이러했다.

홍교법사님이 이곳 도피안사에 거처를 정하고 함께 생활하게 되자, 우리는 하루 세 번 공양 때마다 만나게 되는 일상의 접촉을 통해 자연스럽게 동서양을 비롯한 세계의 역사와 정세 등, 불교와 시사에 관한 여러 이야기를 주고받았고, 새로운 정치문제나 종단 이야기를 거론하게 되었다. 그 과정에서 스리랑카의 대표적인 고승 위말라시리 장로이야기도 떠올랐다. 그 이야기 끝에 의기 투합한 홍교 사숙과 나는 결국 우리 절에서 장로를 초청하기로 의견의 일치를 보았다.

위말라시리 장로는 우리 절에서 초청하기 전에 한국에 상당한 지인들이 있었고, 이미 그들로부터 초청을 받은 상태였다. 왜냐하면 한국에서 스리랑카로 유학 가는 학인 스님들은 거의 위말라시리 장로의 절에서 생활했기 때문이다. 그만큼 장로는 한국에 대한 깊은 이해와 우정과 배려를 아끼지 않았던 것이다. 장로는 오랜 기간 동안 한국의 유학승들에게 온갖 편의와 혜택을 베풀었고 또 각별한 관심과 협조를 아끼지 않았다. 장로의 그러한 덕화로 이루어진 한국과의 인연이었고 지인(知人)관계였던 것이다. 그런 폭넓고 두터운 인연이 있었음에도 불구하고 젊은 시절 함께 공부했던 옛 인연을 소중하고 아름답게 여겨 다른 곳에서의 초청을 모두 마다하고 홍교법사님의 초청을 우선하였던 것이다.

위말라시리 장로는 한국에 오면서 부처님의 진신사리 1과와 흑단향 나무로 조성한 석가모니 부처님의 성상(聖像) 1위를 모시고 왔다. 이는 실로 우리나라의 경사이고 우리 절의 큰복이 아닐 수 없는 지극히 희유한 일이었다. 그것은 창건불사 중에 있는 우리 절, 즉 도피안사에 내린 부처님의 각별하신 가호와 은혜였으며 지극한 인도였고 특별한 선택이었다는 생각이 든다.

나는 그 해 부처님 오신 날(5월 3일), 대웅전에서 위말라시리 장로 일행이 이운(移運)하신 불사리(佛舍利)와 성상을 봉안하면서 너무나 큰 감회와 감격을 느꼈다. 초파일에 동참한 모든 신도들과 함께 무릎을 꿇고 불사리와 성상을 친견하는 예식을 엄숙하게 올렸고, 부처님 사리탑을 이곳 도피안사에 세울 것을 발원하였다.

남방 스리랑카의 위말라시리 장로 일행은 초파일 봉축 3부 행사로 준비한 '마정수기법회'를 자비롭게 이끌어 주었고, 내가 봉행하는 모든 봉축식순 과정을 주의 깊고 관심 어린 표정으로 살펴보았다. 그리고 우리 절 각 법등에서는 초파일 전에 지역법회를 열어 대장로를 법사로 모셔 법문을 경청하고 공양을 올렸다. 이미 신도들과는 초파일 전에 상견례를 마친 셈이고, 법 인연을 맺은 다음 초파일에 마정수기를 받았던 것이다. 그리고 난 뒤 내가 안내하여 불광사로 스님을 예방했다. 미리 불광사에 연락을 하고 스님의 건강을 체크했다. 혹시나 스님에게 무리가 되거나 또는 남방의 고승들에게 결례가 되어서는 안 되기 때문이었다.

불광사에 도착한 남방의 대덕들은 먼저 대웅전에 가서 참배하고 절과 유치원을 두루 둘러본 뒤 법주실로 향했다. 세속의 연령으로는 남방에서 오신 대장로가 여섯 해나 앞서 있었지만 스님은 오랜 병고로 인해 허약해진 탓에 기력과 체력은 비교가 되지 않을 정도로 더 노쇠해 보였다.

사람이 사람을 알아보는 것은 서로 소개하고 약력을 살펴보아 아는 것보다 처음 만났을 때 척 보면 이미 모든 것을 간파하는 것 같다. 특히 정신적인 수행을 많이 한 고승들일수록 그런 직관의 힘이 일반인들보다 뛰어나다.

두 분은 처음 만나 서로 아무런 말이 없었지만 이미 표정과 눈빛으로 극진하게 마주하고 있었다. 병약하신 스님보다 남방의 장로가 훨씬 공경스러운 자세를 취했다. 장로도 스님처럼 자비심이 깊었다. 스님은 시자의 도움이나 주변의 부축 없이는 의자에서 잘 일어설 수조차 없는 거동이 매우 불편한 상태였다. 그런 불편이었기에 의자에 앉은 채 간신히 절을 했다. 절을 했다기보다는 절하는 흉내만 낸 것에 지나지 않았다. 그러기에 의자에 앉아 절을 했다지만 사실은 절을 받는 입장이 되고 말았다.

1998년 5월 5일, 스리랑카 위말라시리 장로의 불광사 참배 때.

남방의 장로는 스님의 발 밑, 방바닥에 무릎을 꿇고 앉아서 연신 바닥에 머리를 두드리며 남방식 기도와 축원을 올렸다. 스님을 바라보는 남방 장로의 눈동자에는 간절한 자비심과 우정이 줄기줄기 뻗어 나왔다.

그렇게 한동안 남방식 기도를 마친 뒤에서야 스님 맞은편 의자에 자리를 잡았다. 그때 나는 두 분의 모든 언행을 남김없이 내 마음 창고에 깊이 간직하려는 각오를 다잡고 약간 긴장한 모습으로 한쪽에 서 있었다. 사람의 의사소통은 말을 하거나 몸짓이나 흉내를 내어서 이루어지는 것 같지만 사람이 순수할수록 직관으로 단박에 상대의 마음을 읽고 느끼며 접한다는 생각이 두 분 선지식들의 대면을 통해서 새삼 느꼈다.

　그 당시 선객(禪客)인 지산스님이 통역을 맡았지만 오히려 곁에서 가만히 두 분의 태도만 주시하고 살피는 구경꾼이나 관객의 입장이 되고 있었다. 두 분은 마주 앉아서 그대로 침묵 속으로 들어갔다. 두 분이 상대의 침묵 속으로 얼마나 깊이 들어갔는지는 아무도 모른다. 그러나 사실 그것은 침묵이 아니었다. 마음의 교류인 순일한 직관은 이미 말 이전의 많은 말을 나누어 남김 없이 서로 통했을 뿐만 아니라 삼천대천세계를 돌고도 남았을 일이다. 두 분은 고차원의 의사교환을 남모르게 하고 있었기에 이미 알 것 다 알아버린 셈이라고나 할까. 그러니 무슨 군더더기 같은 말이 더 필요하며 통역이 필요했을까. 오히려 번거로움만 더할 뿐이었을 것이다. 그런 것이 내 눈에 목도(目覩)되었다.

　시간이 지날수록 두 분의 얼굴에서는 빛이 일기 시작했다. 그것은 차분하고 안정된 표정과 조금도 파도치거나 물결일지 않는 파장 너머의 마음 파장이 어느새 일치하고 있음을 나타내는 것이었고 밀접하게 교감하며 함께 작용하고 있는 것을 나타내는 것이기도 했다.

　일반인들은 대개가 서로 만나서 말없이 가만히 있으면 순식간에 분위기가 굳어지거나 어색해지는 법이다. 그렇기에 업무적인 할 말이 없으면 하다 못해 우스개 소리라도 해야 하고, 평범한 날씨 이야기라도 늘어놓아야 하며, 그도 아니면 없는 사실을 지어내어서라도 침묵을 깨야 한다. 일반적으로 사람을 만나서 아무런 말없이 침묵을 하게 되면 큰 결례라고 생각한다. 그래서 침묵은 가급적 피해야 하는 것이고, 또 서로 화기애애하고 분위기가 좋았다고 하는 것은 우스개와 유머가 있어야지 침묵이 있어서는 안 되는 것이다. 어쨌든 그 만남이 성공적인 만남이 되게 하려면 우선 침묵이 있어서는 안 된다.

그런데 두 분은 말없는 침묵 속에서 한참이나 시간이 지났는데도 방 안의 공기는 오히려 처음보다 평안하고 안락했으며, 차츰 시간이 지날수록 따뜻함이 방안 가득 충만함을 느낄 수 있었고, 깊고 심오한 자비가 교류하고 있음을 동석한 사람들이 느낄 수 있게 되었다. 내가 두 분, 남북방 고승들의 법거량 인연을 주선하였기에 그 분위기를 살려내는 책임도 자연히 따랐는데, 그 점에 있어서 따로 노력하거나 특별히 애쓰지 않아도 괜찮았다. 나는 고승들의 평화적인 기운의 흐름 한가운데서 무심 경지를 마음껏 체험했다. 그리고 왜 고승인가 하는 답을 그 자리에서 다시 얻었던 것이다.

이것을 무엇이라고 말해 볼까? 해인삼매(海印三昧)라고 말해도 좋을까? 천하의 호사가나 논객들이 비수를 들이대지 않을지, 그렇다 하더라도 그 날 겪은 나의 체험은 스리랑카와 우리나라에 가로놓인 태평양을 능가하는 해인삼매였다. 모든 것이 다 들어 있는 원만구족의 고요함이었고, 살아 움직이는 생명의 환희가 출렁이는 파도 같은 약동이었다.

그 후 서로 통역을 통해 몇 마디 주고받은 말들은 사실 껍질이었다. 그런 분위기에서 의례적인 것은 오히려 어색한 것이고 또 알맹이와 껍질이 대별되는 순간이기도 했다. 노인의 깊고 안정된 눈빛 속에는 젊은 사람들이 눈치채지 못하는 세월의 그윽함이 있고 은밀함이 있다.

그 날의 남북방 노인 대좌는 시간을 초월했고 장소를 초월한 만남이었다. 그래서 만남 이전의 만남이라고나 해야 할까, 아무튼 남북방의 대면은 점심나절부터 거의 해거름 때까지 이어졌지만 결코 많은 말을 주고받은 것이 아니었다. 이미 시공을 벗어났고 출세간마저 초탈한 무위의 경지, 그대로였다.

뿐만 아니라 거기에는 모든 것이 정지된 듯한 고요가 있었고 밀밀함
이 있었기에 불교마저도 벗어난 지 오래여서 다시 벗어나야 할 그 무
엇도 두 노인들에게는 없는 듯했고, 시간도 공간도 모두 사라져 버린
고요와 밝음, 그 위로 한없는 평화와 자비의 물결만이 소리 없이 흘렀
다. 그것이 두 분의 만남, 내 눈앞에 벌어진 해인삼매였다.

동산 노스님의 후계자

불모(佛母) 석정스님은 일찍이 스님을 만나 평생 도반(道伴)이 되었다. 석정스님은 일생을 살면서 스님에게 항상 처음과 같은 우정을 간직했으며, 스님 입적 후에도 스님과 관계되는 일이라면 멀고 가까움을 생각지 않았고 쉽고 어려운 계산을 따로 한 적이 없다. 모든 것이 스님 생전 그대로였고 오히려 입적 후에 스님에 대한 더 알뜰한 우정을 나에게나 주변에 보이고 느끼게 했을 정도다.

대개의 경우 서로 왕래하면서 지낼 때 우정도 있고 교분도 있는 것이지, 당사자의 사후까지 우정이 고스란히 미치는 것은 흔치 않는 일이다. 그런데도 석정스님은 심지어 이곳 도솔산까지 걸음을 하여 스님과의 영별을 힘들어 하는 나에게 용기와 격려를 듬뿍 안겨주기도 했다. 석정스님은 그 당시 내가 스님에 대한 책(시봉일기)을 계속 만든다고 했을 때, 그 바쁜 중에도 격조 높고 뛰어난 그림(禪畵)을 수십 장이나 그려 보내 컷으로 쓰도록 했다.

이 또한 나에게는 스승의 은혜라고 말하지 않을 수 없고, 무엇과도

바꿀 수 없는 귀하고 소중한 윗대의 우정이 빚어낸 은혜임을 부정할
수 없다. 이런 진기한 일(友情) 역시 절집이나 세간에 그리 흔한 것은
아니다. 그러한 석정스님은 나를 보면 으레 스님 이야기만 줄곧 했다.
스님의 면모를 보게 하려는 배려였으리라.

　"익히 알다시피 광덕스님은 처사로서 오랜 세월을 절에서 지내신
분이었어요. 그러한 고 처사 시절에도 불법에 관한 일이라면 몸이나
목숨을 돌보지 않았으며, 물불을 가리지 않고 뛰어들어 애를 쓰시고
노력하신 분이지요. 자기 개인에 대한 계산으로 주저하거나 몸을 사리
는 그런 분이 아니었던 것이지요.

　나와 광덕스님은 함께 같은 시대를 호흡하고 살아왔으면서도 나는
마치 딴 세상 사람을 보는 것처럼 생경하게 느껴질 때도 많았어요. 그
런 광덕스님과 나는 서로 뜻이 맞고 고뇌와 아픔을 함께 하며 살긴 했
어도 광덕스님의 뛰어난 헌신과 위법망구(爲法忘軀)를 보면 마치 옛
사람을 대하는 것 같았어요.

　그리고 광덕스님은 처사시절이나 나중 스님이 되어서나 한결같이
신심이 대단한 분이었어요. 내가 지금 송암스님을 앞에 앉혀놓고 말로
쉽게 해서 그렇지, 실제로 신심에 있어서 우리들 범인의 상상을 초월
한 분이었고, 그때나 지금이나 광덕스님의 신심은 동산 노스님 이후
제일 가는 신심이었다고 다들 인정해요.

　세상의 모든 일이 거의가 그렇지만 특히 도 닦는 사람들의 마음가짐
의 본바탕인 신심은 억지로 지어먹어서 되는 것이 아니지요. 마음 깊
은 곳에서 우러나와야 되는 것이지요. 생각해 보세요. 하루 이틀의 일
도 아니고 평생을 한결같아야 할 신심이 마음에서 우러나지 않고서야
억지로 될 법이나 하겠어요. 어림도 없는 일이지요.

그러한 광덕스님의 신심은 시공(時空)을 넘어섰다고 말해도 됩니다. 송암스님, 어디 내 말을 끝까지 마저 들어보세요. 그것은 광덕스님의 신심이 어디에서 살든 그대로였다는 이야기이고 한결같았다는 사실이지요. 즉 범어사에서나 봉은사에서나 그리고 총무원 일을 보는 조계사에서나 또는 잠시 어디 기도를 가서나 설법을 하러 가서나 조금도 다르지 않았고 흐트러지지 않았어요. 실로 놀랍고 매우 귀한 일이었지요.

우리나라가 일제의 압제에서 해방이 되고 곧 이어 동족간의 전쟁이 일어나고, 여러 차례 겪게 되는 사회의 혹심한 변화와 불교정화로 인한 절 안의 대립과 혼란, 여러 어려움이 안팎으로 중첩했을 때 동산 노스님의 솔선수범과 열렬한 신심으로 말미암아 우리 불교의 주소를 잃지 않았으며 수행자의 가풍을 상실하지 않았던 것입니다. 마치 비유하자면 동산 노스님은 한 시대의 횃불 같은 존재였고 부처님의 화현이라고 할 만큼 우리 한국의 현대불교사에 있어서 의미가 깊고 역할이 컸던 대들보였어요.

그러한 동산 노스님의 신심과 광덕스님의 신심을 두고 세속에서 같으면 부전자전(父傳子傳)이라고 말하겠지만 우리 불교에서는 사자상승(師資相承)이라고 표현해야 되겠지요. 그 많고 많은 동산 노스님의 용상대덕(龍象大德)들 중에서 노스님의 신심은 단연 광덕스님이 고스란히 이었어요. 이름 붙이자면 신심 후계자라고나 할까요. 내가 이렇게 말하니까 이것이 전적으로 내 이야기로만 들리고 생각되겠지만 그 당시 범어사 모든 대중들이 다 보고 아는 이야기이니까 그들이 바로 내 이야기의 확실한 증언자이지요."

석정스님의 증언이라는 말씀에 다시 더 무슨 말이 필요하겠는가.

부처님에게 향하는 마음을 신심이라고 한다면 스님의 신심은 넓고 넓은 바다였고 언제나 출렁이는 자비의 물결이며 부처님의 한량없는 공덕을 노래하고 찬탄하는 끝없는 해조음(海潮音)이었다고 할 것이다.

효와 도

　음력 칠월 보름날을 불교의 4대 명절 중의 하나인 우란분(盂蘭盆),
백중이라고도 한다. 이 날은 후손들이 돌아가신 조상님이나 유연 영가
들을 위해 선행을 쌓고 공덕을 지어서 극락세계로 인도하여 모시는 특
별 천도재 날이며, 살아 계신 어버이를 더욱 지극정성으로 모실 것을
다짐하는 효 다짐의 날이기도 하다.

　이 날의 유래는 부처님의 뛰어난 제자 목련존자가 지옥에 빠진 어머
니를 구제한 효행으로부터 비롯되었다. 그 목련구모(目蓮救母)의 효행
을 본받아 우리 한국의 불자들은 해마다 백중이 되면 빠짐없이 기도와
선행을 지어 조상님을 안락국으로 인도한다. 이러한 우란분이 우리 불
교에서는 초파일 다음으로 큰 연중행사다. 이와 같이 뜻과 유래가 깊
은 불자 효행의 날인 우란분일을 일반인들은 잘 모른다. 그동안 이 날
을 주로 절집안 행사로만 치러 왔기 때문일 것이다.

　내가 이곳 농촌지역으로 들어온 지 어언 10여 년, 그동안 거의 대처
에서만 살다가 이렇게 시골 인심 속에 파묻혀 함께 살다보니 지금까지

대처의 바쁜 생활에서 소홀하게 생각하고, 또는 잊고 살아왔던 부분이 아직도 우리 곁에 많이 남아 있음을 발견하게 되었고 깨닫게 되었다. 그것은 바로 인간 공도(公道)의 길인 늙음에 대한 절실한 자각이었다.

우리 절 이웃마을에 사는 육칠십 된 아들 내외가 팔구십 된 어버이를 모시고 사는 일을 보게 되었다. 머리가 하얗게 센 노인들이 '아버지, 어머니' 하면서 또 다른 노인의 수발을 드는 것을 곁에서 바라보며 나는 일평생 추구한 도를 드디어 눈으로 직접 보게 되고 가슴에 안게 되었다. 과연 그때의 내 심정을 무슨 말로 다 표현할 수 있을까?

세계의 그 많은 나라 중에서 오직 우리나라에만 있다는 이 효사상, 자자손손 오래도록 물려주고 싶다. 불교는 인간의 모든 생명질서 중에서 효를 가장 우선하며 중시하고 있다. 그런 까닭에 이제부터는 효성(孝聖) 목련존자의 효행을 따르는 불교의 칠월 백중날을 절집에만 두지 말고 마을로 들고 내려가서 그 늙은 효자·효부와 함께 해야 하리라 생각해 본다.

그래서 나는 생전, 효에 대해서 너무나 지극했던 스님의 가르침을 기리기 위해 스님의 법호(法號)를 따서 '금하효행상(金河孝行賞)'을 제정했다.

인간의 늙음(老, 불교의 四苦 중 하나)은 인간 스스로가 만든 모든 인위적인 가치(도덕·윤리 등)보다 우선되어야 함을 깨닫고, 이웃과 함께 어울려 살면서 남을 비난하고 벌주는 일보다 칭찬하고 상주는 일이 더 많은 사회가 결국 좋은 세상(극락)이라고 생각해 본다.

(「조선일보」, 2001년 8월 24일에 실린 '孝와 道'의 原文)

스승과 제자

인간은 태어나서 평생 동안 수없이 많은 사람들을 만나게 되고, 거기서 무수한 인간관계를 형성하면서 살아가고 있다. 그러기에 삶이란 어쩌면 끝없는 인간관계의 연속인지도 모를 일이다. 그런 무수한 인간관계 속에 살다보면 자연히 문제가 발생하게 되고, 문제의 발생은 대부분 고통을 수반하기에 그것을 해결하기 위해 타협하고 협상을 벌인다. 이런 끝없는 문제의 연속과 해결해 가는 과정에서 어떻게 해야 진정한 평화를 찾고 행복을 누리며 안락하게 살아갈 수 있을까 하는 이것이 우리의 숙제이며 모두의 고민이기도 하다.

그리고 이에 대한 참된 해답은 역시 인간 내부에서 찾는 수밖에 없다. 겉으로 나타나는 인간관계는 아무리 성공적으로 잘한다 해도 한갓 미봉책에 지나지 않는 것이 대부분이다. 이제 우리는 미봉책이 아닌 보다 바람직한 방법을 찾아 나서야 한다. 그러한 노력으로 인간관계에 있어서 가장 중심 되는 근본을 다시 찾아 세운 뒤 각자의 삶에 정진해야 할 것이다. 무슨 일이든지 중심이 잘 잡혀 있으면 여타의 것은 별

힘들이지 않고도 잘 될 수 있다.

그렇다면 무수한 인간관계의 근본은 무엇일까? 모든 인간관계를 평화롭게 할 비결은 과연 무엇일까?

우선 이 자문에 대한 자답을 미리 말하자면 스승과 제자라고 말하고 싶다. 스승과 제자의 관계는 사랑과 존경으로 맺어진 가장 이성적인 관계이고, 지극한 실천으로 도달하는 노력의 결과이며 그 결정체이리라. 그렇다면 스승과 제자 사이의 내용(眞實)인 사랑과 존경은 어디서 온 것이며 그 실체는 무엇인지? 이 질문에 대한 답도 찾아보자.

스님은 재세시에 제자들을 깨닫게 하기 위하여 수많은 노력과 인내를 감수했다. 스님의 육신은 어쩔 수 없이 세월 속에 점점 노쇠해 갔지만 거기에 조금도 아랑곳하지 않고 한결같이 제자들에게 가르침을 베풀었다. 때로는 말못할 심적 고통마저도 묵묵히 참고 이겨내면서 오직 제자들을 가르치고 바른 길로 이끄는 스승의 직분을 끝까지 놓지 않았다. 나는 그런 광경을 보면서 남의 스승이 된다는 것이 얼마나 큰 고역인가를 새삼 느끼기도 했다. 이제 스님께서 열반에 들고 난 뒤 다시 곰곰 생각해 보니 스님의 한량없는 자비의 힘이 더욱 크게 느껴지고 소중함을 절감하게 된다.

그렇다면 스님이 제자들을 이끌었던 그 힘, 나는 도저히 감당할 수 없을 것같이 느껴졌던 그 힘은 도대체 어디서 생겨났으며, 또 그 힘의 실체는 과연 무엇인가에 대해 깊이 생각해 보지 않을 수 없다. 어느덧 세월이 흘러 이제 나도 나이 값을 해야만 할 절박한 때가 된 때문이기도 하다. 그러기에 비록 때늦은 일이 되긴 했지만 지금부터라도 서둘러서 그 대답을 찾아야 하는 것이다. 그 대답도 역시 나의 스님에게서 찾을 수밖에 없을 것 같다. 마치 물의 근원을 찾을 때는 물이 흘러온 물길을 벗어나서는 불가능하듯이 말이다.

스님 생전의 일상을 조용히 떠올려보면 스님은 언제나 깨끗한 모습으로 생활했다. 마음 어느 한구석에도 그 무엇을 따로 담아두지 않았다. 어느 때나 한결같이 깨끗하게 비우고 일상을 조촐하게 살았다. 그러니까 스님의 삶, 그 어디에서도 찌꺼기를 느낄 수가 없었던 것은 스님이 철저하게 비우고 살았기 때문에 가능한 일이었다는 말이다.

스님은 비움을 통해 스승의 자격을 갖추었다. 철저하게 비울 수 있었기에 스님에게는 언제나 지혜와 자비가 넘쳐흘렀던 것이다. 나는 스님의 그런 모습을 오랫동안 바라보았기에 진정한 '스승과 제자'의 올바른 관계는 오직 비움에 있다고 생각한다. 사랑과 존경, 그리고 무한한 자비는 비움(空)에서 비롯된다는 사실을 이제 더욱 절실하게 깨닫는다.

불광사 보광명당에서 법회 때의 스님과 대중.

그래서 고인이 말하기를 '비움(空)은 만덕(萬德)의 근원이며 만행(萬行)의 근본'이라고 하지 않았던가.

과거 우리의 훌륭한 모든 스승들은 이와 같이 마음을 비웠기에 밝은 거울이 될 수 있었고, 그 거울로 제자를 비추고 주변을 비추고 역사와 민족을 비추어 올바른 인생을 살도록 인도했다. 마찬가지로 오늘날 우리가 훌륭한 부모가 되고 참 스승이 되고 싶으면 누구든지 먼저 자신을 비워야 할 것이다. 또 참된 제자가 되어 학문을 대성하고 싶은 사람이나 내지 어느 곳에서 무슨 일을 하든지 진실을 찾는 사람이라면 무엇보다 먼저 자기를 비우지 않으면 안 될 것이다. 또 부처님의 혜명을 이어 대비구세의 보살이 되고자 하는 불교의 모든 수행자도 마땅히 자기를 비워야 함은 더 말할 나위도 없겠다. 그러기에 오늘의 우리는 과연 얼마나 비우려고 노력하며 또 비우고 살고 있는지 응당 관조할 일이다.

그렇지만 비움이란 한갓 기분이 아니다. 또한 언뜻칭 던져보는 한마디 말도 아니다. '비운다'는 것, 그것은 거짓 자기를 과감히 버리는 것이다. 그리고 거짓 자기를 버리기(비움) 위해서는 뼈를 깎고 살을 저미는 아픔을 넘어서야 비로소 가능한 것, 그래서 비움은 새로 태어나는 것과 같다.

비록 인간 세상에서 한때 사람들로부터 성인(聖人)이나 현자(賢者)로 칭송받는다 하더라도 자신을 철저히 비우지 못하면 결코 그 가르침은 오래 가지 못하고 칭송도 곧 비방으로 바뀌게 되고 말 것이다. 설령 오늘날까지 그 가르침이 다행히 남아 있다고 해도 비우지 못한 가르침은 미움과 배신, 갈등과 투쟁 등 온갖 대립적 독소를 낳게 되고 독선을 키워서 더 큰 재앙을 인간 세상에 불러들이고 말게 된다. 그래서 비우지 못한 가르침은 차라리 없느니만 못할 때도 있다. 아무튼 비우지 못하므로 발생하는 정신 생명의 독소는 결국 인간을 고통 속으로 몰아넣는다는 것을 우리는 현실의 체험으로 잘 알고 있다.

스님은 비웠기에 반야바라밀결사를 일으켜 세계평화운동을 시작했고, 수많은 불사를 이루어 한국불교의 새물줄기를 형성했다. 20세기 인도의 성자 간디는 비울 줄 알았기에 비폭력의 가르침으로 인류를 구했고, 자신의 가슴에 총을 쏜 청년을 용서하고 숨을 거두었다. 부처님은 육년 고행을 통해 비웠기에 삼계(三界)의 스승, 사생(四生)의 자부(慈父)가 되었으며 마지막 순간 자신을 죽게 만든 대장장이 춘다에게 하늘에 태어날 것을 축복할 수 있지 않았을까. 비움, 이 모든 인간관계의 근본을 다시 깊이 생각해 보게 된다.

(「조선일보」, 2001년 9월 28일에 실린 '자신을 비워야……'의 原文)

월간 「불광」에 싣지 않았던 원고

스님은 '불교교리 발달'이라는 말을 끝내 인정하지 않았고 수용하지 않았다. 그것이 아무리 학문적인 증거와 논거가 있다 해도 법을 대하는 스님의 원칙과 기본 입장에서 용납이 불가능하였던 것이다. 교리발달이라는 말 속에는 시대의 변천에 따라 새로운 부처님의 가르침과 교학이 그때그때 다시 성립되거나 개조하여 발전이라는 이름으로 등장한다는 뜻을 내포하고 있다.

스님은 경전을 역사적인 관점과 이론으로만 배열하고 연구하다 보면 대승비불설(大乘非佛說)이라는 엉뚱한 말도 나오게 되고, 그렇게 되면 신앙은 순수하게 커갈 수 없을 뿐만 아니라 부처님의 근본 뜻을 크게 왜곡시킨다고 보았다. 스님은 각자의 신앙이 크면 큰 교리도 그 안에 온전히 있다고 보았던 것이다.

시간과 장소를 초월하여 큰 신앙이 나타나면, 바로 그 뛰어난 안목이 세상을 비추게 되는 것이다. 이는 스님의 주장을 떠나 너무나 당연한 이치다. 내가 학교에서 배운 얄팍한 경전지식으로 스님께 이러한 부분을 여쭈었을 때 스님은 평소의 온화함 대신 엄격하고 단호한 표정과 목소리로 나의 한계와 잘못을 엄히 지적하여 고쳐 주었다.

"송암, 소위 우리가 구분해 놓은 초기경전, 대승경전 그 모두가 불설이라는 신앙을 철저히 가져야 해. 응병여약(應病與藥)이라는 말 잘 알고 있지. 부처님은 중생의 병에 따라 그때그때 약을 주셨기에 천 가지 병에 천 가지 약일 뿐이야. 병은 중생성(衆生性)이고 약은 부처님의 가르침(慈悲)이지. 병이 다르니까 물론 거기 따라 약도 다른 것은 당연한 일. 그런 까닭에 나는 부처님께서 아함과 대승을 동시에 설하였다고 생각하고 또 그렇게 믿고 있어. 다만 약을 받는 입장, 즉 부처님의 가르침을 받는 청중의 여러 가지 입장(시대에 따라 달라지는 根機, 사람에 따른 성숙도)에 의해서 구분되고 나뉘어졌을 뿐이야. 그러므로 대소승이 모두 부처님의 직설이며 친설이시지. 우리 불광의 입장은 대승비불설이라는 말을 철저하게 배격하는 것이고, 원래 그런 말은 없는 것이야. 그래서 나는 월간 「불광」에 '교리발달'이라는 용어나 주장을 싣지 않을 뿐만 아니라 그런 원고가 들어오면 편집권을 발동하여 삭제하거나 필자 본인에게 연락하여 바꾸곤 했어.

부처님의 진리, 즉 깨달음은 시간과 장소에 따라서, 또는 어떤 연유에 따라서 달라지는 내용이거나 애매모호한 표현이 아니라는 사실을 바로 알아야 해. 경을 제대로 읽은 사람이나 조사어록을 바르게 읽은 사람이라면 이런 얘기 자체가 시간낭비라는 것을 잘 알 거야. 부처님의 대각은 언제나 조금도 변함이 없고 시공에 따라서 달라지거나 소멸하는 것이 아니거든. 그러한 근본을 잘 숙지하고 잠시도 잘못된 길로 들어가지 않기를 바래."

나는 이미 몇 번이나 똑같은 양심선언을 했지만, 내가 스님 곁에 있을 때가 참으로 의미 있는 시간이었다는 것을 다시 솔직하게 고백하지 않을 수 없다. 그 어느 곳에서도 얻지 못할 핵심을 얻었고 무진보장(無盡寶藏)을 스님의 직지(直指)하에 그대로 만났던 것이다.

해바라기

1987년 초, 불광유치원 건물을 완공한 뒤 부지런히 내부 교육시설을 갖추어 나갔다. 처음부터 유치원 전용건물로 설계하고 지었기 때문에 인근에서는 보기 드문 시설 좋은 유치원이었다. 옥상에는 수영장과 놀이터를 갖추었고 석촌호수를 자연학습장으로 사용할 수 있는 지리적인 이점도 있었다.

아무튼 불광유치원은 여러 가지 좋은 여건과 시설을 제대로 갖추어 새로 개원하는 곳이 되었다. 또 '천진 부처님(院生)'을 모시는 불사의 장소이니 만큼 관계자들의 마음의 준비도 남달라야 하고, 내부 모든 환경과 교육 기자재도 우수한 것으로만 골라야 했다. 그러한 까닭에 생각보다 비용이 많이 들었다. 어린 부처님들이 뛰노는 공간이라 스님의 관심과 배려도 각별하고 도타웠다. 원장 이하 여러 관계자들도 한마음이 되어 온갖 정성과 공을 들여 어느 면에서나 손색이 없다고 자부할 수 있었다. 그리고 시설 못지않게 역점을 두었던 것은 훌륭한 선생님을 초빙하는 것이었다.

생일을 맞이한 유치원 어린이들과 환담하는 스님.

그래서 훌륭한 교사를 초빙하여 사전에 유치원 교육방침을 토의하고 교육방법에 대해서도 교사 각자가 사명감과 책임감을 느낄 수 있도록 융숭하게 대우했다.

모든 준비가 원만하여 드디어 1기 원생 모집에 들어갈 때, 유치원 운영위원회 이사장인 나는 유치원을 상징할 수 있는 심벌을 만들기로 관계자와 협의했다. 설립자인 스님께 최종 재가를 받기 위해 그 필요성을 설명하자 대뜸 스님은,

"이봐, 해바라기가 좋겠어."라고 했다.

나는 약간 의외였다. 해바라기는 흔히 지조 없는 사람들을 일컬을 때 들먹이는 말이어서 사람들에게 별로 호감을 못 받는 꽃이 아닌가 하는 생각이 들었기 때문이다. 그런데도 스님은 미리 준비해 놓고 내

가 말을 꺼낼 때까지 기다렸다는 듯이 결정적으로 단정하여 말씀했다. 스님의 뜻이 워낙 확고하여 나는 감히 다른 의견을 거론할 엄두도 내지 못한 채 물끄러미 스님을 바라보며 앉아 있었다. 그런데 나와는 달리 해바라기로 결정한 스님은 무척 즐거워 보였고 기뻐하는 표정이었다. 스님은 뭔가 뜨악하여 앉아 있는 내 눈치를 알아차렸는지 다시 부연 설명을 덧붙였다.

"일반적으로 해바라기에 대해서 좋지 않은 생각을 갖고 있지만 그것은 잘못된 것이야. 해바라기가 해를 따라서 움직인다고 하는 것은 얼마나 대단한 일인가. 단지 태양을 권력이나 돈으로 보지말고 생명의 원천인 빛, 그 자체로만 보면 그런 잘못된 생각은 사라지지 않겠어. 그리고 우리 불자는 거기서 한 걸음 더 나아가 태양을 부처님이나 부처님의 가르침인 진리로 생각해야 돼.

아무튼 여러 가지 비유 중에 부처님을 따르는 우리들의 자세를 쉽고 간명하게 표현하기에는 해바라기가 가장 적합한 것이기도 하지. 그래서 우리는 해바라기가 태양을 따라 돌듯이 부처님 진리를 우러르고 따르고 향해야 함은 너무나도 당연하지 않겠어. 그러니까 나나 이사장이나 또는 선생님들, 원생들 모두가 태양을 그저 자연계의 일부로만 보려고 하지말고 부처님의 가르침으로 봐야 해. 지구상의 모든 동식물에게 태양은 어떤 존재야? 마찬가지로 우리 인간에게 부처님도 역시 태양과 같아. 그렇게 태양을 부처님으로 생각한다면 해바라기야말로 우리가 닮아야 할 좋은 상징이고 목표이기도 하지. 해바라기의 태도가 얼마나 당연하고 대단한가. 그래서 나는 해바라기가 좋아. 그리고 특히 이사장은 더 열렬한 해바라기 같은 수행자가 되어야 함을 잊지 말고 명심해 줘."

스님은 사물에 대한 이해나 인간의 삶에 있어서나 어느 것 하나 예외 없이 모든 것을 부처님 가르침과 사상으로 합하여 꿰뚫고(會通) 있었다. 유치원 심벌인 해바라기를 통해 나는 스님의 일관된 구도의 모습과 모범적이고 훌륭한 수행자의 태도에 다시 한 걸음 다가선 느낌을 받았다.

스님의 설명은 해바라기를 세속적으로 보지말고 부정적으로 대하지 말며 제대로 보아야 한다는 것이다. 불자는 무엇을 보거나 대할 때라도 항상 진리를 추구하는 마음으로 모든 사물을 대하고 해석해야 한다는 뜻이고 가르침이었다. 나는 평소 깊은 이해 없이 남들이 생각하는 버릇대로 그 물결에 휩싸여 흘러가다가 스님의 적시를 받고서야, 아차 정신을 차리고 해바라기를 다시 보게 되었고 제대로 알고 대하게 되었다.

그로 말미암아 내 가슴속에서 해바라기가 새롭게 꽃피어 올랐다. 그러나 그것이 어찌 내 육안에 피고 지는 해바라기이랴. 심안(心眼)으로 보게 되는 부처님을 향하는 불멸의 진실, 또 하나의 내 자신인 것을.

제 12 장

卽事卽理

이 사 원 융 은 보 현 의 해 탈 경 계

芭蕉葉上無愁雨	파초잎에 근심비는 원래없는데
只是時人聽斷腸	듣는사람 마음따라 단장의슬픔

즉사즉리(卽事卽理)

  1986(2530)년 6월 17일에서 22일까지 6일 간, 불광유치원 건립을 위한 선서화전시회(禪書畵展示會)가 종로 디자인포장쎈타에서 열렸다.

  그때 제방 각처 대덕들의 협력이 사뭇 컸다. 그러한 대덕 중의 한 분이 축서암 수안스님이다. 수안스님은 익히 아는 바와 같이 수행의 여가 중에 선화(禪畵)를 그려 부처님의 법문을 붓으로 전한 그림포교사였다. 그러한 수안스님은 통도사 축서암에서 줄곧 정진하며 전국의 여러 불사에 공헌하지 않은 곳이 없을 정도로 그 활약이 대단하다.

  그러니까 불광유치원 건립 전시회가 성황리에 끝난 그 해, 10월에 수안스님이 서울 안국동에 있는 백상기념관에서 축서암 대웅전 개축 불사를 위한 선화 개인전을 열게 되었다.

  그 당시 스님은 건강이 여의치 못했지만 그 해 유치원 불사 때 협력해준 수안스님의 정성이 고마워서 자리를 떨치고 일어났다. 아마 전시회 개막 하루 이틀이 지난 어느 날로 기억한다. 스님은 힘들게 가사장삼을 차려 입고 잠실에서 종로까지 꽤 먼 거리를 허청거리는 몸을 자신의 의지로 근근히 지탱해 가며 전시장에 도착했다.

스님은 황송하여 어쩔 줄 몰라하는 수안스님에게 다가가 지난 번 불광전시회 때 협력해 준 점에 대해서 다시 치하와 고마움을 전하고, 이번 축서암 대웅전 개축을 위한 전시회에 대해서도 각별하게 노고를 위로했다. 그리고 준비해 간 불사 동참금을 전하며 축서암 대웅전 개축 불사에 보태라고 했다.

수안스님은 스님에게는 제자와 같은 후학이다. 수안스님의 스승인 석정스님과 스님은 도반이기 때문이다. 그런 제자벌인 수안스님에게 스님은 진중하고 은근하여 불사 봉투를 전할 때도 정성껏 두 손으로 건네고, 거기다 따뜻한 격려와 찬사를 더했다. 그러니까 수안스님은 여러 가지 선물을 한꺼번에 받은 격이 되었다.

1, 2층 전시장을 차례차례 둘러본 스님은 의자에 앉아 잠깐 쉬면서 작품에 대한 느낌을 덕담을 섞어서 했다. 그 당시 스님의 짤막한 촌평은 듣는 이의 정곡을 짚고 사람의 의표를 찌르는 마치 이름난 미술 평론과 같았다. 스님의 안목이 매우 탁월하여 곁에 있는 나의 눈이 비로소 활짝 열리는 것 같은 개안의 일구였다. 함께 있던 수안스님의 표정도 사뭇 진지하기 이를 데 없었다. 화가 자신도 스님의 말씀을 듣고 따로 느끼는 바가 있었으리라. 스님은 물 한 모금으로 목을 축이고 다시 수안스님의 노고와 정성에 치하와 격려를 거듭한 뒤, 축서암 불사 잘할 것과 이 행사 잘 마칠 것을 부탁하면서 전시장을 나섰다.

전시장 문밖을 나선 스님은 나에게 조계사로 가자고 했다. 나는 스님이 곧바로 불광사로 돌아가서 휴식할 것으로 생각하고 준비하고 있었는데 뜻밖에 스님은 총무원이 있는 조계사로 가자고 말씀하는 것이었다. 나는 영문을 몰라 잠시 스님을 물끄러미 바라보았다.

"내가 이곳 조계사 부근까지 왔다가 어찌 그냥 발길을 돌려 총무원을 모른 채 하거나 외면할 수 있나? 종단을 위해서 노고가 크신 원장 스님이나 여러 스님을 만나서 인사를 하고 가야 도리지."

나는 스님이 몹시 불편하여 한시바삐 불광사로 귀사할 것으로 생각했고, 또 내 깜냥으로는 스님이 총무원을 방문하지 않고 그냥 절로 돌아간다 해도 누가 뭐라고 말할 것 같지도 않았고 또 허물이 될 것 같지도 않았다. 누가 알든 모르든 간에 으레 스님들은 조계사 주변에 왔다가 자기 볼일이 끝나면 돌아가는 것으로 생각해 왔기 때문이고, 나 역시도 늘상 그렇게 했으니 그것을 당연한 것으로 받아들이고 있었다. 더군다나 스님이 오랜 세월 병석에 있다는 것은 누구나 거의 아는 사실이니 더더욱 문제될 것이 조금도 없다는 생각이었다. 그러나 이런 생각은 어디까지나 나의 작은 생각, 좁은 한계에 지나지 않았던 것.

종단을 아끼고, 종단을 위해 수고하는 스님들을 존중하여 지나치지 않으려는 스님의 자비와 종단 어른으로서의 체통, 인간적인 교양과 대인의 풍모를 그 자리에서 다시 알게 되었다. 마치 안개 속을 오랫동안 거닐다가 갑자기 햇빛을 만난 사람처럼 비로소 모든 사물이 똑바로 보였다. 나의 가슴과 몸, 머리까지 일시에 상쾌해졌다.

스님은 조계사 대웅전에서 절하고 한동안 무릎 꿇고 앉아 있었다. 종단을 위해, 나라를 위해 무엇인가 간절히 기도하는 느낌이 들었다. 오래 전부터 조계사 대웅전의 부처님과 스님은 무척 각별한 사이였을 것이다. 그래서일까, 하고 싶은 이야기도 많은 것 같은 스님의 진지한 태도, 간절한 눈빛이 곁에 있는 나에게도 전해 왔다.

스님은 총무원 청사의 계단을 쉬엄쉬엄 올라서 각 사무실을 다 둘러보았다. 소임자가 없는 방도 있었고 오랜만에 만난 후배도 있었다. 그리고 총무원을 지킨 오랜 일꾼들도 그대로 있었다. 그들은 바로 재가 종무원들이었다. 그들은 오랫동안 스님과도 함께 일했기에 스님을 너무나 잘 아는 분들이다. 그러므로 그들의 반가움은 뭐라고 말로 다 표현이 되지 않을 정도였다. 차마 말을 못하고 스님의 두 손을 꼭 잡고 감격스런 눈길로 마냥 쳐다보기만 했다. 뜻밖에 자신들을 찾아준 스님의 마음에 너무나 반가워했고 감사했다. 줄곧 미소 띤 스님은 마치 당신의 오래 전 모습을 다시 떠올려보는 듯, 종단을 이루고 지키느라 밤잠을 설쳐가며 애쓰던 젊은 시절을 회상하고 그리워하는 듯, 감회 어린 표정이 스님 동안(童顔)에 언뜻 스쳐 감을 그 자리의 증인인 내가 감지했다.

노쇠와 병고로 힘든 몸을 일으켜 고마운 마음을 전하기 위해 잠실에서 종로까지 찾아간 스님, 슬쩍 모른 채 지나치지 않고 사람이 있든 없든 방마다 찾아가서 종단을 위해 노고 많은 소임자들에게 경의를 표하고 위로와 격려를 전하는 스님.

나는 그 날의 모습을 도저히 잊을 수 없다. 그 광경을 잊을 수 없기에 스님의 그러한 용심(用心)과 충정(衷情)도 잊을 수 없는 것이다. 나는 스님의 그러한 모습을 한마디 '즉사즉리(卽事卽理)'로 표현한다. 이치와 실천은 두 말이 아니었고 아무런 간격도 없었다. 스님에게는 모든 것이 원래 그대로였다. 법상 위에서 부처님께만 가만히 올리는 비밀장(秘密藏)이 아니었다. 이치와 실천, 그것은 어느 때나 다르지 않고 무차별한 본래 모습, 바로 즉사즉리의 상주법신(常住法身)으로 원만 현전이다.

겉보기와 속보기

몽골 속담 몇 가지를 먼저 소개하겠다.

'두려우면 싸우지 말고, 싸웠으면 두려워하지 말라.'

'어리석은 자는 무엇을 먹었나를 말하고, 현명한 자는 무엇을 보았나를 말한다.'

'세월에는 꺾여도 슬픔(절망, 이별)에는 부서지지 말라.'

스님의 겉보기는 어쩌면 연약해 보이고 심지어는 여성처럼 가냘퍼 보인다고 말하는 사람들도 있다. 그러나 그것은 어디까지나 겉보기다. 함께 살면서 스님의 내면을 이해하고 접해 보면 사뭇 다르다. 즉 겉보기와 속보기가 다르다는 말이고, 그렇다고 이중적이라는 말은 아니다. 다만 겉으로 사람을 판단하고 이해해서는 감춰진 속 진실을 놓치기 쉽다는 이야기를 하고 싶은 것이다.

세속 삶의 지혜로움이나 굳건함은 위의 몽골 속담과 같겠지만 불교의 지혜나 굳건함은 보다 깊은 인간 내면에서 비롯된다고 해야 하겠다. 그런 내면의 세계에 대해서는 현실의 일상적인 여러 가지 일을 통해 새롭게 느껴지거나 배우는 경우가 많다. 즉 삶 속에서 배우게 되고 얻게 되는 진리, 스님 회하에 있을 때 내가 소임 살면서 힘들어하는 기색을 스님이 알게 되면 위로하거나 격려하기보다는 한걸음 더 나아가 이렇게 근본을 일깨워 주었다.

"송암, 수행자는 항상 근본에 마음을 두어야 일상(日常)이 흐트러지지 않고 비록 어렵고 힘든 일을 만나도 그것을 극복하여 안정과 성장이 있게 돼."

이것은 스님이 나에게 훈도하기 위해서 어느 책에서 인용한 구절이 아니라 바로 스님 자신의 내면의 세계를 보여준 것이고 또 거기에서 퍼올린 신념일 것이다. 스님의 겉보기는 천연의 자비와 수행의 힘에 의해 솟아나는 안정감과 편안함 때문에 언제나 온화한 분위기였다. 그리고 오랜 병고와 육신의 노쇠로 인하여 세월이 갈수록 점점 나약해 보이는 것도 사실이었다.

그러나 속보기는 어느 천하장사도 당해내지 못할 꿋꿋함이 있고 산과 같은 의연한 의지가 힘든 육신을 지탱하고 있었기에 온갖 고통 속에서도 미소를 잃지 않았던 것이다. 그것은 마치 불꽃 속에서도 타지 않는 연꽃이었고, 그 연꽃소식이었다. 각자(覺者)가 '화중연화소식(火中蓮華消息, 불길 속에서 피는 연꽃)'을 통해서 불사(不死)와 불멸(不滅)을 알리듯이 스님도 역시 그와 같았다. 결코 법상의 설법이나 신기한 인연을 통해서가 아니었다. 일상생활 속에서 잠시도 중단 없이 진리생명의 실상을 소리 없이 나부꼈고 주변 사람들에게 손바닥에 올려놓아 은근히 내보였다. 이와 같이 스님의 겉보기는 비록 연약해 보였지만 속보기는 결코 나약하지 않고 겁약이나 왜소가 없었다. 굳이 설명하고 비유하자니 적절한 말을 찾느라 이말 저 말(겉보기와 속보기)이 동원된 것뿐이다. 사실은 전형적인 외유내강(外柔內剛)의 의지형이고 보살형이다.

내가 천일기도 중에 스님의 가르침을 찾아 그간의 살림살이를 샅샅이 뒤지다 보니 스님 일상의 말씀 한마디, 한 구절에 눈길이 멈추게 되었다. 그때서야 비로소 스님의 진실 면모가 다시 내 마음속에 살아나서, 스님의 짧은 언구 하나도 내 생명이 지향해야 할 활로를 열어주고 도약의 토대가 되어 준다는 것을 다시금 깨닫는다. 바로 앞에서 인용했던 구절처럼.

천일기도 속에서 스님의 자취를 다시 더듬어 가노라면 참으로 느낌이 많고 얻는 것이 많다. 심지어는 부처님이 내게 이 일을 맡기려고 그동안의 온갖 배려(?)가 있었던 것이 아닐까 하는 생각이 들기도 했다. 아마 내가 다른 일을 했더라면 매일 스님과 다시 만나는 이런 다행한 일은 아예 없었을 것이다. 꿈도 꾸지 못하고 허둥지둥 일에 쫓겨 살았을 것임에 틀림없다. 기도하면서 이 일(시봉일기)을 하고, 다시 스님의 가르침과 사상을 정리하고 심화시키는 일이 내게는 그 어떤 일보다 다행스럽고 기쁜 일이다. 그러한 마음으로 이곳 도솔산을 바라보면 날마다 새로워 항상 새로 산을 보는 것 같다.

어느 때의 느낌을 이 글 말미에 옮겨본다.

도솔산 밤이 지나 새벽이 되면
몸뚱이에 착 달라붙어 있던 미련(잠)은
부시시한 얼굴에 가득하다가
아래로 처진 눈꺼풀에 앉았다가

데면데면한 볼 언저리를 거쳐
끝내 꽃 피듯 못 말리는 하품을 입에 물고
냉큼 정제로 사라지는 새댁.
그네의 몸짓에서 바람이 인다.
그 바람에 숲은 툭툭 몸을 털고
새는 깨끔발로 가지를 옮겨 보고
늦잠 깬 토끼랑 오소리랑 눈흘겨 인사하고
노루는 숲 그늘에 가만히 몸을 숨긴다.
태초 이래 오늘 처음으로
도솔산이 열리고 있다.
바람을 안고서…….

스님 앞에서 통하지 않는 일

내가 불광사에서 소임을 맡아 살고 있을 때였다. 사제 중에 한 사람이 속리산 법주사 강원을 마친 뒤 불광사에 와서 함께 살았다. 그는 매사에 부지런하고 열성적이어서 스님 회하(會下)에서 같이 사는 것에 대해서 마음 든든하고 흐뭇하게 생각하고 있었는데, 오래지 않아 공부를 더 하기 위해 불광사를 떠났으면 하는 의사를 피력했다.

그는 평소 자신이 부족하게 느끼고 있던 한문(漢文) 공부를 더 하기 위해 동양고전을 주로 연찬하는 교육기관에 정식 연구생으로 들어가기를 희망하였다. 그렇게 되면 그는 불광사를 떠나야 하고, 또 그가 가게 되면 남아 있는 사람들의 역할(일)이 늘어나서 더 바빠지게 되는 까닭에 나는 즉시 반대의사를 밝혔다. 그렇지만 그것이 누가 반대한다고 그만두거나 포기할 일이 아니었다. 사실 출가한 수행자는 부모형제들이 목숨걸고 붙잡는 것도 뿌리친 냉혈(?)들이니까 한번 결정한 것에 대해 번복은 거의 없다고 보면 된다. 결국 그는 머지않아 자신의 소원을 성취했고 나는 가슴에 섭섭함과 아쉬움을 가지게 되었다.

　그로부터 한동안 세월이 흘렀어도 절 일은 갈수록 많아지고 사람 손은 어느 때나 부족하던 터라, 그의 역할이 더더욱 아쉬웠다. 내 마음속 어딘가에 남아 있는 그에 대한 아쉬움은 세월이 갈수록 불만으로 바뀌어 점점 커가기만 했다. 그런 상태에서 어느 날 기회가 왔다싶기에 스님 앞에서 그에 대한 불평을 늘어놓고 말았다.

　"출가수행자가 되어 왜 불경(佛經)은 배우지 않고 유학(儒學)이나 세속의 시문(詩文)이나 읊조려야 합니까? 아무리 생각해 보아도 그가 공부한다고 하는 내용이 영 납득이 되지 않을 뿐만 아니라 허송세월만 하는 것 같습니다. 지금이라도 스님께서 직접 명을 내려서 다시 그를 절로 불러들이는 것이 그에게나 우리 절로 봐서 더 합당하지 않겠습니까?"

　내 말을 다 들은 스님께서는 우선 나를 찬찬히 바라보았다. 나를 바라보는 스님의 표정이 내 말에 담겨 있는 속뜻을 파악하는 것 같기도 하고, 어째서 속이 그렇게 좁은가 하는 무언의 꾸지람 같기도 했다. 그 말을 해 놓고도 한편으로는 마음에 내키지 않는 구석이 있어서 고개를 바로 들지 못하고 가만히 앉아 있었다. 그런 나의 귓가에 스님의 목소리가 울렸다.

　"마음공부 하는 사람(佛子)은 분별이 많으면 안돼. 사실 크게 보면 무엇을 버리고 무엇을 따로 취할 것이 있겠어? 일체 모두가 마음 밖에 있는 것은 하나도 없지. 깨달음을 얻기 위해서는 하나라도 버릴 것도 없지만, 또 따로 하나라도 더 취할 것도 없기에 오직 인연 따라 공부를 부지런히 지어가다 보면 저절로 원숙하게 이루어져. 다만 게으르지 않으면 되는 것이야. 그리고 그는 강당에서 경을 배웠기 때문에 수행자의 공부 길을 잘 알고 있을 거야. 그러니 그의 뜻을 존중하고 잘 도와

주도록 해."

　나는 그만 고개를 푹 숙이고 말았다. 내 너그럽지 못하고 옹졸한 마음이 스님께 몽땅 들켰고 탄로났던 것이다. 그렇다고 스님께서 나를 엄히 힐책하거나 지나치게 말씀하신 것도 아니었지만 나는 한동안 고개를 들지 못하고 바위처럼 앉아 있기만 했다. 그러나 스님의 짤막한 훈도를 힘입어 그동안 내 마음속에 들어 있던 그에 대한 섭섭함을 말끔히 씻어버렸다. 비로소 나는 스님의 가르침을 통해 미워하는 마음에서 벗어났고 즉시에 홀가분해져 새로운 기운이 솟아났다.

　그 뒤로는 그가 머물고 있는 곳에 가서 격려도 하고, 그 날로 돌아올 수 있는데도 일부러 미적거리다 자고 오기도 하고, 무엇 부족한 것이 없나 하고 둘러봐 주며 의도적으로 친하려고 노력하기도 했다. 그 당시 그는 몰랐어도 나는 마음속으로 스님에게 고자질한 것이 미안했던 터라 짐짓 친절과 우정을 베풀어 나의 죄(?)를 뉘우치고 있었던 것이다.

　사실 도(道)의 문중에서 무엇을 취하고 무엇을 버리겠는가. 그런데도 나는 꼬투리를 잡아 남을 비난하고 스님 앞에서 작은 술수를 부렸다. 스님 앞에서 남을 욕하거나 비난하는 일은 도저히 있을 수 없었고 조금도 허용되지 않았다. 설령 제3자가 보아서 누가 충분히 욕먹을 일을 했다고 해도 말이다. 자비스럽기만 했던 스님께도 이렇게 통하지 않는 일도 있었다. 그것이 바로 내가 저질렀던 고자질이나 남을 흉보는 일이었다. 스님께 통하지 않는 유일한 일.

스님은 육정의 신하

옛날 왕조시절, 임금을 모시고 백성을 보살피는 신하의 능력을 여섯 가지로 구분하여 육정(六正)이라고 하였다. 여기에서는 신하라는 직분으로서가 아니라 다양하고 폭넓은 인생살이, 세상살이에서 수많은 인간 유형의 됨됨이를 가늠해 보는 기준으로 생각해 보아도 좋을 것 같아서 먼저 거론하여 살펴보고자 한다.

첫째는 성신(聖臣)이다. 세태의 흐름을 미리 읽어서 작은 조짐에도 국가 존망의 징후를 찾아내어 미연에 방지책을 세울 줄 아는 신하.

둘째는 양신(良臣). 임금의 장점을 북돋우고 결점을 보완하여 바르게 나라를 이끌고자 부단히 노력하는 신하.

셋째는 충신(忠臣)이다. 맡은 일에 두 마음이 없고 늘 선정을 최촉하는 우직한 신하.

넷째는 지신(智臣). 일의 성패를 미리 예견하여 위기대처 방안을 사전에 품의하는 신하.

다섯째는 정신(貞臣)이다. 한마디로 준법청렴한 신하.

마지막 여섯째는 직신(直臣). 직신은 나라가 어지러울 때 임금의 면전
에서 목숨걸고 군왕의 잘못을 간할 수 있는 외곬수의 고집스러운 신하.

신사(2001)년 5월초, 신록이 점점 짙어갈 무렵 이곳 도솔산에 유찬
(幽燦) 박경훈 노사(朴敬勛 老士)가 참방했다. 유찬노사는 스님과 아주
오래된 친분을 가진 재가불자이다. 때마침 점심공양 때라 향기 있는
산나물을 장만하여 점심공양을 대접하고 활공루(活功樓)에 앉아서 차
담을 나누었다. 이것저것 옛날 이야기와 스님의 지나간 젊은 시절 수
행 이야기를 질문했더니 어찌나 유익한 이야기를 다문다문 잘도 꺼내
놓는지, 뜻밖에 옥구슬 몇 바가지나 자루에 퍼 담은 큰 횡재를 한 기분
이 되었다.

숭산행원 스님 불광사 초청법회 때.

그것은 내가 미처 알지 못했던 스님의 수행일화들이 줄줄이 엮어져 나왔기 때문. 나는 그 날 오후 내내 벌린 입을 다물지 못하고 감탄과 놀람을 연거푸 반복했다.

오후 한나절 유찬노사(老士)로부터 들었던 얘기의 결론은 앞에 인용한 육정이었다. 비유하자면 스님은 육정을 다 갖춘 신하였고, 임금님은 조계종, 동국대학교, 또는 한국불교, 내지 이 땅의 모든 불자들, 또는 우리 국민, 세계인류 등이다.

조계종을 세우고 지키며 동국대학교를 되찾는 과정이 고스란히 육정에 그대로 들어 있었던 것이다. 나는 유찬노사의 얘기를 들으면서 한편으로 생각하기를, 내가 과연 스님이었다면 그렇게 온몸을 던져 주어진 임무를 완수할 수 있었을까를 여러 번 반복하여 자문(自問)해 보았다.

마치 큰 바다나 높은 산에 다녀온 이야기를 전해 듣는 것처럼, 이야기를 듣는 것만으로도 나는 감당하기 어려웠고 놀랍기가 이루 말할 수 없었다. 한마디로 그 순간의 내 심정을 딱히 표현하자면 경악이었다. 이 말 외에는 달리 더 이상 표현할 수 있는 적절한 말이 없다.

그 날 처음 도솔산에 오신 유찬노사(老士)는 일찍이 법주사 금오 대선사 앞으로 축발했다가 다시 재가수행자로 돌아갔다. 조계종 전 종정 성철 대종사로부터도 사랑을 듬뿍 받았는가 하면 스님과도 그 교분이 지중하고 막역했다. 젊은 시절 단정하고 깔끔하기로 소문난 스님이 유찬노사(老士) 댁을 방문하여 밤늦도록 종단 일이나 불교신문사 일, 또는 새로운 불교운동에 대해 이야기를 나누다가 서재에서 밤을 새고 돌아올 때도 있었다 하니, 바로 그 일 하나만으로도 두 분의 친분이 어떠했는가를 잘 대변해 주고 있다. 스님에게 그런 일은 평생 드문 일이었는데도 노사로 인해 그런 예외가 있었다니 두 분 관계가 그저 놀랍고 부러울 뿐이다.

유찬노사는 조계종의 기관지인 「불교신문」의 전신인 「대한불교신문」이 폐간의 위기에 처해 있을 때, 두 번이나 힘든 짐을 맡아서 다시 신문을 살려낸 공로라든가, 동국역경원의 수많은 전적(典籍)을 한글화하는 정진이라든가, 이루 헤아릴 수조차 없는 많은 일(佛事)을 했다. 재가의 수행자로서 출가수행자 못지 않은 긴요한 불사를 헌신적으로 이루어냈던, 말하자면 종단의 재가 원로이다. 이 책 전편에 스님과의 자세한 인연담이 실려 있으니 나의 이 말은 오히려 사족일 뿐이다. 오후 늦게 노사가 돌아간 뒤 가슴 뭉클한 감회를 진정시키려고 두어 줄 글을 써 보았다.

내 맘

도솔산
깊고 깊은 계곡 칠흑 같고
높고 높은 봉우리 아득히 구름 걸렸네.
골짜기 들어서면
음침한 신비 밤하늘 산마루에 걸린 어스름 달 같고
물, 바람, 나무들, 새들, 짐승들, 꽃들……,
신비 속에서 온통 그들만이 야단이었다.

어느덧
내 마음 산이 되고, 봉우리 되고, 구름 되고……,

나무 되고, 꽃이 되고
골짜기 아스라한 절벽 끝 단풍 되고
봉우리 뛰어넘는 토끼 되고, 잘 달리는 말이 되었네.

온갖 것이 골짜기에서 나온 요술인줄 알았는데
늙은이 모시바지 내려오듯
내 마음 풀려서 드러난 것이었구나.

스님처럼 공부를 지어간다면

내가 쓴 책(『광덕스님 시봉일기 1』 - 내일이면 늦으리)이 나와서 서문을 써 주신 여러 어른들께 감사의 인사를 다닐 때, 마지막으로 부산 금정구 장전동의 선주산방(善住山房)으로 석정스님을 찾아뵈었다.

석정스님은 내가 드린 책을 펴보고는 마치 당신의 일인 양, 특유의 봉안(鳳眼)의 눈을 빛내면서 기뻐했다. 어린아이같이 흠뻑 좋아하면서 다담을 손수 들고 나오는 융숭한 대접에 나는 몸둘 바를 몰랐다.

그때 석정스님께서는 나에게 무척 과분한 칭찬과 아울러 스님에 대한 새로운 일화를 들려주었는데 어찌나 재미있고 흥미진진한지 시종 시간가는 줄 모르고 경청했다.

석정스님은 이야기 도중 간혹 눈을 지그시 감고 마치 그 당시를 회상해 보듯이, 아니면 호흡을 가다듬느라 여백을 두는지, 그도 아니면 이야기의 뜸을 들여 맛을 내는지 까닭 모를 기묘한 표정을 곧잘 짓곤 했다. 아마 나의 호기심과 궁금증, 집중력을 불러일으키기 위해 그랬을지도 모를 일이다.

아무튼 석정스님은 특유의 표정인 봉안의 실눈을 더 가늘게 뜨고 간간이 유머를 섞어가며 재미있게 이야기 보따리를 하나하나 풀어 나갔다. 아니 내 앞에 그때의 사실을 모두 꺼내 한마당에 펼쳐 놓기라도 하려는 듯 기억을 되살려 차분차분 빠짐없이 들려주었다.

내 메모장에, 1999년 6월 11일 오후 3시경이라고 적혀 있다.

"광덕스님은 절에 와서 처음부터 선방에 있었어요. 물론 범어사 노장님(동산노선사)의 특별 배려였지만 전생부터 닦아온 인연이라는 생각이 들었지요. 그렇지 않으면 그 당시 분위기로 보아 속인이 입산하자마자 곧바로 청풍당 선방에 들어가는 것은 어려운 일이었을 뿐만 아니라 거의 불가능한 일이었지요. 설령 가능하다고 해도 한두 철도 아닌 몇 년씩이나 말이지요. 처사의 신분으로 조실스님의 회상에 모인 기라성 같은 당대의 선객들과 자리를 나란히 하기는 어불성설이라고나 할까, 감히 상상도 할 수 없는 일이었는데도 광덕스님은 입산과 더불어 바로 그 유명한 처사선객(處士禪客)이 된 것이지요.

그와 같은 특별 대접에 걸맞게 광덕스님 자신이 수행을 참 잘했어요. 물론 노장님으로부터 화두를 받았고 그 화두를 들고 밤낮으로 목숨걸다시피 열심히 참구했어요. 해가 지는지 달이 뜨는지도 모르고 오직 화두와 씨름하면서 살았으니까요.

나는 그 당시부터 광덕스님, 아니 고 처사를 알고 있었는데 고 처사는 참선만 열심히 하는 것이 아니라 다른 일에도 무척 열심이었지요. 임무를 맡은 소임살이뿐만 아니라 누가 시키지 않는 일에도 솔선하여 열심이었고 자기공부나 대중시봉, 그리고 노장님 심부름까지 모두 열심이었어요. 그 중에서도 특히 화두 챙기는 일에는 악바리처럼 불철주야로 정진했지요. 지금 돌아보아도 정말 열심이었다는 것을 다시 느껴요. 혹시 사람을 만나거나 서로 또래들과 만나 흉허물없이 얘기하는 중에도 화두를 놓는 법이 없었어요. 여러 도반들과 모여서 재미있는 이야기와 흥겨운 농담을 주고받을 때도 어느덧 잠잠해진 느낌이 들어 건너다보면 화두 참구에 빠져 있곤 했어요. 그 모습이 그렇게 진지하고 선명할 수가 없었지요. 선객으로서 규칙적인 입선시간만 지키며 지어가는 화두공부와는 사뭇 딴 경지로 보였어요. 그리고 그러한 공부의 모습이 잠시 잠깐이 아니었고 비가 오나 눈이 오나 언제 보아도 참구에 몰입해 있는 기운이 얼굴에 그대로 나타났어요. 만날 때마다 공부기운이 고 처사의 온몸을 빙 둘러싸고 있다는 것을 줄곧 느끼곤 했지요. 사실 그 이전에나 그 후로나 그때의 광덕스님처럼 열심히 공부하는 사람을 내 눈으로 직접 보지 못했어요. 얼마나 끈질기고 꿋꿋하게 공부를 지어가는지 곁에서 바라보고 있는 나도 새로운 다짐과 발심이 일었어요.

아무튼 불교공부는 광덕스님처럼 해야 하고 특히 화두 드는 참선 공부는 목숨을 버릴 각오를 갖지 않으면 안돼요. 예나 지금이나 우리 한국의 선객들이 광덕스님처럼 공부를 지어 간다면 우리나라에 엄청나게 많은 도인이 쏟아지고 불교에 큰 변화가 올 텐데 말입니다."

나는 어른이 손수 차려주신 다담에 손댈 사이도 없이 마냥 이야기에 푹 빠져서 듣고 쓰며, 쓰며 듣기를 줄곧 반복했다. 그리고 미진한 부분을 다시 질문하느라 미처 다담에 손댈 겨를이 없었다. 석정스님을 통해 듣게 된 불광(스님)의 참 면모는 스님의 불석신명(不惜身命), 그 뜨거운 구도정진에 있음을 나는 새롭게 깨닫게 되었고 옷깃을 다시 여미어야 했다.

제 13 장

福國佑世

苦行은 개인의 生天이 아니고 나라와 세상을 위하는 열렬함.

| 明暗一條去來路 | 명암을 한가지로 거래하고 |
| 介中認取別無他 | 인식에 취사분별 따로없네. |

복국우세(福國佑世)

현대사회가 아무리 지성사회이고 지식을 바탕으로 한 철학적 논리
와 합리적인 가치관을 추구하는 시대라고 해도 논리적 구조나 교학적
인 체계만 가지고 불교의 전부를 다 알 수 없을 뿐만 아니라, 또 그것
만으로 전부인양 말할 수도 없다. 사실은 교학과 논리 이전의 것, 만들
지 않은 본래의 것, 이미 있는 것이 불법(佛法)이다. 그리고 또 그것을
적절하게 쓸 수 있는 것이 불법(佛法)이고 묘법(妙法)이라고 본다.

교(敎 : 말이나 글, 有形) 자체에 진리가 온전히 담길 수 없고 표현될
수 없다. 진리 자체의 현존(現存)은 말이나 글, 형상 이전의 본래적인
것이며, 다만 그것을 볼 수 있게 하는 삶이 불행(佛行, 普賢行)이다. 진
리(敎)는 실천이라는 모양을 통해서 비로소 완전해지는 것이다. 그것
이 참다운 불교의 가르침이고 진리의 삶(실천)이 바로 불교라는 것을
알아야 한다.

그렇기 때문에 인간 생명의 근본은 원래로 존엄하고 청정하다. 그
어떤 허물로도 오염될 수 없는 본자청정(本自淸淨)이 우리의 본상(本

相, 마음)이고 불성(佛性)이라는 이야기다. 임의적으로 더럽히고 오염시킨다고 해도 때묻거나 더러워지는 것이 아니다. 그런데도 불구하고 오늘날 우리들은 이와 같은 인간 생명의 진정한 가치(淸淨·尊嚴·創造)를 다 발휘하지 못하고 방치하거나 외면한 채, 한순간 착각의 산물인 무명(無明)으로 말미암아 미망(迷妄)의 깊은 늪에 빠져서 허우적거리며 살아가고 있다.

본래의 진실을 자기 자신도 의식하지 못한 어느 한순간에 등지고, 좁고 작은 자기 한계(틀)를 스스로 설정하여 누에고치처럼 그 속에서 안주하여 살아감으로 인하여 참 생명의 실상이라는 진리와는 너무나 멀어져 버렸다.

그러기에 우리들은 정작 행복을 원하면서도 실제로는 불행을 움켜쥐고 있으며, 평화를 찾으면서도 투쟁을 일삼고 있는 자기 모순(한계로 인한)에 빠지게 되었다. 그것은 매우 교묘하여 마음공부를 하지 않으면 그 실체나 진위(眞僞)를 분별하여 가려내기가 여간 어려운 것이 아니다. 설령 가려내어 옳은 것과 그른 것의 구분이 명확해졌다 해도 오랫동안 덮어쓰고 간직하고 살았던 껍질(無明)을 선뜻 내던지는 것이 또한 어려워 다시 중생성으로 되돌아가게 되는 악순환이 계속되는 것이다. 이것이 바로 습성이고 업이다.

습성은 본인이 알면서도 막상 그 테두리에서 벗어나기란 여간 어려운 것이 아닌, 가짜 자기다. 습성이란 끈질기고 무서운 것이다. 잘못인 줄 알면서도 과감하게 놓지 못하고 벗어나지 못하는 것이 그 힘이고 세력이니 말이다. 중생 착각, 그 착각에 따르는 집착으로 말미암아 중생성은 점점 고정화되어 가며 굳어져 가는 것이다. 이렇게 되어 끝내 인간 본질과 동떨어져 버리는 한없는 자기 모순과 한계 속으로 점점 깊이깊이 빠져드는 것. 이것이 본성의 상실, 철학적으로는 자아상실이라는 것이다.

인간은 결국 자기 한정, 즉 본성 상실로 인해 서로의 인간관계나 자연에 대해서 극단으로 치닫게 된다. 언젠가 가까운 누군가가 나에게 이렇게 말한 적이 있다.

"나는 사람을 사귀다가도 아니다 싶으면 언제 그런 일이 있었냐는 듯이 싹 돌아섭니다. 칼로 무를 베듯이 그동안 맺었던 모든 인간관계를 싹둑 잘라 버리고 다시는 그 사람을 상대하지 않지요."

아마 이 말은 상대방에 대한 함축적인 경고이고 자기암시일 것이다. 그 이면에는 또 다른 말이 내포되어 있을 것이다.

'나에게 이런 무서운 무기(성격)가 있으니 너희들 알아서 조심하고 내 비위를 거슬리거나 내 뜻에 어긋나게 하지 말아라.'

이것은 결국 자기 한정(착각, 집착)에 대한 보호의식의 발로이고, 정당하지 못한 것(煩惱)을 지키고자 하는 방어적인 행동일 것이다. 이런 사람은 뭔가 자신 가운데 약한 부분이 있기에 그것을 감추기 위해 미리 방어선을 친다. 또는 교묘하게 포장하여 가리고 덮거나 남이 보지 못하도록 살짝 구석에 밀어 놓는다. 그리하여 배후에 도사리고 있는 거짓자기를 숨기고 감싸서 보호하려고 한다. 이것은 마치 번뇌가 또 다른 번뇌를 불러오는 일종의 도미노 현상이 된다. 그래서 무진번뇌(無盡煩惱) 속에 빠져들게 되는 것이다.

아무튼 이 이야기의 핵심은 '앞으로 너의 생각이 나의 생각과 다르다고 해도 내 생각에 무조건 따라 줄 것'을 요구하거나 강요하고 내지 협박하고 있는 것이다. 그리고 미처 내 생각을 몰랐다 하더라도 내 생각을 거스르지 말아라 하는 경고를 담은 전달이다. 자신의 착각과 집

착에 어긋나지 말아야 하며 순종하라는 것, 이것은 매우 위험한 발상
이다. 그러나 대부분의 사람들이 이런 고압적인 잘못된 생각 속에 빠
져 있고, 그것을 정당한 것으로 인식하여 조금도 잘못이라는 생각을
못하는 것이 더 큰 고질이다. 위협으로 자기방패를 삼고 만약 그렇지
못하면 지체 없이 인간을 저버리고 외면하겠다는 이것. 결론부터 말하
면 큰 잘못이고 인간사회의 평화를 방해하는 인간 내부의 무서운 해
악(害惡)이다.

　설령 사람들에게, 아니 가족이나 친구, 친지나 이웃 등 주변 사람들
에게 실망했다가도 곧 마음을 돌이켜서 다시 믿음과 사랑을 회복시켜
진심으로 대해주고 맞아주는 것이 따뜻한 인간애이며 자비일 것이다.
혹시 세상에서 도를 모르고 사는 사람들이 그렇게 잘못 생각하고 잘못
말하여도 생각 깊은 사람이라면 이마를 찌푸릴 것인데, 하물며 도(道)
문중(門中)의 권속(佛子)이 된 사람들이 그런 말을 아무런 생각 없이
불쑥 입에 올리거나, 또는 바른 판단이나 분별 없이 아무에게나 습관
적으로 그런 말을 줄곧 되뇌이고 있다면 어찌 하겠는가? 또 거기에 따
르는 피해는 얼마나 많겠는가.

　우리는 수행을 통해 그런 말과 행동이 매우 잘못된 일이라는 사실을
깨달아야 하며, 그런 생각이나 말을 두번 다시 입에 담지 말아야 하며,
그런 언행의 뿌리인 생각(협박, 위협)을 찾아내어 자신의 마음에서 철
저하게 소탕해야 할 것이다.

　우리 불자는 항상 반야정견(般若正見)으로 자기를 자세하게 살피고
세상과 이치를 똑바로 바라보아야 한다. 그렇지 못하면 일상의 무의식
중에 던진 말 한마디로도 자칫 천길 벼랑으로 굴러 떨어지게 된다. 실
로 이것은 무섭고 가공할 일인데도 그 사실을 깨닫지 못하고 있으니,

다만 그러한 우리 스스로를 서로 안타깝게 바라보고 연민스럽다고 위로의 말을 나누어야 할지 모를 일이다.

이 점에 있어서 지금의 우리는 과거 조상님들의 삶에서 바른 교훈을 얻게 된다. 예로부터 우리 조상님들이 닦아온 수행에 대해서 어느 날 스님께서 이렇게 말씀했다.

"내가 불광법회를 열어 가장 중점을 두고 우선했던 부분은 재가불자들의 일과수행이었지. 최근 우리 한국불교 대부분의 재가불자들이 언제부터인지는 몰라도 거의 수행하지 않고 일과를 지키지 않았거든. 재가불자들의 수행 소홀은 옛날부터 내려온 전통(?)이 결코 아니었어. 내가 짐작하건대 아마 최근의 사회적인 격변기, 여러 혼란의 와중에서 비롯되지 않았나 생각해. 평소 그 점을 매우 안타깝게 생각했던 나는 불광법회를 개설하자 곧바로 모든 불자들의 일과수행을 철저하게 강조했지. 불자들의 일과수행은 부처님 가르침을 닦아가는 기본일 뿐만 아니라, 우리 조상님들의 수행전통을 다시 살려 계승하는 것이기도 하지. 저 옛날, 신라시대나 고려시대에 살았던 재가불자들의 수행에 대해서는 세월이 많이 흘러갔기에 자료도 충분치 못하고 전해들은 바도 별로 없어서 자세히 알 수 없지. 그러나 간헐적이나마 현존 기록(『三國史記』, 『三國遺事』 등)을 자세히 살펴보면 재가수행의 모습이 상당히 많아. 그리고 가까운 조선시대에는 숭유억불의 경직되고 불리한 사회환경으로 인해 재가신도들의 수행이 전혀 없었던 것으로 생각하기 쉬우나 실제로는 엄연하게 다르지. 사실 여러 가지 수행이 있었고 그것이 지금까지도 이어지고 있어.

그 대표적인 것이 일년 중에 닦는 삼장재월(三長齋月 : 1, 5, 9월)과 달마다 육재일(六齋日 : 8, 14, 15, 23, 29, 30)을 지키는 것이야. 이미 송암은 배워서 잘 알고 있겠지만 어디 내가 한번 말해 볼까.

먼저 삼장재월을 보면 1년 중에 석 달은 백월(白月 : 초하루부터 보름까지) 기간에 몸(身)·입(口)·뜻(意)에 걸쳐 악(惡)을 짓지 않도록 팔재계(八齋戒)를 지키며 선(善)을 실천했고, 육재일은 거기에 비해 매월 실시했던 수행이지. 이와 같이 재가(在家)의 사람이 신·구·의 삼업(三業)을 깨끗하게 지키고 유지하기 위해서 팔재계를 닦으며 선사(善事)를 행하는 특별정진이 많았던 것이야. 이런 팔관재계(八關齋戒)는 가정 생활하는 불자들이 하룻밤, 하루 낮 동안 지키는 계율로서 기본 오계에 다음의 셋을 보탠 것이고, 다만 불사음계를 불음으로만 했으니 조상님들의 뛰어난 방편지혜를 보는 것과 같고 또한 개차(開遮)의 활검을 쓰는 묘미가 있다 하겠지. 자, 그러면 같이 생각해 보도록 해 봐. 오계까지는 모두 알고 있는 것으로 하고,

여섯째, 꽃다발 쓰거나 향 바르며 노래하고 풍류 잡히지 말며 가서 구경하지 말라.

일곱째, 높고 넓은 호화로운 자리에 앉지 마라.

여덟째, 때아닌 때에 먹지 말라. 즉 1종식(하루에 한 끼)을 말한다.

삼장월과 육재일에는 팔관재계를 닦고 육념법(六念法)을 닦았다. 육수념(六隨念), 육념처(六念處)라고도 하는 이 육념법은 조용한 마음으로 생각하고 깊이 관상(觀想)함을 말하는 것이야. 즉 다음과 같아.

염불(念佛) : 부처님을 관상함

염법(念法) : 진리를 관상함

염승(念僧) : 하늘과 사람들의 복전을 관상함

염천(念天) : 청정행을 관상함

염계(念戒) : 계의 수호를 관상함

염시(念施) : 보시를 관상함.”

스님의 기억력은 놀라울 정도로 정확했다. 내가 바빠 받아 적느라 오자가 생겨서 그렇지 스님 말씀 자체는 하나도 틀리지 않았다. 그러니까 후일이지만 이 글을 쓰면서 불교사전을 펴놓고 대조해본 결과 스님 말씀 그대로였다. 스님이 언제 그런 일에까지 연구를 하고 관심을 두게 되었는지 나에게는 신기한 일로만 느껴졌다. 아무튼 수행전통을 계승하고 회복하는 것은 나라의 정신을 되찾는 독립운동과 같은 뜻이 있고 우리 민족의 정체성과도 관계가 있는 것이다.

“이와 같이 일년 중 삼장재월과 매월 육재일을 닦아가는 재가의 수행을 들여다본다면 이에 대한 준비와 그 과정이 어느 수행 못지 않은 난이도가 있고 정성과 신심이 있어야 가능하리라는 것을 단박 느끼게 된다. 결코 손쉬운 수행이 아니고 누구나 금방 마음을 내어 할 수 있는 호락호락한 수행도 아니다. 쉽지가 않은 것이다.

그런데도 오늘날 우리들이 생각하기에는 옛날의 재가불자(조상님)들은 아무런 수행도 없이 무던히 세월만 보냈다거나, 무슨 특별한 날에만 겨우 절에 가서 기복만 한 것으로 잘못 알고 있다. 사회적인 여러 악조건 속에서도 수행을 게을리 하지 않았던 조상님들은 가정을 위해서 기도하고 나라의 안녕과 번영을 위해서 무던히 정진했다. 그리고 개인의 성장을 위한 수행도 그에 못지 않게 철저했다. 자신의 잘못을 오랫동안 방치해 두지 않고 그때그때 고치고 개선하여 오직 진실생명(부처님 가르침)으로 살고자 발분의 정진을 했던 것을 우리는 결코 간과하거나 과소 평가해서는 안 될 것이야.”

조상님들은 이와 같이 수행을 통해 가정을 세웠고 나라를 지켰으며 민족의 정신을 우뚝하게 드높이고 나아가 지혜와 자비심을 길러 세상의 평화를 위해 기도했다. 그 당시 조상님들의 삶에서 세상의 평화가 무엇인가? 전쟁이 나지 않기를 바라는 것이고 남이 잘되기를 기원하는 것이다. 바로 복국우세(福國佑世)다. 이러한 수행과 마음가짐으로 살아온 우리 조상님들은 모두 하나 같이 애국자이며 평화 실현자임을 부인할 수 없다. 정말 자랑스러운 수행정신이고 정신생명의 뿌리였다는 것을 다시 느끼게 되는 일이다.

스님은 나에게 뿌리를 더욱 튼튼하게 내리도록 안심을 주었고 신뢰를 주었다. 이런 스님의 뜻깊은 말씀을 듣기 전에는 다만 가볍게 들은 남의 말에만 정신이 팔려 옛 조상님들의 수행을 잘못 본 것이 사실이었다. 조상님들의 뛰어난 수행과 훌륭한 마음가짐 앞에 겸허한 자세로 뉘우치고 참회한다.

조계종 전계대화상

자운노선사(慈雲老禪師)를 떠올리거나 거론하면 종단의 대덕들은 거의가 현대 한국불교의 아버지라고 말한다. 왜냐하면 해방 이후 종단의 여러 가지 전통을 다시 확립하여 오늘의 초석을 놓았고 미래 한국불교의 방향을 제시했기 때문이다.

대한제국시절, 국권을 상실함은 동시에 모든 전통문화마저 압제자의 의도대로 변질되어 갔음을 의미한다. 우리 삶의 원형인 문화는 압제의 수단이 익숙해질수록 차츰 사라져 갔던 것이다. 그래서 망국은 우리의 정신을 잃게 했고 혼백이 흐려져 애매모호한 환각상태로 빠져들게 했다. 그러기에 나라를 빼앗긴 망국은 백성의 자기상실이기도 하다.

환각상태의 지속, 그것은 참으로 무서운 자아상실이고 의미 없는 헛된 삶이기에 죽었다고 하는 것이 타당할지 모르겠다. 그러기에 해방은 압제로부터 벗어난 것이기도 하지만 사실상 상실한 문화를 되찾지 않으면 진정한 해방, 진정한 광복은 아닌 것이다. 민족도 불교도 이 점에 있어서는 철저하게 같다고 생각한다.

자운대종사(스님의 시숙, 필자)

노선사께서는 해방이 되자 상실했던 불교의 전통문화를 되찾기 위해 누구보다 앞장섰다. 망국의 상처를 치유하고 정신의 혼돈상태를 벗어나 진정한 해방을 이루기 위해서는 한시바삐 우리의 얼과 문화를 되찾는 것이라고 생각한 노선사, 즉시 옛 가풍과 정신 수범을 다시 일으켜 세우기 위해 발벗고 나섰다. 특히 성철, 향곡, 청담 등 당대의 대덕들과 뜻을 모으고 힘을 합하여 노선사는 사뭇 핵심적인 역할을 몸소 앞장서서 담당했으며, 스스로 몸을 낮추어 전통 회복의 견인차 노릇을 자담하였다. 그런 까닭에 노선사를 잘 아는 어떤 불자는 '자운 대덕은 한국불교의 숨은 보현보살이지.'라고 증언했다.

어쩌면 노선사의 이러한 내력은 용성조사로부터 이어진 집안 분위기가 아닐까도 생각해 본다. 용성조사께서 저 암흑 같은 질곡의 일제시대 때 벌인 나라의 독립운동은 말할 필요도 없고, 새로운 불교운동에서도 초지일관 평생을 바쳐서 민족혼을 밝히는 선구자 역할을 했기 때문이다. 말하자면 국권을 상실한 일제 암흑기 때 나타난 보현보살이 바로 조사였고, 해방과 정화의 한국불교 재건기에 등장한 보현보살이 자운노선사이고, 또 미래 한국불교의 방향을 새로 잡기 위해 나타났던 보현보살이 스님(光德)이라는 어느 불자의 이야기인 것이다.

나는 노선사에 대한 핵심적인 설명을 스님으로부터 들었다. 그 날짜는 정확하게 기억나지 않는다. 역시 불광사 시절의 이야기임에는 분명하다.

어느 날, 새벽예불을 마치고 방에 앉았노라니 그날따라 스님 방에 가고 싶은 생각이 자꾸만 일었다. 딱히 일이 있어서도 아니고, 공부 중에 의문이 생겨서도 아니었다. 아마 뭔가 허전한 느낌이 들어 스님 곁에 가고 싶었던 것 같다. 생각나면 바로 행동에 옮기는 단순한 버릇 때문에 나는 스님 사정은 고려하지도 않고 자리에서 벌떡 일어나 무작정 스님 방을 노크했더니 행전을 푼 채 포단에 앉아 좌선을 하다가 한 손에 바지춤을 잡고 또 한 손으로 문을 열어 주었다.

스님은 어둑한 방에서 전깃불도 켜지 않은 채 좌선하고 있었다. 밝은 불빛에 있다가 갑자기 어둑한 방에 들어가니 잘 보이지 않았다. 아직도 새벽 여명만 희뿌옇게 창문에 비칠 때여서 방안의 사물이 분명치 않았지만, 나는 스님 앉아 있는 쪽을 향해 절하고 자리에 앉았다.

그리고 스님 얼굴을 바라보는 순간 그때서야 방안이 환하게 밝아지는 느낌을 받았다. 스님의 정체 어린 눈빛과 밝은 미소가 내 얼굴에 햇살처럼 비쳤기 때문이리라. 나는 나도 모르게 웃음이 터져 나왔다. 까닭이 있어서가 아니라 자연스레 터져 나온 웃음이었다. 말하자면 그냥 즐겁고 기뻤기에 터진 웃음인 것이다. 아무 일없이 찾아온 철부지, 부족한 상좌를 내치지 않고 마치 기다렸다는 듯이, 백 마디 말로도 다 표현할 수 없는 환영의 뜻을 나타내 보여 주신 스님. 스님과 나는 그렇게 마주하고 앉았다. 그 잠깐의 침묵은 스님 자신의 공부를 방해한 훼방꾼에게 줄 선물을 준비하고 있는 시간이었다.

"송암, 정릉 보국사에 계시는 자운 사숙님은 가지고 계신 보자기가 아주 크신 어른이야. 그 보자기에는 온갖 것이 다 들어 있지. 아마도 이 세상을 싸고도 남을 만큼 큰 보자기일걸. 말하자면 그 대단한 보자기에는 교(敎)도 들어 있고 선(禪)도 들어 있고 계율(戒律)도 들어 있고, 선사·강사·계사·율사도 들어 있고 모범생도 괴각도, 또 과거나 현재, 미래도 들어 있고 한국불교나 세계불교나 또는 남방, 북방도 들어 있지. 참으로 대단한 보자기야. 남들이 갖고 싶다고 누구나 가질 수 있는 흔한 보자기는 결코 아니야. 아주 특별하고 큰 보자기이기에 무엇이든지 다 담을 수 있어. 아무튼 범인들이 쉽게 상상할 수 없는 보자기야. 그 보자기 덕분에 해인사나 범어사, 종단이나 심지어는 대각회까지도 순탄하다고 봐야 할 거야. 송암도 자운 사숙님처럼 큰 보자기를 하나 가져봐. 사실 알고 보면 큰 보자기를 갖는 것, 그것이 수행이며 도력이고 보현행이 되는 거야.”

어느 때나 스님 곁에 있다가 빈손으로 나오는 경우는 없다. 항상 값진 선물을 두 손에 받아들고, 아니면 가슴에 안고 스님 방문을 나서게 된다. 그 날도 나는 감동스러운 ‘보자기’ 선물을 가슴에 안고, 옹골찬 다짐의 각오를 양손에 들고 스님 방을 나왔다.

괜스레 가만히 앉아 있던 내가 갑자기 스님 방에 가고 싶었던 것은, 혹시 스님이 나에게 오라고 염파(念波)를 보냈던 것이 아니었을까? 그런 생각을 하면서 어느덧 아침공양 시간이 되었기에 스님을 모시고 바로 아래층 향적당(香積堂)으로 향했다.

후일 부산 감로사 주지인 혜총스님으로부터 들은 이야기가 또 생각난다. 1966년 동안거 결제 때 스님은 부산 전포동 감로사에서 『선관책진』을 번역하고 있었다. 그때 감로사에 주석하고 있던 자운노선사께서 스님의 번역을 보고 무척 기뻐하고 좋아하며 스님을 아낌없이 칭찬하고 격려하며 물심양면으로 지원했다. 옛 어른들은 한 가지 불사라도 이루어지면 너와 나의 일을 떠나서 그것으로 한국불교의 앞날을 바라보았던 것이다.

이 점에 있어서 나라의 은혜도 많이 입고 종단의 은혜도 많이 입은 나를 포함한 요즘의 젊은 수행자들은 현실에 대한 인식은 똑똑할지라도 마음을 크게 쓰는 점은 아무래도 옛 어른들을 도저히 따라갈 수 없다는 느낌을 갖는다. 남의 일이어도 당신 자신의 일, 그 이상으로 감격하는 모습은 참으로 귀하다는 생각을 다시금 하게 된다.

아무튼 그런 특별한 사랑을 받아서일까, 스님이 자운노선사를 얼마나 존경했는지 직접 확인하고 느낄 기회가 있었다.

바로 자운노선사 입적 때, 서두르는 스님을 모시고 내가 직접 운전하여 해인사로 갔다. 도착하자마자 바로 스님은 노선사 영전에 꿇어앉아 경문과 게송을 한동안 외우고 축원했다. 나는 스님의 그런 모습과 장면을 뒤에서 보고 내심 깜짝 놀랐다. 그렇게 간절할 수가 없었고 정성스러울 수가 없었기 때문이다. 스님 젊은 시절부터 보살핌과 자애를 듬뿍 주었던 자운노선사, 그 강산 같은 은혜를 못 잊어서인지, 영별의 아픔 때문인지, 예배하고 축원하는 정성이 평소하고는 또 다른 모습이어서 내가 놀랐던 것이다.

새벽에 갑자기 방문을 두드린 상좌에게 커다란 보자기 이야기를 꺼내 교훈을 주었던 스님. 선조와 스승의 은혜와 자취는 이렇게 가슴에서 가슴으로 전해지나 보다. 이로 보면 이심전심(以心傳心)은 부처님과 가섭존자만의 일은 아닌 것 같다. 또 어느 누구만의 특별한 일도 아닌 것 같고, 이렇게 흐르는 물처럼 이심전심은 자꾸만 아래로 미래로, 선조에서 후손으로, 그래서 자자손손에게 생명의 강물 되어 끝없이 흘러 전해질 것이다.

석주스님의 묘용(妙用)

조계종의 대원로이신 석주정일(昔珠正一) 큰스님을 어떻게 호칭해야 할까. 이 글에서 직접 일컬어야 할 큰스님의 호칭에 대해서 먼저 생각해 보고 싶다.

형식에 얽매이면 평소 자애로우신 큰스님을 느끼는 데 거리가 생기고, 또 일상의 친근감만 내세우자니 종단의 큰 어른께 결례가 될 것 같아서이다. 나 혼자 가만히 앉아서 끙끙거리다가 마침내 노선사(老禪師)로 호칭하여 부르기로 했다. 이것은 누구와 함께 의논하여 입을 맞춘 결론이 아니고 어디까지나 나 혼자의 외경(畏敬) 어린 정성으로 내린 결론이다. 알다시피 노(老)라는 말은 덕(德)을 의미하지만 수행자들인 스님들께는 한량없이 큰 지혜와 자비를 구존(具存)한 고승대덕에 대한 공경어이기도 하다. 선사(禪師)는 심안(心眼)을 얻은 여래장자로 조계종의 가풍을 고스란히 이은 전등적자(傳燈嫡子)라는 뜻이다.

1. 조계종의 보살

나의 학생시절, 그러니까 1983년(불기 2527) 12월 26일 겨울방학 때였다. 평소 일 벌이기 좋아하는 번잡한 나의 성격 탓이었는지, 그때 내 나름대로 가슴속에 작은 사명감이 작용한 때문이었는지는 모르겠다.

당시 우리 불교계나 조계종 일원에는 전국적인 규모의 청소년이나 어린이 포교에 대한 지도자(법사) 교육이 거의 없었을 때였다. 그 점을 안타까워하던 젊은 우리들은(석림회원) 이래서는 안 되겠다 싶어서 우선 선학과의 같은 학년 도반들과 의견을 맞추었다. 그리고 난 뒤, 선학과 여러 교수님들과 청소년교화연합회의 지원을 얻어 법사교육을 위한 연수회를 석림회와 연합회 공동주관으로 개최하기로 했다.

우리는 먼저 연수 교과과정을 짜고 교재로 쓸 책자를 준비하면서 또 한편으로는 연수 장소를 물색했다. 마침 어느 회원의 제안으로 지금의 서울 강남 역삼동 언덕에 있었던 영동 반도 유스호스텔을 빌려 연수장으로 사용하기로 정하고 곧바로 계약까지 마쳤다. 즉각 행동으로 옮기는 그때의 순발력과 행동력을 지금 다시 돌아보면 그것이 젊음의 힘이었음을 다시 느낀다. 사명감도 있었고 또 새로운 일에 대한 도전과 성취감도 있었다. 젊은 학인들의 우연한 토론이 계기가 되어 '불교 어린이 및 청소년 교육 지도자 연수회'를 열게 되었던 것이다.

그런데 연수회나 교육 같은 무게 있는 행사는 주최측의 권위가 성패의 큰 비중을 차지하는데, 우리 젊은 학인들 위주의 행사와 진행으로 일이 꾸며지다 보니 대중의 신뢰도나 인지도에서 아무래도 가볍게 여겨질 것 같아 고심을 했다. 그 행사가 갖는 중요성과 연수내용에 비해 대외적인 무게감과 신뢰성이 부족한 느낌이 들었기 때문이었다. 그런 염려와 판단으로 우리는 정신적인 의지처가 필요하다는 결론을 내리게 되었고, 그 자리에서 우리는 누구를 어른(證明)으로 모시느냐에 대해 이 궁리 저 궁리를 거듭해 가며 여러 가지 가능성을 가지고 진지한 토론을 벌였다.

그러는 중 문득 나의 생각에 빛이 번쩍 하는 느낌이 왔다. 가장 적합한 일은 늘 가까이 있다는 사실을 미처 깨닫지 못하고 자꾸만 문제의 핵심에서 겉돌기만 하여 설왕설래로 결론은 없고 시간만 보내고 있을 때였다. 그때 내 머릿속에 빛으로 떠올랐던 어른은 바로 삼청동 칠보사의 석주 노선사였다. 내가 그 이야기를 발설하자 같이 있던 준비위원들은 '와—' 하고 함성을 지르며 앞뒤 재볼 것도 없이 그렇게 하자고 모두 즉시 동의했다.

나와 더불어 몇몇 회원이 그 길로 칠보사로 달려갔다. 역시 젊음에는 좋은 점이 많다는 생각을 이 글을 쓰는 지금도 다시 하게 된다. 그때의 그런 순수한 열정은 출가에 대한 자부심과 때묻지 않은 젊은이들의 사명감이고 신심이었다. 우리는 일제히 노선사께 허둥지둥 숨가쁜 인사를 올렸다. 마치 뒤에서 적군이라도 쳐들어오는 것처럼 자리에 앉기 바쁘게 행사의 취지를 말씀드리고 이번 행사에 증명이 되어 달라고 청했다. 그리고 노선사의 대답을 미처 기다리지도 않고 바로 기정 사실로 했다. 우리들의 뜻만 생각하고는 결례의 불경(不敬)을 저질렀던 것이다. 그리고는,

"노스님, 이번 행사에 쓸 교육자료집을 발간해야 하는데 그 자료집에 넣을 교훈이 될 경전 말씀 한 구절을 붓글씨로 써 주십시오." 했다.

우리들의 두서없는 서두름을 보고 웬만하면 못마땅해 할 수도 있는 상황이었지만 노선사께서는 조금도 그런 내색이 없었고, 귀찮아하거나 망설이지도 않고 즉시 붓을 들어 『지도론(智度論)』에 나오는 전법

공덕에 대한 게송을 썼다. 사실 여기까지야 누구나 할 수 있는 일인지도 모르겠다. 그런데 우리가 깜짝 놀랄 상황은 곧 이어 눈앞의 현실로 나타났다.

모든 준비를 마치고 연수회 입재를 하는 날, 노선사께서는 이미 두어 시간 전에 연수장소에 도착했다. 그것뿐만 아니다. 노선사께서는 연수회가 시작된 첫날부터 모든 일정을 연수생들과 똑같이 함께 했다. 밤이 되어도 지척에 있는 칠보사로 귀사하지 않고 온돌방 하나를 더 얻어서 연수장에 머물렀다. 사실 그때 연수회에 동참한 가장 나이 많은 연수생은 노선사였던 것이다. 노선사께서는 마지막 끝나는 날까지 잠시도 연수장을 떠나지 않고 숙식과 모든 연수 일정을 동참대중과 함께 했다.

그로 말미암아 연수회는 기대 이상으로 성황리에 이루어졌고 열렬한 호응과 호평을 받았다. 교육생 모두가 스님들이었으며 120명의 출가대중이 동참했다. 스님들만의 행사로는 매우 많은 인원이었고 그것도 꽤 비싼 교육비 내며 자발적으로 참가했다는 점에서 가히 놀라운 일이기도 했다. 특히 포교에 뜻을 둔 젊은 학인들이 대부분이었다. 그 중에 말사 주지들도 더러 있었지만 대부분 사명감 넘치는 젊은 학인들이었고 그들의 뜨거운 열기는 연수 기간 내내 뜨겁게 달아올랐다.

행사를 준비한 우리들은 힘든 일도 더러 있었지만 큰 보람을 느꼈다. 사실 그러한 성공에는 시기의 적절성도 있었고 주최가 석림회와 청소년교화연합회라는 공신력도 있고 담당자들의 열의와 노력도 있었지만, 그 모든 것보다 더 컸던 힘은 노선사의 뜨거운 동체대비(同體大悲)의 보살심과 보살행의 높은 법력 때문이었다.

나는 그 행사를 통해 다시 한번 노선사의 참다운 면모와 후학에 대한 지극한 배려, 종단에 대한 무한 책임감과 애정을 느끼게 되었고 배우게 되었다. 노선사의 모든 불사에 헌신과 정성으로 임하는 자세는 매우 고귀했고 지극하기 그지없었다. 노선사의 그러한 자비와 보살행은 당시 우리들에게만이 아니었다. 당신을 필요로 하는 곳이라면, 젊은 사람이 일하고 원하는 곳이라면, 보살서원의 뜻이 있는 곳이라면 그 어디든지, 언제든지 가리지 않고 달려가 증명하고 지켜보며 깊은 관심과 뜨거운 성원을 아끼지 않았다.

마치 관세음보살처럼 부르기만 하면 곳곳에 그 몸을 시현(示現) 하셨으니, 어찌 우리가 칠보사 노선사를 이 시대 조계종의 육신보살이라고 우러르고 칭송해 부르지 않겠는가.

2. 노선사와 스님

스님(광덕)은 노선사와 참으로 각별했다. 스님이 초기에 발간한 책을 보면 제목은 거의가 노선사의 붓글씨였다. 노선사께서 일찍이 1954년 부산 동래 금정사 주지를 할 때부터 스님은 노선사께 신세를 끼쳤고 서로 깊은 마음을 주고받았다. 어느 때의 일인지 시간과 장소에 대한 명확한 기억은 없지만 스님으로부터 여러 차례 들었던 이야기임에는 틀림없다. 스님께서 나에게 직접 말씀한 내용이므로 그 줄거리는 조금도 변함이 없다. 조용히 마음을 가다듬어 다시 떠올려 본다.

"송암, 내가 불광법회를 열어 포교활동에 적극 나서자, 마치 기다리고 있었다는 듯이 보살 동지들이 모여들고 회원이 늘어나 점점 규모가 커지게 되었지. 나도 생각하지 못했던 기대 밖의 일이었어.

석주대종사(불기 2545년 도피안사 3.1절 기념법회 때, 필자)

그렇게 되자 자연스럽게 우리 절 짓자는 말이 신도들 입에서 나오기 시작했지만 나는 들은 척도 않고 있었는데 그것도 어디 한두 번이어야 말이지. 하는 수 없이 회장단과 의견을 나누고 여러 임원들과 구체적인 검토를 거쳐 대중의 뜻을 수렴하여 절을 짓기로 했어. 그렇게 결정해 놓고도 나는 가능한 절을 짓지 않고 수행할 수 있는 방법에 대한 미련을 버리지 못하고 있었지. 내가 생각했던 새불교운동은 일반인들이 들으면 이해 안 될 정도로 달랐기 때문이야. 그러나 대중의 뜻이 결정된 이상 절 짓는 일을 바꿀 수도 없었고 바꿔서도 안 되게 되어 계속 추진하고 있었지.

그래서 어디에다 어떻게 절을 짓나, 터를 보고 장소를 고르고 거기에 대한 장래를 점치고 이것저것 연구했지. 그렇게 열심히 노력하는 중에도 나의 속생각은 한국불교의 획기적인 대전환이라는 쪽으로 돌아가고 있었던 거지. 그러나 아무리 내 나름대로 비범한 생각을 가지고 있다 하여도 대중의 생각과 너무나 달라 시기상조로 보고 결국 내가 단념하고 말았어. 절을 근거하지 않고 포교하는 방법에 대해서 아무리 비상한 생각이 있다 하더라도 역시 인간은 땅을 딛고 사는 현실적인 존재라는 사실을 부정할 수 없을 바에는 그것도 나만의 공상에 지나지 않는다고 생각하고 말았던 거야. 당시 우리 불광 형제들이 동서남북 뛰어다니며 맹렬하게 전법하고 권선하여 절 지을 땅도 사고 마침내 정토식을 가진 뒤 절의 모양이 조금씩 드러나기 시작했어. 나는 절을 지으면서도 본사나 어떤 스님들이나 특정한 절에 보시를 바라거나 내지 조그만 도움, 그 어떠한 협조도 바라지 않았고 말하지도 않았지. 그냥 나 혼자 힘으로 불광 형제들과 더불어 불사(佛光寺 創建) 수행에 정진했던 거야. 그런데 내가 절 짓는다는 이야기를 칠보사 석주

스님께서 전해 들으시고 나에게 전화를 하셨어. '아니 절 지으면 이야기를 해야지, 왜 혼자 하느냐?' 하고, 무척 안타까워하면서 인편에 권선 책을 즉시 보내라고 하셨어.

우리 불광사를 지으면서 스님으로 자진해서 권선해 주신 분은 오로지 석주노스님뿐이셨지. 그때 상당한 금액을 권선해 주셨는데 물론 큰 힘이 되었음은 말할 필요도 없는 일이고, 나중에 누구에게 전해들은 이야기로는 석주노스님께서 몸소 화주책을 들고 신도들에게 다니면서 권선하셨다고 해. 그런 고마우신 은혜를 우리가 세월 따라 잊어버리거나 설령 상황이 바뀌었다 해서 조금이라도 소홀히 하는 일이 있어서는 절대 안돼. 다행히 송암이 어른들께 정성껏 잘하는 것을 보면 마음이 놓이기도 하지만 앞으로도 변함 없어야 해."

이 이야기를 스님께서는 나에게 몇 차례나 들려주었다. 노선사와 스님과의 수행담과 보살행의 협력은 비단 이것뿐만이 아니다. 단지 이 이야기는 그 수많은 여러 일 중에서 아직 내 책에서 밝히지 않은 내용 하나를 소개한 것에 지나지 않는다. 이미 쓴 책 『시봉일기』 1, 2권에서 몇 편의 이야기를 소개하기는 했지만 그보다 싣지 못한 이야기가 더 많다. 그 중에서 '불광유치원 건립 선서화 전시회'를 빠뜨릴 수 없다. 그때 써 주신 노선사의 글씨는 화선지와 도자기를 포함해 백여 점이 훨씬 넘었던 것을 보면 나의 조그만 필설이 다 감당 못할 일임이 명백하다.

또 불광 초기 포교가 한창 불붙어 갈 때, 스님은 노선사의 글씨로 『반야심경』을 한문과 한글 두 가지를 써서 그것을 다시 천에다가 인쇄하여 불광 형제들 집집마다 모셔놓고 아침저녁 기도하게 했던 일에서부터, 이루 다 헤아릴 수 없는 일들이 노선사와 스님 사이에 벌어졌다. 그 가운데는 내가 모르고 또 다른 사람이 알지 못하는 노선사와 스님, 두 분만 아는 일도 무수히 있을 것이다.

3. 학선사(鶴禪師)

노선사의 용자(蓉姿)는 말 그대로 연꽃이고 학이시다. 어쩌다가 칠보사를 참방해서 노선사를 뵈오면 언제나 변함 없는 단아한 모습을 고스란히 간직하고 있다. 노선사의 그러한 모습은 전형적인 수행자의 사표이기에 나는 가끔 한번씩 친견하는 것만으로도 새로운 발심이 되고 의지가 되었다. 그래서 젊은 학인들 사이에는 '석주 큰스님처럼만 살자'는 이야기가 있을 정도다.

수행자로서 노선사는 무엇 하나, 어느 것 하나 흠잡거나 말 만들 수도 없는 평범 가운데 특출이었고, 특출 가운데 평범이었으니 어찌 그 미묘함이 후세에 길이 사표가 되지 않겠는가. 항상 노선사께 느끼고 배우는 것은 바른 마음가짐이었다. 어디에도 치우치지 않은 불편(不偏) 부당(不黨)의 담박함, 어떤 일에도 흔들리지 않는 의연하고 엄정한 자세 등, 그런 노선사를 위의와 세행을 함께 겸전한 분이라고 말하면 될지 모르겠다.

앞에서 노선사의 글씨 이야기가 나왔으니 말이지만 한국 불자 집집마다 노선사의 법서(法書) 한 점 소장하지 않으면 한국의 불자가 아니라고 할 만큼 노선사께서는 글씨를 통해 수많은 법문을 했다. 글씨에 대해서는 비단 불자뿐만 아니라 사회 각계 각층의 저명인사에서부터 심지어는 타종교인들까지 노선사의 글씨를 갖고 싶어했으니 어느 시대를 보아도 그처럼 많은 글씨를 쓴 스님은 거의 없을 것이다. 그것은 어쩌면 노선사 가문의 내력인지도 모르겠다. 노선사의 은사이신 남전

(南泉) 대선사께서도 당대 명필이었고, 또 노선사의 문인(門人) 중에도 글씨로 이름난 스님이 있는 것을 보면 결코 흔한 내력은 아니다. 사실 이런 점에서 노선사의 글씨는 글씨가 아니고 법을 전하는(傳法) 석주 가풍(昔珠家風)이다.

저 옛날 임제선사의 가풍은 '할'이요, 덕산선사의 가풍은 '방'이었다. 그리고 오늘날 석주선사의 가풍은 '글씨(法書)'라고 말할 수 있을 것이다. 그러기에 세간에서 흔히 말하는 글씨의 품평은 노선사에게 해당되지 않는 일이다. 다만 그 모든 것을 초월한 천진고불(天眞古佛)의 선방편(善方便), 오직 석주가풍(昔珠家風)일 뿐이다.

그러나 엄밀하게 말하면 글씨도 상(相)이고 가풍도 방편이기에, 그것을 굳이 언어문자로 표현해 본다면 연꽃 같고 학 같다고나 할까. 역시 이 말은 말 이전의 말로 들어야지 온갖 시비를 불러일으키는 언구로만 듣는다면 노선사의 진의와는 십만 팔천 리라고 말해야 할 것이다. 그래서 나는 노선사의 글씨를 명필(名筆)이니 선필(禪筆)이니, 또는 달필(達筆)이니 하는 말을 아예 쓰지 못한다. 격외도리(格外道理)를 전하는 일획(一劃)이고 방외소식(方外消息)을 알리는 일점(一點) 때문임을 거듭 천명한다.

허물을 면치 못하겠지만 노선사의 글씨에 대한 소식을 다시 한번 끌어온다면 '구만리 푸른 하늘을 홀로 나르는 학이다.'라고 하겠다. 또 부연하면 글씨의 획 하나하나는 난초 잎과 같다. 그 빼어난 초출(超出)은 격(格) 밖의 일구(一句)를 건져 올리고, 우아하고 고상한 묘미(妙味)는 법희선열(法喜禪悅)로 만 중생의 자량(資糧). 텅 빈 화선지 위에 내달리는 운필의 자취는 종횡무진(縱橫無盡)의 신기(神技)다. 자고로 한번 떠오르면 구만리 푸른 하늘까지 높이 오르는 것을 학(鶴)이라 하고,

하늘을 누벼도 자취 남기지 않는 것을 노닌다(遊)고 한다. 그래서 노선사의 글씨는 천공학유(天空鶴遊)와 같다.

아, 노선사! 학인(學人) 제접의 가풍은 학과 난초였구나.

누가 감히 헤아리며, 불가사의 해탈경계의 무진묘용(無盡妙用)을 누가 입으로 담아낼 수 있으며, 형용으로 지어낼 수 있겠는가. 개가 코끼리 가죽을 덮어 쓴 만세의 웃음거리를 자초할 사람 아예 없을진대, 아무도 범접하지 못하리라, 시방세계의 밑이 쏙 빠지는 그때까지.

단연 남전가풍(南泉家風)을 홀로 이은 노선사, 외외한 북악의 장송(長松)에 홀로 앉은 학이시구나.

가락국 장유화상의 후신인가

스님에 대해서 극진했던 분들이 어디 한두 사람일까마는, 특히 그 중에서도 지리산 칠불사를 크게 중창해 다시 일으킨 제월당(齊月堂) 통광선사(通光禪師)는 스님에 대해 남다른 정성과 존경을 가지고 있었다. 언젠가 『고봉화상 어록』 출간 일로 칠불사를 찾아간 나에게 선사는 대뜸 이렇게 말했다.

"송암스님, 나는 불광의 큰스님 설법을 자주 들어요. 이곳 칠불사의 불사 때문에 서울로 부산으로 다닐 때마다 차안에서 불광 큰스님 녹음 테이프를 틀어놓고 듣지요. 아마 그동안 내가 들었던 것을 모아 놓으면 상당히 많을 거요."

사실 선사 정도의 수행 이력과 법랍을 가진 우리나라 스님들이라면 다른 스님들의 법문을 들을 시간도 없지만 들을 엄두내기도 결코 쉽지 않다. 설령 시간이 있다 해도 잘 듣게 되지 않는 경지다. 그런데도 굳이 애써서 카세트 테이프로라도 설법을 듣는다고 하는 것은 여간한 정성이 아니고 노력이 아닌 것이다. 그리고 상대에게 겸손과 존경을 갖지 않는다면 그것은 더더욱 어려운 일일지도 모르겠다.

선사가 지리산에 있다가 서울에 올라오는 길이면 불광사로 스님께 문안인사를 철마다 다녔고, 그때마다 지리산 특산의 좋은 차를 구해서 스님께 공양(禮品) 올렸다. 그 좋은 차는 고스란히 내 차지가 되곤 했는데, 그 까닭은 우선 스님이 차를 잘 마시지 않았고, 사내 대중들도 차에 대해서는 나만큼 좋아하지 않았던 때문이었다. 아무튼 선사가 불광사에 오는 날이면 나는 따로 만나서 이야기를 듣기도 하고 몇 마디 대화도 나누었던 까닭에 선사의 언행이나 태도를 가까이서 자주 접하게 되었던 것이다. 그리고 선사는 칠불사의 중창불사를 혼자서 발원하여 원만하게 이루어가기 때문에 그 대단한 원력에 유난히 관심이 깊었던 것도 사실이었다. 그래서 나는 선사가 남들과 다른 점이 무엇인가를 늘 주시했다.

사실 이곳 도솔산을 개산할 때도 전적으로 선사의 조언에 힘입은 바가 컸다. 그런 저런 까닭으로 평소 나는 선사와 여러 인연을 가지고 있었고 또 불사에 대해 묻거나 의논을 구했던 적도 많았다. 그러므로 자연스럽게 스님께도 선사에 대한 이야기를 자주 거론하게 되었는데, 그때 스님의 대답이다.

"송암, 통광화상은 참 지혜로운 수행자야. 안으로 지혜를 감추고 있는 보기 드문 덕인이지. 그리고 그가 성실하고 원력이 크다는 것을 알고 있나? 내가 보기에 경안(經眼)도 밝고, 선방 정진도 잘했고, 다라니 주력도 많이 했지. 그리고 무엇보다 칠불 중창의 불사 원력은 참으로 장한 일이야. 그것은 굳이 내가 말하지 않아도 누구나 칠불에 가서 보면 잘 알 테고. 내가 그 또래의 범어사 출신 스님들을 가만히 지켜보았을 때 통광화상 같은 수행자가 드물어. 범어사뿐만 아니라 우리 한국불교 전체를 놓고 봐도 그렇지. 송암도 침착하고 진지하게 우리 불광의 '통광'보살이 되었으면 해."

나는 스님의 이러한 말씀에 힘입어 선사를 찾는 일이 더욱 많아져 어느새 칠불의 단골손님처럼 드나들었다. 그쪽(지리산) 방향으로 일이 있으면 으레 칠불사를 찾곤 했다. 그리고 불사에 대해 질문하거나 옛날 큰스님들의 어록을 번역하기 위해 의논하는 일도 있었다. 그래서 실제로 나의 고집스러운 권유로 선사는 칠불 중창의 바쁜 불사 중에 『고봉화상선요·어록(高峰和尙禪要語錄)』을 번역, 불광출판부에서 출간하기도 했다.

최근에 와서 출가수행자들인 스님들의 공부(修行)도 전문화(分化)되어서 혼자 힘으로 모든 것을 다 갖추기는 실제로 어렵게 되었다. 그러나 선사는 선(禪)·교(敎)·전법(傳法)·불사(佛事) 등을 두루 원만하게 겸전한 것을 보면 어디서나 흔히 만나기 쉬운 스님은 아닌 것 같다. 그리고 또 오랫동안 선사를 살펴보면, 과연 스님이 나에게 모범적인 수행자로 선정하여 내세울 만하다는 생각이 들었다. 단지 선사가 스님을 존경하였다는 사실만이 아니라 분명 본받고 배울 점이 있다는 것이고, 그 점을 스님이 인정하고 있는 것에 불광과의 특별한 인연이라는 생각이 들었던 것이다.

아마도 1991년쯤이라고 기억한다. 내가 지리산에 갔을 때 선사는 몸소 나와 함께 지리산 이곳저곳을 다니며 특산을 소개하고 골짜기마다 봉우리마다 이름과 내력을 자세하게 알려 주었다.

칠불사 입구의 마을 범왕리는 선사가 태어나고 자란 고향이다. 그래서 지리산에 대해서 여러 가지 숨어 있는 이야기나 일화도 여타 스님이나 일반인들보다 더 깊이 알고 있었다. 선사를 통해 지리산 이야기

를 들으면 처음 듣는 이야기가 대부분이다. 그런 이야기를 선사 특유
의 은근하고 느린 화법으로 드문드문 들려주었고 나는 흥미있게 들었
다. 그때 함께 다니며 느낀 감회를 썼던 종이 쪽지가 자료 속에 끼어
있기에 옮겨본다.

지리산(智異山) 노래

대성골 성큼성큼
흘러가는 물결 따라
인간세 만 가지 근심 모두 띄워 보냈네.
이고 지고 안고 있던 무거운 짐
흐르는 물결에 실어 보낸 빈 마음.

칠불의 제월선사
지리산 일심각(一心閣)을 활짝 여니
산하대지 제월·송암, 해와 달, 준동함령…….
한통속임을 보이누나.

마당에 핀 불두화 향기는 육합(六合)에 가득하고
반야봉에서 달려온 만고청풍(萬古淸風) 삼세를 허물었지.
물소리, 바람소리, 새소리…….
어우러진 반야합창단
귀에 익은 무애가를 부르고
혀끝에 멈춰 선 명랑한 차 한잔

두둥실 한마당 춤이나 출까.
아, 여기가 어딘가
쌍계사 국사봉 위로 흰구름이 넘는구나.

나는 그 옛날 칠불암 창건 이야기에 얽힌 전설을 생각하면서 아마 선사는 그때 칠불을 창건한 장유화상의 후신이 아닐까 하는 생각이 들었다. 그리고 선사가 이룩한 칠불 중창을 다시 보고 있노라면 어김없는 창건주의 환생이라는 믿음을 또다시 갖게 된다.

새벽하늘 기러기 떼 줄지어 날고

안항(雁行)이라는 말은 남의 형제를 높여서 일컫는 말이긴 하지만 나는 이 말을 주제로 하여 우리 사형사제에 대한 글을 쓰고 싶다.

왜냐하면 새벽이나 초저녁 밤하늘에 날아가는 기러기 떼의 행렬은 엄숙할 정도로 질서 정연해서, 저건 바로 우리 인간이 배워야 될 점(스승에 대한 순종과 공경)이라고 생각했기 때문이다. 그리고 출가의 신성과 존엄은 훌륭한 법도와 높은 위의(威儀)에서부터 비롯되기에 무상도(無上道)를 배우는 수행자들은 더더욱이나 안항이어야 하리라는 내 나름대로의 생각이다.

우리 공문(空門, 불교)의 제일 법도는 스승을 섬기는 것이다. 부처님도 과거 인행시(因行時)에 목숨을 바쳐 스승을 섬겼고, 여러 조사나 선지식들도 모두 철저하게 스승의 가르침을 받들었기에 대오하였고 중생을 인도했으니 말이다. 이것은 스승의 자격을 논하기 전에 학불자(學佛者)의 바른 자세, 즉 교만하지 않은 것을 도(道) 배우는 수행의 첫 번째 자질로 삼고 있다.

『벽암록』 제31칙에서 육조(六祖)스님은 이점에 대해 날카롭게 지적하고 있다.

"육조스님이 말씀하기를, 사문이란 삼천 가지의 위의와 팔만 가지의 규율을 갖추어야 하는데, 대덕은 어디서 왔기에 그처럼 거만을 부리는가(六祖云 夫沙門者具三千威儀 八萬細行 大德 從何方而來生大我慢)."

이 말씀처럼 사문의 자격은 하심(下心)에서부터 시작된다. 가장 우선해야 할 하심의 수행은 역시 스승을 섬기는 일, 사실 스승을 섬기고 받드는 이 일은 앞에서 본 것처럼 어제 오늘의 일이 아닌 불교의 출발부터였다.

그러므로 한국불교의 새물줄기를 자처하고 반야바라밀운동을 제창한 스님의 독특한 가풍이나 포교의 뛰어난 방략은 어깨너머로 터득할 일이 절대 아니다. 그렇기 때문에 더욱 큰 공경심과 정진력으로 새불교운동의 스승인 스님을 섬기고 따라 배워야 한다. 스님을 철저히 따라 배우기 위해 상좌인 우리는 어느 때나 이유와 조건 없이 분명 안항이어야 하리라 생각한다. 비록 스승은 이미 열반하시어 그 모습이나 형상은 찾을 수 없는 일이 되고 말았지만 생전의 기록이나 말씀과 자취를 다시 찾아서라도 그 뜻을 바르게 이어나가야 하는 것, 거기서 새불교운동의 밝은 미래가 있고 성공을 볼 수 있을 것이다.

스님의 새불교운동인 보현가풍의 핵심은 바로 섬김이고 찬탄이다. 그렇다면 스님을 바르게 섬기고 계승하고자 한다는 것은 과연 무엇인가? 이는 스승의 절이나 유품만 차지했다고 저절로 되는 것이 아니고 먼저 스승의 가르침에 순종하고 사상에 헌신(爲法忘軀)하여 철저히 배워야 비로소 스승의 진수를 얻을 수 있고 후계자로서 자격이 생기지 않을까. 만약 스승에 대한 이러한 자세가 확립되지 않고 사자상승의 인가도 없이 자리만 차지하고 있다면, 그 자리를 탈취했거나 그저 주운 것에 지나지 않을 것이다.

스승의 그림자도 밟지 않는 법(法, 진리) 앞의 순종(믿음)이 철저해야 스님의 마음을 닮고, 교화를 배우며, 일상(日常)을 본받는 점에 있어서 추호도 어긋나지 않으리라 본다. 이런 생각에서 불광의 전등을 책임진 우리들 사형사제들은 철저하게 안항이어야 한다고 짐짓 강조하여 표현해 보는 것이다.

아무튼 새물줄기의 역할을 담당한 안항의 첫째는 바로 보륜지정(寶輪至淨) 맏사형이다. 그는 소탈하고 꾸밈없는 마음가짐과 자애로운 모습으로 마치 이웃집 마음씨 좋은 할아버지 같은 인상을 풍긴다. 그래서 여러 사제들에게 인기가 높고 도반들에게도 언제나 호평이다. 스님 재세시 그가 불광사에 잠깐 머물 때에도 모나지 않은 성품과 원만한 처신으로 노병에 시달리는 스님께 든든한 지팡이 역할을 했다. 어쩌면 그러한 힘으로 스님 떠나신 오늘의 불광을 이끌어가고 있는지도 모르겠지만.

아무튼 그런 그의 유순하고 온화한 성품과 분위기를 한마디로 표현하면 역시 자비스럽다는 말이 가장 적합하리라 본다. 그러나 그런 겉보기와는 달리 내심은 무척 꿋꿋하며 성실하고 또한 당차기까지 하다. 처음 대하는 사람이라도 그의 침착한 걸음걸이나 차분한 말씨에서 벌써 수십 년의 올곧은 수행을 느끼게 하며, 매사에 사려 깊고 신중한 태도에서 비범한 기운을 감지하게 된다. 그의 그런 분위기는 출가의 자부심과 부단한 수행정진에 의해서 얻어진 수행력이라고나 할까, 아무튼 그의 분위기에는 속 깊은 경이로움과 아무나 함부로 흉내낼 수 없는 그만의 독특한 질감이 있다.

그는 지난 2545년 3월 1일, 『광덕스님 시봉일기 2』(징검다리)권 출판 기념법회에 참석하기로 했으나 하필 그 날 마산에 있는 그의 절 봉불사의 부득이한 일로 말미암아 참석하지 못함을 못내 아쉬워했다. 나중에 책을 가지고 간 도피안사 법우를 통해, 그 날 참석하지 못한 아쉬움과 나에 대한 각별한 안부, 그리고 얼마의 출판성금을 보내 오기도 했다. 이와 같이 사제들에 대한 관심과 배려도 지극하고 자상하다.

일찍이 그는 1965년 이른 여름, 스님 세납(世臘) 서른아홉 되던 해에 봉은사로 출가하여, 1967년 가을에 스님을 은사와 계사로 모시고 사미계(沙彌戒)를 받았다. 그러니까 그의 입산출가는 스님께서 봉은사 주지를 맡은 직후였다. 1963년(?)에 스님께서 봉은사를 인수받았고, 이어서 범어사에 있던 대중들이 스님을 따라 봉은사에 와서 살던 초기, 신도들도 거의 없었고 또한 절을 갓 인수한 직후라 사내 정돈이 미처 다 갖추어지지 않았던 때에 출가의 장한 뜻을 가지고 봉은사 스님 품에 찾아들었던 것이다. 후일 내가 직접 그로부터 들은 그 시절의 이야기는 매우 낭만적이고 교훈적이어서 음미할 만한 것이었다.

당시 서울에서 영동 봉은사를 가려고 하면 뚝섬에서 매번 두세 시간 간격으로 왕래하는 나룻배를 타고 영동 나루에 내려서 다시 수도산을 향해 언덕길을 한참이나 걸어 올라서야 봉은사에 도착했다. 그러니까 그가 스물네 살 나던 해인 1965년 늦봄쯤, 그동안 간직해 왔던 출가의 마음을 다시 꽉 움켜잡아 두 손에 틀어쥐고 드디어 출가를 결행하는 어느 늦은 봄날(아마 초여름인 듯), 뚝섬 강나루에서 예의 두세 시간마다 한번씩 다니는 배를 기다렸다가 드넓은 한강수를 건넜던 것이다.

강물은 넘실넘실 푸르렀고 싱그러운 대지의 훈풍은 포근하여 졸음이라도 올 것 같은 편안과 안온이 강심까지 가득했다. 뱃사공의 노 젖는 소리만 일정한 간격으로 삐거덕 철퍼덕거릴 뿐, 배 안에 있는 사람들은 제각기 불어오는 강바람에 머리카락과 옷자락을 훌훌 내맡기고 무심하게 흘러가는 강물을 바라보기도 하고, 하늘가에 떠 있는 흰구름을 아득히 바라보기도 하며, 아니면 맞은편 녹음 무성한 강 언덕에 시선을 주면서 평화로운 상념에 마냥 젖어 있었다. 그런 선객(船客) 중의 한 사람이었던 그는 앞으로 출가 후의 새 생활을 그려보며 수행의 청사진을 만드느라 그 넓은 강을 언제 다 건넜는지도 모르게 깊은 생각에 사로잡혀 있었다.

이 같은 그의 출가 이야기를 직접 들으면서 조그만 가방 하나 달랑 들고 생전 처음 금정산을 찾아들 때의 내 추억이 떠올라 서로 비교해 가며 간간이 웃기도 했다.

그렇게 출가했던 사형은 올해(2001년)로 어언 육십이 되었다. 아직도 순박하고 성실한 품성은 내가 처음 만나 이야기 들었던 수십 년 전이나 지금이나 거의 변함이 없다. 그런 점을 미루어 보면 아마도 출가 당시에는 더욱 순박하여 질직한 성품을 고스란히 간직했을 것이라는 추측이 그리 어렵지 않다. 당시 그는 스물넷의 청년시절, 한창 나이였지만 사람이 순박하여 세상 물정이나 불가의 법도나 모르기는 같았을 것이고, 그랬기에 더더욱 스님들을 하늘처럼 받들어 모셨을 것이고, 또한 무슨 일에나 어디서나 이유 없는 순종의 미덕을 마음껏 발휘하여 수행의 기초를 착실하게 쌓았을 것이다.

그는 봉은사에 도착한 첫날부터 공양주가 되어 행자생활을 시작했다. 그 당시 봉은사는 얼마나 가난하고 어려웠는지 아침 먹고 나면 점심끼니 걱정했고, 점심 때우고 나면 저녁끼니 걱정하느라 행자생활이 힘든지 쉬운지도 모르고 굶주린 배를 움켜쥔 채 지냈다 한다. 쌀독에 쌀이 떨어져 끼니를 거를 때는 절 옆 채마밭에 가서 상추를 뜯어다가 전을 부쳐 대중께 공양을 올렸고, 대중은 그런 푸성귀와 물로 배를 채운 뒤 기도하고 참선하며 운력하고 살았다. 이런 이야기는 가난한 그 시절에는 한없는 아픔이고 고통이었지만 오늘날 그 이야기를 듣는 사람들에게는 한갓 전설일 뿐이다.

그가 가진 스님에 대한 첫인상은 마치 그 몇 해 전 5.16 군사정변을 일으킨 박정희 의장 같았다고 본인이 월간 「불광」에서 고백했다. 그때 스님의 분위기는 엄격하고 성품이 카랑카랑하여 감히 가까이 가거나 범접할 수 없는 무서운 기운이 뻗어났다. 스님은 일상에서 근엄, 단정하고 검소했으며 강인한 정신력, 합리적인 사고와 철저한 분석 등, 무엇 하나 적당히 넘기거나 대강 처리하는 것이 없었다 한다. 박정희 의장은 우리에게 가난을 면케 했고 스님은 새불교운동(대학생불교연합회)으로 세계평화의 길을 열었다. 굳이 두 분을 비교하자는 것은 아니지만 기왕 말나온 김에 덧붙인 그의 이야기였다.

여기서 그에게 직접 들은 이야기를 옮겨 보기로 한다. 오래된 기억이지만 아직까지 너무나 분명하게 남아 있어 다시 살려내는 데 어렵지 않았다. 그래도 혹시나 해서 불광사에 이 원고의 초고(初稿)를 보내서 그의 확인을 받았으니 틀림없는 증언이 된 셈이다.

"내가 출가하여 봉은사에서 행자생활을 할 때, 그 당시 범어사 스님들이 서른 명 정도 올라와서 함께 살고 있었어요. 당시의 대중스님들, 이름은 모두 기억이 나지 않지만 봉은사는 큰 회상(會上)이었어요. 그런데 스님이 얼마나 엄격하고 철저하셨는지 절 생활이 마치 군대생활하는 것 같았어요. 아니 군대생활보다 더 엄격하고 힘들었지요. 모든 대중이 빠짐없이 새벽 3시에 일어나서 예불 올리고 6시까지 큰방에서 다같이 좌선했어요. 그리고는 아침공양과 도량청소가 시작되지요.

큰방이나 기둥이나 벽, 심지어는 부엌의 부뚜막 위에까지 '청정막방일(淸淨莫放逸)'이라고 붓글씨로 큼직하게 써서 붙여 놓고 생활했는데, 어쩌면 대중스님들이 불평 한마디 없이 마치 사관생도처럼 절도 있게 생활을 잘 하는지 속으로 신기하다는 생각을 하곤 했어요. 아마 선지식(스님)의 솔선수범 하는 지도력과 헌신적인 통솔력 덕분이었겠지요.

그 당시 절 분위기를 한마디로 말하면 스님이 사내에 계실 때는 대중들이 마치 기계처럼 생활하고 움직이다가 혹시 스님께서 일이 있어서 범어사에 가시거나 외출하시면 봉은사 대중들은 일제히 환호성을 지르면서 춤을 추며 즐거워했고, 또 범어사에 계시다가 봉은사로 올라오시면 범어사 대중들이 춤을 추며 해방의 기분을 만끽했어요.

그러나 나는 부엌에서 밥만 하느라고 스님 만나 뵐 기회가 거의 없었어요. 어쩌다가 가끔 마당이나 법당 앞에서 스님과 마주치면 스님 주변에 얼음가루가 둘러싸고 있는 듯 냉랭하여 무서웠고, 찬바람이 불어오는 듯 갑자기 몸을 움츠리며 나 자신도 모르게 긴장하여 정신이 번쩍 들었어요. 언젠가 스님께 언뜻 들은 말씀 중에서 '나는 계절 중에서 겨울을 제일 좋아한다.'고 하셨어요. 맞아요. 스님 성품과 겨울은 유사한 점이 많아요. 아마 스님은 겨울 중에서도 눈이 수북하게 쌓였을 때 사정없이 불어대는 북풍의 칼바람을 가장 좋아하시지 않았나 생각해 보기도 했어요.

그때 겁 많던 내가 느낀 스님은 서릿발 같은 성품, 매정하리 만큼 냉혹한 태도, 서늘한 기운이 감도는 눈빛이 전부였어요. 그러니 나는 공양주 일이 아무리 힘들어도 불평 한번 못하고 부엌에서 밥하는 일만 줄곧 했지요. 그런 나를 스님은 '곰'이라고 부르셨어요. 언제 한번은

불기 2543년 3월 26일, 도피안사 대웅전 봉건 기공식 때(오른쪽부터 보륜지정, 무주청화, 필자)

밥하다가 물 조절, 불 조절을 잘못해서 그만 밥이 타서 그 냄새가 절을 진동시켰지요. 나는 황급한 나머지 장작불이 이글이글 타고 있는 시뻘건 아궁이에다 양동이로 물을 퍼부었더니 뿌연 재와 연기가 치솟아 온 도량이 순식간에 재와 연기로 캄캄해지고 말았지요. 지금 생각해도 내가 엄청 미련했고 또 매우 끔찍한 일이었어요. 그 이후로 스님은 나를 '곰 같은 녀석'으로 불렀고, 대중스님들에게도 '곰 행자'로 불리게 되었어요.

아무튼 그때 나는 감히 게으름이나 망상을 피운다거나 스님에게 무엇을 요구한다거나 또는 한가한 시간을 가지며 도량을 하릴없이 거니는 모습은 꿈속에서나 가능한 일이었어요.

그러나 훗날, 하나 둘 나이가 더해가고 조금씩 철이 들게 되자 스님을 비로소 바로 알게 되었어요. 행자시절에 생각했던 스님과는 아주 판이했어요. 그러니까 나는 겁 많고 어리석어 오랜 세월 스님의 겉모양에만 사로잡혀 있었고 스님의 속마음을 모르고 지냈던 것이지요. 그런데 알고 보니 스님의 내면세계는 전혀 달라서 그동안 느껴보지 못했던 따뜻하고 자상한 인정이 가득함을 발견하게 되었어요. 아무튼 스님은 겉보기와는 다른 면이 가슴속에 가득 넘치는 분이었어요. 스님의 보이지 않는 가슴속 진실은 따뜻했고 인정스러우며 안락했지요. 그것을 한마디로 말하면 자비지요. 다만 내가 겁먹고 미련하여 그 당시에는 스님을 깊이 몰랐던 것이지요. 한참 세월이 지난 뒤에서야 비로소 스님을 조금씩 알게 되었던 것인데, 알고 보니 아주 판이했다는 말이예요. 스님은 실제로 타고난 자비 덩어리였어요. 만들어진 자비가 아니고 배워서 아는 자비가 아닌 천연(天然)의 자비가 스님의 본성이었어요. 그것은 내 생각과 말만이 아니라 여기 있는 사제들도 다 느낄 수 있었던 일 아닌가요.”

그는 비교적 천천히 말을 하는 스타일이다. 흥분에 들떠서 분위기를 한곳으로 몰아붙여 가며 자기의 주장을 펴는 일방적인 성격이 아니다. 그런데도 그의 이야기를 듣는 사람이 딴 생각할 여지없이 줄곧 관심을 끌게 만든 것은 아마 이야기가 자신의 절실한 체험이었기 때문일 것이다. 그러기에 설득력이 컸고 흥미를 한층 불러일으켰을 것이다. 이야기를 듣고 있던 사람들의 분위기가 고무되어 있음을 느낀 사형은 다시 하던 이야기를 계속했다.

“스님의 연세 회갑이었을 때, 그때 나는 부산 마하사 주지를 하고 있었지요. 마침 서울에 일이 있어 올라왔다가 불광사에서 스님을 뵙게 된 어느 날, 내가 스님 방에 들어가 인사를 하고 자리에 앉자 한동안

잠잠히 계시더니만,

'지정아, 너는 나처럼 몸을 무리하게 함부로 사용하지 말아라. 나는 젊어서부터 몸을 아끼지 않고 함부로 하고, 지나치게 학대하다시피 부려먹어서 이제 나이가 들고 보니 어디 한구석도 성한 곳이 없다. 철저하게 몸뚱이가 망가져서 안 아픈 곳이 없으니, 몸이 점점 늙어가자 병의 고통은 인생살이 네 가지 고통 중에서 가장 으뜸이라는 것을 절감하며 살아가고 있다. 그러니 너는 나처럼 살지 말고 부디 진중하여 몸을 무리하지 않으면서도 얼마든지 도를 이룰 수 있는 방법을 찾도록 해라.'

말씀을 다 마치고 나를 건너다보는 스님의 눈빛은 자애로 빛나고 있었어요. 그 순간 황급히 나는 무릎을 꿇고 합장을 하면서 감사의 말씀을 드렸지요. 얼마나 자비하신 말씀이었는지 지금도 내 기억에 생생해요.

아무튼 다시 봉은사 시절로 돌아가 보면 지금까지 선명하게 기억에 남는 것은 스님이 무서웠다는 것과 봉은사가 가난해서 자주 굶었다는 것뿐이지요. 절이 가난해서 모든 것을 그때그때 얻어먹고 살았어요. 간장이나 된장도 얻어먹었고, 김치나 소금도 얻어먹었지요. 쌀이 떨어져서 끼니를 굶은 적도 많았고……. 그러다가 다행히 시주 돈 몇 푼 들어오면 그것으로 쌀 몇 가마를 사서 배에 싣고 그 넓은 한강을 건넜어요. 언덕에 올라 다시 쌀을 리어카에 옮겨 실은 뒤 주지였던 스님은 뒤에서 밀고, 홍교 사숙이랑 대중들은 앞에서 끌고 땀을 뻘뻘 흘리며 수도산 꼭대기로 올라갔어요. 지금 생각하면 이런 이야기는 어디까지나 전설 따라 삼천리지만 나에게는 그때가 출가 초기의 지울 수 없는 추억이지요. 이제 다시 그때를 돌아보면 그 숱한 인고(忍苦)의 세월을 스님 슬하에서 보냈다는 것이 자랑 아닌 자랑이고 내 삶에 대한 감사이며 나만의 속 깊은 자부심이지요.

아무튼 그렇게 부잣집 밥먹듯이 굶는 가난의 혹심한 고통 속에서도 포교활동을 게을리 하지 않았고 인재양성을 소홀히 하지 않았어요. 스님은 봉은사에 대학생 수도원을 만들었으며(주지를 맡게 된 원래의 뜻), 또 그 당시 유명한 법사이셨던 대은(김태흡, 『석문의범』 편역자) 스님을 모셔와 자주 법회를 열었지요. 이 모두가 스님의 크신 서원의 힘이었다고 생각해요. 얼마든지 적당히 살 수도 있었는데 스님은 결코 안일이나 무사와 타협하지 않았던 것이지요.

이후 내가 계를 받고 해인사로 떠난 다음, 후일 홍교 사숙께 전해들은 이야긴데, 하루는 스님께서 갑자기 대중 운집 종을 치라고 하여서 영문을 몰라 어리둥절했지만 우선 스님 시키는 대로 종부터 쳤다고 했어요. 대중이 봉은사 큰방에 모두 모이자 스님은 대중들 한사람 한사람 빠짐없이 차례차례 둘러보시고는 각자 인연닿는 곳으로 가라고 권고하면서 봉은사 땅이 몽땅 팔렸다고 말씀하셨다는 것입니다. 방안의 대중들은 너무나 심한 충격에 한동안 아무 말도 못하고 서로의 얼굴만 멀뚱하게 쳐다보았다고 했어요. 너무나 기가 막힌 일이었고 하늘이 노래지는 충격이었겠지요. 그때 스님은 봉은사 땅을 지키지 못한 아픔과 책임을 크게 느끼셨는지 그 이후로 공찰(公刹) 주지는 두번 다시 맡지 않는다고 선언하고 다짐하셨어요."

계속 봉은사 이야기가 나왔으니 몇 가지 더 보태고 싶다. 봉은사 생활에 대해 내가 홍교 사숙께 들은 이야기도 많다. 홍교 사숙의 증언에서도 그 당시 가난 때문에 배가 너무 고팠다는 사실과 스님의 철저한 수행 정신으로 대중들의 정진이 강조되고 있었다. 여러 사람들의 이야기가 일치하고 있는 것이다. 봉은사에 대해 홍교 사숙의 여러 이야기를 기억하고 있었는데 사형으로부터 다시 확인하는 계기가 되었다. 홍교 사숙은 지금 경기고등학교 가운데쯤에 봉은사 명성암이 있었고 바로 거기가 대학생 수도원이었다고 했다. 또 지금 무역회관 앞의 땅, 15만 평이 봉은사 소유였다니 놀라워 도저히 입을 다물 수가 없다. 그러한 땅이 한꺼번에 몽땅 팔려 버리자 홍교 사숙을 중심으로 봉은사에 살고 있던 대중들이 총무원으로 달려가 항의하고 별별 수단을 다 써 보았지만 역시 차 떠난 뒤 손짓하는 것과 같은 소용없는 일이었다.

봉은사 땅을 되찾는 일은 그 당시 대중들 힘으로서는 어쩔 수 없는 숙명 같은 불가항력이 되고 말았던 것이다. 스님은 그로 인해 이후부터는 종단 공찰 주지를 하지 않겠다고 선언했고, 그 약속은 끝내 지켜졌다. 이 점도 여러 사람들의 증언이 일치하고 있다. 미루어 짐작하건대 스님의 가슴이 얼마나 아프고 애통하였으면 조계종 공찰 주지 안 할 것을 평생의 신념으로 삼고 실천했을까. '스님이 몸 바쳐 만든 종단, 그 많은 공찰의 주지자리,' 마음만 먹으면 주지자리 하나는 언제든지 가능했을 것이다. 그러나 끝내 스님 자신의 다짐은 이루어졌고 아무리 어려운 일이 있어도 불변의 그 신념은 결코 바뀌지 않았다. 사실 불광운동을 하면서 조계종 공찰을 의지하여 신앙운동을 전개해 나갔다면 훨씬 수월하게 진행되었을 수도 있었다. 그러나 그런 방법을 쓰지 않았던 것은 어쩌면 봉은사를 떠날 때의 결심 때문이지 않았을까 조심스럽게 짐작해 볼 뿐이다.

다시 사형의 이야기를 조금 더 해야겠다. 자식이 부모를 모시는 것이나 제자가 스승을 모시는 것을 다같이 효(孝)라고 말할 수 있겠다. 그런데 이 효행에는 묘하게도 상한선이 그어져 있지 않다. 아무리 정성을 쏟아도 부족하기만 한 것이 자식이 부모를 섬기는 효행이다. 그러기에 부모나 스승을 업고 수미산을 백 번 천 번을 돌았다 하여도 아쉬움과 후회와 부족은 여전히 느껴지고 남는 것, 이것이 효이다. 그도 역시 배고프면 밥 먹어야 하는 인간인데 그렇지 않을까. 본인이 스님 입적 후 월간 「불광」을 통해 진솔하게 밝힌 것을 보면 미루어 짐작되는 일이 많다. 사람은 누구나 어느 정도 아쉬움이 있어야 발전도 있고 새로워지기도 할 것이다. 아쉬움이 클수록 때로는 더 열심히 사는 것이 사람이니까 말이다. 인생살이에 있어서 아쉬움은 훌륭한 반면 교사의 역할을 한다. 오히려 직접적인 교훈의 힘보다 더 클 때가 많을 수도 있다.

새벽이나 저녁, 하늘을 나르는 기러기 떼의 모습(雁行, 질서)을 바라보노라면 첫번째 기러기의 역할이 매우 크고 중요하다는 것을 새삼 느낀다. 같은 스승을 모시고 도(道) 배우는 수행자들에게도 안항의 첫번째처럼 맏사형의 역할과 임무가 매우 중요하다. 더구나 스승이 안 계신 때에야 더더욱 말할 필요조차 없는 일 아닐까. 맏이로서 안항의 임무를 즐겁게 생각하고 자담(自擔)하는 일, 그것이 바로 수행이고 정진이며 보살행 내지 효행이리라. 그리고 불법의 혜명(慧命)을 잇는 장부(丈夫)의 소임이며 보살의 무한 책임이 아닐까, 거듭 생각해 본다.

스님의 부촉(付囑)

스님은 나이 어린 철부지 상좌를 남에게 소개하거나 이야기 할 때도 마치 대덕을 소개하는 것처럼 은근하고 정중하여 조금도 소홀함이 없었다. 이에 대한 일화가 많지만 이곳 도솔산에 나한전 봉건 발원을 세운 덕산거사(德山居士) 박병주 불자가 스님을 친견했을 때, 스님이 나를 소개한 이야기를 살펴보기로 한다.

그 날 스님이 덕산거사에게 한 나에 대한 소개와 칭찬, 당부는 마치 내가 종단의 대덕이나 되는 것처럼 정중하게 예의를 갖추고 정성을 다했다. 그런 각별한 스님의 배려와 은혜 덕분에 덕산거사는 지금도 나에 대한 스님의 당부 말씀이나 그 은근한 부촉을 잊지 못하고 있다. 그러기에 그는 언제나 도솔산 불사에 대한 책임감을 놓지 않을 뿐만 아니라, 항상 머리에 이고 열심히 사업에 몰두하고 있다.

이곳 도솔산에 제대로 된 건물이 들어선 것은 그가 발원한 나한전이 처음이다. 이 건물은 2층 구조이고 각층 오십평 넓이다. 1, 2층 합한 정식 명칭은 '파라미타 수행원'으로 명명되었다. 처음부터 수련원 공간으로 지어진 건물이기에 1층(普賢堂)은 수련생들의 숙소이고 2층(羅漢殿)은 수련장으로 꾸몄다.

몇 해 전 어느 봄날, 서울에서 남의 '보금자리'를 지어 주는 직업을 가지고 있다는 중년신사가 예고도 없이 찾아왔다. 그가 좌정하기를 기다렸다가 차를 권하자, 자기도 불자라고 스스로를 소개하면서 일찍이 '평생 절 세 동(棟)을 짓기로 원을 세웠다'는 것이다. 이미 수년 전에 대전에 한 동을 지었고, 이제 이곳 도솔산에 또 한 동을 짓고 싶다는 것이다. 이 것이 덕산 박병주 불자와의 첫 만남이고 그때 그가 한 말이다.

나는 찻잔을 앞에 놓고 묵연히 앉아서 그의 말을 들으며 내심 놀랐다. 요즘 세상에 이런 생각을 가진 사람이 있다는 것은 드문 경우이기 때문이다. 그는 마치 남의 심부름을 온 사람같이 집 짓는 모든 이야기를 무척 수월하게 했다. 그 후 불과 며칠이 지나지 않아서 건축 절차를 거치는가 싶었는데, 어느새 나한전 건립 착공을 한 것이다. 마치 꿈속에서처럼 쉽게 일이 시작되어 속도감 있게 진행되어 갔다.

그렇게 느닷없이 시작된 불사가 점점 깊어갈 무렵, 덕산거사는 산 너머 불광원(佛光院)으로 스님을 뵈러 갔다. 불광원에서 스님을 친견한 덕산거사는 나와의 인연과 그동안의 불사 이야기를 자초지종 차분히 말했고, 시종 입가에 미소를 띤 채 듣고 있던 스님은 덕산거사 이야기에 이렇게 화답했다.

"조금 전에 나에게 덕산거사(德山居士)라고 했지요. 덕산거사님은 참으로 훌륭한 일을 했습니다. 실로 아무나 할 수 있는 일이 아니지요. 보아하니 불교에 대해서 많이 알고 있거나 오랜 인연도 아닌 것 같은데 그런 일을 할 수 있다는 것은 분명 과거 생의 수행력 때문이라고 보아야 하겠지요. 이제 덕산거사님은 우리 송암스님과 뗄 수 없는 인

불기 2540년 12월 21일, 도피안사 파라미타수행원 개원 기념식(왼쪽에서 세 번째부터
성타스님, 필자, 덕산거사, 최홍원 화백)

연이 맺어졌으니 앞으로도 반야바라밀 보살 동지로 함께 힘을 모아 불
국토 건설의 역군이 되어 주세요. 보시다시피 이제 나는 이렇게 늙고
병들어서 아무 쓸모 없게 되었지만 젊은 송암스님은 내가 못한 일을
잘할 것입니다. 부디 서로 협력하시고 출가스님을 잘 받들어 주세요.
거듭 말하거니와 송암스님은 신심이 장하고 의욕이 넘치는 젊은 스님
입니다. 또 덕산거사님은 부처님 일을 위해 일찍이 큰 원을 세우고 그
원에 따라 이렇게 보시하는 것이야말로 가장 큰 수행입니다. 두 분의
인연과 보살행을 잇고 이어 빛나는 삶이 되세요. 거듭 덕산거사님의
불연을 찬탄하고 기뻐합니다. 고맙습니다.”

스님은 상좌인 나를 다른 사람 앞에서 거론할 때, 나의 인간적인 체

면(나이가 어려도)과 출가자로서의 체통(위의)이 손상되지 않도록 온갖 배려를 다했다. 누구나 이런 태도가 으레 당연하고 상식적인 일 같지만 스승과 제자라는 굴레에서 오랫동안 생활하다 보면 다른 사람 앞에서도 평소의 습관대로 낮추어 말하거나 또 편하게 대할 수밖에 없다. 그것이 습관의 힘이다. 그런데도 스님은 상좌를 소중히 하고 존중하기를 마치 부처님 대함과 같으니, 설령 그것이 의도적으로 하는 일시적인 일이라 해도 출가 문중에서만 볼 수 있고, 더욱이나 스님에게서만 볼 수 있는 빛나는 범절임에 틀림없다. 내가 상좌를 소중히 대해야 남도 소중하게 대하는 것, 이것은 모든 일에 다 통하는 불변의 진리가 아닐까.

사실 그 며칠 전, 덕산거사 박병주 불자는 나에게 스님을 뵙고 싶다는 의사를 전해왔다. 나는 스님의 건강이 여의치 않아 내심 망설이며 차일피일 하고 있었는데 그 날은 더 이상 미룰 수가 없게 되었다. 평소 성질이 좀 급한 데가 있기도 하지만 매사 적극적이고 행동력이 뛰어났기에 그 힘에 밀려 더 이상 스님 친견을 미룰 수가 없었던 것이다.

그 날 불광원에 다녀온 덕산거사는 희색이 만면하여 온몸에 신심이 가득 넘쳤다. 평소에도 그는 생활이 검소하여 허례허식이 없고 허장성세나 과장을 몹시 싫어했다. 자신의 일이 잘 되어가도 기고만장하여 모험을 벌이지 않았고, 일이 어려워도 "부처님이 도와주시니 잘될 것입니다요." 하면서 늘 웃고 다녔다. 그는 태어난 곳이 저 유명한 순천 선암사 부근이었다고, 평소 고향자랑(선암사 이야기)을 입버릇처럼 했다. 그리고 "선암사 부처님이 항상 저를 지켜주십니다요" 이것이 늘상 하는 그의 말이며 또한 그가 간직한 신앙의 전부다.

사실 믿음이라는 것은 이런 단순한 것인지도 모르겠다. 단순하기에 힘이 있고 상쾌하며 성취력을 갖게 될 것이다. 그의 말대로 선암사 부처님이 지켜주어서인지 평소 사업이나 생활에도 지혜가 있고 성공적이다. 분수를 넘지 않고 무리를 하지 않는 것이 그의 가장 뛰어난 지혜이고, 그리고 단순하고 우직스러운 것이 또 그의 지혜이다. 이런 그의 타고난 지혜와 신념, 그 위에 스님으로부터 입은 감화가 힘이 되어 늘 신심을 갖고 남의 보금자리 마련해 주는 본분에 충실하고 불사에도 정성이다.

그가 항상 달고 다니는 입버릇이 하나 더 있다. ‘좋은 일 하며 살겠다’는 다짐이다. 좋은 불자는 뛰어난 정신의 소유자를 말하는 것이다. 비록 불교를 잘 모르는 사람이라 해도 이웃과 사회를 위해서 살아가는 사람을 대하노라면, ‘아, 저분이 바로 보살이로구나.’ 하는 느낌을 갖게 되기에 말이다. 아무튼 덕산 우바새는 남다른 점이 많다. 그것은 모두 부처님께 세운 서원의 공덕과 스님의 법력을 입은 자비교화의 은혜 때문이리라.

이제 스님은 가셨지만 그는 조금도 변치 않고 언제나 열심히 살고 있다. 그렇게 일해서 얻어진 결과물을 들고 그는 항상 좋은 일에 앞장선다. 이런 그를 덕산보살(德山菩薩)이라고 불러도 될까.

부드러움

'가정이라는 곳은 마음과 마음이 합하여 이루어진 삶의 보금자리이다. 그러므로 화합해서 살면 꽃밭(花園)처럼 아름답지만, 마음과 마음이 잠시라도 어긋나고 조화를 잃으면 마치 항해중의 배가 거친 바람과 사나운 물결을 만난 듯 고통스럽고 자칫 위험하기 그지없다.'

이 구절은 스님 법문 중의 일부를 내가 노트에 옮겨 적어 놓았던 것이다. 말하자면 내 노트 어느 곳에 고이 담겨 있던 내용을 다시 찾아내어 옮긴 것이다.

이뿐만 아니라 스님은 평소의 설법이나 여러 가르침을 통해서도 가정의 소중함을 줄곧 역설했다. 특히 믿음과 수행을 통하여 가정을 불국토로 가꾸며 가족 구성원을 참 불자로 성숙시키도록 힘주어 강조했다. 그 중에서도 아내의 역할은 바로 불보살을 대행하는 일이며, 불법을 토대로 가정을 건립하는 중차대한 사명이 그(아내)에게 있다고 했다. 이러한 아내의 특별한 역할을 통해 가족 구성원 간의 임무분담은 다분히 전통적이라고 말할 수도 있겠지만 가정의 평화와 행복을 위해서는 남편의 입장보다 아내의 입장을 더욱 중요시한 것은 사실이다.

이러한 착안의 첫째 덕목은 아내(菩薩)는 부드러워야 한다는 것이 스님의 상론(常論)이고 지론(至論)이다. 이런 점에서만 본다면 아내만 부드러워야 하느냐고 대들 사람도 있겠지만, 스님은 모성이라는 인간(女性)의 권능을 아주 중요하게 보고 거기에 합당한 대우를 한 것이다. 하나의 특권이라고 해도 될 여성의 특장(特長, 부드러움)은 인류생존(평화, 번영)과 직결된 신성한 업(業)이기도 한 것이다. 생명의 속성은 어디까지나 부드러움을 근본 토대로 한 것이기에 참으로 강한 것(승리)은 진정 부드러움이라는 사실을 깨닫게 된 것, 또 그것은 모든 사람들과 공감하고 공유해야 할 생명의 원리이자 법칙이기도 한 것이다.

불교의 핵심을 자비라고 할 때, 그 모양이나 성질이 무엇으로 나타나고 또는 어떻게 표현될 수 있을까? 말할 필요도 없이 찡그린 모습보다 웃는 모습일 것이며, 딱딱한 것보다 부드러움일 것이다. 사람은 누구나 부드러워야 하고, 특히 수행자는 더더욱 부드러워야 된다는 것을 스님은 생각하고 실천하면서 일생을 살았다. 그것을 누구에게 말하거나 시킨 것이 아니라 몸소 실천했다. 그러나 이 글을 읽는 사람들 중에는 '사람은 때때로 엄격하거나 딱딱함도 필요하다'고 말하겠지만 부드러울 줄 알면 엄격해지거나 딱딱할 줄 아는 것은 배우거나 훈련받아서 아는 것이 아니다. 저절로 아는 것이고 저절로 이루어지는 것이다.

아무튼 사람은 부드러움과 엄격함을 동시에 가지고 있어야 한다고 각기 주장하지만 설령, 상대가 무척 딱딱한 성품의 소유자라고 해도 자꾸만 부드럽게 대해주면 저절로 부드러워지게 되는 것이다. 심지어 그 점에 대해 이런 비유도 있다. '사나운 개는 때릴수록 사나워진다.'

물론 사람의 성품을 축생과 비교할 수는 없는 일이지만 원리가 그렇다는 것이다. 가정에서도 서로 엄격하기만 하거나 딱딱거리기만 한다면 결국 쪼개지거나 부러지고 말 것이다. 그러기에 어느 한쪽이라도 부드러우면 상대도 점점 부드러움에 젖어들게 되고 마침내 변화될 수밖에 없을 것이다. 그러므로 수행은 부드러워지는 원리를 찾는 일이고, 스스로 부드러움으로 바뀌어 가는 부단한 자기 혁신이다. 그러기에 스님의 지적은 무척 현실적이며 수행자로서의 당연한 착안점이다.

부드러움에 대한 스님의 가르침은 궁극적으로 평화를 지향하고 있다. 진리의 내용이 부드러움이라는 사실을 누구나 알게 되어 마침내 그러한 진리에 다가간 삶은 순조로울 것이고 희망과 기쁨이 서린 평화스러운 인생이 될 것이다. 마치 이런 시처럼.

꽃피어 예쁘다가
열매로 영글었네.
중생으로 살더니
보살지에 올랐네.
오, 즐거움이여!

제 14 장

妙行無住

妙行은 양질의 봉사행, 無住는 인간의 가장 참된 모습.

六月賴遊花下路　　유월의 꽃놀이는 즐거운데도
一家愁閉雨中門　　어느집 닫힌문은 비가올까봐.

묘행무주(妙行無住)

―스님의 3대 불사―

묘행무주는『금강경』제4분의 제목이다. 즉 '묘행은 머묾이 없음'이다.

내가 천일기도를 입재하면서 동시에 셋째주 일요일을 호법법회라 하여 새로 개설하고, 한 달에『금강경』1분씩 공부하여 천일기도가 끝날 무렵,『금강경』공부도 함께 끝나도록 맞추었다. 그래서 나는 신도들과 같이 매월『금강경』공부를 한차례씩 하고 있다. 사실『금강경』공부야 그 이전에도 여러 번 했지만 이번 공부에는 천일기도 시작과 함께 따로 기연(奇緣)이 두어 가지 있었다.

첫번째 기연은, 우리 절 대원법등의 벽봉거사로부터였다. 그는 원래 직업이 소목(小木)이었다. 그래서 나무로 장을 짜거나 정교한 물건을 잘 만들었다. 그런 그가 백팔염주 알에 한문『금강경』을 모두 새겼다.『금강경』은 글자 수가 많을 뿐만 아니라 한문 한 글자 한 글자를 빠뜨리지 않고 둥근 염주 알에 새겨 넣기가 여간 어려운 일이 아니다. 평소 그와 단짝인 원서거사와 둘이서 서로 협력하여 특별기도정진으로 '금강경 염주'를 발원하여 온갖 정성을 기울인 끝에 마침내 그들은 남들이 생각도 못하는 특별한 불사를 잘 마쳐 절에 봉헌했던 것이다.

두 번째 기연은 지혜심(홍경자) 보살이 올해(2001년) 76세의 고령임에도 평소 배운 붓글씨로 금강경 여섯 권을 사경하였다. 오천 자가 넘는 『금강경』을 불과 수개월 만에 여섯 권이나 쓴 것은 팔십 가까운 고령자로서는 이 역시 드문 일이다. 나는 그가 절에 봉헌한 『금강경』 한 권을 잘 받아서 이 다음 부처님 사리탑을 조성할 때 탑 속에 봉안하기 위해 따로 간직하고 있다. 나는 그가 사경한 『금강경』을 처음 받아든 순간 그것이 한 권의 책이라고 하기보다는 한 덩어리의 정성과 신심이라는 느낌이 들었고, 그래서 생각날 때마다 여러 차례 펴보고 또 보곤했다. 심지어는 밤중에 잠을 자다가도 일어나 꺼내 본 적이 있을 정도였다.

이 두 인연이 저절로 원만하여 미래의 우리 절 보물 두 점이 마련되었다. 일이 되려고 하면 아마 이렇게 되나보다. 만약 내가 그러한 것을 일부러 모시려고 했다면 그렇게 쉽게 되지 않을 수도 있다. 나는 주지로서 이 두 일을 기념하고 그들의 수행과 인생이 더욱 원만하도록 기도하기 위해 특별법회(호법법회)를 열었다. 그래서 문자반야는 이미 원만하였으니 이제 언설반야를 펼쳐야 하겠다는(감히) 생각으로 매달 『금강경』 공부를 새로 시작했던 것이다.

이로 말미암아 우리 도피안사가 반야본산으로 그 면모를 하나하나 세워 나간다면 이것이야말로 부처님께서 인도하고 가호하시는 특별한 일이라는 믿음이 일었던 것이다. 그런 분위기 속에서 나 또한 기도 중에 『금강경』 공부를 또 한다면 여러 가지 뜻이 두루두루 원만해질 것이라는 생각도 있었다.

아무튼 『금강경』의 제4분은 묘행이 무주였다. 여기서 묘행이라는 말은 보살행을 말한다. 여기서 묘행과 스님의 보현행을 이 기회에 다시 생각해 보고 다짐하고 싶어서 이 글을 쓰는 것이다.

스님은 오랜 세월 동안(전설로는 10년) 처사(行者) 생활을 거쳐 드디어 계를 받고 출가교단의 구성원이 되었다. 오랜 세월 동안 다짐한 굳은 결심과 대사일번(大死一番)의 보살서원으로 마침내 그 오랜 행자생활을 마감했던 것이다.

그때나 지금이나 산문에 몸을 담으면 하루라도 빨리 계를 받아 사문이 되려고 하는데, 스님은 그 긴 세월을 오직 처사로 산문생활을 하며 온갖 힘든 허드렛일을 도맡아 처리하고 모든 고행을 감내했다는 것은 과거에나 미래에나 그 유례를 찾기 힘든 일임에 틀림없다. 아마 거기에는 금생에 일으킨 크나큰 보살행의 다짐도 있었겠지만 그것만으로는 그런 특별한 수행을 성취하기는 어려울 것이다. 반드시 과거 생에 세운 서원의 힘도 크게 작용했다고 본다. 그랬기에 스님은 계 받은 그날부터 한국불교를 위해 철저하게 헌신했다. 거의 그 유례를 찾기 힘든 대승보살의 '헌신(菩薩行)'이라는 생각이 든다.

스님의 그러한 보살 헌신을 크게 세 가지로 나누어 볼 수 있는데, 스님에게는 3대 불사(三大佛事)인 셈이다. 그 첫째가 종단에 대한 헌신이었다. 즉 정화불사의 대단원이고 그 산물인 지금의 통합종단을 만들고 지키고 키워나가는 첫번째 대불사였다.

두 번째가 종단의 품에서 떠날 절대절명의 위기에 처해 있었던 동국대학교를 구하고 수호하기 위한 헌신이었다. 당시 군사정부에서 내린 학교법인 보강을 소홀히 다루는 종회의원들을 일일이 찾아다니며 밤늦도록 설득하여 마침내 학교법인 동국학원을 지켜내는 두 번째 대불사였다.

모든 것이 미비하고 허술했던 시절에 종단이나 학교의 중대한 임무를 두 어깨에 짊어지고, 서무국장의 소임으로 밤을 꼬박 세워가며 서류를 만들고 사람을 만나서 필요성을 역설하고 마침내 설득하여 일을 이루어가는 일련의노력과 과정은 범인(凡人)으로서는 도저히 상상할 수 없는 일이었다고 유찬노사(老士)는 증언했다.

"스님은 위법망구의 헌신과 살신성인의 대의(大義)로 한국불교가 처한 큰 일에 과감하게 뛰어들었고 마침내 성취했어요. 그 결과 오늘의 종단이나 동국대학교가 있다고 해도 과언이 아니지요."

마지막 세 번째가 새불교운동의 불광 창립이었다. 한국불교의 새물줄기를 이루는 불광운동이 스님의 세 번째 대불사였다. 여기에 대해서는 자세히 설명하지 않겠다. 이미 다른 곳에서 설명이 있었기 때문이다.

불기 2530년 4월 20일, 해인사 순례법회 때 백련암 성철스님과 스님(필자)

이 세 가지를 세우면서 스님은 어떠한 경우에도 또 무슨 일에도 상(相)을 짓지 않았고 그 어디에도 머물지 않았다. 철저하게 묘행은 무주였다. 오직『금강경』의 정신이 스님의 전부였으며 진실이었고 본원상(本願相)이었다. 시종일관 묘행은 무주로 갔다.

스님은 부처님 가르침대로 자신에게 맡겨진 모든 임무를 상없이 헌신적인 자세로 묵묵히 수행했다. 웬만하면, 아니 여느 사람들의 경우라면 한발짝 더 나갈 수 있었을 텐데도 스님은 결코 그렇게 하지 않았다.『금강경』의 가르침에서 한치도 벗어나지 않았다는 말이다. 그것은 전적으로 스님만의 특별한 마음가짐(진리에 대한 신념) 때문일 것이다. 사실 그 당시 스님이 마음만 먹으면 정점에 올라서는 것은 하나의 예정된 코스였을 수도 있고 또 매우 쉬운 일일 수도 있다. 그러나 스님을 일상의 범부로 추락하지 않게 한 그 특별한 마음가짐이란 과연 무엇인가. 다시 한마디로 말한다면 완전한 헌신(妙行無住), 그것이 아닐까.

스님은 몸과 마음을 다 바쳐 이루었던 양대 불사가 무난하게 굴러갈 수 있도록 모든 장치를 마련해 놓고 스님 자신은 뒤로 물러섰고, 아니 한쪽으로 비켜섰으며, 그것도 부족해 아예 그 자리에서 떠났던 것이다. 결코 스님 자신은 그 정점에 올라서거나 정해진 위치에 서서 머뭇거리거나 따로 특별한 기회를 기다리지 않았다. 스님은 종단이나 동국학원에 몸바친 헌신의 공로가 있기에 스님이 이룩한 불사 곁에 잠시 머뭇거리기만 해도 남들로부터 괜한 오해를 받거나 또는 터무니없는 비난을 받을 수도 있는 것이다.

오해와 비난은 결국 서로간에 대립이 되며 투쟁이 되고 마는 것. 그렇게 되었을 때 보살행은 한순간에 사라지거나 물거품이 되어 버린다. 아니 그것은 누구의 보살행 문제가 아니다. 부처님 불사의 차원이다.

묘행은 무주라는 믿음과 실천이 없으면 종단의 불사도 훼손되기 십상
이라는 말이다. 물론 스님이 이런 계산을 치밀하게 한 뒤 적절하게 처
신을 한 것이 아니고 평소 신념이 그렇다는 것이다. 단지 스님은 일이
잘 되도록 토대나 기초만 형성한다는 생각, 어느 정도 그 일의 진척이
있을 경우 스님 자신의 존재를 다른 곳으로 비켰을 때 모든 것은 더욱
원만해질 수 있다는 『금강경』의 철학과 신념이 항상 스님 자신을 이
끌었던 것이다.

　스님이 이룩해 놓은 이 세 가지 일, 종단이나 학교의 무궁한 발전은
이미 뿌리가 깊어가고 있으며, 또 부처님의 원력이 함께 하기에 앞으
로 더욱 역사와 더불어 찬연하게 빛날 것이다. 지금 이 순간에도 그러
한 모습이 눈에 보이게 변화 발전을 거듭하고 있다. 부처님의 가호와
스님의 서원이 함께 하고 있는 종단과 학교이기에 말이다. 그리고 스
님의 마지막 불사였던 불광의 새불교운동도 잘 된다는 신념은 확실하
다. 스님 자신이 다시 꼭 돌아온다는 다짐과 서원을 내가 직접 들었기
때문이다.

　나는 『금강경』 4분을 공부하면서, 전 생애를 철저하게 묘행무주의
반야행자로만 살았던 스님의 교화와 그 덕행을 다시금 조용히 열어보
며 옷깃을 여민다.

승속을 초월한 우정

스님 곁에서 살다보면 참으로 느끼고 배우는 점이 많다. 그것은 내가 전혀 예상치 못했던 일이 벌어졌던 때문이기도 하고, 또 그런 일이 하나 둘이 아닌 때문이기도 하다.

스님을 찾아오는 많은 손님, 전국 각처에서 여러 가지 일로 찾는 걸음들이기에 무척 다양하다. 어쩌면 평소 스님의 폭넓은 인간애를 통한 교류라고나 할까, 아니면 스님의 무연자비(無緣慈悲)의 대보살심이 널리 소문난 때문이라고 해야 할지, 그도 아니면 사회 각층에 불자들이 다양하게 분포되어 있기 때문이라고 해야 할지. 아무튼 불광사를 찾는 그 많은 손님들, 모두 스님 만나기를 희망하여 가깝고 먼길을 제각기 온 것이다. 비록 지호지간의 거리라 해도 불광사에 오기 위하여 오랫동안 망설이다가 겨우 용기를 내어 오는 경우도 있을 것이다. 각자 자신의 입장과 주요 관심사를 가지고 거기에 대한 조언을 얻거나 도움을 받기 위해서, 또는 궁금증을 해결하기 위해 발걸음을 했던 것이다.

그러나 알고 보면 그 원인은 대부분 스님에게서 비롯된 것이다. 왜냐하면 스님은 한번 맺어진 인연은 끝까지 정성을 기울이고 관심을 베풀고 그들이 잘되도록 힘닿는 한 배려하고 축원한다. 상대방이 스스로 스님과 인연을 끊어버리고 등을 보인 사람에게는 스님의 힘도 미치지 못할 때가 있겠지만 스님 자신이 사람에게 등을 보인 적은 결코 없다. 이렇게 스님의 진지하고 정성스러운 인간관계는 매우 헌신적이기에 특히 후학들은 배울 점과 느끼는 점이 많은 것이 사실이다.

스님의 우정, 그 가운데서 유찬거사(幽燦居士) 박경훈 불자님과의 오랜 우정을 곁에서 바라보면, 스님이 사람을 대하는 마음을 그대로 느낄 수 있는 하나의 견본이 된다. 내가 본 바로 두 분의 우정은 매우 각별하다. 그것은 인간의 모든 인위적인 것을 넘어서 있기 때문일 것이다. 형식 이전의 인간성을 우정의 내용으로 삼고 있는 두 분의 관계는 그만큼 진지하고 변함이 없다. 적어도 겉껍데기의 일들로 관계(友情)가 좌우되거나 움직여지는 것이 아닌, 인간 내면의 진실로 이루어진 요새와 같은 관계이다.

두 분 사이에는 승속(僧俗)의 구분이나 연령의 차이나 또는 신념의 차이 등, 그런 것은 도무지 없다. 아예 볼 수도 없고 볼 엄두도 내지 못한다. 오직 아낌과 다정함과 친밀함만이 잘 간직되었다가 살아가는 삶 속에 그때그때 나타날 뿐이지 털끝만큼이라도 서로 이질적 요소는 눈을 씻고 찾아도 보이지 않는다. 그리고 의논하고 싶은 일이 있을 때는 서슴지 않고 전화를 하거나 편지를 쓰거나 또는 사람을 보내어 의사전달을 하고 생각을 교류하는 것이다. 소위 일반적으로 갖는 엉터리 같은 자존심이나 허세나 허위로 가득한 체면치레 등은 찾아볼 수 없다는 이야기다. 이런 것들이 스님의 인간적인 가장 큰 강점이며 변함 없는 우정을 오래 간직하는 비결이고 특성이라는 생각이 든다. 세간의 모든 이해타산을 떠나 인간 내면의 밑바닥에 간직된 때묻기 전의 순수한 인간애, 그것이 우정이 되고 인정이 되며 사람 간에 나눌 수 있고 의지할 수 있는 진정한 인간미의 바탕이 아닐까 생각한다. 스님이 유찬노사(老士)와 진득한 우정을 오래 간직할 수 있었던 것도 사실 이점이라고 생각한다.

어떤 때는 스님이 원고를 다 쓰고 책제목을 정할 때 유찬노사에게 전화를 걸어 의견을 묻고 뜻을 얻는다. 서로가 오랜 세월 동안 가꾸어 온 우정을 통해 상대를 잘 알기에 긴 설명 없이도 쉽게 뜻이 일치하고, 서로가 가진 좋은 점을 아낌없이 인정하고, 그 마음 씀씀이나 의견을 지체 없이 받아들여 공유할 때 더욱 놀라운 힘을 발휘하게 되는 것, 그것은 두 분 사이의 관계이고 하나의 엄연한 현실이기도 하다. 또한 그것은 두 분의 상통점을 찾아내어 합한 것이기에 세간에 큰 이익이 되고, 또 인간성에 있어서 뜻과 생각으로 이미 하나의 경지가 되어 있었던 것이다.

스님 입적 후, 유찬노사께서는 과거 스님의 젊은 시절부터 맺어온 우정을 유감 없이 발휘하였다. 그동안 스님과의 오랜 우정 속에서 스님으로부터 직접 듣고 묻고 알고 있던 모든 이야기를 종합하여 긴 이야기(스님의 생애 전반부)를 썼다. 그 일은 내가 아무리 쓰고 싶어도 내 힘으로는 도저히 불가능한 일이었고 다른 어느 누구도 마찬가지, 오직 유찬노사에게만 점지된 일이었다. 어떻게 보면 두 분의 인간관계를 내가 철저하게 이용(?)했다고 말해도 될 만큼 나는 두 분의 이 점에 주의를 기울였고, 거기에서 내가 손닿지 못한 부분을 얻으려고 노력을 쏟은 것이다.

유찬노사께서 가끔 이곳 도솔산에 와서 스님과의 지나간 옛이야기를 꺼내놓으면 나는 마치 스님이 앞에 계신 것 같은 생생한 사실감을 느껴서 듣는 것만으로도 한량없이 기쁘고 즐거웁다. 노사의 이야기 속에는 스님의 젊은 시절의 모습도 있고 미처 내가 알지 못하고 짐작조차 할 수 없었던 비범한 내용들도 숨어 있다. 그것은 참으로 스님을 깊이 만나는 것과 같다. 그래서 유찬노사는 내 스승과 같은 항렬을 가진 분이다. 이 모든 것이 스님께서 인연을 소중하게 했던 공덕이고 두 분이 한평생 간직한 우정의 힘이며 또 진리를 토대로 인간을 대하는 신앙의 힘이었다. 그리고 그런 순수를 통해 후학들에게 모범이 되고 교훈이 되는 뜻깊은 선례이기도 하다. 만약에 스님이 그렇게 살지 않았다면 어찌 나에게 다시 스님을 만나는 행운이 있었겠는가.

유찬노사를 만나면 새삼 생각해 보는 것이 있다. 스님의 삶 속에 성실과 진실을 빼버리면 과연 무엇이 남을까 하는 점이다. 아마 아무것도 없는 빈 쭉정이가 될지 모르겠다. 스님의 내면에는 그러한 일상의 삶 속에서 필요한 것들이 가득 넘치고 있다. 그런 인간의 보편타당한 가치가 스님만의 도(道)라는 생각을 더욱 깊이 하게 된다.

이와 같은 스님의 젊은 시절을 노사를 통해 다시 듣고 곰곰 내 자신을 생각해 본다. 그리고 크게 반성하고 자책도 하면서 스님이라는 만고의 명경(明鏡)을 통해 내 삶을 훤히 비추고 다시 다잡아보는 것이다.

불교학자

　스님이 부산 범어사에서 머물던 시절, 한창 배울 시기에 있던 어린 행자들에게 세속공부를 할 수 있도록 주선하여 학교에 보냈다. 범어사가 있는 동래 청룡동에서 해동중고등학교가 있는 영도까지는 아주 먼 거리였다. 거의 끝에서 끝에 이르는 엄청난 상거였다. 어린 그들에게는 학교까지의 거리가 멀기는 했지만, 범어사 경내에 건물 한 채를 비워서 배워야 될 적령기에 있는 그들을 따로 모아 학교공부(世俗)를 시켰던 것이다.

　그보다 훨씬 전의 일로 동국대학교를 되찾기 위해서 온몸을 던져 노력을 기울인 스님의 헌신적인 일화는 '배움이 곧 깨달음'이라는 강한 신념이 없었다면 도저히 생각할 수도 없는 거의 불가능한 일이었고 말이다. 그동안 많은 세월이 흘러갔지만 이제 다시 그 헌신의 이야기를 전해 듣는 것만으로도 눈물이 솟아나고 억장이 무너져 가슴이 콱 막힐 지경이다.

　사람은 누구나 교육을 통해 무한히 성장할 수 있다는 바른 생각을 어느 때나 가지고, 그것을 실천했던 스님은 마치 20세기 인류의 성자 간디와 같았다고나 할까. 오직 나 아닌 남을 위해 살다 간 헌신과 봉사로 이루어진 이타의 삶, 아니 자타불이의 삶, 사람들을 깨닫게 하여 궁극적인 평화와 행복을 찾도록 온갖 노력을 기울였던 점(救國救世, 世界平和運動), 그리고 진리의 실천을 인류사회의 최고 이상으로 굳게 믿고 실천했던 점(護法救世) 등 그와 비슷한 점은 얼마든지 많다.

그러한 성자 간디가 말한 망국칠조(亡國七條)를 보면, 교육에 대해 적시된 부분도 크게 눈에 띄고, 또 그 속에는 우리 수행자들이나 여타의 종교인들도 눈을 밝게 뜨고 살펴보아야 할 대목도 있다. 아니 수행자나 종교인들뿐만 아니라 우리 모든 사람들이 다 함께 생각해 보아야 할 삶의 지침이라고 말하는 것이 간디의 본뜻에 맞을 것이다. 비교적 간단한 내용이니까 잠깐 살펴보고 넘어가기로 하겠다.

첫째가 원칙 없는 정치
둘째가 도덕 없는 상업이고,
셋째는 노동 없는 부(富)이며,
넷째는 인격 없는 교육과
다섯째가 인간성 없는 과학
여섯째가 양심 없는 쾌락
마지막이 희생 없는 신앙을 들고 있다.

이 일곱 가지 중에서 어느 한 가지만으로도 나라가 망한다고 간디가 엄히 경계한 것은 결코 우리를 겁주기 위한 심술이나 과장법이 아니라고 본다. 인간의 마음을 속속들이 들여다본 간디 자신의 명철한 지혜로 살핀 판단이자 경험이라고 본다. 결국 오늘날 우리 모두가 잘 유념하고 지켜야 할 삶의 지침인 것이다.

이미 앞에서도 말했지만 스님은 교육을 통해 사람의 진정한 인격을 세우려고 부단히 노력했다. 범어사에서나 종단에서나 시종일관 한결같은 생각을 가지고 추구하고 실천한 스님 일생의 과업(佛事)은 교육이었다. 그래서 스님은 혹시 누가 공부한다는 이야기를 전해 들으면 격려와 도움을 아끼지 않았으며, 모든 사람을 부처님으로 보고 대하는 참 신앙의 길을 가기 위해 온갖 희생과 고난을 조금도 두려워하지 않고 오히려 앞장서서 도맡아 짊어졌다. 이 모두가 스님이 생각하는 참 교육이었고, 그 길이 곧 성불의 길이라고 생각했고 굳게 믿었던 것이다.

스님은 그러한 참된 교육의 이상과 구현을 불교학에서 찾았다. 그리고 불교학의 진흥과 발전을 통해 인간 모두를 교육(成佛)하는 원대한 이상이 스님의 교육관이기도 했다. 인격의 성숙과 학문의 성취가 동시에 원만할 수 있는 것이 불교학의 연찬(研鑽)을 통해서이고, 불교학의 수업(正業修行)을 통해 도달할 수 있는 경지라고 보았다. 또 그 길을 가는 사람들(修行者)이 바로 불교학을 연찬하는 사람(佛敎學者)들이라고 했다. 스님은 그 모델을 언제인가 나에게 가만히 토로했다. 듣고 보니 바로 대천거사(大千居士) 왕봉 김영태(旺峰 金煐泰) 박사였다.

"김영태 교수님은 대학자이시다. 불교학이나 불교사 연구에 세운 탁월한 업적(論文)뿐만 아니라 한 사람의 재가불자(修行者)로서 그 분은 모범 신앙인이고 실천인이야. 불교사 연구나 논문을 쓰다가도 어딘가 막히는 곳이 있으면 그 자리에서 펜을 놓고, 옆에 있는 염주를 돌리며 생각의 한계나 막힌 곳이 뚫릴 때까지 염불을 한다고 했어. 그리고 논문 쓰다가 막힐 때만 염불하고 기도하는 것이 아니라 평소에도 꾸준히 수행했기에 그것이 가능한 일이었겠지. 그러니까 마음을 맑히고 안정시켜서 더 밝은 마음으로 학문 너머의 학문(진리)을 찾았던 것이지. 그것이 바로 불교학자의 참된 자기 면모가 아닐까. 나는 그 이야기를 누군가로부터 전해 듣고 그 분을 대학자라고 생각하게 됐어. 적어도 불교학을 요리조리 꿰어 맞추듯 연구하는 것이 아니라 보다 근원적인 곳에 착안하고 착지하는 시각과 수행의 자세를 갖고 있는 분이라는 것을 느꼈기 때문이야. 아마 우리 불교학 연구하는 분들이 거의 다 그러하겠지만 내가 전해들은 이야기의 주인공은 왕봉 박사님이었어. ”

사실 참으로 놀라운 분은 스님이다. 스님의 가르침으로부터 이렇게 개안(開眼) 되는 것은 하나 둘이 아니다. 우리들 일상생활 구석구석과 삶에서 발견해 내는 진리의 적출은 사뭇 형안(炯眼)이다. 그래서 스님 곁에 있으면, 아니 조용히 귀기울이고 있으면 참으로 많은 가르침에 대한 암시를 받게 되고 지혜의 귀띔을 얻게 되고 참삶에 대한 힌트를 듣게 된다. 그런 구체적인 사례가 바로 앞의 이야기 같은 것이다.

사실 내가 스님의 귀띔이 없었다면 어떻게 대학자의 면모나 기준을 바로 알게 되었을 것이며, 불교학을 연찬하는 자세가 그와 같아야 된다는 사실을 듣기라도 했을 것인가. 그리고 내 협량의 가슴으로 어떻게 사물을 조금이라도 바로 볼 수 있었을까 말이다. 필경 눈뜨고도 못 보는 당달봉사의 장애, 그 한계를 벗어나지 못했을 것이고, 함께 살면서도 알아보지 못하는 허물을 수없이 지었을 것이고, 이미 만났거나 눈앞에 두고도 누구냐고 묻는 저 옛날 양 무제와 같은 무지로 줄곧 인생을 살았을 것이니 생각만 해도 모골이 송연해짐을 금할 수 없다. 어찌 이것이 양 무제만의 일이나 남의 일일 수만 있겠는가. 그리고 스님의 가르침을 통하지 않고 내가 어찌 감히 다른 곳에서 개안을 바랄 수 있으며, 그리고 그것이 가능한 일이라고 생각이나 할 수 있었을까.

스님 입적 후 대천거사 왕봉 김영태 박사는 스님의 생애와 사상을 참으로 탁월하게 해설하고 주석을 달아 주었다. 역시 불교학자다운 심오한 관찰의 금과(金科)였다. 그리고 그것은 안목(眼目) 너머 또 다른 안목, 바로 수행자(佛教學者)의 경안(經眼)에서 생긴 지혜의 안목이라는 것도 알았다. 바로 내 눈앞에서 스님의 말씀이 증명되는 순간이기도 했다. 그 은혜를 생각하여 펜을 고쳐 들었더니 이런 노래가 되었다.

할 일 없어 게으른 인간
도솔산에 누웠어도
바람은 부드럽고 비는 순하며
햇빛은 윤택하여 은혜가 부족하지 않았지.

하루종일 혼자 있어도
지루한 생각 일지 않고
말 한마디 입 밖에 낸 적 없어도
온통 즐겁기만 하다네.

아침 먹고 자고
점심 먹고 자고
저녁 먹고 또 자도
도무지 싫증이 없다네.

한국불교의 명저(名著)

"서울에 있는 동덕여자고등학교의 역사 선생님으로 김재영 불자님이 계신다."

스님은 앞뒤 설명을 제하고 느닷없이 이렇게 운을 뗐다.

내가 불광사 교육담당 지도위원을 맡고 있을 때, 스님은 부처님 생애에 대한 깊은 믿음을 나에게 강조하여 말씀하면서 『룸비니에서 쿠시나가라까지』라는 제목으로 부처님 생애를 쓴 저자에 대해 불쑥 위와 같이 거론하고 또 다음과 같은 이야기를 계속했다.

"우리 불광 신도들에게 '불타전(佛陀傳)'을 숙지시켜야 해. 특히 처음 절에 발을 들여놓은 신도들에게 부처님 생애를 가르쳐서 새롭고 분명한 인생의 좌표를 다시 설정하도록 적극 도와야 해, 그러기 위해서는 우선 신도 자신이 부처님 생애에서 큰 감동을 느껴야 하거든. 불교의 믿음(覺行圓滿)은 부처님으로부터 시작하여 부처님에서 끝나야 하지. 즉 불교신앙의 처음과 끝, 그 전체는 오직 부처님이어야 한다는 것이야."

이것은 스님의 투철한 신념이었고 불광사의 방침이었다.

부처님 오신 날 도피안사에서 헌화하는 무원 김재영 법사

　"그러므로 모든 신도들은 오직 부처님 생애에서 믿음을 키워가야 하고 신앙의 힘을 얻어야만 순조롭게 불교수행을 잘 이루어 갈 수 있는 법이야. 아무튼 말이야, 우선 바라밀 교육시간에 불타전 학습시간을 전체 시간의 삼분의 일쯤 집중적으로 배정해 봐."

　나는 스님의 말씀에 따라 바라밀 교육시간표를 새로 짜서 보여드렸다. 매주 3일씩 3개월 동안 꼬박 계속되는 꽤 긴 교육기간, 그 기간의 삼분의 일이라는 상당한 시간을 불타전에 배당했으며, 그것도 모자라 불타전 강의시간을 바라밀 교육 전체 과목 중에 제일 첫시간으로 확정하였다. 스님이 새로 짠 시간표를 한동안 바라보고 있다가,

　"이만하면 됐어. 교재는 김재영 선생님이 쓴 『룸비니에서 쿠시나가라까지』로 해. 내가 보기에 그 책은 한국불교의 명저(名著)야. 부처님

에 대해서 현대인들이 이해하기 좋도록 그렇게 잘 쓴 책은 지금까지도 없었고 앞으로도 드물 거야. 부처님을 대하는 관점도 좋고 이야기의 핵심이 뚜렷할 뿐만 아니라 오늘의 이야기로 예화가 구성되어서 생소하거나 거리감이 없어. 불타전 강사는 저자가 직접 와서 강의하면 가장 좋겠지만 학교에 계시니 낮에 시간내기가 어렵겠지. 그럼 이 과목은 송암이 공부해서 맡아보도록 해봐. 송암은 정열적이고 감성이 풍부한 사람이니까, 그리고 출가수행자이므로 유리한 점도 있을 거야."

나는 한국불교의 명저가 바로 무원거사(無圓居士) 김재영(金再泳) 불자가 쓴 현대판 팔상록(八相錄)인 『룸비니에서 쿠시나가라까지』라는 사실을 그때 비로소 알게 되었다. 그 전에도 책을 읽어보며 참 잘된 책이고 좋은 책이라는 점은 깨닫고 있었지만 '명저(名著)'라는 것까지는 생각을 못하고 있었다.

그 후에도 스님은 불광사에 '교학연구 지원금'이 확보되면 가장 먼저 주고싶은 불자가 김재영 법사라고 누차 발언하곤 했다. 그런 인연과 호감 때문이었는지 무원 법사는 교직 퇴임 후 도솔산에서 함께 수행하며 살게 되었고, 그로부터 속속 명저를 쏟아 놓기 시작했다. 그 가장 첫 작업이 스님 입적 후, 스님의 생애와 사상의 옥구슬을 실로 꿰는 일이었다. 역시 스님의 기대와 지음(知音)에 어울리는 훌륭한 저술이 되어 『광덕스님의 생애와 불광운동』이라는 제목으로 출간되어, 또 하나의 명저가 한국불교에 보태지게 되었다.

스님은 한강이었다

사람은 감정이 풍부하되 쉽사리 그 감정에 흔들리거나 휩쓸리지 않는 것이 인생을 살아가는 데 큰 힘이 되고 중요한 일이라는 것을 새삼 느낄 때가 많다.

사람이 살면서 성취감을 느끼며 행복감에 젖게 되는 것은 역시 감정의 질과 양에 비례한다는 이야기가 있다. 그렇지만 이러한 감정도 적절하게 통제하거나 조절하지 못하면 삶의 바른 일상에서 자칫 벗어나기 십상이고 잠깐이라도 벗어나게 되면 뜻하지 않은 불행을 초래할 수도 있다.

그래서인지는 몰라도 몽골의 속담에 '눈물을 흘릴 때는 두 주먹을 꽉 쥐어라.'라고 한다. 역시 눈물은 감정일 테고 두 주먹을 꽉 쥐는 것은 감정에 사로잡히지 말라는 경계이며 충고일 것이다.

스님은 유난히 감정이 풍부했기에 남보다 따뜻한 성품의 소유자였다. 그러기에 출가한 스님들에게는 좀처럼 찾아보기 힘든 인간애(慈悲)와 신의가 스님에게 무척 두드러졌다. 그런 풍부한 감정을 갖추고 있었으면서도 그 감정 때문에 곤란을 겪은 적이 없다. 그것은 오로지 스님 자신의 철저한 수행의 힘 때문이었을 것이다. 그런 수행의 힘(의지)을 통해서 강물처럼 도도히 흐르는 스님 자신의 감정의 물결을 매우 적절하게 조절하고 극복했다.

그뿐만이 아니다. 스님의 따뜻한 감정은 천연의 자비가 되었고 풍부한 감정은 진리에 대한 정열이 되어 평생 끊어지거나 식을 줄 몰랐으며, 오히려 불교의 신앙과 예술을 통해 막힘 없이 장애 없이 잘 발휘되었던 것이다. 문장으로는 시와 발원문이 되었고, 음악으로는 교성곡의 노랫말로 나타났고, 또 경전번역의 밑거름이 되어 부처님의 가르침을 더욱 아름답게 표현하여 무수한 사람들을 움직였고 바른 길로 인도하였던 것이다. 스님에게 감정은 경계해야 할 위험한 것이 아니라 오히려 크나큰 힘이 되고 풍요한 터전이 되어 설법을 기름지게 했으며, 법회의 분위기를 자비로 물결치게 했던 원동력이 되었다.

사람이 웃고 웃을 수 있는 것도 감정의 작용이고 자선을 행하고 서원을 세우는 것도 밑바닥은 역시 감정의 힘이다. 이런 힘을 누구나 다 갖고 있긴 하지만 쓸모없이 마구 써버리는 사람이 있는가 하면, 남을 괴롭히거나 상대에게 혐오감을 느끼는 구정물이 되어 쏟아버려야 하는 경우도 있다. 다만 이 힘은 잘 조절되고 투명하게 걸러졌을 때 한결 큰 힘이 되고 덕행이 되며, 인간사회의 풍요한 젖줄이 되고 오염을 씻어주는 맑은 강물이 되는 것이다.

스님은 참으로 후세의 귀감이 되고도 남을 만큼 모범적인 도덕과 윤리를 가졌던 인품이었다. 그것은 바로 진리에 대한 신앙(믿음)의 힘, 자기(感情)를 이기고 조절하며 넘어서는 힘, 그 내재된 힘이 중생들의 안내자가 되는 모든 방편의 원천이 되었던 것이다.

냉정하되 따뜻하고, 철저하되 자비심을 잃지 않는 대승보살의 길은 스님처럼 이렇게 전생부터 닦아서 타고나야 하리라. 그러한 큰 힘도 현실 가운데서는 무서울 정도로 그 조절이 잘 되어야 하는 것. 그러하기에 보살은 아무나 될 수 없는지도 모르겠다. 타고나기를 건조하게 태어났다면 억지로는 안 될 것이고, 풍부하게 가지고 태어났어도 조절이 안 된다면 좌충우돌하다가 한 인생이 소모품이나 물거품처럼 끝나게 되고 말 것이다. 역시 온전히 갖추었되 적절히 조절하는 일이란 이론이나 말처럼 쉬운 것은 아닐 것이다. 이런 점에서 스님은 또 하나의 선례를 이 땅에 아름답게 남긴 자랑스러운 한국인이었고, 불교의 뛰어난 수행자였음에 틀림없다. (도솔산은 스님의 안식처이고 보현행원의 터전이다. 그러한 도솔산을 스님은 무척 좋아하고 아꼈기에 도솔산 소식을 스님 이야기와 함께 전한다.)

연못에 비친 도솔산 하늘

도솔산 하늘은 욕심쟁이
산도 있고
바위도 있고
잘 달리는 천리마도 있고
뛰노는 사슴도 있고
게을러빠진 새들과
새침한 초롱이도 있다.

어쩌면 놀부처럼 그토록 무자비한 욕심일까.

어쩌면 흥부 마누라처럼 앉아 울고 서서 웃는 변덕일까.
어쩌면 일등 배우처럼 변하는 낯빛이 저리도 다양할까.

비 내리고 눈 나리고
싸락눈 나풀나풀 어느새 큰 비 주룩주룩
사나운 바람, 부드러운 바람
그것도 부족해 우박 내리고 서리 뿌리고…….

아, 도솔산 하늘은 온갖 요술쟁이
연못에 비친 하늘, 하늘에 비친 연못
과연 어느 것이 진짜일까.

스님의 점안식

전국 구치소와 교도소에 있는 재소자들의 어머니라고 불린 청정행 안효진 불자는 일찍부터 불광의 재가수행자였다. 그는 신심이 지극했고 인품이 온화했다. 고운 백발과 단정한 홍안 위에 떠올리는 조용한 그의 미소를 바라보는 것만으로도 사람들은 도타운 인정을 느끼게 되고 넉넉하고 푸근한 안심을 얻게 된다.

청정행 보살은 스님의 모범 신도로서 불광사 보광명당 가장 앞줄에 앉아 수행을 한 사람답게 구치소나 교도소의 재소자들 교화에 팔을 걷어붙이고 일찌감치 전법의 길에 나섰다. 그 결과라고나 할까, 나라에서 주는 커다란 상도 받고, 사람들에게 무거운 칭송과 찬탄도 들으며 줄곧 천직(天職)의 보살행을 잠시도 쉬지 않고 놓지 않았다. 그의 자비행은 모든 불자들의 귀감이 되었고 도달해야 할 수행의 목표가 되었다.

서울구치소는 서대문에 있다가 경기도 의왕으로 옮겨가게 되었다. 국가의 교도행정을 담당하는 기관이지만 교화(教化)에 있어서는 역시 종교의 힘(자비와 사랑)이 가장 크게 작용하고 있고 중요하게 여기고

1992년 7월 6일, 도피안사 대웅전 삼존불 점안식을 봉행하는 스님.

생각하는 곳이다. 그래서 아예 의왕에 새 시설을 지을 때 커다란 집회장을 구치소 내에 만들어 놓고 각 종교에서 교대로 쓰도록 배려하였다. 그때는 청정행 보살이 한창 왕성하게 일선에서 활동하던 때라, 새로 이사한 서울구치소의 부처님 점안의식에 부득부득 스님을 모시고 싶어했다. 평소 신도들의 보살행에 대해서 극진했던 스님이 그 얘기를 듣게 되었으니 고려하고 말고도 없이 아예 당연지사가 되고 말았다.

스님은 그 사실과 날짜를 내게 전하면서 점안식 준비를 부탁했다. 그리고 나는 무엇보다 스님이 집전할 점안의식을 곁에서 바라지해야 하니까 그동안 모르고 지냈던 점안의식의 요목을 다시 파악하고 부족한 부분은 배우는 것이 가장 선결과제였다. 이런저런 준비가 다 끝나고 드디어 점안식 날이 되자 나는 스님을 배행하여 경기도 의왕시에 있는 새로 지은 서울구치소로 향했다.

점안식 하루 전날, 스님은 나를 불러서 『석문의범(釋門儀範)』을 펴놓고 초등생 한글 가르치듯이 자상하고 세밀하게 조목조목 설명했다. 먼저 뜻을 설명하고 나중에 의식을 스님이 먼저 해 보이고 난 뒤, 나에게 따라해 보도록 했다. 스님과 나는 그렇게 사전 준비를 착실하게 해서 서로 형식과 뜻을 통한 뒤 당일 점안식장으로 갔다.

이미 스님의 의도나 순서를 내가 다 알고 있었으니 거리낄 것도 없었고 머뭇거릴 것도 없이 그야말로 점안의식은 여법(如法)하고 순조롭게 물 흐르듯 진행되었다. 이와 같이 스승에게 배운다는 것은 다른 것이 아니라 모시고 곁에 살기만 하면 저절로 배우게 되고 알게 되는 것이다. 아마도 나 혼자서 어디 다른 곳에 적당히 살고 있었더라면 출가 수행자로서 갖추어야 될 여러 가지 의식에 대해서는 한 가지도 제대로 알지 못했을 것이라는 생각이 든다.

뒷날 이곳 도피안사 개산, 삼존불(三尊佛, 釋尊·觀音尊·地藏尊)을 봉안하는 점안의식 때도 스님은 다시 한번 나를 불러 점안식의 골조와 핵심을 짚어 주었고, 그 날 점안 삼매에 드신 스님의 진행을 곁에서 바라보면서 거듭 실수(實修)를 거치게 되었다. 결국 이것은 스님 곁에 있으므로 입게 된 크나큰 은덕이었다.

스님의 의식은 매우 창조적이고 간명하다. 부처님의 뜻을 잘 살펴서 상황에 맞게 선후를 다시 매겼으며, 장단(長短)을 정하고 고저(高低)를 적절히 조절했다. 구태의연하지 않고 새로우면서도 제멋대로가 아닌 시기와 장소에 참으로 적합한 모양과 내용을 동시에 이루어내는, 마치 솜씨 좋은 도편수(大木手) 같았다.

스님의 초탈하고 영롱한 목소리의 범패 염불성은 멋진 성악이었고 한편의 시 낭송이었다. 부처님 설법의 게송(偈頌) 그 자체였다. 아울러 스님 의식 집전의 태도, 정숙함과 위의는 너무나 질서정연하고 고귀하여 마치 나무 꼭대기에 홀로 앉은 학을 연상시켰다. 어느 날 멀리서 학을 우러러 본 감회의 일단이다.

할 일 없는
도솔산 헌헌장부가
아침 먹고 기지개 켜니
어느덧 점심 때가 되었네.

하루종일 지나 온 꿈속 길은
다정도 한데
오그렸던 다리 펴고
팔 벌려 몸 뒤척이니
어허 벌써
서산에 해가 지고 있구나.

'판소리 불타전(佛陀傳)'

나는 언제부터인지 몰라도 우리 것에 대한 관심이 커졌고 한국적인 것에 무척이나 마음이 당겼다. 소박한 민화나 백자, 산모퉁이에 외로이 서 있는 이끼 낀 3층 석탑, 주인의 이름도 없는 부도, 법당 벽에 그려진 민화 같은 벽화와 탱화 등, 그런 모든 것들이 두루두루 내 마음을 끌었고 사로잡았다. 가끔 어느 고찰을 참배할 경우 그러한 것을 구석구석 찾아보고 살펴보느라 시간가는 줄 모를 때가 많았다.

그뿐만 아니다. 음악에 있어서도 절에서 듣는 범패 염불소리는 말할 것도 없고 민요, 판소리 등, 우리 것이라면 거의 무조건이다 싶을 만치 좋아하고 받아들였다. 마치 굶주린 사람 같았다.

나는 급기야 가슴에서 솟구쳐 올라오는 우리 것에 대한 예술혼을 더 이상 억누르지 못하고 서울 강남구 삼성동 언덕에 있는 무형문화재 회관을 찾아서 판소리 강습을 받기로 작정했다. 좋아서 하는 일이기에 부끄럽거나 시간 아까운 줄도 모르고 열심히 다녔다. 거기서 한걸음 더 나아가 불광사에 '경기소리'반을 만들어 신도들에게 매주 연습을 시키기도 했다.

판소리를 배우는 중에 가만히 정신을 차리고 생각해 보니 부처님의 생애를 판소리로 표현한다면 아주 좋을 것 같았다. 인간사 희비애락(喜悲哀樂)이 '부처님 생애'만큼 절실하고 절정으로 표현된 곳이 달리 없다는 생각이 들었던 것이다. 그러기에 판소리로서는 더더욱 안성맞춤인 것이다. 그 당시 기독교에는 이미 '예수전'이 만들어져서 어느 소리꾼에 의해서 한창 불리고 있었다. 나는 때늦은 감을 무릅쓰고 열심히 궁리하기 시작했다. 그러나 아무리 생각해도 먼저 스님께 이 제안을 말씀드리는 것이 가장 좋을 것 같았다. 그래서 내 깜냥으로 스님을 설득하여 일을 성사시키기 위해서는 뭔가 멋진 계획이 있어야 할 것 같아서 잔머리를 굴렸다. 즉 스님이 좋아하는 이유를 만들어 명분을 내세우기로 했다. 음악이니 소리니 해서는 안 될 것 같은 느낌 때문에 얕은꾀를 써서 입장을 좀 달리한 제안을 찾았던 것이다.

「보현행원품」의 십종행원 중에서 여덟 번째로 상수불학원(常隨佛學願)이 있다. 그것은 '보현행자는 어느 때나 부처님을 따라 배운다'는 내용이다. 나는 그것을 거론하여 '부처님의 생애'를 우리 민족정서의 표현이라고 할 판소리를 이용해 대중에게 익숙시켰으면 좋겠다고 제안했다.

"스님, 우리 불교사상은 매우 심오합니다. 그러기에 일반인들에게 사상의 설명만으로는 접근(布敎)이 어려우니까, 불교사상을 예술이라는 표현을 통해 일반인들에게 다가가는 것이 어떻겠습니까? 사상과 예술, 이 양자를 적절하게 활용하면 두 가지 모두 꽃 피우게 될 것으로 생각합니다. 그러기 위해서는 먼저 우리 불광에서 우선적으로 강조하는 '부처님의 생애'를 판소리로 만들어 보시지요. 만약 스님께서 허락

하시면 한국불교의 명저라고 칭찬하셨던 『룸비니에서 쿠시나가라까지』의 저자에게 '판소리 불타전' 대본 작성을 의뢰해 보겠습니다."

스님은 이미 그 부분에 대해 충분한 생각을 가지고 있었던 듯 나의 염려는 그야말로 기우였고 어리석음이었다. 너무나 쉽게 고개를 끄덕여 동의해 주었기 때문이다.

"그래, 부처님을 따라 배우는 것은 행원품의 핵심 요결이야. 그 방법에 대해서도 매우 바람직하고 여러 가지 뜻이 있어서 좋아. 불교사상을 음악이나 미술을 통해 표현한다는 것은 새로운 생명력을 불어넣는 것이나 같지. 그렇게 해보도록 해."

이렇게 시작된 스님과 나의 '판소리 불타전' 사업은 그 다음해 초파일 당일 저녁 행사로 잠실 '석촌놀이마당'에서 초연되었다. 현재 인기 절정에 있고, 그동안 불타전을 처음부터 빠짐없이 부른 안숙선 명창의 삼십대 후반, 한창 젊은 시절이었다. 그로부터 15, 6년의 세월을 거쳐오며 '판소리 불타전'은 많이 가다듬어지고 맵시를 냈다. 거의 해마다 초파일 무렵에 공연했는데, 곡절이 있을 때는 간혹 건너뛰기도 했다.

하지만 그동안의 꾸준한 노력으로 이제 '판소리 불타전'은 많은 사람들의 귀에 익숙해졌다. 불교방송이나 불교텔레비전을 통해 방송, 방영되기도 했고 일간 신문에 소개도 되었다. 이제 해마다 초파일이 다가오면 '판소리 불타전'을 기다리는 사람이 점점 늘어가고, 또 공연횟수를 거듭할수록 더 많은 사람들이 관심을 가져 주고 응원을 보내준다. 종단에서는 봉축 공식행사로 지정하고, 얼마간의 행사비도 보태주는 것을 보면 새삼 놀라운 생각마저 든다. 비록 작년부터이기는 해도 말이다. 이런 여러 상황을 종합해 보면 '판소리 불타전'이 이제 안팎으로 서서히 뿌리내려 간다는 확신이 점점 깊어간다.

부처님 오신 날, 도피안사의 '판소리 불타전' 공연에서 열창하는 명창 慧岸 보살 안숙선 불자.

그러나 해마다 이곳 산골까지 찾아와서 열창하는 명창(慧岸 安淑善 佛子)의 신심과 정성을 대하노라면 언제 중앙무대에서 멋지게 한번 불러보게 할까. 이것이 간절한 바람이고 고민이다. 그래서 열심히 궁리해 보고 있지만 아직 내 힘만으로는 이르다는 생각이 든다. 사실 이 일(판소리 공연)은 궁벽한 산골에서 내가 할 일이 아니라, 종단 주최의 커다란 연중 행사로 부처님 오신 날 전에 서울에서 공연되어야 할 의미 깊은 일이고, 부처님 오신 날의 참뜻을 내세워 분위기를 만드는 매우 적절한 소재다.

이와 같이 스님이 우리 불교계에 활약한 분야는 매우 많다. 그리고 뿌린 씨앗도 하나 둘이 아니다. 그러기에 이제 누군가가 나서서 그것을 다시 꽃 피우는 일, 즉 '보현행원송'과 '부모은중송' 등을 곳곳에서 자주 공연해야 하고, 또 부처님 오신 날이 되면 어김없이 '판소리 불타전'을 서울 도심에서 공연하여 온 국민이 부처님의 대자대비에 젖어들게 하여 진리를 숭상하는 일등국민이 되도록 배려해야 할 것이다. 불자들에게는 부처님의 은혜를 한층 깊이 알게 하여 은혜의 참 기쁨을 깨닫도록 해야 할 것이라는 생각은 너무도 당연한 일이고.

좋은 사상, 좋은 예술을 자주 접하여 불자들 가슴속에 '보현행원'과 '부처님의 생애'에 대한 믿음을 깊이 뿌리내려가야 하는 것, 이것이 스님의 소망이다. 또 이것이 한국불교의 참 불사가 아닐까.

제 15 장

金河璧玉

금빛물결 출렁이는 金河水에 쏟아지는 무진장의 벽옥이여.

| 妄念頓息 | 망념을 몰록쉬면 |
| 無有恐怖 | 공포는 본래없지. |

금하벽옥(金河璧玉)

스님의 불교는 철저하게 구국구세(救國救世)의 행동불교이다. 그것은 부처님의 가르침으로 개아를 성숙시켜서 사회를 바꾸고 역사발전에 기여하는 것을 말한다. 그러기 위해서는 부처님의 진리가 바로 오늘의 현실 위에 크게 떨쳐야 하며 구체적인 삶의 철학으로, 규준으로, 또는 가치로 빛나고 작용해야 한다고 보았다.

이런 입장으로 삶의 현장에 우뚝 서서 부처님의 가르침이 약이 되고 빛이 되기 위해서는 우리 출가수행자들 각자가 어떻게 수행해야 하며 또 어떻게 포교해야 하는지, 그리고 그 방법이 무엇인지를 진지하게 생각해 보아야 할 것이다. 거기에 대한 스님 자신의 말없는 대답이 불광이었고, 개아 성숙과 사회발전, 국토성취에 대한 구체적 행이 불광운동이었던 것이다.

스님은 산중 큰절에서 생활하며 전통적인 방식대로 스님들을 교육시켜서 사회발전에 현실적인 힘을 떨치게 하고 작용하는 것도 충분한 연구와 관심을 갖고 생각해 보았을 것이다. 이에 대한 스님의 결론은 과연 무엇이었을까? 불가능한 일이라고 판단하고 생각했을까. 아닐 것이다, 다만 스님들을 일일이 교육시켜서 다시 현대인들에게 감화감동을 얻어 구국구세를 하는 것보다 우선 스님이 직접 현대인을 만나 그들에게 바로 전하는 것이 시간적으로 빠르고 사상적으로 보다 확실하다고 판단했을 것이다.

그래서 스님이 몸소 나서서 부처님 가르침으로 일반 대중들을 감화시켜 진리적 사고와 행의 삶을 급속하게 전파시켜 나갈 것을 계획했고, 그 구체적인 모습으로 불광운동을 그려 갔던 것이다. 구국구세가 운동의 목표가 되었으며, 그러한 좌표 설정의 틀에 의해 여러 가지 스님식 포교의 방략이 나오기 시작한 것이다.

아무튼 스님 자신이 설정한 이러한 방침과 목표에 의해서 불광은 점점 커갔으며, 마침내 요원에 불방망이를 던진 것처럼 넓은 들판(서울, 한국, 세계)으로 불길이 세차게 번져갔던 것이다. 그러니까 한마디로 스님의 불교는 구국구세였다. 현실 가운데 작용하지 못하고 떨치지 못하는 진리는 스님의 양심상 진리로 용납되지 않았다. 자칫 수행자들의 잘못으로 인해 고귀한 부처님 법이 역동성을 상실하고 사회인의 덕목이 되지 못한 채 한갓 유물대접 받는 것으로 만족한다면 부처님께 큰 죄를 짓는다는 경각심과 주의력을 가지고 평생 살았다.

그럼에도 불구하고 혹시 그런 상황이 되거나 앞으로 그런 일이 닥쳤을 때는 특정한 사람이나 누구누구의 책임이나 탓이 아니라, 전적으로 스님 자신을 포함해 모든 출가수행자가 져야 할 일차적인 책임으로 보았다. 또 출가수행자 모두가 스님의 구국구세운동에 동의하거나 동참하지 않고 협조해 주지 않는다 해도 스님 스스로가 앞장서서 그 일을 묵묵히 해나간다면 언젠가는 따라와 줄 것으로 믿었고, 그래서 마침내는 함께 불사하는 동지가 될 것으로 굳게 믿었다. 또 그러한 긴 시선을 가지고 있었기에 스님은 모든 것을 낙관적이고 긍정적으로 생각했다. 바로 이러한 자신감에서 우러나온 자세와 태도가 스님 자신의 불교운동을 한국불교의 새물줄기로 자임하게 만든 한 요인이 되었을 것으로 본다.

조금 성급한 이야기이긴 하지만 스님 스스로가 착안한 이 점은 상당 부분 성공했으며, 그로 말미암아 스님 자신의 판단이 옳았음을 스스로 증명했다. 앞으로 스님이 확인하고 증명한 이 사상운동의 계속성 여부는 누가 스님의 근본 뜻에 충실하여 전심전력을 기울이고 매진해 가느냐 하는 것이 과제로 남아 있긴 하지만.

아무튼 스님은 서울에서 구국구세 동지(신도) 만 명을 목표로 했다. 불광의 정예 신도(同志)의 기준을 호법발원 동참자들이라고 한다면, 이미 스님 생전에 그 밑바탕은 충분히 다졌고, 그러기에 무슨 건물이라도 지을 수 있는 토대가 튼튼하게 형성되었던 것이다. 그런 스님의 기반을 잘 활용하기만 한다면 큰 힘 들이지 않고도 스님의 새불교운동을 안정적으로 또한 지속적으로 펼쳐 나갈 수 있을 것이다. 머지않아 우리 한국불교에 등장할 반야바라밀부대 만여 명의 정예 신도들은 인류의 미래를 책임질 구원의 등불이 될 것이다.

'금하수(金河水) 도도한 만리 물결은 푸른 옥을 어루만지고
만고청풍에 돛을 올린 반야선(般若船)은 무량겁을 지남이로다.'

호법존자(護法尊者)

불교에는 존(尊)이라는 더할 나위 없는 뛰어난 칭호가 있다. 즉 불보살이나 대선지식을 때로는 존이라는 글자를 써서 부른다.

먼저 보살로는 문수존(文殊尊), 보현존(普賢尊), 관음존(觀音尊), 지장존(地藏尊) 등이 있는가 하면 대비본존(大悲本尊), 대원본존(大願本尊) 등의 별칭의 존도 있다. 부처님께는 성존(聖尊), 자존(慈尊), 세존(世尊), 무상존(無上尊), 대각존(大覺尊) 등으로 부르기도 한다. 그리고 부처님의 제자들을 가섭존자, 아난존자 등으로 불렀다.

고려 때 원나라의 세력 하에서 잠시동안 자체적으로 국사(國師)를 모시지 못했던 때가 있었다. 그때 부득이 국사라는 이름 대신 국존(國尊)이라고 했는데 우리가 잘 알고 있는 『삼국유사』의 저자 일연선사가 국존이다.

아무튼 경위나 이유는 어떠했든 존의 칭호에는 최상의 경(敬)을 표시하거나 내포하고 있다고 본다. 그만한 업적이나 공로, 최상의 경지, 중생들이 우러러야 할 지고(至高)의 존재, 또는 지순(至純)의 세계에 도달한 성인들을 말한다고 보면 될 것이다. 이러한 뜻이 들어 있는 존(尊)을 나는 과감하게 우리 스님에게 헌사하고 싶다. 한국의 '호법존자(護法尊者)'로 말이다. 물론 나에게는 거기에 따르는 이유가 있고 그만한 까닭이 있다.

유서 깊고 자랑스러운 한국불교가 그동안 줄곧 개인이나 가족 위주의 기복신앙 차원에서 벗어나지 못하고 있을 때, 스님은 정법호지발원(正法護持發願)을 제창하여 일거에 개인적인 단계에 머물러 있던 우리 한국 불자들의 신앙을 동체대비의 부처님 대원해(大願海)로 인도(直入)했던 것이다.

이 일은 매우 놀랍고도 획기적인 일이며, 또한 큰 사건이라고 말하지 않을 수 없다. 사실 일거에 우리 불자들을 기복신앙에서 벗어나 부처님 참뜻으로 인도한 이 호법발원은 백 마디 천 마디 말이나 숱한 이론으로도 이루기 힘든 일이며, 또 오랜 시간을 두고 많은 노력을 기울인다 해도 호락호락 쉽지 않을 지난(至難)한 일, 그런데도 스님은 마치 일초직입여래지(一超直入如來地, 한 번 뛰어 여래지에 듦)의 경계를 눈앞에 펼치듯 순식간에 모든 장애를 훌쩍 뛰어넘어 이 호법불사를 단숨에 이루어냈던 것이다. 호법발원의 주안점이었던 반야사상에 대한 신앙을 통해 오랜 세월 불자들의 가슴에 쌓인 온갖 한계의 누적을 일시에 털어 버리고 우리 민족과 세계 인류에게 밝은 등불을 손에 쥐어 주었다. 그 엄청나고 희유한 역할을 스님이 했다는 이야기다.

솔직히 말하면 호법발원을 시작하기 전 불광에서도 보시나 수행은 철저하게 개인의 성취나 가족 구성원, 또는 선망 부모님을 위해서 행하는 꼬리표 붙은 유상(有相) 보시뿐이었다. 남을 위해서나 진리를 위해서, 내지 세계평화나 인류행복을 위해서는 거의 보시하지 못했고,

또 할 수도 없었고 할 줄도 몰랐다. 왜냐하면 미처 거기까지 불자들의 정신이 미치지 못했던 것이다.

그 이유를 굳이 말하면 한국불교의 선지식(지도자)들이 신도들에게 그러한 기회를 만들어 주지 못했기 때문이라고 생각한다. 지도자들이 그런 신앙성숙의 바른 기회(불국토 성취, 세계평화)를 일찍부터 제시하지 않았기에 결국 신도들을 부처님의 참뜻으로 이끌지 못한 것이다. 그런 구태의 신앙생활(기복의 단계에 머문 상태)을 벗어나 법의 존엄을 전면에 내세운 것이 불광의 정법호지발원이고, 그 주창자가 스님이다. 철저하게 호법을 통해 호세(護世)하고 구국안민과 구세대비를 성취시키고자 했다. 과거 신도들의 수행이 시종 개인적인 사안에만 머물러 있는 것을, 전 생명(全生命)적인 사안(佛事)으로 관심을 돌리게 했던 것이다.

　이는 매우 역사적인 사건이고 획기적인 발상과 용기 어린 행동에서 비롯된 것이라고 말하지 않을 수 없다. 왜냐하면 정법(正法, 般若波羅蜜) 호지(護持, 信仰)라는 바른 자세를 갖지 못하고는 꿈도 꿀 수 없는 전대미문의 일이기 때문이다.

　한국불교 새물줄기의 근본은 바로 이 호법이다. 호법이 전법이고 포교이며 성불이다. 그래서 불광신도들은 호법으로 성불한다고 말하고 다녔다.

　이렇게 하여 스님은 한국불교의 오래된 구태를 일시에 벗겨 그 빛나는 전통과 뛰어난 사상을 한층 고양시켰으며, 아침해가 바다를 가르고 힘차게 솟아오르듯이 불일(佛日)이 세계 인류를 향해 불끈 솟아오르게 한, 2000년 한국불교사 속에서 그 누구도 하지 않았던 획기적이고 거의 유일한 일을 해냈던 것이다. 그것이 바로 불광의 '정법호지발원'이다.

　그러기에 이러한 초역사적인 광대무변한 보살의 뜻을 내가 비록 스님의 상좌라는 신분이라고 해도 강조 못할 바가 없다고 본다. 오히려 아무리 강조해도 지나치지 않을 것이라고 본다. 그래서 나는 과감히 스님을 호법존자(護法尊者)라고 일컫는다.

나의 보물찾기

　나의 일기장, 메모장, 업무보고 노트, 학습장 등 내가 기록한 모든 자료들을 도피안사 장경각에서 찾아내었다. 그것들을 모두 꺼내 방에 잔뜩 쌓아 놓고 한 장 한 장 넘겨가다 보면 어느덧 한나절이 훌쩍 지나고 하루 해도 잠깐 사이에 넘어간다. 거기에서 나는 스님을 다시 만날 수 있고, 스님 슬하에서 공부했던 시절의 호기(豪氣)를 다시 보게 되어 마냥 흐뭇하고 즐겁다. 그리고 나의 기록습관에 대한 일말의 보람을 느끼기도 한다.

　간혹 어떤 노트에는 언제 기록했는지, 무슨 일로 그런 일이 발단되었는지 도무지 모를 아리송하고 불충실한 기록도 더러 있다. 합당한 표시가 제대로 되어 있지 않아 그 사실을 정확하게 확인하려고 부득불 이것저것 여기저기를 다 찾고 따져보며 일의 전말과 아귀를 맞추어 나가기도 한다. 그렇게 몇 시간, 혹은 며칠씩 노력해서 겨우 밝혀지는 것도 있지만, 솔직히 말해 추리와 추측으로 간신히 어림잡아 짐작하는 것도 더러 있다. 그러나 끝내 알 수 없는 것은 아깝지만 살려내지 못하고 다시 장경각 서고로 들어간다. 그러나 대부분 열에 여덟 아홉은 정확하다. 특히 스님께서 내리신 훈도나 내가 스님께 건의한 내용은 비교적 반듯하게 적혀 있다. 그러나 지금 여기 쓰는 것은 안타깝게도 날짜나 동기 등의 출처가 확인되지 않았다.

◇ 스님께 여쭈어 올린 일

1. 모든 문제(정치·경제·사회·문화·예술 등)를 해결할 수 있는 불교적 방안을 스님이 직접 책으로 펴내야 함.

2. '불광교전(佛光敎典)'을 스님 당대에 만들어야 함.

이런 저술이 갖는 의미는 새로운 일이나 사상의 전개에 있어서 그 당대에 완전한 단계에 진입하거나 현실문제에 대한 당장의 해결이 사실상 어려운 것도 있으므로 후대 사람들이 연구하고 발전시킬 수 있도록 사전에 배려해야 하기 때문이고 또한 스님의 안목을 평가하고 불교의 사회 기여라는 불광식 가능성과 그 방법 제시를 책으로 밝혀야 함.
※ 그러므로 스님께서는 앞으로 보다 많은 시간을 저술활동에 써야 함.

이 기록은 내 나이 서른이 갓 넘었을 때 스님께 올린 건의 내용이다. 무슨 용기로 무슨 계획으로 그런 생각을 일으켰는지는 정확한 설명이 없어서 지금은 모르겠다. 그러나 이 글을 통해 지난날을 돌아보면 무척 당돌한 느낌이 들고 또한 스님에 대한 내 나름의 순직한 생각에 골몰해 있었던 것이 느껴지는 대목이기도 하다.

나는 스님 회하(會下)에 살면서 무릎 꿇고 앉아서 배운 것보다 평소 스님의 언행을 보고 듣고 난 뒤, 흉내로 따라 배운 것이 더 많다. 스님을 좋아했고 존경했기 때문에 어린아이처럼 무조건 따라 배운 것이다.

어느 날 나는 이렇게 나를 다잡기도 했다.

  '나의 감성은 예술로 다듬고
  나의 이성은 독서와 사색으로 빛내며
  나의 본성은 깨달음으로 회복한다.

  나의 생활은 자비로 윤택하게 하고
  나의 수행은 믿음으로 향상시키며
  나의 목표는 정진으로 성취한다.'

이것도 일종의 스님 흉내를 낸 것이다. 모방은 창작으로 나아가는 하나의 단계(과정)라고 하지만 나는 그때부터 지금까지도 스님을 모방하고 흉내내기를 좋아한다. 설령 금생에는 나만의 독자적인 세계(創作)가 없다 하더라도 조금도 망설이지 않고 부지런히 스님을 따라 배우는 모방과 흉내로 수행을 삼고 싶다.

내가 부지런히 스님 일상의 언행이나 가르침을 따라 배운다고 해도 나의 깜냥(그릇)대로만 받아들여서 따라 배웠고 흉내냈고 적어 놓은 것에 지나지 않는다. 그런데 이제 다시 옛날 메모를 대하고 보니 마치 또 하나의 스님을 내가 내 속에서 만들고 있다는 대견한 생각도 들었고, 사춘기를 갓 지난 성장기에 실로 무던히 스님을 흉내냈던 모습이 고스란히 담겨 있어 감회가 새롭기도 하다. 그때는 흡사 마른 스폰지가 물을 빨아들이듯이 스님의 말씀과 행과 심지어는 글씨체도 닮으려고 허겁지겁 했던 광경이 새삼 눈에 선하다. 사실 그 당시 어린 나는 스님을 잘 알지도 못하면서 무지와 철부지의 용기에 힘입어 흉내의 세월을 지내왔던 것이다. 이런 흔적을 대하노라니 그때의 나를 다시 보는 것 같아 부끄럽기도 하고 밑천이 몽땅 바닥난 것 같기도 하다.

어느 날 호법법회 때, 스님의 구국구세 법문을 경청하고 느낀 감회를 이렇게도 적었다.

'나는 분단된 남북을 통일시키고, 고구려 망국과 함께 잃어버린 만주를 되찾고, 거기서 더 나아가 중국 대륙을 휩쓸어 버리고, 소련(지금의 러시아)을 점령하고, 다시 여세를 몰아붙여 유럽과 아메리카와 아프리카를 일망무제로 멋지게 평정하리라.

다만 그것은 무력(武力)이 아니라 부처님 가르침(正法)으로 말이다.'

스님은 가까이 있는 인연에 충실(책임)할 것을 원했다. 당신의 모범적인 행과 일상의 교훈을 통해서 줄곧 말없이 강조했다. 그러한 스님의 가르침이 내게 녹아들어서 반성하고 다짐한 표현도 일기 속에서 찾았다.

'모든 사람과의 인연을 소중히 하자. 가장 가까이에 있는 인연일수록 더욱 소중히 하자. 진리는 가까운 곳에서부터 책임을 지는 것인데도 나에게는 분명 나쁜 버릇이 있다. 가까이 있는 사람에게는 소홀히 하면서 처음 만난 사람에게는 매우 정중하고 친절하다. 이것은 가식이고 허위이며 잘못이다. 스님께도 몇 번이나 지적 받은 내용이다.

잘 생각해 보면 무연대비(無緣大悲)라는 말이 있다. 아무런 조건 없이 자비를 행하는 것이고 한정 없이 보살도를 닦아 가는 것을 뜻하고 이르는 말이다. 비록 인연 없는 중생들도 다시 인연을 만들어 그들을 제도하고자 원을 세우고 수백 생을 따라 다니는데 하물며 이미 맺은 인연을 왜 소홀히 하는가 말이다. 크게 각성해야 할 일이다.'

　무슨 전생부터 세워놓은 다짐이었는지 나는 만학도가 되어 대학 교정을 오가기 시작하면서부터 결사(結社)에 지독한 관심과 병적인 편집(偏執)을 갖게 되었다. 시종 변함 없이 그쪽으로만 생각했고 또 스님의 새불교운동과 연결시켜서 수많은 꿈을 꾸어갔다. 그러면서 만들어 놓은 계획도 많았고 또한 공상도 컸다. 그때 만들어 놓았던 반야바라밀 결사 동지 양성의 보현학교 프로그램도 이번 보물찾기에서 발견하게 되었다.

　제목 : 보현행원으로 보리 이루리
　1. 예경분 ─ 서로 존경하기
　2. 찬탄분 ─ 서로 칭찬하기
　3. 공양분 ─ 서로 헌신하기
　4. 참회분 ─ 서로 청정하기
　5. 수희분 ─ 서로 기뻐하기
　6. 청법분 ─ 서로 스승되기
　7. 청주분 ─ 서로 건강하기
　8. 수학분 ─ 서로 따라하기
　9. 수순분 ─ 서로 뜻 받들기
　10. 회향분 ─ 서로 나누기

　비록 유치하기도 하고 어설프기도 하지만 어린 시절에 스님의 가르침을 내 안에 받아들였다가 다시 꺼내 놓은 것들이기에 나를 통해 스님을 다시 보는 의도된 마음으로 여기에 소개한 것이다.

불서읽기 운동

부처님 가르침인 진리, 그 전달(布敎) 수단을 크게 두 가지로 나누어 본다면 말과 글이 될 것이다. 생각 속에서 말과 글이 나오고, 말과 글을 통해 생각이 더욱 성숙해지고 향상해 간다. 그리고 말은 글을 만들고 글은 말을 만들기도 하는 것이니까 이 양자는 불가분의 관계라고 해도 될 것이다. 말이 먼저냐 글이 먼저냐를 따지자는 것이 아니고 이 두 가지가 선후나 우열을 가릴 수 없을 만큼 모두 중요하다는 이야기다.

사실 알고 보면 대장경도 글이고 문서포교다. 불교의 생명력은 포교와 전법에 있고 그 수단으로 말과 글의 사용이 있는데, 그 두 수단을 동시에 사용해야지 어느 한쪽에만 치우칠 수는 없다. 그런데 한국불교에는 여러 가지 곡절과 사연으로 인해 문서포교가 한동안 거의 도외시되고 방치된 채 흘러온 시절이 있었다.

스님은 조계종 종도(宗徒)의 한 사람으로 종단의 심부름(所任)을 성실하게 끝내고 바로 새불교운동에 나섰다. 그때 처음 내세운 것이 바로 이 문서포교였다. 즉 월간 「불광」의 출현이 그것이다. 그로부터 만 1년이 지난 뒤(1975) 불광법회를 창립했다. 비로소 글과 말의 역할을 균등하게 했다.

이 사실은 그 당시 한국불교의 현실에서 매우 시사하는 바가 컸다. 포교에 대한 스님의 판단과 결심의 근거는 어느 날 갑자기 떠오른 반짝 아이디어가 아니었다. 오랜 세월동안 스님 가슴에 뜨겁게 간직되었던 높고 푸른 서원이었다. 아무튼 새불교운동의 시작으로 월간 「불광」이 등장했다는 것은 새불교운동의 단초를 문서포교로 삼았다는 이야기가 되는 것이다.

후일 내가 새불교운동의 자랑스러운 불사(월간 「불광」과 불광출판부)의 소임을 담당하게 되었을 때, 나는 주저하거나 망설이지 않고 몸과 마음을 다 바쳐서 문서포교 불사를 크게 이룩하려고 각오했다. 월간 「불광」이나 불광출판부의 일에 대한 성격과 분위기를 어느 정도 이해하고 파악한 뒤, 나는 스님의 문서포교를 더욱 왕성하게 떨쳐나가기 위해서는 보다 근원적인 일부터 다시 시작해야 한다는 생각이 들었다. 그것은 단지 내가 맡은 소임을 충실히 살고 소기의 성과를 달성해야 한다는 개인적인 차원이나 목표가 아니었다. 처음 스님이 내세운 뜻을 우리가, 아니 내가 더 높게 더 멀리 항구적으로 이루어가자는 새로운 다짐이고 각오였던 것이다.

그 첫 작업이 책을 잘 읽지 않는 사람들에게 책을 읽게 하는 일이었다. 실로 엄청난 목표였고 도전이었다. 나는 굳센 신념과 용기를 가지고 이 일에 착수했다. 그래서 우선 책을 읽음으로써 얻게 되는 이익을 불자들에게 일일이 설명했고, 또 문서포교후원회를 결성하여 회원들이 내는 회비로 불서가 필요한 곳이지만 돈이 없어 책을 구할 수 없는 곳에 책을 보냈다. 그리고 불광사에서 개설하는 모든 교육시간에는 의무적으로 해당 교과서를 사도록 적극 설득하기 시작했다. 책을 빌려 보는 것을 막았고, 심지어 불자 집안의 벽면 하나는 책으로 가득 채워 가정을 지적이고 불교적인 분위기로 장엄하자는 제안까지 하고 다녔다.

사실 나는 이런 불서읽기 운동의 대상을 불자들뿐만 아니라 전 국민을 대상으로 한 광범위한 독서운동으로 전개하고 싶었다. 그러나 그것은 또 다른 차원의 일이었기에 단념하고, 원래의 계획에 따라 불서읽기 운동의 큰 주제를 '독서는 또 하나의 깨달음을 얻는 길'이라고 내세웠다. 나는 먼저 스님께 이 취지를 설명하고 허락을 청했다. 스님의 답변이다.

"세속에서 흔히 말하기를, 잘되는 집안은 자식이 부모보다 낫다는 말이 있는데, 부처님의 혜명을 이어가는 우리 불교 집안에도 역시 스승을 능가하는 제자가 나와야 부처님 법이 크게 떨치고 세상이 평화로워진다는 말이 하나도 틀리지 않군 그래. 오늘 송암이 말한 뜻밖의 건의를 받고 보니 내 생각보다 앞서 있다는 생각이 드는군. 참 좋은 생각이야. 나는 좋은 책을 내는 것에 대해서는 망설이지 않았지만 독서 인구를 개발한다는 것에 대해서는 미처 생각을 하지 못했어. 아무튼 좋은 생각은 즉시에 써야 할 테니까 그렇게 하지. 매달 불서읽기 운동의 주제를 바꾸어가며 그 취지를 월간 「불광」에 실으면 되겠네. 기왕이면 그 취지문도 송암이 직접 써보지 그래. 아무래도 착안한 사람의 글이 독자들에게 설득력이 더 있지 않을까. 그리고 문제점과 가능성도 잘 파악하고 있을 테니 말이야. 생각해 볼수록 참 좋은 생각이야."

이렇게 해서 불서읽기 운동은 본격 시작되었고 동시에 그 후속 작업도 연속적으로 마련되었다. 우선 불광사 옆에 서점을 개설했으며, 앞에서 말한 대로 문서포교후원회를 결성했고, 또 서점에서 봉사할 자원봉사자도 뽑아 그들에게, 서점에 오는 사람들에게는 무조건 친절할 것과 차를 대접할 것을 강조했다. 지금 그때 수고한 자원봉사자(불서읽기 운동의 동지)들의 이름은 일일이 다 기억나지 않지만 변함 없이 지금까지 내 곁에서 뜻을 같이하고 그 당시를 증언하고 있는 법우가 의왕시에 살고 있는 대안성 보살 박증숙 불자다.

이와 같이 일을 해 나갈수록 불서읽기 운동에 대한 여러 방안이 속속 마련되어 한층 분위기가 성숙되고 성과도 눈에 보이게 커갔다. 이 운동의 당사자들인 출판사 종사자들도 미처 예측하지 못했던 여러 좋은 일들이 나타나는가 하면, 또 그러한 일들은 거의 동시에 진행되다시피 밀접한 관계로 함께 발전하고 커갔다.

이어서 착수한 일이 매주 모이는 불광사 법회의 청법대중들에게 불서읽기 운동의 취지문을 돌리는 일이었다. 또 그 날의 설법 담임법사를 통하여 '불자들에게 책을 읽는 것도 하나의 수행'이라고 설득해 줄 것을 건의했다. 혹시 내가 설법을 하게 되면 7년 가뭄에 소나기 내리듯 기쁨에 넘쳐 '독서는 성불의 길'이라고 외쳐댔다. 그리고 군부대나 교도소, 또는 젊은 사람들이 많이 모인 곳에는 그들이 요청하기 전에 적절한 책을 선정하여 법보시를 대량 보냈다.

출판부에서는 어린이에서부터 어른들까지 연령이나 계층에 따라 읽을 수 있는 다양한 종류의 책들도 적극 기획 출판했다. 우선 수준에 알맞는 읽을거리가 있어야 하는 것은 이 운동의 가장 시급한 선결과제니까.

이렇게 총력을 쏟은 불서읽기 운동은 상당히 성공적으로 진행되었

고, 매월 나오는 월간 「불광」도 달마다 발간 부수의 기록을 갱신해 나
갔다. 스님의 문서포교, 아니 한국의 문서포교를 꽃피우기 위해 일으
켰던 '불서읽기 운동'은 그렇게 토실토실 익어가기 시작했다. 심지어
는 초파일이 되면 서울의 이름난 큰절에 우리 문서포교의 벗들을 파견
하여 임시 책 판매대를 열기도 했다. 우선 독자들에게 책을 쉽게 구할
수 있도록 배려하는 것도 필요하고, 이 또한 매우 중요한 일이라는 판
단 때문이었다.

　돌아보면 이 일도 스님의 터전, 스님의 일이었기에 발상할 수 있었
고 실천할 수 있었던 것이라는 생각이 든다. 이제 스님이 떠나신 뒤 그
어디에서 남이 생각하지 못하는 그런 일들이 가능할까.

기록의 위대함

스님은 상좌인 나를 깨닫게 하기 위해 한평생 실로 많은 노력을 기울였다. 기회 있을 때마다 베풀었던 설법, 훈도, 꾸지람, 칭찬, 가르침, 격려 등 그 방법이 무척 다양했다. 그야말로 스님은 지치거나 쉼 없이 상황이나 일에 따라 깨달음을 위한 방편을 그때그때 적절하게 베풀었던 것이다.

그러나 그 당시 나는 눈과 귀를 모아서 스님의 가르침을 잘 경청해 듣지 않고 오직 공책에다 받아 적는 일에 더 열중했다. 만약 그때 내가 스님의 가르침을 받아 적지 않고 이목을 집중하여 잘 경청했다면 당시 의 감동은 훨씬 컸을 것이고, 어쩌면 스님의 의도대로 깨닫게 되었을 지도 모르겠다. 그러나 다른 한편으로는 눈과 귀를 통해 얻는 감동은 분명 시공의 한계가 있었을 것이고, 그러기에 스님으로부터 받았던 감 동도 오래지 않아 사라졌을지도 모를 일이다.

아무튼 요즈음 나는 계획한 바가 있어, 스님 회하(會下)에서 수행할 때의 내 기록장들을 모두 꺼내놓고 먼지를 털어낸 뒤 한 장 한 장 넘겨가고 있다. 거기에는 무려 삼십여 년 전, 나의 출가 당시 이야기도 들어 있고, 현재의 하루하루 삶 속에서 미처 생각지도 못하고 까맣게 잊어버리고 있던 것들도 간직되어 있다. 이미 오랜 세월이 지났음에도 스님께서 베풀었던 그 숱한 노력들이 잘 보존되어 있으며, 또한 스님과 나의 숨결 어린 장면이 생생하게 그대로 살아 있기도 했다.

그것을 발견한 순간, 내 가슴속에는 수십 년의 세월을 거슬러 올라가서 스님과 내가 마주 앉은 장면이 다시 살아났고, 또한 그때의 감동이 새롭게 꿈틀거리기 시작했다. 나는 매캐한 종이 냄새 풍기는 낡은 공책 속에서 바쁘게 받아쓰느라 엉망으로 적어 놓은 글씨를 무슨 진귀한 보물이라도 발견한 듯, 시종 눈을 떼지 못한 채 바라보았다.

문득 스님에 대한 그리움과 감사함이 내 가슴 가득 차 올라오기 시작했다. 나는 고개를 들고 심호흡을 하여 솟아오르는 흥분을 지그시 누르며 다시 곰곰 지난날을 생각해 보았다.

아, 기록을 통해 아득한 세월 전에 느꼈던 그 감동을 이제 다시 느끼다니….

무상(無常). 그렇다, 쉼 없이 흐르는 세월, 거기 따라 변해가는 인간의 생로병사는 실로 무상한 것이다. 그렇지만 무상 속에 무상하지 않는 참 이치가 분명 있다. 바로 지금까지 내가 흘러가는 세월 속에 까맣게 잊고 지내왔던 여러 일들, 마치 없던 것으로 치부되었던 지나간 그 일들이 내 가슴속에 다시 새롭게 살아나고 있으니 이 어찌 무상 속에서도 무상하지 않는 참 이치라고 말하지 않겠는가.

이로 인해 나는 기록이 갖는 중요성과 그 의미를 새삼 깊이 새길 수 있었다.

(「조선일보」, 2001년 7월 27일에 실린 '기록의 위대함'의 原文)

불광신앙운동의 특성

스님 사상의 근본(원리와 실천)은 반야(般若)와 그 대용(大用)이었다. 스님 자신이 구도자로서 목숨걸고 수행하여 얻었다고 해야 될지, 아니면 도달한 경지라고 말해야 할지는 얼른 분간이 서지 않지만 결과적으로는 스님의 각고 정진을 통해 제불보살과 역대조사의 본회(本懷)를 알아낸 것임에는 틀림없는 사실이다. 거기가 바로 모든 부처님의 출생지인 반야였고, 이 반야에 대한 스님의 개안으로 말미암아 제불의 대비행인 구국구세(救國救世)와 보살서원이 등장한 것이다.

스님 출가 초기의 구도과정에 대해서는 이미 여러 곳에서 증언된 바와 같고 또 수차에 걸쳐 사실로 확인하였다. 그 당시 스님에게는 오직 법을 구하는 일만이 지고(至高)의 가치였고 지상(至上)의 과제였기에 일신의 안위는 어디까지나 훨씬 나중 일로도 대접받지 못했고 안중에도 없었다. 스님 금생의 한 목숨을 고스란히 다 던지기로 무서운 결의와 각오를 다진 뒤 구도의 길에 본격 나아갔고, 생사의 높은 장벽 앞에서 과감하게 몸을 던져 도전했던 것이었다. 그런 죽기살기로, 스님 표현대로라면 '악바리'같이 노력하여 도달한 곳이 제불의 눈인 반야안 (般若眼)의 성취였다. 반야바라밀의 본지풍광(本地風光) 소식을 전하기 위한 또 다른 이름이 구국구세(衆生成熟, 國土成就)이고 보살도이고 보현대행이다.

다만 방법론에 있어서 불광운동이라는 말이 등장했을 뿐이다. 그런 새물줄기운동이 구체적인 모습을 갖추게 될 때까지는 여러 번의 반전과 보충이 따랐으며, 그 이전에 기연(機緣)의 혜택이 있었던 것도 사실이다.

스님에게는 3대 존사(三大尊師)가 있다. 은사였던 동산노사(東山老師)에게는 공문의 법도와 표준을 얻었고, 법사였던 소천노사(昭天老師)에게는 도세방략(度世方略)과 구국구세에 상응(相應)하였으며, 사형이었던 성철종정(性徹宗正)에게는 동도지음(同道知音)을 얻었으니 가히 비단 장막 위에 꽃을 뿌림과 같다고 할 것이다.

그러나 가장 직접적이고 큰 기연은 소천 노화상과의 만남이었다고 본다. 스님 청소년시절에 겪었던 해방 이후의 혼란한 시대상황은 좌절이고 아픔이었다. 그러나 스님은 좌절에만 머무르지 않고 올바른 구국의 사상에 목말라 서울 시내를 누비며 찾아다녔다. 그러다가 우연히 서울 종로 대각사에서 그 당시 주지였던 소천 노선사의 『금강경』 강론을 만나게 되었고, 마침내 고로남행(古路南行)의 출가인연을 맺게 된다.

출가 이후 보여준 스님의 불길 같은 구도의 정열, 그리고 반야에 대한 체험. 스님 자신의 노력으로 출가 전에 도달했던 학문의 토대와 독자적인 견해(思想哲學) 등은 소천선사와의 만남을 통해 일대 전기를 맞이하여 모든 부분에서 한층 성숙해 갔다. 노선사만의 특출한 사상과 논리적인 설득, 구세대비의 열렬함은 이미 스님 안에 있었던 그 모든 것을 그대로 활짝 꽃피어 냈다고 할 것이다. 노선사 입각처의 소식은 특유의 조어(造語) 능력으로 종횡무진 막힘이 없었다. 참으로 반야활공(活功) 운동이 한낮의 해처럼 우뚝하고 그 기세가 태풍처럼 거칠 것이 없었다. 그런 시대적 조건과 기연의 융섭(融攝)으로 뒷날 마치 연꽃 봉오리가 물위로 솟아오르듯, 아침해가 바다에서 불끈 솟아오르듯 불광운동이 이 시대의 역사와 사람들 앞에 등장했던 것이다. 이 일에 대해서 스님 주위의 뜻 있는 분들이 이구동성(異口同聲)으로 말하기를,

"불광이야말로 용성조사(龍城祖師)가 이룩한 대각교 운동의 터전과 소천선사의 구국구세운동의 원리를 융합하고 독립 조국의 새로운 운세 속에서 한민족의 유구한 저력과 웅지를 모아 부처님 진리로 세계평화운동과 인류자각운동을 하기 위하여 솟아오른 태양 같은 존재이다."라고 찬탄했다.

그렇다. 불광 형성의 중요한 영향력은 용성(龍城), 동산(東山), 소천(昭天), 성철(性徹)이라는 당대의 가장 뛰어난 불교 진리의 천재들에 의해서 감응수수(感應授受)되고 성숙하여 커갔던 것이 사실이다. 그러나 참 묘하게도 그 영향력을 직간접으로 행사한 주체들이 모두 문중이라는 테두리를 형성하고 있었다. 역시 이것은 인위적인 것으로 해석할 수 없는 하나의 필연적인 사실이라고 볼 수밖에 없다. 그런 까닭에 기연이라고 표현한 것이다.

그러나 그와 같이 뛰어난 선각자들이나 당사자인 스님에게나 역시 심각한 고뇌가 있다. 그것은 불교를 모르는 대다수 일반인들에게 어떻게 해야 가장 손쉽게 부처님 정법을 전해 줄 수 있을까 하는 문제이다. 그 적절한 방법을 찾는 것이 범부가 아닌 뛰어난 선각자들에게도 역시 가

장 큰 고뇌였다. 일반인들이 체험하는 일상생활이나 사회적인 상식과 통념의 범위에서 불교를 이해하기는 매우 어려운 것이다. 평소 전혀 알지 못하고 상상조차 하지 못했던 불교를 손쉽게 받아들여 믿고 행하게 하는 것은 어쩌면 거의 불가능한 일이 아닐까. 더군다나 이 일은 전법(傳法, 불교의 사활이 걸린 일)이라는 부처님의 의지와 관계된 일이기에 당대의 전법 담당자들인 선각자 스님들에게는 더욱 심각한 고뇌였음이 사실이다.

평범한 일반인들에게 불교를 이해시켜서 받아들이게 하고 행동하게 하는 이 일련의 과정, 인생의 제한된 시간(인간의 일생) 속에서 꼭 이루어야 하는 깨달음을 어떻게 성공시키느냐가 지금이나 그때나 불교 전법의 중요한 관건인 것은 조금도 변함 없다.

우리 사회 모든 사람들에게 새로운 불교운동을 펼쳐 나감에 있어서, 출가하여 전문적으로 수행하거나 오랜 세월 기도하지 않고, 또 수십 생에 걸쳐 복을 짓지 않아도 당장 불교를 알아들을 수 있는 비법(秘法)이 필요했던 것이다. 결국 이러한 고뇌와 참구는 한국불교 새물줄기를 자임했고 새불교운동의 입안자였으며 그 실천자였고 또 순수불교를 선언했던 장본인, 바로 스님의 몫이었다. 스님의 뛰어난 법의 안목과 인간에 대한 깊은 이해, 현실을 바로 볼 수 있는 역사적인 견해와 인간을 대하는 기본태도인 자비감성의 토대 위에서 이 비법을 수립하고 형성하지 않으면 안 될 일로 결정되고 낙착되었다.

스님은 구제가 없는 불교신앙을 하나의 학설이나 철학으로 보았다. 그래서 새로운 불교운동(般若波羅蜜結社)을 인간구제, 역사구제(사회구제)에 초점을 맞추었고, 그것은 바로 바라밀의 자각으로부터 그 출발지를 삼았던 것이다. 개인적 차원, 사회적 차원, 국제적 차원을 통해

봉축 제등행렬(여의도)

바라밀 자각을 확대시키고 싶었고 또 그것을 바라밀운동이라고 이름 지었던 것이다. 여기에서 불교신앙의 핵심인 반야를 다시 강조하게 되었고 불교운동의 근본 토대(思想)로 삼았던 것이다.

스님은 새로운 불교신앙운동의 첫번째 과제를 바른 믿음(正法)에 두었다. 즉, 수행자들에게 무엇을 믿느냐고 다그쳤을 때, 망설이거나 머뭇거리지 않고 바로 '부처님의 깨달음(大覺)을 믿는다.'는 대답이 순식간에 튀어나와야 한다는 것이다. 즉 '반야바라밀'을 신봉하고 숭상하는 것을 의미한다. 스님은 '믿음으로 깨달음에 이른다'는 입장에 철저히 서 있었던 까닭이다.

그 다음 두 번째가 단절 없는 수행(믿음)이다. 수행자는 꾸준한 일과 정진을 통해서 향상일로(向上一路)의 면목(本相)을 현실 가운데서 이루어가는 것이다. 진리의 무한생명을 삶 속에서, 역사 속에서 보고 그 것을 열어나가는 일인 것이다. 스님은 믿음(覺)을 만나고 믿음(覺)을 키우고 믿음(覺)을 증거해 나가는 다함없는 생명력(보살행)을 성취하 게끔 인도했고 그 길을 열어 보여주며 우리 앞에 제시했다.

마지막으로 법등활동(수행공동체)을 통해 동체대비(同體大悲)를 보 게 했다. 고통의 나눔, 물질의 나눔 등을 통해 함께 사는 세상의 원리 를 누구나 저절로 깨닫게 하여 불교 진리의 친증(親證)을 도모했다. 거 기서 이웃과 사회, 그리고 역사구제의 당위를 깨닫게 하고 실현하게 하여, 그 속에서 진실 자기를 발견하게 하였으니, 그것이 바로 세계평 화운동과 구국구세운동의 원형이고 출발이었다.

이러한 것을 살펴보면 이론이나 말은 쉽지만 하나하나의 뜻은 태고 절(太孤絶)한 지혜였다. 이 안목에 의해 모든 수행자들은 짧은 기간에 깨달음의 주인공(覺者)으로서 불은(佛恩)을 갚아 가는 뛰어난 삶을 살 도록 인도하고 안내하고 있는 것이다.

이러한 바라밀운동(結社)의 내적 서원이자 그 결합체의 중심이 정법 호지발원(正法護持發願)이다. 불광 신도들은 줄여서 호법발원이라고 부르고 있다. 스님의 동지들인 불광 불자들은 이 호법발원을 통해 한 층 강화된 신앙심과 결속력을 가지게 되고 나아가 역사 구제의 토대를 현실에서 형성하게 되는 것이다. 그러니까 불광사에 소속된 수행자들 의 신앙생활 모두가 하나의 운동으로 지향하고 있고 융합되어 가고 있 었던 것이다. 단지 겉모양이 절이고 스님이며 불교라는 이름이지 속 알맹이는 이름을 떠난 현실의 삶이고 자기실현이다. 또 그것이 구국구 세운동이며 세계평화운동이었다고 말하면 가장 정확한 설명이 되겠다.

비록 나의 주장이 핍진(逼眞)하기 그지없지만 다만 이것을 하나의 계기로 삼아 스님의 후계자를 자처하는 사람들은 항상 스님의 본뜻을 훼손치 말아야 하며, 내지 임의로 조작하지 말아야 하고, 스님 뜻의 원형을 유지하고 계승하려는 뼈아픈 노력을 아끼지 말아야 할 것이다. 스님 상좌 가운데 어느 인사처럼 절(佛光寺)의 발전이라는 현실적인 명목과 이유를 내세워 근본(새물줄기)마저 상실해서는 결코 안 될 것이다. 이것은 결코 누가 시켜서 하는 일이 아니며 마지못해 하는 척 해서도 될 일이 아니다.

설령 스님이 남긴 흙 한줌이라도 차지하고 있는 모든 당사자들은 한 치도 스님의 뜻에서 물러서면 안 된다. 만약 물러서거나 훼손하면 스님의 뜻과 가르침, 내지 부처님의 가르침을 위배하는 것과 같은 일일 뿐만 아니라 역사를 거스르는 몰지각한 일이다. 그러므로 불광운동(波羅蜜結社)을 계속하거나 다시 일으키려고 하는 모든 사람들이 제일 심각하게 연구하고 참구해야 하는 원형(사상의 토대)은 반드시 스님에게서 구하고 스님의 사상에서 찾아야 한다고 생각한다.

연기 가득한 방에 사는 스님

처음 나온 『광덕스님 시봉일기』(1권, 내일이면 늦으리)를 들고 스님과 가까웠던 여러 어른들께 올리기 위해 여기저기 부지런히 다녔다. 거의 그 일이 끝나갈 무렵 잠시 절에서 쉬고 있을 때였다.

정확히 말하면 2543(1999)년 6월 19일(토), 아침공양이 막 끝나갈 무렵이었다. 저 멀리 경북 청도 운문사에서 전화가 왔다고 밖에서 공양을 하고 있던 법해거사가 뛰어왔다. 나는 밥 숟가락을 손에 든 채 달려갔다. 시외전화에 대한 부담감 때문에 얼른 수화기를 귀에 대니 평소 친근한 목소리의 명성스님이다. 내가 쓴 책을 감명 깊게 잘 읽었고 어쩌면 그렇게 효심이 깊고, 스님의 일상을 기록으로 남길 생각을 했느냐고 놀라워하면서 치하와 격려를 아낌없이 주었다. 그리고 일화 한토막을 선물로 덧붙여 주었다. 그 당시 명성스님의 전화 육성을 그대로 옮긴다.

"1972년에 비구니 종회의원은 나(명성스님) 혼자였는데, 그때 스님(광덕스님)은 총무원의 총무부장 소임을 맡고 계셨어요. 무슨 일인가

정확한 기억은 나지 않지만 그 당시 종단에서 뭔가 큰일을 해결한 스님은 그참에 총무부장 소임을 내놓았어요. 마침 내가 그때 종회가 개회중이어서 서울 총무원에 있다가 스님이 사임을 하고 청사를 떠난다기에 가까이 가서 그동안의 노고를 위로해 드리고 찬사도 드렸지요. 그리고 나서 어디로 가시느냐고 물으니 경기도로 가신다고 하기에, 그렇다면 우선 동대문 밖 청용사로 가시자고 제안했어요. 내가 서울 가면 머물던 절이기도 했지만 주지 윤호스님이 광덕스님께 극진한 존경을 가지고 대했어요. 그런 사실을 아는 까닭에 내가 청용사로 모신 것입니다. 청용사에서 윤호스님이 정성껏 준비한 공양을 마치고 태릉 육사 뒤편에 있던 구리읍 갈매리 보현사로 가게 되었는데, 허전해하실 것 같아서 나와 명우스님이 함께 모시고 가게 되었어요.

황혼 무렵이 되어 막상 보현사에 도착해 보니까 대웅전도 초라한 건물이긴 했지만 스님이 거처할 요사채는 금방이라도 무너질 것처럼 위태위태한 느낌을 받았어요. 아마 스님 가신다는 연락을 미리 받았는지 아궁이에 군불을 지핀 불길이 방안에서도 비칠 지경이었어요. 그러니까 방안은 온통 연기가 자욱했지요. 우리는 방에 들어가지 못한 채 문을 열어 놓고 밖에서 한참이나 서 있었어요. 스님이 총무부장 소임을 보느라 무척 힘들고 고단하였기에 위로차 따라나섰다가 스님이 계실 거처를 보고는 오히려 마음만 더 무겁고 말았지요. 저런 낡고 초라한 방에서 생활하실 것을 생각하니 차라리 보지 않았으면 마음이 편했을 것이라는 후회마저 들었어요.

스님의 검소한 성품이야 이미 다 아는 일이라 해도 생활의 불편은 피할 수 없는 현실이라 염려와 안타까운 생각이 자꾸 들었어요. 나와 명우스님은 스님을 모셔다 드리고 돌아서는 발걸음이 무척 무거웠어요. 그 뒤로 간혹 인편에 스님의 근황을 들을라치면, 그때 보현사 낡은 환경에서 생활하느라 건강이 더 악화되지는 않았는지 지레 염려와 걱정이 앞서곤 했어요. 그 후로 전화라도 하여 근황을 묻고 안부를 드린다 하면서도 주지하랴, 선생 노릇하랴, 일인 몇 역(役)의 삶에 분주하여 차일피일 미루다보니 그만 어느 날 영별(永別)의 소식을 맞이하게 되었어요. 스님이 떠나가신 뒤에 두고두고 안타까운 생각이 떠나지 않던 차에 송암스님의 글을 대하고 보니 바로 눈앞에 스님을 뵙는 것처럼 반갑고 새로웠어요."

차분차분 옛일을 회상하면서 스님의 면모를 일러주는 고마움에 깊이 감사했다. 새로운 사실을 전해들은 나는 흔감하기 그지없어서 귀와 어깨 사이에 수화기를 끼워 놓고 메모지에다 전화기로 울려오는 명성스님의 목소리를 열심히 속기하여 이 내용을 얻었다.

한 구도자의 삶, 그 속에서 느끼고 깨닫는 바가 이렇게도 절절하고 심금을 울릴까.

金河堂 光德大禪師 年譜

作成, 2001년 2월 1일

1차 수정 · 보완, 2001년 10월 16일

연도	연령	연　　　　　보
1864	甲子年	후일, 翁師가 되신 새 佛敎運動 大覺敎의 開創祖 龍城震鐘 祖師 誕生(朝鮮 高宗 1年).
1886	丙戌年	龍城祖師, 경북 선산 모례원에서 勇猛精進 結社로 悟道(당년 23세).
1890	庚寅年	후일, 恩師가 되신 淨化佛事의 大功德主 東山慧日 大宗師 誕生(용성조사, 27세).
1897	丁酉年	후일, 法師가 되신 韶天大禪師 誕生.
1905		제2차 韓日協約(을사보호조약) 체결.
1910		① 3월, 안중근 義士, 여순 감옥에서 순국(死刑). ② 8월 22일 韓日合邦條約 調印.
1912		① 東山慧日 大宗師 出家(당년 23세). ② 후일, 拈華知音의 師兄이 되신 淨化佛事의 完成者이며 禪佛敎의 思想家 退翁性徹 大宗師 誕生.
1919		① 光武帝의 國葬을 계기로 전국 각지, 방방곡곡에서 기미년 독립운동(3.1운동)이 요원의 불길로 勃發. ② 龍城祖師 독립운동으로 수감(상좌인 東山 대종사 3년 간 옥바라지).

1919		③ 上海 임시정부 수립. ④ 韶天禪師 3.1 독립운동 참가 후, 김좌진 장군 휘하에 入隊(당년 23세).
1921		龍城祖師 大覺教 創立.
1927 (丁卯)	1	① 東山 大宗師 金泉 直指寺에서 悟道(당년 38세). ② 4월 4일(음 3.3), 경기도 화성군 오산읍 내리에서 아버지 高公 準學, 어머니 金氏 東娘의 2男3女 중 넷째로 출생. 본관 제주, 본명 秉完.
1935	9	退翁性徹 大宗師 東山 門下로 出家(당년 24세). (당시 東山 大宗師 46세, 海印寺 白蓮庵 住錫).
1939	13	兄, 秉烈 死亡.
1940	14	4월 1일(음 2.24) 龍城祖師 入寂(世壽 77세, 法臘 61세).
1941	15	아버지, 高公 準學 別世.
1945	19	日帝 强占에서 解放.
1946	20	어머니, 金氏 東娘 別世.
1947	21	① 韓國大學(현 서경대학의 前身)에 進學, 폐결핵 感染. ② 둘째 누이 死亡.
1950	24	① 韓國戰爭 勃發, 가을 釜山 梵魚寺 入山. ② 東山선사와의 만남을 통해 인생관, 세계관의 일대 전환을 맞이하여 범어사 선방(청풍당), 관음전, 지장전, 미륵암, 금강암, 송도, 죽도, 삼천포, 함안 장춘사 등에서 발분 정진.
1951	25	칠월칠석(양 8.9), 東山 大宗師를 戒師로 沙彌十戒 수계식 도중, 受 十戒를 受 五戒로 복창하고 스스로 거사의 신분으로 낮추어 겸허하게 수행함.

1953	27	韶天大禪師의 覺運動과 그 思想에 깊이 契合한바 '金剛經讀誦救國願力隊'에 참여 전국 순회.
1954	28	① 釜山 東萊 온천장 金井寺에서 悟道. ② 부산 범일동에서 최초의 法燈家族 특별법회 시작(1년 간 매주 실시). ③ 한국불교 淨化佛事 시작됨.
1956	30	대각회 창립, 초대회장에 취임(9.16).
1959	33	가을, 범어사 禪院에서 性昊·眞常·日陀 등 선사들과 現代禪學硏究會를 결성하고 취지문을 작성, 발표한 뒤『벽암록』및 여러 禪典을 현토함.
1960	34	① 범어사 보살계 때(음3.15) 東山大宗師를 恩師와 戒師로 受戒 ② 4.19 혁명 ③ 大韓佛敎譯經院을 설립하여 『벽암록』·『선문촬요』·『선문염송』·『선관책진』·『선문단련설』등 출판(현토).
1961	35	① 佛國寺에서 現代禪學硏究會 주최, 雪峰 師 초청,『벽암록』 최초 강의. ② 5.16 군사정변
1962	36	①『벽암록』(성호 현토본) 간행(편집·현대선학연구회, 발행·대한불교역경원). ② 曹溪宗 서무국장으로 宗憲·宗法 제정과 불교재산관리법을 주도적으로 成案하고 기타 종단 法令 마련으로 종단의 법률적 틀을 만듦.
1965	39	① 恩師, 東山大宗師 入寂(음 3.23, 양 4.24. 오후 6시 무렵 世壽 76세, 法臘 53세). ② 서울 영동 奉恩寺 結社(주지취임)로 대학생불교연합회 창립과 대학생 수도원 설립(대불련, 초대 지도법사 담임).

1965	39	③『보현행원품』(프린트본) - 한국대학생불교연합회　교본으로 발행(6.5). ④ 학교법인 대동학원 이사 취임(8.18~1974.2.6).
1966	40	학교법인 원효학원 이사 취임(1979.3.4).
1967	41	『선관책진』 간행(진수당, 10.15).
1968	42	『보현행원품』 간행(해인사판, 성철스님 서문).
1971	45	① 조계종 총무부장 취임(~1973.1.25) ② 조계종 총무원장 직무대행(청담 스님 입적시, 11.25).
1972	46	① 自號 運海 사용(진리의 태양을 좋아하고 추종한다는 뜻의 高運海). ② 10월 維新 政治 쿠테타 敢行.
1974	48	① 財團法人 大覺會 理事長 就任(3.25~1976.6.29). ② '한마음헌장' 선포(4.2), 월간 「불광」 창간호에 게재. ③ 大覺寺에서 佛光會 創立(9.1). ④『반야심경 강의』 완성 - 禪智와 般若眼의 究極을 밝힌 佛光敎典. ⑤ 月刊 「佛光」 創刊, 發行人 登錄(11.1, 불광회를 모체로 함). ⑥ 순수불교 선언(월간 「불광」 창간호 - 새불교결사운동).
1975	49	① 대각사에서 佛光法會 創立(10.16, 불광회를 모체로 함). ②『法寶壇經』 刊行(대각출판부).
1976	50	사리불법등(대학생법회) 창등(2.5)
1977	51	① 普賢行者의 誓願 발표. ② 救國救世의 보살을 양성하기 위해 『菩薩聖典』 간행(10.30). ③ 學校法人 東國學園 理事 就任(11.23~1993.11.13).

1978	52	① 法師 韶天大禪師 入寂(4.15, 세수 82세). ② 禪智와 般若眼의 寶庫『禪門要典』 간행(10.9).
1979	53	① 파라미타 합창단 창단(3.29) ② 연꽃마을 이야기 출간(5.30) ③ 佛光出版部 開設(10.10), 發行人 登錄. ④ 12.12 新軍部 쿠데타 敢行.
1980	54	① 실달법등(중고등학생법회) 창등(9월) ② 新軍部 政權의 10.27法難 恣行.
1982	56	① 잠실 벌판에 佛光寺 竣工 奉獻(10.24.) – 불광 제2기 잠실시대 개막. ② 마하보디 합창단 창단(11월)
1983	57	① 活功救國救世運動을 위한 正法護持 發願(8월 3일 호법발원) 시작. ② 불광의식집『불광법회요전』 발간(3.10).
1984	58	대웅전(후불탱화) 금판 금강경 주조 봉안(2.11)
1986	60	① 佛光幼稚園 設立(10.19). ② 佛光布教院 設立(10.19).
1987	61	① 回甲記念 불교 시론집『빛의 목소리』 간행(3.20).
1987	61	② '판소리 불타전' 공연 – 상수불학운동(5.5). ③ 6.29 시민항쟁 승리선언.
1991	65	월간「불광」 200호 발행(6.1).
1992	66	① 創作 國樂交聲曲 '普賢行願頌' 발표 공연으로 새불교운동을 거듭 제창함과 아울러 불교음악의 새로운 지평을 여는 계기가 되었음(4.2, 세종문화회관 대강당). ② 財團法人 大覺會 理事長 就任(5.12~1999.9.10).

연도	나이	내용
1992	66	③ 圖書出版 한강수 開設(10.27), 發行人 登錄. ④ 佛光敎育院 設立(10.26, 석촌동 160-2의 건물 매입).
1993	67	① 財團法人 普德學會 理事 就任(3.30〜1996.3.30). ② 分坐知音 退翁性徹 大宗師 入寂(11.4, 海印寺 堆雪堂에서 世壽 82세, 法臘 59세).
1996	70	창작 국악교성곡 '父母恩重頌' 발표공연(5.11, 국립중앙극장).
1998	72	週報(일요정기법회용) 제1,000호 발행(8.9).
1999	73	① 佛光寺 法主室에서 2월 27일(음 1.12) 오후 2시 무렵, 大圓寂 般若寂光三昧에 듦.(爲法忘軀의 大慈大悲가 化歸本空 함) ② 入寂 100일(6.6) 추모재(到彼岸寺) 奉行. ③『광덕스님 시봉일기 1』(내일이면 늦으리) 출판(6.6). ④ 광덕스님 속환발원기도 - 티베트 수미산 순례단 출발(7.8).
2000		광덕스님 속환발원 - 1,000일기도 입재(2.27) 資 송암 奉行精進(도피안사).
2001		①『광덕스님 시봉일기 2』(징검다리) 출판(2.27, 대원적 2주기) ② 범어사에 行蹟碑와 부도 제막(10.21). ③『광덕스님 시봉일기 3』(구국구세의 햇불) 출판(12.30)

作成, 門人 松庵至元 錄

'스승을 벗어나라!'

1.

어떤 불자가 나에게 찾아와서 이렇게 조언을 했다.

"스승을 벗어나라. 스승의 그늘에 안주하려 하지 마라. 뛰어난 제자는 오히려 스승을 능가해야 스승과 제자가 함께 살게 되고, 우리 불교도 크게 교세를 더하게 된다."

사실 이와 비슷한 조언을 여러 번 들었다. 처음 『시봉일기 1』(내일이면 늦으리)을 출간했을 때는 주위에서 거의 관심을 갖지 않았는데, 『시봉일기 2』(징검다리)가 출간되자 여기저기서 전화가 오기도 하고 직접 방문하기도 하여 친절한 조언과 격려를 아끼지 않았다. 매우 고마운 일이었다. 그러나 나는 그 고마운 조언을 받아들이지 못했다. 왜냐하면 스승을 능가하는 것은 스승의 가르침에 충실하여 더 배울 것이 없는 익숙한 사람에게나 해당되는 말이지, 그렇지 못한 나에게는 오히려 앞으로 더욱 충실해져야 하는 일로 생각했기 때문이다.

사실 인간사 모든 일은 억지로 되는 것이 하나도 없다는 생각이 든다. 봄에 뿌린 씨앗이 가을에 결실되듯 우리 인생도 저 자연의 엄정한 질서처럼 억지가 없을 때 비로소 평화도 있고 행복도 있게 되지 않을까.

마찬가지로 제자가 스승을 섬기고 혜명(慧命)을 잇고 가르침을 따라 배우는 일에 충실하다 보면 저절로 진일보하게 되거나 스승의 사상을 발전시키게 된다고 생각한다. 청출어람(靑出於藍)이라는 말처럼. 푸른 색이 쪽빛에서 나왔다는 것은, 역시 근본에 충실했음을 일러주는 교훈임에 재론의 여지가 없다. 그런데도 불구하고 억지로 '스승을 능가하자, 스승의 그늘을 벗어나자.'고 한다면 필경 불경(不敬)을 저지르게 될 것이고 인간의 상도(常道)를 벗어나는 옳지 못한 일이 되고 말 것이다.

아마도 주변의 불자들에게 내가 너무나 선사(先師)의 테두리에서 벗어나지 못하고 전전긍긍하는 모습이 안타깝고 애처롭게 보였나보다. 만약 범정(凡情)의 부침과 기복에서 벗어나지 못하는 안타까운 나의 모습 때문에 '스승을 벗어나라'고 말하였다면 그 책임은 전적으로 나에게 있음을 인정한다.

2.

아무튼 나는 힘에 겨운 '시봉일기 시리즈'를 엮어 가면서 마치 유물을 발굴하고 조사하는 고고학자처럼, 누가 스님에 대한 자료를 한마디라도 전해 주면 그것을 토대로 하여 사실에 대한 원형을 복원하려고 실로 많은 궁리와 노력을 쏟았다. 비록 부족한 재능과 여러 가지 역경이 있다 해도 줄곧 꿋꿋하게 버티어 나갔고 이겨 나갔다. 마치 도(道)를 구하는 구도자가 용맹정진으로 고행하는 것처럼 밤늦도록 책상에 앉아서 매캐한 묵은 노트를 뒤적였고, 그 밖의 전거(典據)를 찾기 위해 강물에 빠뜨린 칼을 찾듯 고전(古典)의 강가를 홀로 서성거렸다.

피곤한 몸을 달래느라 누워서 잠을 자다가도 깜짝 눈이 뜨이면 마치 용수철처럼 튕겨 일어나곤 했다. 좀더 맑은 정신이면 더 좋은 글이 나오고 새로운 영감이 솟아오를 것이라는 기대 때문이었다. 그리고 실제로 그런 때 많은 암시를 받았고, 기도 중에 번갯불처럼 내 가슴에 되살아난 기억도 무척 많았다. 그럴 때는 더더욱 노래 부르듯 춤추듯 목탁 치고 염불했다. 이와 같이 나의 천일기도(시묘살이)는 바로 스님의 교화 행적을 하나하나 되찾아가는 내 평생 가장 뜨거운 수행이고 정진이기도 하다.

3.

나는 이렇게 전심전력을 다 기울여서야 간신히 책 한 권을 얻게 된다. 이 힘든 고행(원고작업)은 스님(光德)에 대한 1차 자료수집이다. 행여나 자료가 흩어지지 않을까 하는 염려와 조바심으로 무조건 주워 담는 단순작업이다. 자료에 대한 객관성이나 희귀성은 내가 판단해야 할 일이 아니라고 본다. 자료로서의 가치 판단은 어디까지나 내가 아닌 제3자의 몫이고 또는 후세 사람들의 몫일 뿐이다. 그러하기에 나는 무지하다 싶을 정도로 앞뒤 분간 없이 스님의 면모를 한조각이라도 더 찾아서 남기려고 애쓰고 노력을 기울였다. 남이 보기에는 분명 억지도 있을 것이지만 그러나 이것만이 스님의 상좌인 내가 할 수 있는 일이고 취할 태도라고 생각한다.

사실 나는 저술가도 아니고 학자도 아니다. 그런 까닭에 글(자료)에 대한 체계나 구성, 문장은 조악하고 엉성하기 짝이 없다. 독자들이 읽기에 많은 불편이 따를 것이다. 또 나는 이러한 글을 세상에 내놓기가 민망스러운 것도 사실이다. 그렇지만 오직 나의 관심은 스님의 상좌로서 자료를 충실히 모으는 것, 그것이 지금 내가 서 있는 이 자리에서 할 수 있는 최선의 일이고, 내게 맡겨진 임무라는 이유를 들어서 두 눈을 꾹 감기로 했다.

사뭇 외람된 말이지만 나는 나에게 주어진 이 임무를 완수하기 위해 앞뒤를 돌아보거나, 인사를 다니거나, 주지로서 여러 의무를 수행할 사이도 없이 오직 도피안사 스님이 주석했던 그 자리, 내원(內院)에 엎드려서 이 일련의 작업에 매달려 불철주야 노력을 쏟고 있다. 왜냐하면 이 일만이 스님으로부터 입은 강산같이 무거운 은혜의 만분의 일이라도 갚는 것이라고 생각했기 때문이다.

이 한 권의 책이 나오기까지, 유찬(幽燦) 박경훈(朴敬勛) 노사(老士)께서 스님과 도반(知音)의 오랜 우정으로 옛날 기억을 일일이 당신의 서가에서 또는 가슴에서 되찾아주고 미국에 있는 가족 곁으로 떠났다.

그리고 이번에도 스님의 책이 나온다고 좋아라 하면서 여러 선남선녀들이 흔쾌히 이 책 제작에 동참하고 응원했다. 특히 덕산거사 박병주 불자의 지대한 협력과 혜관(惠觀)의 성실함이 큰 힘이 되었다. 이 모두는 말할 것도 없이 스님의 법력, 그 자비교화의 크신 은혜 때문이리라. 그들 모든 선남선녀들에게 스님의 축복이 따로 있을 것이라고 믿는다.

불광회 창립 27주년을 멀리 도솔산에서 바라보며

불기 2545(신사)년 10월

不肖門人 松庵至元 謹誌